2021-2022
ZHONGGUO SHANGSHI GONGSI SUSONG
LANPISHU

2021~2022
中国上市公司诉讼
蓝皮书

谢会生　总主编

法律出版社
LAW PRESS·CHINA
北京

图书在版编目(CIP)数据

2021~2022中国上市公司诉讼蓝皮书 / 谢会生总主编. -- 北京：法律出版社，2022
ISBN 978-7-5197-6936-9

Ⅰ. ①2… Ⅱ. ①谢… Ⅲ. ①上市公司-经济纠纷-民事诉讼-研究报告-中国-2021-2022 Ⅳ. ①D925.104

中国版本图书馆CIP数据核字(2022)第133076号

2021~2022中国上市公司诉讼蓝皮书
2021-2022 ZHONGGUO SHANGSHI GONGSI SUSONG LANPISHU

谢会生 总主编

责任编辑 朱轶佳
装帧设计 汪奇峰

出版发行 法律出版社
编辑统筹 司法实务出版分社
责任校对 晁明慧
责任印制 胡晓雅
经　　销 新华书店

开本 710毫米×1000毫米 1/16
印张 30　**字数** 536千
版本 2022年9月第1版
印次 2022年9月第1次印刷
印刷 固安华明印业有限公司

地址：北京市丰台区莲花池西里7号(100073)
网址：www.lawpress.com.cn
投稿邮箱：info@lawpress.com.cn
举报盗版邮箱：jbwq@lawpress.com.cn

销售电话：010-83938349
客服电话：010-83938350
咨询电话：010-63939796

书号：ISBN 978-7-5197-6936-9
定价：106.00元

凡购买本社图书，如有印装错误，我社负责退换。电话：010-83938349

编委会

序　言

2021～2022年的中国资本市场跌宕起伏,"变革"仍是最大的主题。尽管受到新冠肺炎疫情的反复冲击,新的内外经济循环也尚在摸索阶段,但资本市场在稳中求进的经济形势总基调下,一年以来发展依然迅猛:机构资金大幅增长、万亿元日成交额成常态、创业板首家"万亿航母"诞生、IPO与退市公司数量均达新高——中国资本市场大踏步走向世界高水准行列的态势仍在持续。

自2021年年初深交所主板和中小板开启合并,年中北京证券交易所"官宣"设立,到年末中央经济工作会议提出"全面实行股票发行注册制",再到2022年上半年沪深两市双双逆势登顶全球融资榜单,随着相关政策法律的制定落实,一个更加具有活力、更高质量、更大规模的资本市场图景已经展现在世人面前;与此同时,资本市场制度的精细化、透明度提高,一个风险与机遇并存的法律环境也对置身事内的从业者们提出了更高的要求。

2021～2022年度,策略律师事务所继续紧跟资本市场制度深化改革的步伐,秉承助力客户、推动法治之使命,深度参与了资本市场多个领域的诉讼案件,为国内多家上市公司保驾护航、化解纠纷。长期以来,策略律师事务所致力于提供有智慧的法律服务方案,树立了为上市公司或拟上市公司提供法律风险防范与纠纷解决这一在业界具有突出优势的特色业务,并积累多起在资本市场具有广泛影响力的成功案例。其中,部分案件曾推动法律法规的修订或国家政策的调整。因而自2019年,策略律师事务所发起"上市公司诉讼蓝皮书"研究项目,旨在因应资本市场改革发展的风向,通过对每个自然年度内中国上市公司诉讼风险状况的深入分析,构建起制度变革与法律研究之间的"桥梁",从而为上市公司更好地处置纠纷、化解风险提供现实参考。项目组过去连续两年发布的研究成果均获得了业界的积极反响,开创了"上市公司诉讼蓝皮书"系列的先河。

本书是“上市公司诉讼蓝皮书”项目第三个年头的研究成果，在体例上延续了此前版本的基本轮廓与架构。同时，在统计范围、分析深度和案例甄选上有了更为全面的扩展：一是在实证分析方面，涵盖了创业板、科创板和北京证券交易所在内的4697家A股上市公司2021～2022年度参与的24,046件诉讼案件。全书从案件类型、诉讼程序、诉讼标的、诉讼结果等多个层次，全方位地剖析上市公司的诉讼状况，并以行业为单位构建了诉讼风险指数体系，作为上市公司从整体上把握诉讼风险的重要“抓手”。二是规范分析方面，在梳理上市公司相关行业政策、新法新规的基础上，概括了各行业上市公司可能遭遇的法律风险，并提出了相应的合规建议。三是在典型诉讼案例分析方面，颇费笔墨地聚焦了2021年内资本市场发生的有重大影响力的民商事、行政和刑事诉讼案件，从微观层面剖析上市公司参与各类诉讼的实际情况，凝结实战经验与诉讼启示。

致广大而尽精微。作为“上市公司诉讼蓝皮书”系列的第三部，一方面，蓝皮书在结构的演进上更加成熟，另一方面，也进一步吸收了策略律师事务所等主要从事商事法律服务的专业机构在资本市场重大诉讼业务领域的最新思考和研究，其意义不止于对中国上市公司的诉讼状况做一次特别的“年度总结”，也期待能够建立起同上市公司的更深度联结，成为资本市场从业者、法律工作者洞察市场、观测得失的参考力作。

总主编　谢会生

2022年8月25日

目　　录

第一章

2021年上市公司诉讼总体情况分析

第一节　2021 年上市公司诉讼案件的行业及类型分析

截至 2021 年年末，我国 A 股上市公司共计 4697 家，相比 2020 年年末的 4127 家，A 股上市公司的数量增长了约 13.81%。[①]

一、2021 年中国上市公司总体情况分析

（一）2021 年上市公司的行业划分

本书参考中国证监会发布的《上市公司行业分类指引》（证监会公告〔2012〕31 号）[②]和原国家质监局、国家标准化管理委员会发布的《国民经济行业分类》（GB/T4754—2017），将上述 4697 家上市公司分划分为 31 个行业。

各行业相应的上市公司数量如表 1－1 所示，本书将以下述 31 个行业为主线，分别展开 2021 年度上市公司诉讼案件的风险梳理和统计分析。

表 1－1　2021 年各行业上市公司数量分布

行业	上市公司数量/家	数量排名
计算机、通信和其他电子设备制造业	484	1
石油、化学相关制品制造业	326	2
专用设备制造业	319	2
电气机械和器材制造业	297	4
医药制造业	293	5
软件和信息技术服务业	292	6
汽车等交通运输设备制造业	235	7
金属相关制造业	201	8
食品、饮品相关制造业	171	9
通用设备制造业	168	10
化纤、橡胶、塑料相关制造业	138	11

① 本书系针对 A 股上市公司情况进行的统计分析，以下简称上市公司，不再逐一说明。

② 本指引已于 2022 年 8 月 12 日因《关于废止部分证券期货规范性文件的决定》（中国证券监督管理委员会公告〔2022〕42 号）而失效，本书相关数据统计至 2022 年上半年，故仍以本指引为参考依据。

续表

行业	上市公司数量/家	数量排名
电力、热力、燃气及水生产和供应业	129	12
金融业	127	13
交通运输、仓储、邮政、住宿和餐饮业	118	14
房地产业	117	15
公共事业等其他服务业	117	16
建筑业	109	17
非金属矿物制品业	108	18
纺织、服饰相关制造业	102	19
仪器仪表等其他制造业	102	20
零售业	101	21
电信和互联网相关服务业	91	22
科学研究和技术服务业	90	23
批发业	86	24
采矿业	79	25
木材、家具、造纸相关制造业	72	26
租赁和商务服务业	67	27
文化、体育和娱乐业	62	28
农、林、牧、渔业	48	29
印刷、文娱相关制品制造业	35	30
综合行业	13	31
总计	4697	

(二)2021 年上市公司的地域分布

本书根据 2021 年年末各大上市公司的公开企业信息，以各个公司的注册地址为依据，整理了 2021 年上市公司的地域分布情况。总体来看，上市公司在各省级行政区的数量分布与各省的经济发展水平基本呈现正相关关系。上市公司数量最多的几个省(自治区、直辖市)分别为：广东省(761 家)、浙江省(606 家)、江苏省(570 家)、北京市(424 家)、上海市(389 家)、山东省(269 家)。各省(自治区、直辖市)上市公司具体数量分布情况如图 1－1 所示。

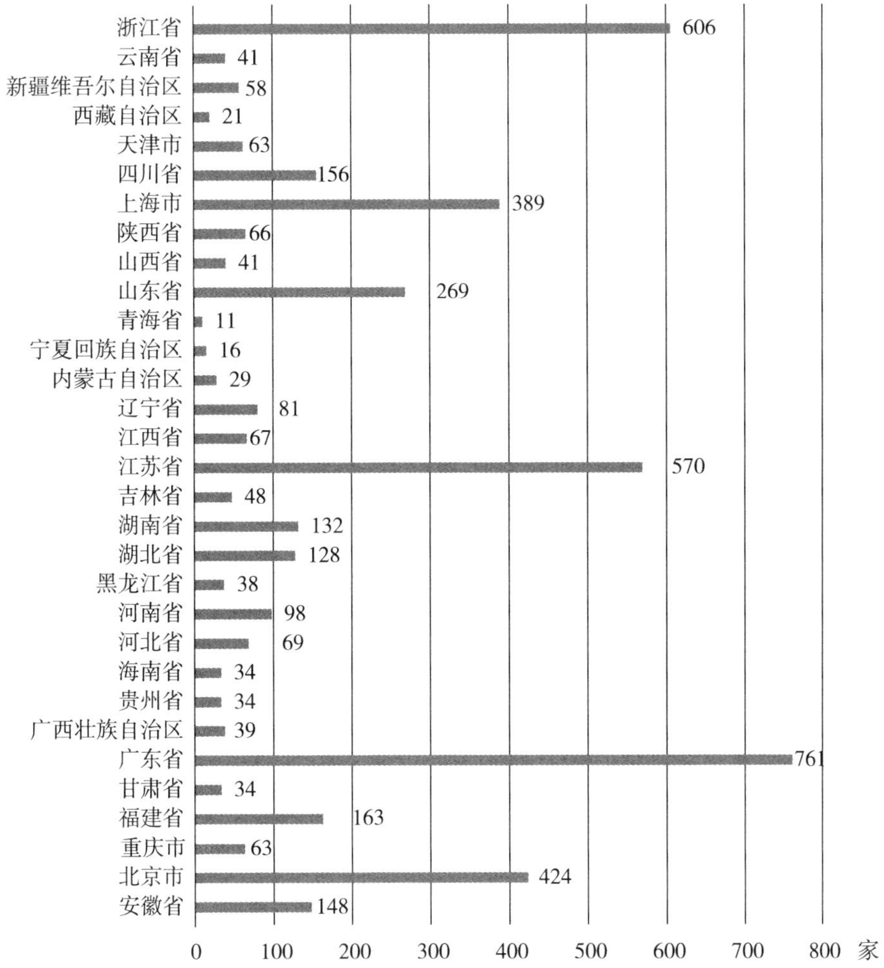

图 1－1 2021 年上市公司数量地域分布情况

(三)2021 年上市公司诉讼案件的行业分布概况

为研究各行业上市公司在 2021 年度的诉讼情况，本书以上市公司为当事人，利用“威科先行”和“北大法宝”等网站，检索了 2021 年 1 月 1 日至 2021 年 12 月 31 日全国各地各级法院审结的诉讼案件，共收集案例 24,046 件，作为本书研究的统计样本。24,046 件样本案件的行业分布情况如表 1－2 所示。

表 1－2　2021 年上市公司诉讼案件数量分行业统计

行业	案件数量/件	数量排名
金融业	4218	1
建筑业	1678	2
专用设备制造业	1347	3
电气机械和器材制造业	1245	4
食品、饮品相关制造业	1216	5
软件和信息技术服务业	1180	6
石油、化学相关制品制造业	1179	7
纺织、服饰相关制造业	1052	8
电信和互联网相关服务业	1026	9
零售业	929	10
公共事业等其他服务业	910	11
医药制造业	870	12
电力、热力、燃气及水生产和供应业	847	13
计算机、通信和其他电子设备制造业	844	14
金属相关制造业	751	15
汽车等交通运输设备制造业	620	16
交通运输、仓储、邮政、住宿和餐饮业	554	17
木材、家具、造纸相关制造业	547	18
采矿业	501	19
通用设备制造业	401	20
文化、体育和娱乐业	310	21
房地产业	303	22
农、林、牧、渔业	286	23
租赁和商务服务业	260	24
非金属矿物制品业	250	25
化纤、橡胶、塑料相关制造业	225	26
仪器仪表等其他制造业	170	27
科学研究和技术服务业	137	28
批发业	109	29

续表

行业	案件数量/件	数量排名
印刷、文娱相关制品制造业	71	30
综合行业	10	31
总计	24,064	

二、2021 年上市公司诉讼案件类型及案由分布概况

（一）2021 年上市公司诉讼案件类型分布情况

在本书研究的 24,046 件样本案件中，根据民事诉讼、行政诉讼和刑事诉讼三大部门法领域的划分，民事、行政、刑事三类案件的数量分别为 23,302 件、736 件和 8 件。可见其中绝大部分为民事案件，占全部样本案件的约 96.91%，因此，上市公司的民事诉讼案件也将是本书研究的重点。（见表 1－3）

表 1－3　样本案件的案件类型分布

案件类型	案件数量/件
民事案件	23,302
行政案件	736
刑事案件	8

各类案件占比情况如图 1－2 所示。

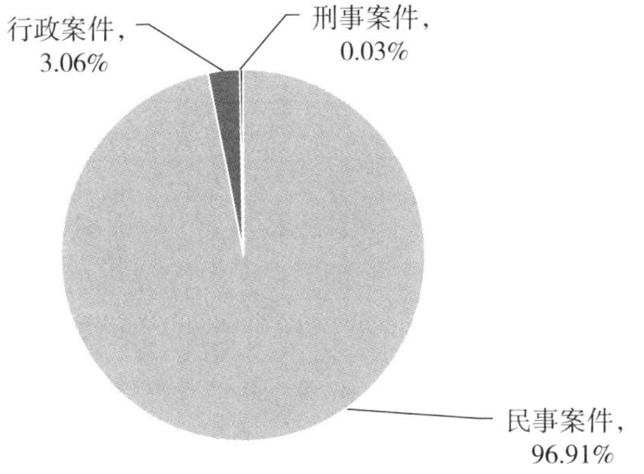

图 1－2　样本案件的案件类型占比情况

(二)2021年上市公司民事案件基本类型分布情况

如前所述,民事案件共23,302件,占据所有样本案件的96%以上。在民事案件的类型上,本书对所有民事案件按照所涉及的具体民事法律部门种类,将其划分为物权纠纷、合同类纠纷、侵权责任纠纷、知识产权纠纷、竞争法纠纷、公司法纠纷、金融法纠纷、劳动法纠纷、其他民事纠纷9类,其中,竞争法纠纷包含不正当竞争纠纷和垄断纠纷,公司法纠纷包含与公司、企业、破产有关的纠纷,金融法纠纷包含证券、保险、票据、信托、期货、信用证等领域的纠纷,其他民事纠纷包含人格权纠纷、海事海商纠纷等在本书研究的样本中数量较少的纠纷类型。

上述9类民事案件的案件数量(件)具体分布情况如表1－4所示。

表1－4　民事案件的案件类型分布

序号	类型	案件数量/件
1	合同类纠纷	11,466
2	金融法纠纷	3533
3	知识产权纠纷	3302
4	劳动法纠纷	2667
5	侵权责任纠纷	755
6	竞争法纠纷	498
7	公司法纠纷	436
8	物权纠纷	418
9	其他民事纠纷	227
总计		23,302

如表1－4所示,在本书研究的所有民事案件中,合同类纠纷数量最多,达到11,466件,占全部民事案件总数的约49.21%;其次是金融法纠纷,共计3533件,占全部民事案件总数的约15.16%;再次是知识产权纠纷和劳动法纠纷,分别占全部民事案件总数的约14.18%、11.45%;其他类型的民事案件的占比均小于5%,数量较少。(见图1－3)

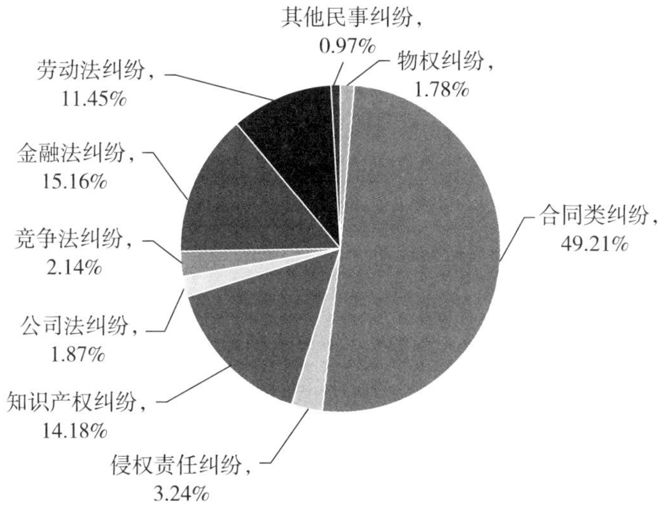

图 1－3　民事案件基本案件类型占比情况

（三）民事案件具体案由的分布情况

在民事案件的具体案由上，本书依据最高人民法院制定的《民事案件案由规定》（法〔2020〕346 号，以下简称《民事案由规定》），对样本中全部民事案件的具体案由进行归纳和总结，参考《民事案由规定》对一级、二级和三级案由的划分，全部民事案件案由的数量分布情况如表 1－5 所示。

表 1－5　民事案件案由类型分布

单位：件

序号	一级案由	二级案由	三级案由	案件数量
1	人格权纠纷	人格权纠纷	生命权、身体权、健康权纠纷	123
2			姓名权纠纷	1
3			名称权纠纷	1
4			肖像权纠纷	2
5			名誉权纠纷	24
6			荣誉权纠纷	1
7			隐私权、个人信息保护纠纷	4
8			一般人格权纠纷	5

续表

序号	一级案由	二级案由	三级案由	案件数量
9	婚姻家庭、继承纠纷	婚姻家庭纠纷	离婚纠纷	1
10			离婚后财产纠纷	2
11		继承纠纷	法定继承纠纷	5
12			被继承人债务清偿纠纷	4
13			遗赠纠纷	1
14			继承纠纷	2
15	物权纠纷	物权保护纠纷	物权确认纠纷	8
16			返还原物纠纷	25
17			排除妨害纠纷	39
18			消除危险纠纷	9
19			修理、重作、更换纠纷	3
20			恢复原状纠纷	7
21			财产损害赔偿纠纷	269
22			物权保护纠纷	21
23		所有权纠纷	侵害集体经济组织成员权益纠纷	1
24			建筑物区分所有权纠纷	1
25			业主知情权纠纷	1
26			相邻关系纠纷	6
27			共有纠纷	2
28		用益物权纠纷	养殖权纠纷	1
29			土地承包经营权纠纷	7
30		担保物权纠纷	抵押权纠纷	2
31		占有保护纠纷	占有物返还纠纷	4
32		其他物权纠纷	其他物权纠纷	12
33	合同、准合同纠纷	合同纠纷	确认合同效力纠纷	42
34			债权人代位权纠纷	36
35			债权人撤销权纠纷	23

续表

序号	一级案由	二级案由	三级案由	案件数量
36	合同、准合同纠纷	合同纠纷	债权转让合同纠纷	28
37			债务转移合同纠纷	2
38			买卖合同纠纷	3190
39			临时用地合同纠纷	1
40			房地产开发经营合同纠纷	2
41			房屋买卖合同纠纷	131
42			民事主体间房屋拆迁补偿合同纠纷	11
43			供用热力合同纠纷	347
44			借款合同纠纷	1661
45			保证合同纠纷	60
46			抵押合同纠纷	5
47			质押合同纠纷	5
48			定金合同纠纷	3
49			储蓄存款合同纠纷	8
50			银行卡纠纷	593
51			租赁合同纠纷	606
52			融资租赁合同纠纷	51
53			保理合同纠纷	5
54			承揽合同纠纷	364
55			建设工程合同纠纷	1321
56			运输合同纠纷	145
57			保管合同纠纷	1
58			仓储合同纠纷	9
59			委托合同纠纷	55
60			委托理财合同纠纷	36
61			物业服务合同纠纷	56
62			中介合同纠纷	16

续表

序号	一级案由	二级案由	三级案由	案件数量
63	合同、准合同纠纷	合同纠纷	借用合同纠纷	1
64			典当纠纷	2
65			合伙合同纠纷	14
66			种植、养殖回收合同纠纷	3
67			彩票、奖券纠纷	1
68			牧业承包合同纠纷	1
69			服务合同纠纷	649
70			演出合同纠纷	1
71			劳务合同纠纷	283
72			离退休人员返聘合同纠纷	1
73			广告合同纠纷	32
74			展览合同纠纷	2
75			追偿权纠纷	329
76			综合合同纠纷	1180
77			其他合同纠纷	60
78		不当得利纠纷	不当得利纠纷	87
79		无因管理纠纷	无因管理纠纷	3
80		准合同纠纷	准合同纠纷	4
81	知识产权与竞争纠纷	知识产权合同纠纷	著作权合同纠纷	27
82			商标合同纠纷	3
83			专利合同纠纷	1
84			技术合同纠纷	16
85			特许经营合同纠纷	19
86		知识产权权属、侵权纠纷	著作权权属、侵权纠纷	459
87			商标权权属、侵权纠纷	2549
88			专利权权属、侵权纠纷	201
89			植物新品种权权属、侵权纠纷	6

续表

序号	一级案由	二级案由	三级案由	案件数量
90	知识产权与竞争纠纷	知识产权权属、侵权纠纷	侵害企业名称(商号)权纠纷	1
91			发现权纠纷	1
92			因恶意提起知识产权诉讼损害责任纠纷	2
93			其他知识产权纠纷	17
94		不正当竞争纠纷	仿冒纠纷	17
95			虚假宣传纠纷	2
96			侵害商业秘密纠纷	1
97			商业诋毁纠纷	5
98			其他不正当竞争纠纷	472
99		垄断纠纷	滥用市场支配地位纠纷	1
100	劳动争议、人事争议	劳动争议	劳动合同纠纷	2587
101			社会保险纠纷	47
102			福利待遇纠纷	23
103		人事争议	辞职纠纷	1
104		其他劳动争议、人事争议	其他劳动争议、人事争议	9
105	海事海商纠纷	海事海商纠纷	海上、通海水域货物运输合同纠纷	35
106			船舶建造合同纠纷	4
107			船舶租用合同纠纷	6
108			港口货物保管合同纠纷	1
109			海上、通海水域货运代理合同纠纷	1
110			港口作业纠纷	3
111			其他海事海商纠纷	1

续表

序号	一级案由	二级案由	三级案由	案件数量
112	与公司、证券、保险、票据等有关的民事纠纷	与企业有关的纠纷	企业出资人权益确认纠纷	1
113			侵害企业出资人权益纠纷	2
114			企业股份合作制改造合同纠纷	1
115			企业出售合同纠纷	1
116			挂靠经营合同纠纷	7
117			联营合同纠纷	6
118			企业承包经营合同纠纷	3
119		与公司有关的纠纷	股东资格确认纠纷	22
120			请求变更公司登记纠纷	12
121			股东出资纠纷	7
122			新增资本认购纠纷	4
123			股东知情权纠纷	14
124			请求公司收购股份纠纷	1
125			股权转让纠纷	105
126			公司决议纠纷	24
127			公司设立纠纷	1
128			公司证照返还纠纷	1
129			公司盈余分配纠纷	6
130			损害股东利益责任纠纷	9
131			损害公司利益责任纠纷	18
132			损害公司债权人利益责任纠纷	52
133			公司关联交易损害责任纠纷	3
134			公司增资纠纷	5
135			公司解散纠纷	9
136			清算责任纠纷	21
137			其他与公司有关的纠纷	19

续表

序号	一级案由	二级案由	三级案由	案件数量
138	与公司、证券、保险、票据等有关的民事纠纷	合伙企业纠纷	合伙企业财产份额转让纠纷	2
139		与破产有关的纠纷	请求撤销个别清偿行为纠纷	1
140			对外追收债权纠纷	7
141			追收未缴出资纠纷	1
142			追收抽逃出资纠纷	1
143			破产债权确认纠纷	55
144			取回权纠纷	2
145			管理人责任纠纷	3
146			其他与破产有关的纠纷	10
147		证券纠纷	证券权利确认纠纷	11
148			证券交易合同纠纷	17
149			金融衍生品种交易纠纷	1
150			证券承销合同纠纷	1
151			证券投资咨询纠纷	1
152			证券回购合同纠纷	49
153			证券交易代理合同纠纷	6
154			证券欺诈责任纠纷	2411
155			融资融券交易纠纷	51
156			客户交易结算资金纠纷	1
157			其他证券纠纷	3
158		期货交易纠纷	期货强行平仓纠纷	1
159		信托纠纷	民事信托纠纷	4
160			营业信托纠纷	2
161		保险纠纷	财产保险合同纠纷	233
162			人身保险合同纠纷	381
163			保险经纪合同纠纷	2

续表

序号	一级案由	二级案由	三级案由	案件数量
164	与公司、证券、保险、票据等有关的民事纠纷	票据纠纷	票据付款请求权纠纷	34
165			票据追索权纠纷	193
166			票据返还请求权纠纷	1
167			票据损害责任纠纷	1
168			票据利益返还请求权纠纷	42
169			票据纠纷	76
170		信用证纠纷	信用证欺诈纠纷	2
171			信用证融资纠纷	2
172		独立保函纠纷	独立保函欺诈纠纷	4
173			独立保函纠纷	3
174	侵权责任纠纷	侵权责任纠纷	用人单位责任纠纷	2
175			提供劳务者致害责任纠纷	1
176			提供劳务者受害责任纠纷	128
177			网络侵权责任纠纷	11
178			违反安全保障义务责任纠纷	16
179			教育机构责任纠纷	3
180			产品责任纠纷	112
181			机动车交通事故责任纠纷	240
182			非机动车交通事故责任纠纷	3
183			医疗损害责任纠纷	6
184			环境污染责任纠纷	22
185			高度危险责任纠纷	16
186			建筑物和物件损害责任纠纷	20
187			触电人身损害责任纠纷	7
188			铁路运输损害责任纠纷	4
189			其他侵权责任纠纷	164

如表 1－5 所示，样本中的 23，302 件民事案件共涉及 186 个三级案由、30 个二级案由和 9 个一级案由。其中，除了在统计过程中无法判断具体案由的“综合类”或“其他类”三级案由外，案件数量最多的 20 个三级案由分别为：买卖合同纠纷，劳动合同纠纷，商标权权属、侵权纠纷，证券欺诈责任纠纷，借款合同纠纷，建设工程合同纠纷，服务合同纠纷，租赁合同纠纷，银行卡纠纷，著作权权属、侵权纠纷，人身保险合同纠纷，承揽合同纠纷，供用热力合同纠纷，追偿权纠纷，劳务合同纠纷，财产损害赔偿纠纷，机动车交通事故责任纠纷，财产保险合同纠纷，专利权权属、侵权纠纷，票据追索权纠纷。上述案由所包含的案件数量按降序排列，具体分布见表 1－6。

表 1－6　案件数量前 20 名的案由分布

序号	2021 年三级案由前 20 名	案件数量/件
1	买卖合同纠纷	3190
2	劳动合同纠纷	2587
3	商标权权属、侵权纠纷	2549
4	证券欺诈责任纠纷	2411
5	借款合同纠纷	1661
6	建设工程合同纠纷	1321
7	服务合同纠纷	649
8	租赁合同纠纷	606
9	银行卡纠纷	593
10	著作权权属、侵权纠纷	459
11	人身保险合同纠纷	381
12	承揽合同纠纷	364
13	供用热力合同纠纷	347
14	追偿权纠纷	329
15	劳务合同纠纷	283
16	财产损害赔偿纠纷	269
17	机动车交通事故责任纠纷	240
18	财产保险合同纠纷	233
19	专利权权属、侵权纠纷	201
20	票据追索权纠纷	193

如前文所述，样本中全部的23,302件民事案件涉及189个三级案由，而表1－6所示的20个案由所包含的案件数量共计18,866件，占到全部民事案件的约80.96%，可见上市公司案件类型在上述20个案由中的集中度较高，这20个案由基本反映了上市公司所涉及的民事诉讼中比较多发和常见的案件类型情况。

第二节 2021年上市公司诉讼案件的诉讼程序及地域分析

一、2021年上市公司诉讼案件的诉讼程序概况

（一）样本案件的诉讼阶段分布概况

在24,046件样本案件中，一审程序审结的案件有17,052件，二审程序审结的案件有6154件，再审程序审结的案件有840件。（见表1－7）

表1－7 样本案件诉讼阶段分布

诉讼阶段	案件数量/件
一审程序	17,052
二审程序	6154
再审程序	840

各类诉讼阶段所审结的案件占比情况如图1－4所示，其中约70.92%的案件为一审案件，二审案件占比约为25.59%，而再审案件数量较少，仅占约3.49%。

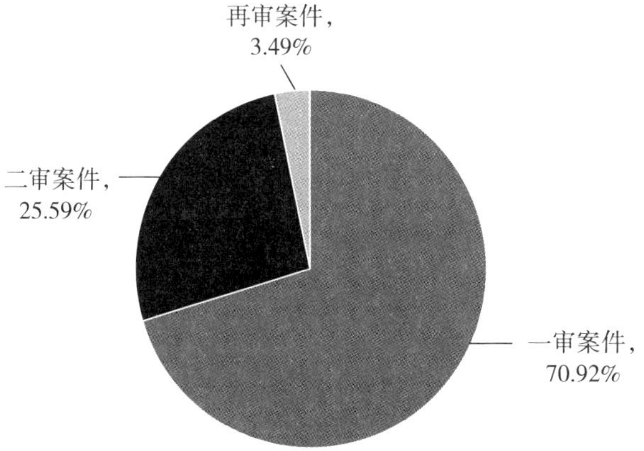

图1－4 样本案件中各诉讼阶段占比情况

(二)样本案件的审理法院层级分布概况

在 24,046 件样本案件中,基层人民法院(包括互联网法院等与基层法院同级的专门法院)审结的案件有 13,489 件,中级人民法院(包括海事法院、知识产权法院、金融法院等与中级人民法院同级的专门法院)审结的案件有 8479 件,高级人民法院审结的案件有 1767 件,最高人民法院审结的案件有 311 件。(见表 1－8)

表 1－8　样本案件中各级审理法院层级分布

法院层级	案件数量/件
基层人民法院	13,489
中级人民法院	8479
高级人民法院	1767
最高人民法院	311

各级法院审结案件的占比情况如图 1－5 所示。其中约 56.10% 的案件为基层人民法院审结的案件,中级人民法院审结的案件约占 35.26%,而各高级人民法院及最高人民法院审结的案件数量较少,分别占全部案件的约 7.35% 和 1.29%。

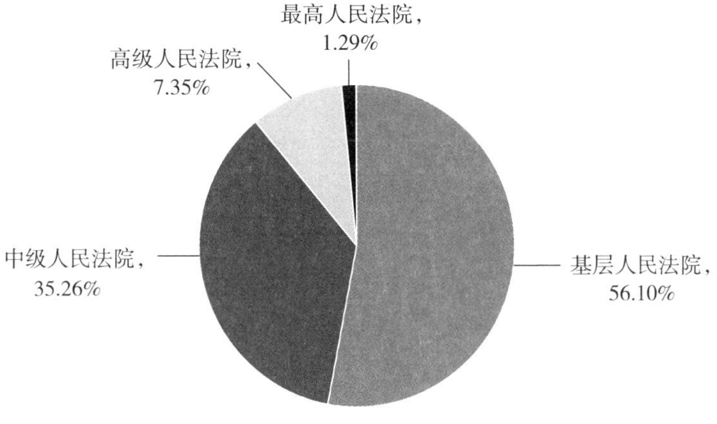

图 1－5　样本案件中各级审理法院层级占比情况

二、2021 年上市公司诉讼案件的地域分布概况

在 24,046 件样本案件中,本书根据审理法院所属的省级行政区划,统计了各省(直辖市、自治区)审理上市公司诉讼案件的总体情况。除了 311 件案件由最高人

民法院审结之外，其余 23,735 件案件的省（直辖市、自治区）分布情况如表 1－9 所示。

表 1－9　样本案件地域分布

省（直辖市、自治区）	数量/件	数量排名
北京市	3442	1
上海市	3278	2
广东省	2544	3
山东省	1856	4
江苏省	1838	5
湖南省	1604	6
辽宁省	1232	7
河南省	1138	8
浙江省	941	9
陕西省	671	10
四川省	569	11
安徽省	566	12
重庆市	532	13
福建省	505	14
贵州省	349	15
吉林省	339	16
河北省	304	17
湖北省	302	18
新疆维吾尔自治区	247	19
广西壮族自治区	221	20
山西省	205	21
天津市	193	22
黑龙江省	147	23
内蒙古自治区	146	24
江西省	137	25

续表

省(直辖市、自治区)	数量/件	数量排名
甘肃省	133	26
云南省	123	27
宁夏回族自治区	75	28
青海省	62	29
海南省	20	30
西藏自治区	16	31

在全国31个省级行政区中,2021年审结上市公司案件数量超过1000件的有北京市、上海市、广东省、山东省、江苏省、湖南省、辽宁省、河南省共8个省市,可见上市公司所涉及的诉讼案件多集中在经济相对发达的地区审理。

第三节　2021 年上市公司诉讼案件的诉讼结果及风险指数分析

一、2021 年上市公司诉讼案件标的额概况

在本书收集并研究的24,046件样本案件中,除去撤回起诉、撤回上诉、撤回再审申请、驳回起诉、驳回上诉、驳回再审申请、发回重审等无法统计诉讼标的额的案件之外,共统计到明确记载标的额的案件为10,102件。

通过图1-6可以看出,样本案件的标的额呈现以下特点:(1)大量案件的标的额集中于1万~100万元和20万~50万元的数据段,其中有1974件案件的标的额在1万元以上10万元以下,有2168件案件的标的额在10万元以上20万元以下,有2182件案件的标的额在20万元以上50万元以下,有1129件案件的标的额在50万元以上100万元以下;(2)其他数据段的案件数量分布相对较少,案件数量均不超过1000件;(3)从总体趋势来看,案件数量与标的额大体上构成负相关关系,即标的额越大,相应的案件数量越少。

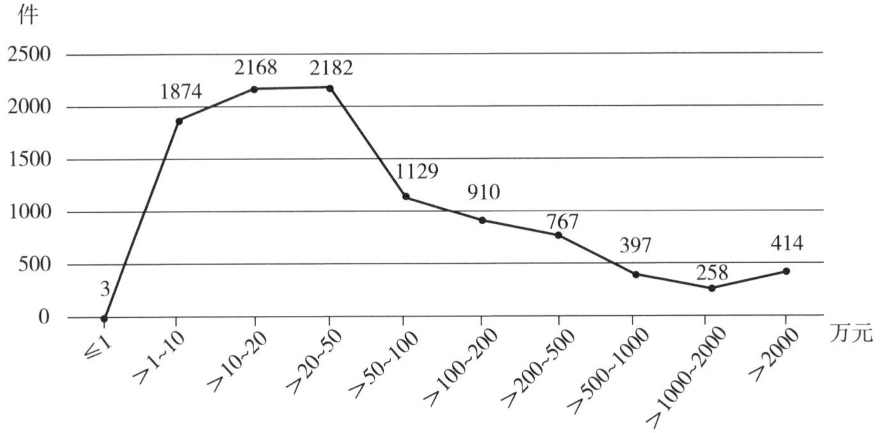

图1－6　样本案件诉讼标的额分布情况

二、2021年上市公司诉讼案件的诉讼结果概况

（一）样本案件中诉讼结果分布概况

根据上市公司诉讼案件的实际情况，本书将统计并研究的上市公司诉讼案件诉讼结果主要分为以下五种情况：

1. 上市公司胜诉：即法院判决上市公司一方胜诉或认可了上市公司一方的大多数诉讼请求。

2. 上市公司败诉：即法院判决上市公司一方败诉或否认了上市公司一方的大多数诉讼请求。

3. 任意一方当事人撤诉：即诉讼当事人一方（一般是原告）撤回起诉或者撤回上诉，导致诉讼无疾而终，从而无法判断上市公司一方是否胜诉。

4. 法院驳回起诉、上诉或再审申请：即法院驳回当事人一方的请求，但没有对上市公司一方的诉讼请求予以回应，或者判决书中没有明确记载法院的判决理由，从而无法判断上市公司一方是否胜诉。

5. 法院不予受理、发回重审：判决书中仅记载不予受理或发回重审，无法判断上市公司一方是否胜诉。

上述情形所涉及的案件数量如表1－10所示。

表 1 – 10　样本案件诉讼结果分布

诉讼结果	案件数量/件
胜诉	11,511
败诉	11,654
撤回起诉	46
撤回上诉	356
撤回再审申请	33
驳回起诉	224
驳回上诉	205
驳回再审申请	11
发回重审	6

在所有的样本案件中，上市公司的胜诉和败诉情况（胜诉和败诉以外的其他情况以"其他"概括）如图 1 – 7 所示。其中，上市公司一方胜诉的案件共 11,511 件，占全部案件的约 47.87%；上市公司一方败诉的案件共 11,654 件，占全部案件的约 48.47%；其余为发生撤回起诉、撤回上诉、撤回再审申请、驳回起诉、驳回上诉、驳回再审申请、发回重审等情形的案件，数量不多，仅占全部案件总量的约 3.66%。

总体来看，上市公司参与诉讼案件的结果是胜少败多，但胜诉和败诉案件发生的数量差距并不大。

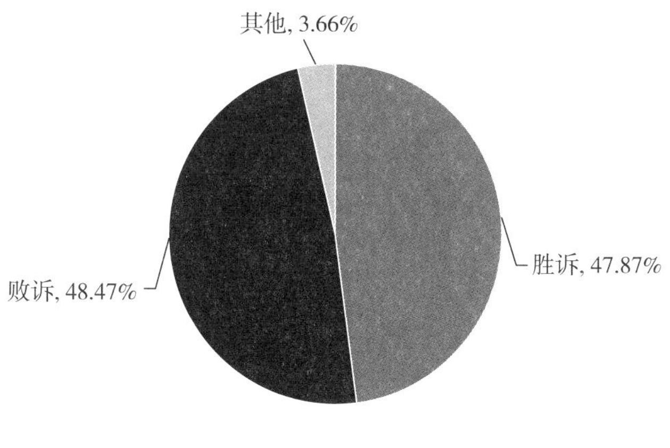

图 1 – 7　样本案件中各类诉讼结果占比情况

（二）各行业上市公司诉讼结果情况总体分布

在不考虑撤回起诉、撤回上诉、撤回再审申请、驳回起诉、驳回上诉、驳回再审申请、发回重审等特殊情形案件的情况下，各行业上市公司的胜诉、败诉情况如表1－11所示。其中，上市公司胜诉的案件共计11,511件，上市公司败诉的案件共计11,654件，总体的胜诉率约为49.69%。

表1－11　各行业上市公司胜诉和败诉情况分布

序号	行业	胜诉/件	败诉/件
1	农、林、牧、渔业	2047	2112
2	采矿业	548	438
3	食品、饮品相关制造业	497	653
4	纺织、服饰相关制造业	106	191
5	木材、家具、造纸相关制造业	49	52
6	印刷、文娱相关制品制造业	125	130
7	石油、化学相关制品制造业	55	108
8	医药制造业	183	111
9	化纤、橡胶、塑料相关制造业	177	207
10	非金属矿物制品业	362	456
11	金属相关制造业	504	391
12	通用设备制造业	394	410
13	专用设备制造业	278	314
14	汽车等交通运输设备制造业	166	112
15	电气机械和器材制造业	491	356
16	计算机、通信和其他电子设备制造业	425	738
17	仪器仪表等其他制造业	111	103
18	电力、热力、燃气及水生产和供应业	1071	543
19	建筑业	271	182
20	批发业	543	344
21	零售业	528	768
22	交通运输、仓储、邮政、住宿和餐饮业	110	125

续表

序号	行业	胜诉/件	败诉/件
23	电信和互联网相关服务业	391	335
24	软件和信息技术服务业	233	797
25	金融业	34	31
26	房地产业	321	216
27	租赁和商务服务业	351	793
28	科学研究和技术服务业	179	309
29	公共事业等其他服务业	875	276
30	文化、体育和娱乐业	78	51
31	综合行业	8	2
总计		11,511	11,654

（三）各行业上市公司参与诉讼的胜诉率排行榜

2021 年，在不考虑撤回起诉等特殊情形案件的情况下，各行业上市公司的胜诉率排行如表 1－12 所示。

表 1－12　各行业上市公司胜诉率排行

排名	行业	胜诉率/%
1	综合行业	80.00
2	软件和信息技术服务业	76.02
3	建筑业	66.36
4	房地产业	62.24
5	公共事业等其他服务业	61.22
6	科学研究和技术服务业	60.47
7	采矿业	59.82
8	交通运输、仓储、邮政、住宿和餐饮业	59.78
9	农、林、牧、渔业	59.71
10	医药制造业	57.97
11	零售业	56.31

续表

排名	行业	胜诉率/%
12	电信和互联网相关服务业	55.58
13	金属相关制造业	53.86
14	印刷、文娱相关制品制造业	52.31
15	化纤、橡胶、塑料相关制造业	51.87
16	金融业	49.22
17	租赁和商务服务业	49.02
18	计算机、通信和其他电子设备制造业	49.00
19	批发业	48.51
20	汽车等交通运输设备制造业	46.96
21	非金属矿物制品业	46.81
22	通用设备制造业	46.09
23	电力、热力、燃气及水生产和供应业	44.25
24	石油、化学相关制品制造业	43.22
25	专用设备制造业	40.74
26	木材、家具、造纸相关制造业	36.68
27	电气机械和器材制造业	36.54
28	文化、体育和娱乐业	35.69
29	仪器仪表等其他制造业	33.74
30	食品、饮品相关制造业	30.68
31	纺织、服饰相关制造业	22.62

从表1－12中可以发现，全部31个行业的上市公司中，参与诉讼胜诉率最高的是综合行业的上市公司，其次是软件和信息技术服务业的上市公司，接下来是建筑业、房地产业、公共事业等其他服务业以及科学研究和技术服务业的上市公司，以上6个行业中上市公司的胜诉率均超过了60%，远高于全体上市公司49.69%的平均胜诉率。

而上市公司参与诉讼胜诉率最低的6个行业分别是木材、家具、造纸相关制造业，电气机械和器材制造业，文化、体育和娱乐业，仪器仪表等其他制造业，食品、饮品相关制造业以及纺织、服饰相关制造业的上市公司，上述6个行业的上市公司参与诉讼胜诉率均在40%以下，尤其纺织、服饰相关制造业，胜诉率大大低于平均胜诉率。

三、2021 年各行业上市公司诉讼风险指数

（一）上市公司诉讼风险内涵

诉讼风险与法律风险密切相关，但存在一些区别。从法律管理流程的角度来说，诉讼风险是法律风险在法律管理末端的一种表现形式；从法律管理条块的角度来说，诉讼风险是法律风险的其中一个子集，其重要程度与公司对诉讼问题的重视程度有关；就二者相关性而言，诉讼风险与法律风险总体上呈正相关关系。

一般而言，可以将上市公司所涉及的法律风险划分为以下四个层次：一是广义的法律风险，即可能给公司业务运行和管理带来负面影响的所有法律问题；二是涉诉风险，即可能导致公司成为被告，或需要公司主动提起诉讼的所有法律纠纷风险；三是败诉风险，即在参与到诉讼之后，公司的诉讼请求被法院驳回，或者产生其他不利的诉讼结果的风险；四是损失风险，即在获得败诉结果之时，该结果给公司带来直接经济损失的风险。

具体到本书的研究对象上市公司，本书认为，应当将上市公司诉讼风险内涵的核心明确为“上市公司参与诉讼的诉讼成本”，具体而言，诉讼成本由两方面构成：一方面是诉讼负担，即上市公司参与诉讼的间接成本，包括公司治理、专业人员等方面资源投入的成本；另一方面是诉讼损失，即公司在诉讼中获得败诉结果后由法院判决应当承担的直接经济损失。

总之，在本书的研究中，诉讼风险是法律风险的一部分，而严重的法律风险几乎均会以诉讼风险的形式表现出来，因此研究诉讼风险是上市公司从整体上把握法律风险的重要“抓手”。接下来，本书将从间接的诉讼负担和直接的诉讼损失两个方面分别入手，构建分析上市公司诉讼风险的基本框架。

（二）2021 年各行业上市公司诉讼风险指数

经由上文对诉讼风险概念的分析，本书将诉讼风险指数的描述对象明确为诉讼成本，即诉讼对上市公司造成负面影响的大小。而影响诉讼成本的因素包括以下两点：（1）诉讼负担，即描述诉讼活动所带来的公司管理、资源等负累的程度，该要素受到实际诉讼规模的影响，可分解为平均涉案数量和案件平均标的额两个要素；（2）诉讼损失，即公司基于败诉结果承担的直接经济损失，该要素受到实际诉讼结果的影响，可以由案件平均败诉损失来表示。

具体而言，一方面，公司涉案数量、标的额影响诉讼规模的大小，涉案数量越多、

标的额越大，对上市公司造成的诉讼整体负担越重，诉讼风险相应也越大，故平均涉案数量、平均标的额两个要素与上市公司诉讼风险大小整体构成正相关关系；另一方面，败诉损失显然直接构成诉讼损失，故平均败诉损失这一要素也与上市公司诉讼风险大小构成正相关关系。可见，平均涉案数量、平均标的额、平均败诉损失三大要素均与上市公司诉讼风险大小构成正相关关系，据此，本书整理出构成各行业上市公司诉讼风险指数要素的排名情况如表 1－13 所示。（排名越高，表示该行业上市公司的诉讼负担或诉讼损失越大。）

表 1－13　各行业上市公司诉讼风险要素排名

序号	行业	诉讼负担		诉讼损失
		平均涉案数量排名	平均标的额排名	平均败诉损失排名
1	农、林、牧、渔业	11	14	17
2	采矿业	10	19	22
3	食品、饮品相关制造业	8	30	28
4	纺织、服饰相关制造业	4	29	27
5	木材、家具、造纸相关制造业	7	31	30
6	印刷、文娱相关制品制造业	25	23	21
7	石油、化学相关制品制造业	19	4	4
8	医药制造业	20	9	15
9	化纤、橡胶、塑料相关制造业	28	12	11
10	非金属矿物制品业	24	20	18
11	金属相关制造业	18	22	20
12	通用设备制造业	23	11	8
13	专用设备制造业	14	24	19
14	汽车等交通运输设备制造业	21	13	12
15	电气机械和器材制造业	15	18	14
16	计算机、通信和其他电子设备制造业	26	10	9
17	仪器仪表等其他制造业	27	5	5
18	电力、热力、燃气及水生产和供应业	9	15	13
19	建筑业	2	17	23

续表

序号	行业	诉讼负担		诉讼损失
		平均涉案数量排名	平均标的额排名	平均败诉损失排名
20	批发业	30	2	2
21	零售业	5	16	16
22	交通运输、仓储、邮政、住宿和餐饮业	13	27	26
23	电信和互联网相关服务业	3	3	3
24	软件和信息技术服务业	16	26	29
25	金融业	1	1	1
26	房地产业	22	7	10
27	租赁和商务服务业	17	6	7
28	科学研究和技术服务业	29	25	25
29	公共事业等其他服务业	6	21	24
30	文化、体育和娱乐业	12	8	6
31	综合行业	31	28	31

根据表 1－13 所示，本书通过对诉讼负担和诉讼损失两大要素的赋值进行排名，初步设计了上市公司诉讼风险的初级模型：即以各行业在诉讼负担和诉讼损失两个方面、三个要素的排名作为赋分依据，将平均涉案数量排名、平均标的额排名、平均败诉损失三项诉讼风险要素排名皆为第一的金融业赋值为 100，作为参照，形成描述各行业上市公司诉讼风险状况得分（百分制）的各行业上市公司诉讼风险指数。所得出的诉讼风险指数排行榜具体如表 1－14 所示。

表 1－14　各行业上市公司诉讼风险指数排行

排名	行业	诉讼风险指数
1	金融业	100.00
2	电信和互联网相关服务业	93.55
3	石油、化学相关制品制造业	78.23
4	文化、体育和娱乐业	77.42
5	批发业	74.19

续表

排名	行业	诉讼风险指数
6	租赁和商务服务业	73.39
7	仪器仪表等其他制造业	69.35
8	房地产业	63.71
9	通用设备制造业	62.90
10	电力、热力、燃气及水生产和供应业	62.90
11	零售业	60.48
12	计算机、通信和其他电子设备制造业	59.68
13	汽车等交通运输设备制造业	56.45
14	农、林、牧、渔业	55.65
15	医药制造业	55.65
16	电气机械和器材制造业	54.03
17	化纤、橡胶、塑料相关制造业	53.23
18	建筑业	50.81
19	采矿业	44.35
20	公共事业等其他服务业	42.74
21	专用设备制造业	41.94
22	非金属矿物制品业	38.71
23	金属相关制造业	38.71
24	纺织、服饰相关制造业	33.06
25	印刷、文娱相关制品制造业	30.65
26	交通运输、仓储、邮政、住宿和餐饮业	29.03
27	食品、饮品相关制造业	27.42
28	木材、家具、造纸相关制造业	24.19
29	软件和信息技术服务业	22.58
30	科学研究和技术服务业	19.35
31	综合行业	5.65

第二章

2021年各行业上市公司诉讼情况统计

第一节　农、林、牧、渔业

一、农、林、牧、渔业上市公司概况

农、林、牧、渔业，即广义的农业，其在国民经济中处于基础性地位，属于三大产业中的第一产业。根据我国国民经济行业分类，农、林、牧、渔业包括狭义的农业（种植业）、林业、畜牧业、渔业，以及农、林、牧、渔相关的专业或辅助性活动（如农业服务业等）。农、林、牧、渔业上市公司经营活动主要围绕粮食和农副产品等基本生活资料的生产展开。

截至 2021 年第四季度，我国农、林、牧、渔业上市公司共计 48 家，从行业小类看，狭义农业（种植业）上市公司 17 家、林业上市公司 4 家、畜牧业上市公司 18 家、渔业上市公司 8 家、农林牧渔服务业上市公司 1 家，种植业和畜牧业上市公司在农林牧渔业上市公司中占据主流。从市场规模看，我国上市公司中农、林、牧、渔业的整体规模较小，其数量仅占全部上市公司的约 1.02%，可见农、林、牧、渔业在全国范围内具有较大市场影响力的企业数量较少。

二、农、林、牧、渔业行业政策和法律风险新动向

（一）农、林、牧、渔业行业政策新动向

1.《“十四五”推进农业农村现代化规划》

“三农”工作是全面建设社会主义现代化国家的重中之重。为贯彻落实《中华人民共和国国民经济和社会发展第十四个五年规划和 2035 年远景目标纲要》，坚持农业农村优先发展，全面推进乡村振兴，加快农业农村现代化，2021 年 11 月 12 日，国务院印发《“十四五”推进农业农村现代化规划》，从开启农业农村现代化新征程、夯实农业生产基础，提升粮食等重要农产品供给保障水平、推进创新驱动发展，提升农业质量效益和竞争力、构建现代乡村产业体系，提升产业链供应链现代化水平、加强农村生态文明建设，建设绿色美丽乡村、加强和改进乡村治理，建设文明和谐乡村、实现巩固拓展脱贫攻坚成果同乡村振兴有效衔接等几个方面对“十三五”时期农业建设进行了总结与归纳，并对新一轮“三农”改革推进工程提出了崭新的蓝图。

2.《国有林场管理办法》

为进一步规范和加强国有林场管理，促进国有林场高质量发展，2021 年 10 月 9

日，国家林业和草原局印发修订后的《国有林场管理办法》，从设立与管理、森林资源保护与监管、森林资源培育与经营、保障措施等几个方面对国有林场的管理做出规定，符合保护我国珍贵国有森林资源、维护国有林场合法权益的需要，有利于强化林业部门对国有林场的管理，保障国有林场的合法权益。

3.《关于实施渔业发展支持政策推动渔业高质量发展的通知》

2021 年 5 月 12 日，财政部、农业农村部发布《关于实施渔业发展支持政策推动渔业高质量发展的通知》，按照总量不减、存量调整、保障重点、统筹兼顾的思路，将补贴资金用于渔民减船转产、渔业装备和基础设施建设、渔船生产成本补贴等方面，取得了显著的经济、社会和生态效益，特别是在稳定渔区社会、增加渔民收入、养护水域生态资源、促进渔业转型升级等方面发挥了不可替代的作用，但也出现了一些新的情况和问题。为进一步推动渔业高质量发展，提高渔业现代化水平，构建渔业发展新格局，“十四五”期间继续实施渔业发展相关支持政策。

（二）农、林、牧、渔业法律风险新动向

1.《关于严格耕地用途管制有关问题的通知》

2021 年 11 月 27 日，自然资源部、农业农村部、国家林业和草原局联合发布《关于严格耕地用途管制有关问题的通知》，要求严格落实永久基本农田特殊保护制度。各地要结合遥感监测和国土变更调查，全面掌握本区域内永久基本农田利用状况。该通知要求严格永久基本农田占用与补划、改进和规范建设占用耕地占补平衡、严肃处置违法违规占用耕地问题，并要求严格管控一般耕地转为其他农用地。永久基本农田以外的耕地为一般耕地。各地应认真执行新修订的《土地管理法实施条例》第 12 条关于“严格控制耕地转为林地、草地、园地等其他农用地”的规定。一般耕地主要用于粮食和棉、油、糖、蔬菜等农产品及饲草饲料生产；在不破坏耕地耕作层且不造成耕地地类改变的前提下，可以适度种植其他农作物。

2.《海洋渔业行政处罚自由裁量基准（试行）》

2021 年 11 月 26 日，农业农村部、中国海警局印发《海洋渔业行政处罚自由裁量基准（试行）》，梳理确定了 86 个涉渔违法行为，涵盖了打击非法捕捞、水生野生动物保护、渔港水域交通安全管理、渔业水域生态环境保护及渔业船员、渔业无线电、渔业航标管理等领域。该基准明确了每个违法行为的处罚依据、违法情节分类、认定标准、细化阶次、处罚内容等事项。对于地方性法规和规章确定的行政处罚事项，明确由地方渔业主管部门制定自由裁量基准。据渔业实际情况和执法实践，该基准在法定的行政处罚幅度范围内，将违法情节分为较轻、一般和严重三个档次。

对于渔业法律、法规、规章规定有特别严重情节的，相应增加特别严重一档；对于一旦实施即产生较大社会危害的，取消较轻一档；对于炸鱼、毒鱼、电鱼以及使用禁用渔具进行捕捞等严重破坏渔业资源的，以严重情节为起点进行裁量；对于自由裁量空间大的档次，在相关违法情节之下，又进一步细分为多个阶次，并明确每个阶次对应的处罚内容。

三、农、林、牧、渔业上市公司诉讼情况统计

本书以农、林、牧、渔业的48家上市公司为当事人检索案件，共收集2021年全国法院判决的各类司法判决书286份，作为统计分析的样本。

（一）案件类型分布

1. 案件诉讼类型

从案件诉讼类型看，2021年农、林、牧、渔业上市公司涉及的286件案件，以民事诉讼为主，行政诉讼仅有2件，无刑事诉讼。

2. 案件案由种类

首先，从诉讼案件案由的基本类型看，2021年农、林、牧、渔业上市公司涉及的286件案件主要集中在金融法纠纷和合同类纠纷两类中，具体分布情况如表2-1所示。

表2-1 农、林、牧、渔业上市公司案件案由基本类型分布

案由基本类型	案件数量/件
物权纠纷	2
合同类纠纷	64
侵权责任纠纷	6
知识产权纠纷	9
竞争法纠纷	1
公司法纠纷	4
金融法纠纷	180
劳动法纠纷	17
其他民事纠纷	1
行政诉讼	2
刑事诉讼	0
合计	286

其中，如图 2－1 所示，金融法纠纷案件共有 180 件，约占全部案件总量的 62.94%；合同类纠纷共有 64 件，约占全部案件总量的 22.38%；公司法纠纷、劳动法纠纷及物权纠纷、知识产权纠纷数量不多，占比较小。

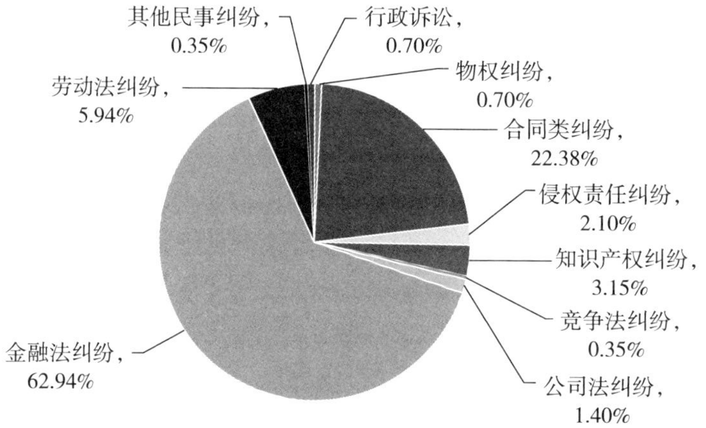

图 2－1　农、林、牧、渔业上市公司案件案由基本类型分布情况

其次，从案件的具体案由看，2021 年农、林、牧、渔业上市公司涉及的 286 件案件以证券欺诈责任纠纷案件数量最多，其他种类案由呈分散化分布状态，其分布情况如表 2－2 所示。

表 2－2　农、林、牧、渔业上市公司案件具体案由分布

具体案由	案件数量/件
证券欺诈责任纠纷	178
买卖合同纠纷	17
劳动合同纠纷	17
借款合同纠纷	15
综合合同纠纷	12
建设工程合同纠纷	5
植物新品种权权属、侵权纠纷	5
租赁合同纠纷	3
种植、养殖回收合同纠纷	3
机动车交通事故责任纠纷	3

续表

具体案由	案件数量/件
保证合同纠纷	2
商标权权属、侵权纠纷	2
提供劳务者受害责任纠纷	2
其他合同纠纷	2
票据纠纷	2
生命权、身体权、健康权纠纷	1
返还原物纠纷	1
土地承包经营权纠纷	1
确认合同效力纠纷	1
债权转让合同纠纷	1
劳务合同纠纷	1
追偿权纠纷	1
不当得利纠纷	1
技术合同纠纷	1
著作权权属、侵权纠纷	1
新增资本认购纠纷	1
股权转让纠纷	1
损害公司利益责任纠纷	1
损害公司债权人利益责任纠纷	1
其他不正当竞争纠纷	1
其他侵权责任纠纷	1
行政确认	1
其他行政管理	1

3.案件地域分布

从案件地域分布看,2021年农、林、牧、渔业上市公司涉及的286件案件中,除9件由最高人民法院审理之外,其他案件主要分布在辽宁省、河南省等地。其中,辽宁省案件最多,共170件;其次是河南省,共29件。具体分布情况如图2-2所示。

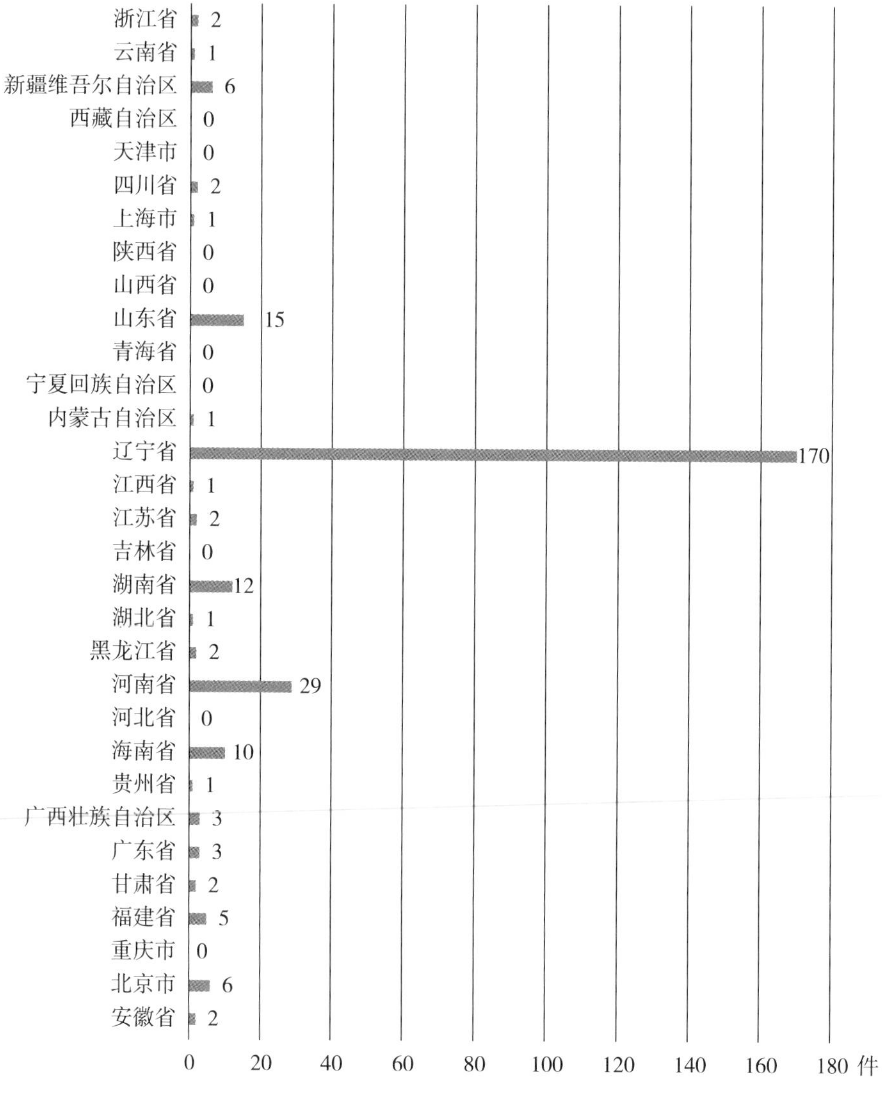

图 2－2　农、林、牧、渔业上市公司案件地域分布情况

（二）案件审理程序

1. 诉讼阶段

如图 2－3 所示，从诉讼阶段看，2021 年农、林、牧、渔业上市公司涉及的 286 件案件中，一审案件 116 件，占比约 40.56%；二审案件 148 件，占比约 51.75%；再审案件 22 件，占比约 7.69%。

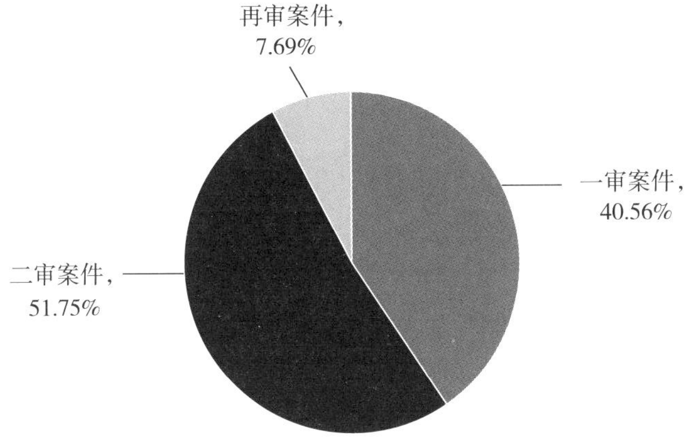

图 2 －3　农、林、牧、渔业上市公司案件诉讼阶段分布情况

2. 法院层级

如图 2 －4 所示，从法院层级看，2021 年农、林、牧、渔业上市公司涉及的 286 件案件中，基层人民法院审结的案件 53 件，占比约 18. 53%；中级人民法院审结的案件 94 件，占比约 32. 87%；高级人民法院审结的案件 130 件，占比约 45. 45%；最高人民法院审结的案件 9 件，占比约 3. 15%。

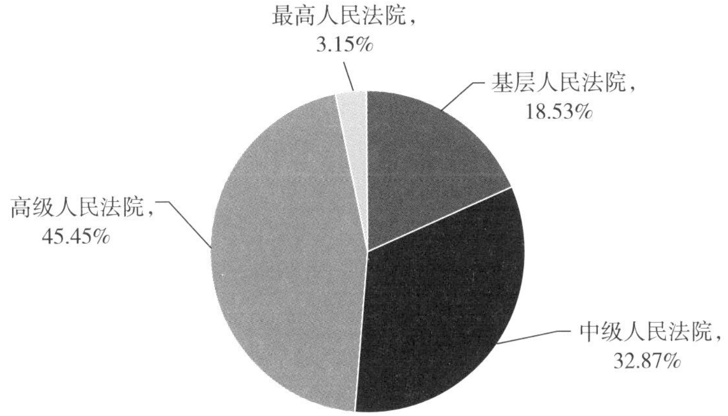

图 2 －4　农、林、牧、渔业上市公司案件审理法院层级分布情况

（三）上市公司诉讼地位

如图 2 －5 所示，从上市公司的诉讼地位看，2021 年农、林、牧、渔业上市公司涉及的 286 件案件中，上市公司作为原告的案件有 141 件，占比约 49. 30%；上市公司作为被告的案件有 138 件，占比约 48. 25%。除此之外，还有 7 件案件中上市公司以第三人的身份参与了诉讼,占比约 2.45%。

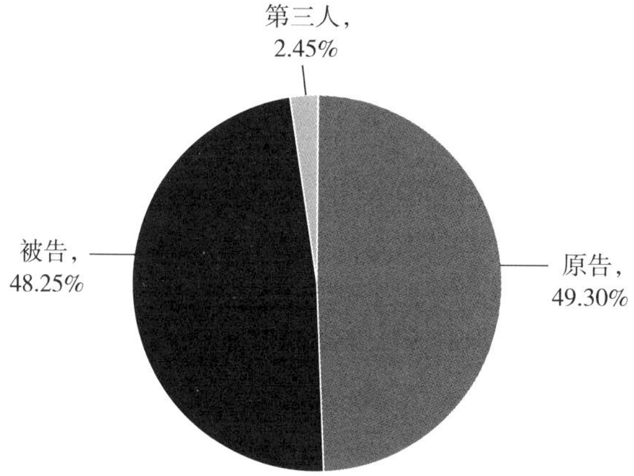

图 2－5 农、林、牧、渔业上市公司一审程序诉讼地位分布情况

（四）诉讼标的额

从诉讼案件的标的额看,2021 年农、林、牧、渔业上市公司涉及的有标的额可查的案件中,诉讼标的额数量分布情况如图 2－6 所示。总体来看,本行业诉讼标的额总额为 427,075,956.39 元,诉讼标的额最大为 116,445,200 元,行业平均诉讼标的额为 5,546,440.99 元。

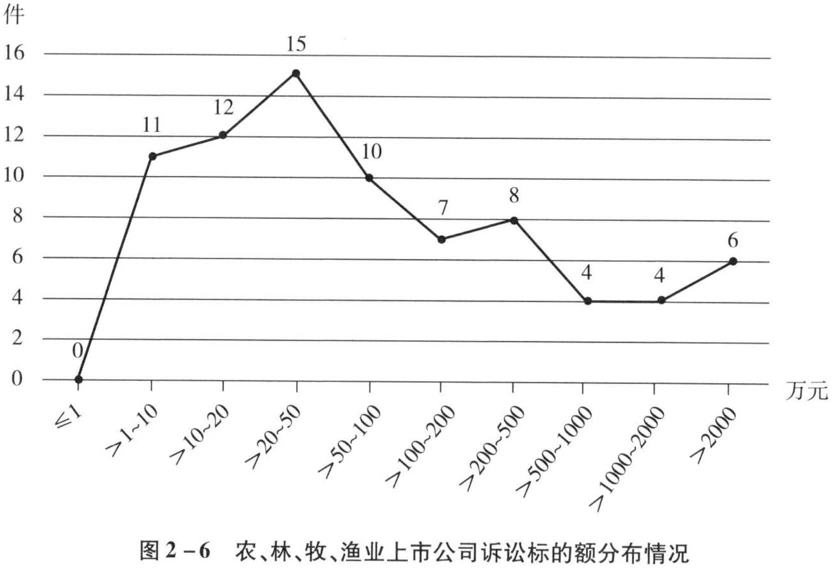

图 2－6 农、林、牧、渔业上市公司诉讼标的额分布情况

区分上述案件中上市公司的不同诉讼地位来看：农、林、牧、渔业上市公司作为原告涉及的案件中，诉讼标的额数量分布情况如图 2 - 7 所示。这部分案件的诉讼标的额总额为 15,995,907.94 元，平均诉讼标的额为 1,066,393.86 元。

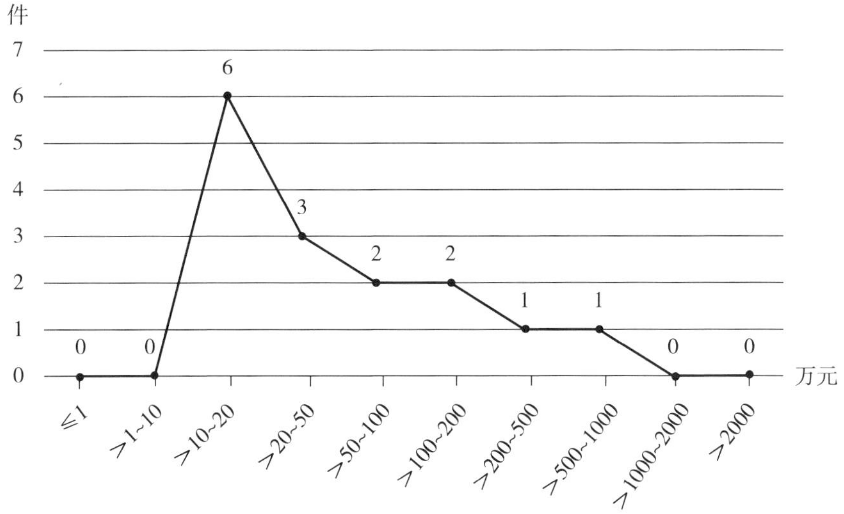

图 2 - 7　农、林、牧、渔业上市公司作为原告诉讼标的额分布情况

农、林、牧、渔业上市公司作为被告涉及的案件中，诉讼标的额数量分布情况如图 2 - 8 所示。这部分案件的诉讼标的额总额为 374,768,752.2 元，平均诉讼标的额为 6,574,890.39 元。

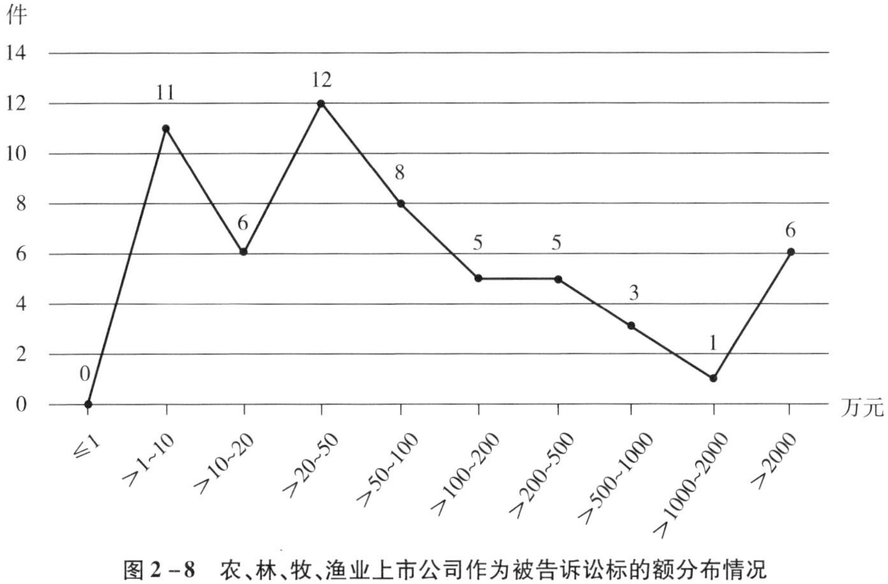

图 2 - 8　农、林、牧、渔业上市公司作为被告诉讼标的额分布情况

(五)诉讼结果和胜诉率

从总体上看,如图2－9所示,2021年农、林、牧、渔业上市公司涉及的所有案件中,胜诉的案件有166件、败诉的案件有112件、撤回上诉的案件有4件、撤回再审申请的案件有1件、驳回上诉的案件有3件。该行业上市公司胜诉的案件数量在全部案件中占比约为58.04%,如果排除撤诉等特殊情形,则该行业上市公司的总体胜诉率约为59.71%。

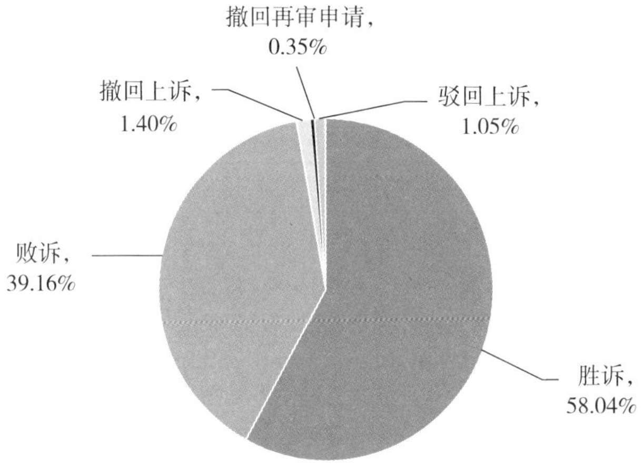

图2－9　农、林、牧、渔业上市公司诉讼结果占比情况

如图2－10所示,具体到不同的诉讼地位,当农、林、牧、渔业上市公司为原告时,其胜诉的案件有56件,败诉的案件81件,胜诉率约为40.88%,低于总体胜诉率;当农、林、牧、渔业上市公司为被告时,其胜诉的案件有109件,败诉的案件有26件,胜诉率约为80.74%,高于总体胜诉率;当农、林、牧、渔业上市公司为第三人时,其胜诉的案件有1件,败诉的案件有5件,胜诉率约为16.67%,远低于总体胜诉率。

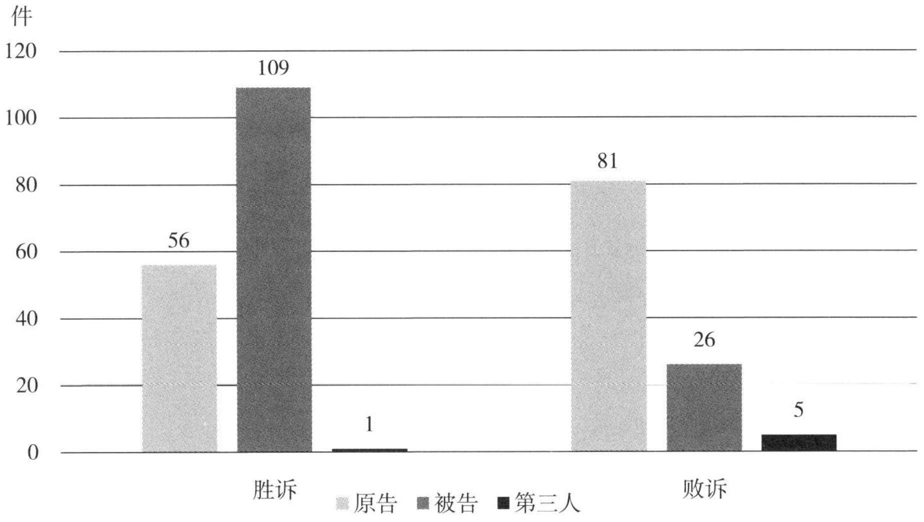

图2-10　农、林、牧、渔业上市公司胜诉情况与诉讼地位交叉分布情况

如图2-11所示，具体到不同的诉讼阶段，一审阶段，农、林、牧、渔业上市公司胜诉的案件有93件，败诉的案件有23件，胜诉率约为80.17%，高于总体胜诉率；二审阶段，上市公司胜诉的案件有60件，败诉的案件有81件，胜诉率约为42.55%，低于一审胜诉率；再审阶段，上市公司胜诉的案件有13件，败诉的案件有8件，胜诉率约为61.90%。

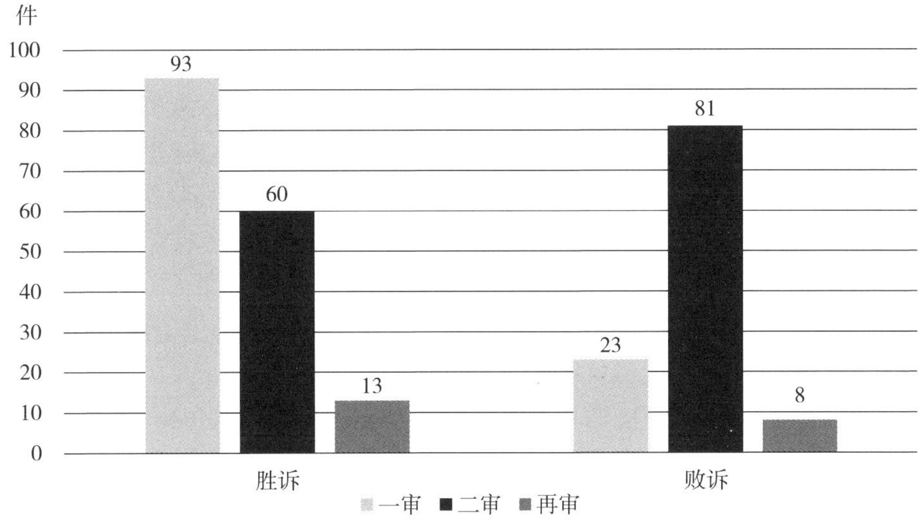

图2-11　农、林、牧、渔业上市公司胜诉情况与诉讼阶段交叉分布情况

第二节 采 矿 业

一、采矿业上市公司概况

采矿业，指对固体（如煤和矿物）、液体（如原油）或气体（如天然气）等自然产生的矿物的采掘；包括地下或地上采掘、矿井的运行，以及一般在矿址或矿址附近从事的，旨在加工原材料的所有辅助性工作，例如碾磨、选矿和处理，均属本类活动；还包括使原料得以销售所需的准备工作；不包括水的蓄集、净化和分配，以及地质勘查、建筑工程活动。

截至 2021 年第四季度，我国采矿业上市公司共计 79 家，从行业小类看，煤炭开采和洗选业上市公司 25 家、石油和天然气开采业上市公司 7 家、黑色金属矿采选业上市公司 5 家、有色金属矿采选业上市公司 23 家、非金属矿采选业上市公司 2 家、开采辅助活动上市公司 17 家。可以看出，有色金属矿采选业、煤炭开采和洗选业上市公司在采矿业上市公司中占据主流。从市场规模看，我国上市公司中采矿业的整体规模较小，其数量仅占全部上市公司的约 1.68%，可见采矿业在全国范围内具有较大市场影响力与竞争力的企业数量较少。

二、采矿业行业政策和法律风险新动向

（一）采矿业行业政策新动向

1.《智能化示范煤矿验收管理办法（试行）》

2021 年 12 月 7 日，国家能源局印发《智能化示范煤矿验收管理办法（试行）》，该管理办法提出，煤炭企业是煤矿智能化建设的责任主体，应按照《煤矿智能化建设指南（2021 年版）》进行智能化建设。智能化示范建设煤矿的验收应注重评价智能化对煤矿生产效率、安全水平等的提升效果。同时，该管理办法明确，智能化示范建设煤矿验收等级分为初级、中级和高级，井工煤矿应按照建设条件分类后进行评价，配套建设的选煤厂应与煤矿一同验收、分别评级。随着煤矿智能化技术进步、装备水平不断提高以及建设标准逐步完善，不同类别的智能化示范煤矿应按照新的标准迭代升级。该管理办法要求，验收工作应遵循公平公正公开原则，有关人员应坚持程序规范、标准一致，国家能源局将会同有关方面根据《智能化示范建设煤矿验收报告》和抽查情况进行审核。

2.《关于印发煤矿生产能力管理办法和核定标准的通知》

2021 年 4 月 27 日，应急管理部、国家矿山安全监察局、国家发改委、国家能源

局发布《关于印发煤矿生产能力管理办法和核定标准的通知》,该办法指出,超能力组织生产是煤矿重特大事故发生的主要原因之一。为进一步加强和完善煤矿生产能力管理,规范生产能力核定工作,保障安全生产,四部门根据国家有关规定,制定此办法。

(二)采矿业法律风险新动向

1.《关于规范非煤矿山安全监察工作的意见》

2021 年 12 月 28 日,国家矿山安全监察局发布《关于规范非煤矿山安全监察工作的意见》,要求完善“国家监察、地方监管、企业负责”的非煤矿山安全监察体制,监督检查地方政府非煤矿山安全监管工作,检查指导地方非煤矿山安全监督管理部门强化监管执法,推动属地监管责任落实,督促非煤矿山企业落实安全生产主体责任,有效防范化解非煤矿山区域性、系统性重大安全风险,推动非煤矿山行业安全高质量发展。监察内容囊括落实国家有关法规标准情况、推动加强非煤矿山安全监管责任体系和监管力量建设情况、推进非煤矿山安全生产源头治理情况、开展非煤矿山安全监管执法工作情况、防范化解非煤矿山重大安全风险和排查治理重大事故隐患情况、强化对非煤矿山工程施工单位和中介服务机构的监管情况、开展非煤矿山事故应急救援和调查处理情况。

2.《煤矿防灭火细则》

2021 年 10 月 12 日,国家矿山安全监察局印发关于《煤矿防灭火细则》的通知,对防灭火工作加以细化完善进行执行说明,以内因火灾和外因火灾的防灭为主线,确立“预防为主、早期预警、因地制宜、综合治理”的原则,综合防灭火相关标准、规范、文件、事故教训等进行系统梳理,使防灭火工作更具科学性、系统性、规范性、专业性,坚持以人民为中心,牢固树立安全发展理念,以防为主、防治结合,从源头消除煤矿火灾隐患,坚决防范火灾事故发生。

三、采矿业上市公司诉讼情况统计

本书以采矿业的 79 家上市公司为当事人检索案例,共收集 2021 年全国法院判决的各类司法判决书 501 份,作为统计分析的样本。

(一)案件类型分布

1. 案件诉讼类型

从案件诉讼类型看,2021 年采矿业上市公司涉及的 501 件案件,以民事诉讼为主,行政诉讼仅有 8 件,刑事诉讼为 1 件。

2. 案件案由种类

首先,从诉讼案件案由的基本类型看,2021 年采矿业上市公司涉及的 501 件案件主要集中在劳动法纠纷和合同类纠纷两类中,具体分布情况如表 2－3 所示。

表 2－3　采矿业上市公司案件案由基本类型分布

案由基本类型	案件数量/件
物权纠纷	51
合同类纠纷	188
侵权责任纠纷	49
知识产权纠纷	4
竞争法纠纷	0
公司法纠纷	30
金融法纠纷	5
劳动法纠纷	154
其他民事纠纷	11
行政诉讼	8
刑事诉讼	1
合计	501

其中,如图 2－12 所示,合同类纠纷案件共有 188 件,约占全部案件总量的 37.52%;劳动法纠纷共有 154 件,约占全部案件总量的 30.74%;公司法纠纷、侵权责任纠纷及物权纠纷、知识产权纠纷数量不多,占比较小。

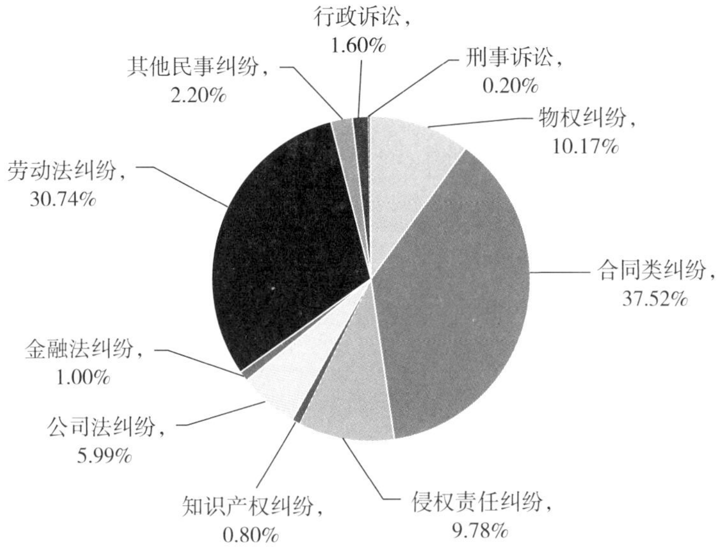

图 2－12　采矿业上市公司案由基本类型分布情况

其次，从案件的具体案由看，2021 年采矿业上市公司涉及的 501 件案件以劳动合同纠纷案件数量最多，其他种类案由呈分散化分布状态，其分布情况如表 2－4 所示。

表 2－4　采矿业上市公司案件具体案由分布

具体案由	案件数量/件
劳动合同纠纷	149
建设工程合同纠纷	41
买卖合同纠纷	34
房屋买卖合同纠纷	30
综合合同纠纷	30
财产损害赔偿纠纷	22
机动车交通事故责任纠纷	15
损害公司债权人利益责任纠纷	14
租赁合同纠纷	13
环境污染责任纠纷	11
提供劳务者受害责任纠纷	9
其他侵权责任纠纷	9

续表

具体案由	案件数量/件
排除妨害纠纷	8
消除危险纠纷	7
生命权、身体权、健康权纠纷	6
挂靠经营合同纠纷	5
票据追索权纠纷	5
物权确认纠纷	4
确认合同效力纠纷	4
供用热力合同纠纷	4
借款合同纠纷	4
劳务合同纠纷	4
不当得利纠纷	4
专利权权属、侵权纠纷	4
公司决议纠纷	4
返还原物纠纷	3
土地承包经营权纠纷	3
保证合同纠纷	3
承揽合同纠纷	3
服务合同纠纷	3
社会保险纠纷	3
其他行政管理	3
运输合同纠纷	2
委托合同纠纷	2
清算责任纠纷	2
医疗损害责任纠纷	2
建筑物和物件损害责任纠纷	2
其他劳动争议、人事争议	2
行政确认	2
行政裁决	2

续表

具体案由	案件数量/件
名誉权纠纷	1
一般人格权纠纷	1
离婚纠纷	1
法定继承纠纷	1
被继承人债务清偿纠纷	1
恢复原状纠纷	1
侵害集体经济组织成员权益纠纷	1
共有纠纷	1
占有物返还纠纷	1
债权人代位权纠纷	1
债权人撤销权纠纷	1
保理合同纠纷	1
仓储合同纠纷	1
合伙合同纠纷	1
追偿权纠纷	1
企业出售合同纠纷	1
请求变更公司登记纠纷	1
损害公司利益责任纠纷	1
合伙企业财产份额转让纠纷	1
追收抽逃出资纠纷	1
违反安全保障义务责任纠纷	1
其他合同纠纷	1
商标行政管理	1
掩饰、隐瞒犯罪所得、犯罪所得收益罪	1

3. 案件地域分布

从案件地域分布看，2021年采矿业上市公司涉及的501件案件中，除了7件由最高人民法院审理之外，其他案件主要分布在河南省、北京市、辽宁省等地。其中，河南省案件最多，共115件；其次是北京市，共87件。具体分布情况如图2-13所示。

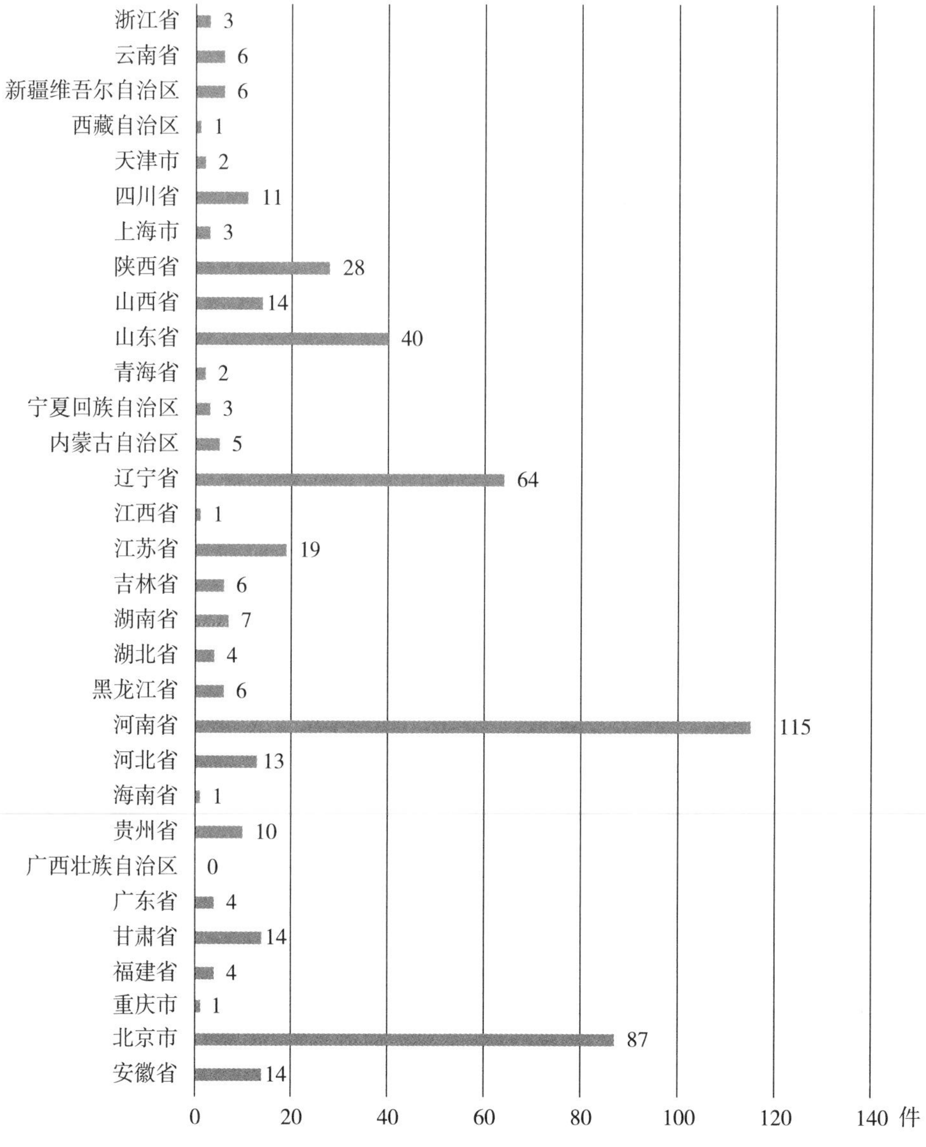

图 2－13　采矿业上市公司案件地域分布情况

(二)案件审理程序

1. 诉讼阶段

如图2－14 所示,从诉讼阶段看,2021 年采矿业上市公司涉及的501 件案件中,一审案件 281 件,占比约 56.09%;二审案件 179 件,占比约 35.73%;再审案件 41

件，占比约 8.18%。

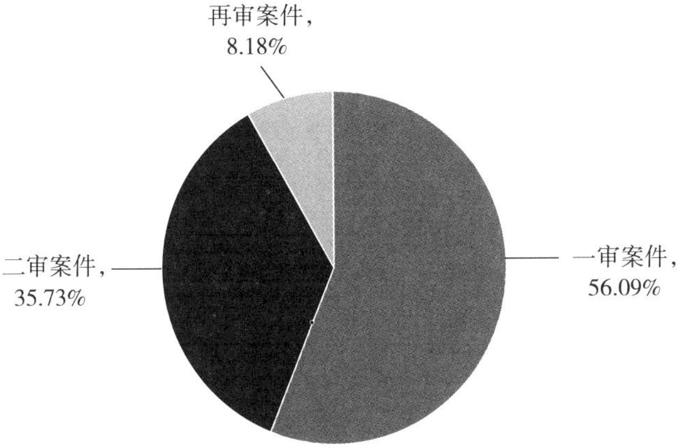

图 2－14　采矿业上市公司案件诉讼阶段分布情况

2. 法院层级

如图 2－15 所示，从法院层级看，2021 年采矿业上市公司涉及的 501 件案件中，基层人民法院审结的案件 272 件，占比约 54.29%；中级人民法院审结的案件 186 件，占比约 37.13%；高级人民法院审结的案件 36 件，占比约 7.19%；最高人民法院审结的案件 7 件，占比约 1.39%。

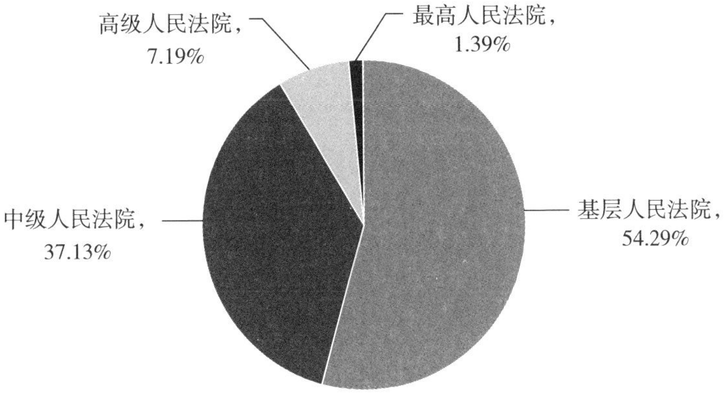

图 2－15　采矿业上市公司案件审理法院层级分布情况

（三）上市公司诉讼地位

如图 2－16 所示，从上市公司的诉讼地位看，2021 年采矿业上市公司涉及的 501 件案件中，上市公司作为原告的案件有 92 件，占比约 18.36%；上市公司作为被告的案件有 373 件，占比约 74.45%。除此之外，还有 36 件案件中上市公司以第三人的身份参与了诉讼，占比约 7.19%。

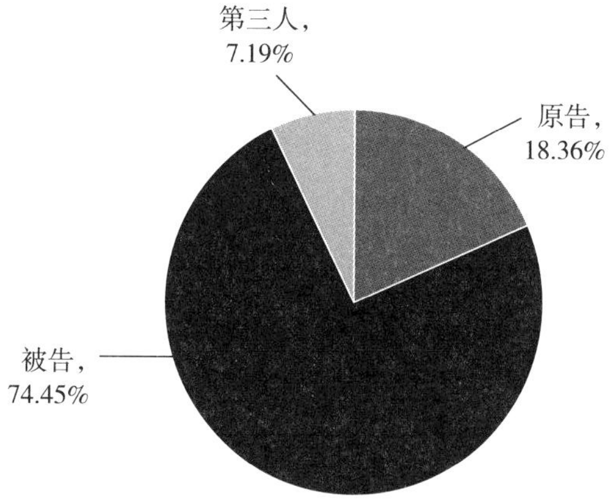

图 2－16　采矿业上市公司一审程序诉讼地位分布情况

（四）诉讼标的额

从诉讼案件的标的额看，2021 年采矿业上市公司涉及的有标的额可查的案件中，诉讼标的额数量分布情况如图 2－17 所示。总体来看，本行业诉讼标的额总额为 1,002,680,392.53 元，诉讼标的额最大为 136,879,600 元，行业平均诉讼标的额为 4,321,898.24 元。

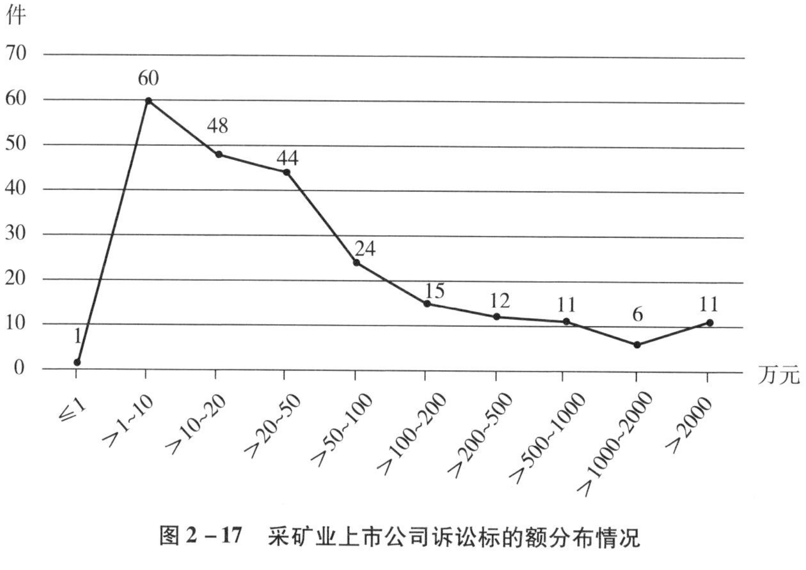

图 2－17　采矿业上市公司诉讼标的额分布情况

区分上述案件中上市公司的不同诉讼地位来看:采矿业上市公司作为原告涉及的案件中,诉讼标的额数量分布情况如图 2－18 所示。这部分案件的诉讼标的额总额为 603,189,045.96 元,平均诉讼标的额为 11,380,925.4 元。

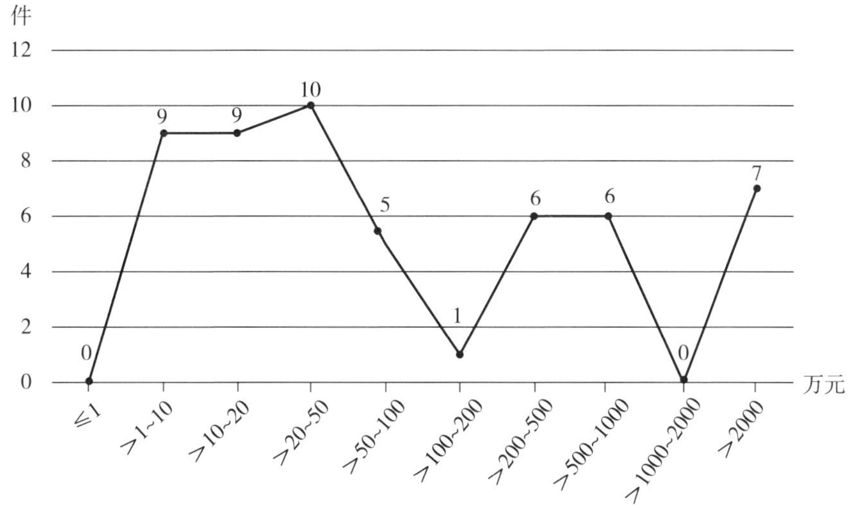

图 2－18 采矿业上市公司作为原告诉讼标的额分布情况

采矿业上市公司作为被告涉及的案件中,诉讼标的额数量分布情况如图 2－19 所示。这部分案件的诉讼标的额总额为 318,536,689.95 元,平均诉讼标的额为 2,055,075.42元。

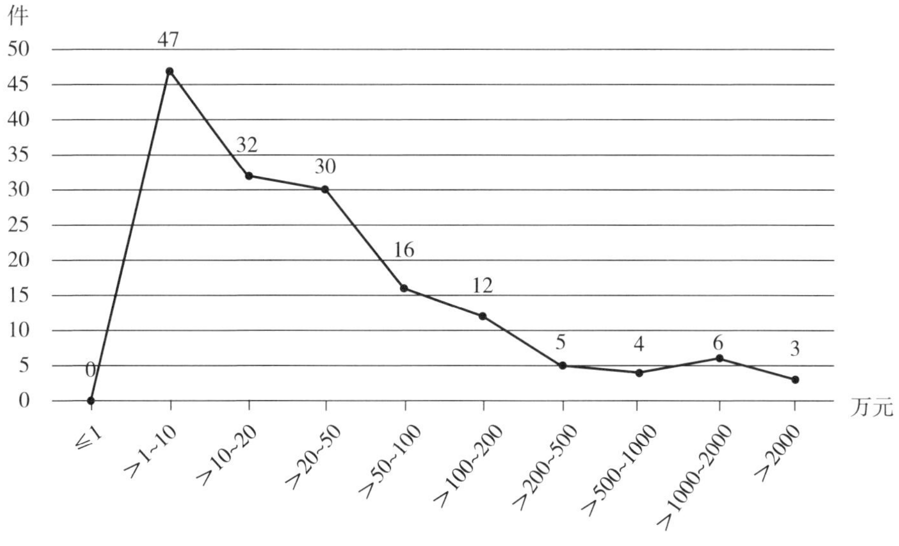

图 2－19 采矿业上市公司作为被告诉讼标的额分布情况

（五）诉讼结果和胜诉率

从总体上看，如图2－20所示，2021年采矿业上市公司涉及的所有案件中，胜诉的案件有271件、败诉的案件有182件、撤回起诉的案件有7件、撤回上诉的案件有24件、撤回再审申请的案件有2件、驳回起诉的案件有10件、驳回上诉的案件有5件。该行业上市公司胜诉的案件数量在全部案件中占比约54.09%，如果排除撤诉等特殊情形，则该行业上市公司的总体胜诉率约为59.82%。

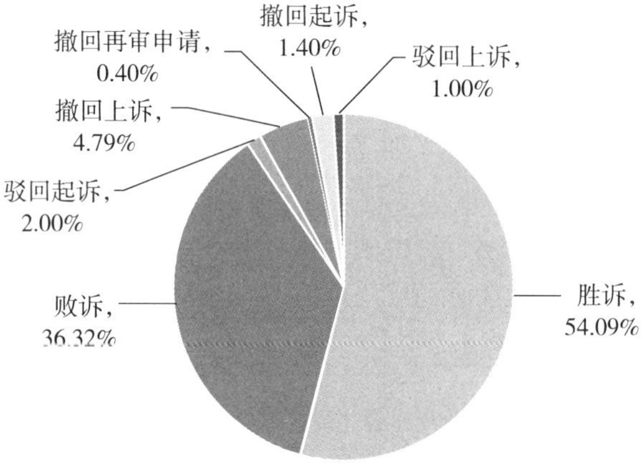

图2－20　采矿业上市公司诉讼结果占比情况

如图2－21所示，具体到不同的诉讼地位，当采矿业上市公司为原告时，其胜诉的案件有28件，败诉的案件55件，胜诉率约为33.73%，低于总体胜诉率；当采矿业上市公司为被告时，其胜诉的案件有236件，败诉的案件有117件，胜诉率约为66.86%，高于总体胜诉率。

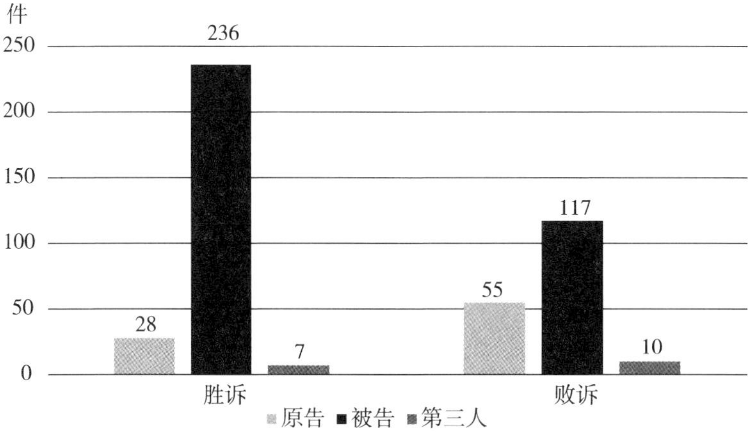

图2－21　采矿业上市公司胜诉情况与诉讼地位交叉分布情况

如图 2－22 所示，具体到不同的诉讼阶段，一审阶段，采矿业上市公司胜诉的案件有 179 件，败诉的案件有 84 件，胜诉率约为 68.06%，高于总体胜诉率；二审阶段，上市公司胜诉的案件有 74 件，败诉的案件有 78 件，胜诉率约为 48.34%，低于一审胜诉率；再审阶段，上市公司胜诉的案件有 19 件，败诉的案件有 20 件，胜诉率约为 48.71%。

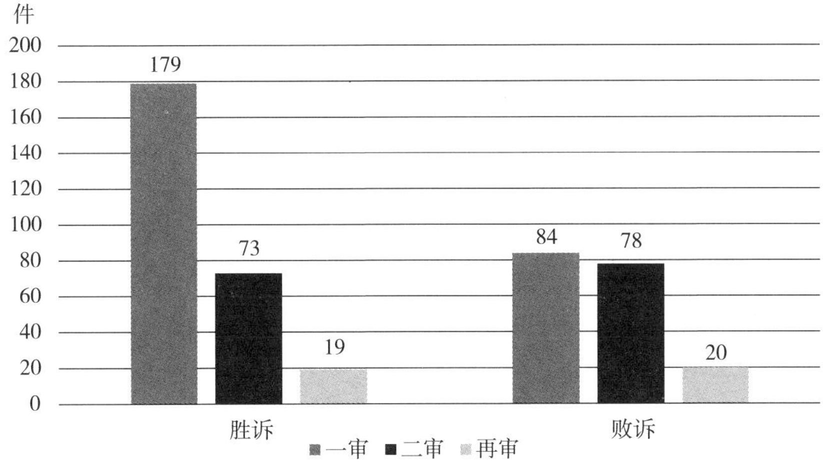

图 2－22　采矿业上市公司胜诉情况与诉讼阶段交叉分布情况

第三节　食品、饮品相关制造业

一、食品、饮品相关制造业上市公司概况

食品、饮品相关制造业，指以农副产品为原料，通过物理变化或化学变化的方法制造食品、饮品的工业。其中，农副食品加工业，是指直接以农、林、牧、渔业产品为原料进行的谷物磨制、饲料加工、植物油和制糖加工、屠宰及肉类加工、水产品加工，以及蔬菜、水果和坚果等食品的加工。

截至 2021 年第四季度，我国食品、饮品相关制造业上市公司共计 171 家，从行业小类看，农副食品加工业上市公司 56 家，食品制造业上市公司 67 家，酒、饮料和精制茶制造业上市公司 48 家。农副食品加工业、食品制造业、酒、饮料和精制茶制造业上市公司的数量基本相当。从市场规模看，我国上市公司中食品、饮品相关制造业具有一定的规模，其数量占全部上市公司的约 3.64%，可见食品、饮品相关制造业上市公司在全国范围内占比并不大。

二、食品、饮品相关制造业行业政策和法律风险新动向

（一）食品、饮品相关制造业行业政策新动向

1.《进出口食品安全管理办法》

2021 年 4 月 12 日，海关总署发布《进出口食品安全管理办法》，明确将“安全第一、预防为主、风险管理、全程控制、国际共治”作为海关食品安全监管的基本原则；同时通过增设一系列制度，建立更为科学、严格的进出口食品安全监管制度。主要包括：建立境外国家食品安全管理体系和食品安全状况评估审查制度，明确细化评估审查程序及内容；在境外评估审查、指定口岸进口、指定监管场地、合格评定、控制措施等制度中充分贯彻《食品安全法》风险管理理念；压实企业主体责任，细化食品进口商自主审核义务；在授权范围内补充违反备案变更规定、拒不配合核查、擅自提离海关指定或认可的场所等违法行为的法律责任，增强相应规定的可操作性。

2.《反食品浪费法》

第十三届全国人民代表大会常务委员会第二十八次会议于 2021 年 4 月 29 日通过《反食品浪费法》，该法共 32 条，分别对定义、反食品浪费的原则和要求、政府及部门职责、各类主体责任、激励和约束措施、法律责任等作出规定。如公务活动用餐不得超过规定的标准，可奖励“光盘行动”的消费者，点餐消费可收厨余垃圾处理费；商家诱导、误导超量点餐最高处罚 1 万元；食品生产经营者严重食品浪费最高处罚 5 万元；制作、发布、传播暴饮暴食节目或者音视频信息的，最高处罚 10 万元。《反食品浪费法》坚持约束与倡导相结合，约束公务用餐，规范餐饮服务提供者和餐饮外卖平台的餐饮服务行为，加强单位食堂、学校食堂、校外供餐单位管理，明确旅游经营者、食品经营者责任，倡导个人和家庭形成科学健康、物尽其用、防止浪费的良好习惯和生活方式。

3.《食品安全法》

2021 年 4 月 29 日，第十三届全国人民代表大会常务委员会第二十八次会议通过《食品安全法（2021 年修正）》，本次修正的亮点包括：禁止剧毒高毒农药用于果蔬茶叶、要求保健食品标签不得涉防病治疗功能、婴幼儿配方食品生产全程质量控制，此外，还将网购食品纳入监管范围。本次修正在进一步强化食品安全风险防控基础的同时，进一步强化食品生产经营企业及相关主体责任、强化食品安全属地管理责任、落实全程控制原则并进一步强化特殊食品监管，把食品安全作为一项重大的政治任务来抓，要按照“四个最严”的要求，确保人民群众“舌尖上的安全”。

（二）食品、饮品相关制造业法律风险新动向

1.《探索建立食品安全民事公益诉讼惩罚性赔偿制度座谈会会议纪要》

2021 年 3 月 30 日，最高人民检察院、最高人民法院、农业农村部、海关总署、国家市场监督管理总局、国家粮食和物资储备局、中国消费者协会共同召开了探索建立食品安全民事公益诉讼惩罚性赔偿制度座谈会。会议交流了当前办理食品安全领域民事公益诉讼惩罚性赔偿案件的基本情况，分析了办案实践中存在的主要问题，并就深化实践探索、推动制度建立相关问题达成共识。会议强调，办理食品安全民事公益诉讼惩罚性赔偿案件，要准确把握惩罚性赔偿制度惩罚、遏制和预防严重不法行为的功能定位，此外，办理食品安全民事公益诉讼惩罚性赔偿案件，认定是否侵害众多不特定消费者合法权益，损害社会公共利益，应当以是否存在对众多不特定消费者造成食品安全潜在风险为前提，不仅包括已经发生的损害，也包括有重大损害风险的情形。

2.《食品生产经营监督检查管理办法》

2021 年 12 月 24 日，国家市场监督管理总局发布《食品生产经营监督检查管理办法》，强化监管部门监管责任，构建检查体系，确定检查要点，充实检查内容，明确检查要求，严格落实食品生产经营主体责任，切实把全面从严贯穿于食品安全工作始终。该办法共七章 55 条，重点内容包括：落实“四个最严”要求，实施“全覆盖”检查、划分风险等级，强化食品安全风险管理、落实“六稳”“六保”，营造法治化营商环境、强化法治保障，以制度力量压实监管责任。该办法要求市场监管部门强化食品安全风险意识，进一步加大监督检查力度，压实监管部门责任，督促问题隐患整改到位，坚决筑牢食品安全防线，坚决守护人民群众“舌尖上的安全”。

三、食品、饮品相关制造业上市公司诉讼情况统计

本书以食品、饮品相关制造业的 171 家上市公司为当事人检索案例，共收集 2021 年全国法院判决的各类司法判决书 1216 份，作为统计分析的样本。

（一）案件类型分布

1. 案件诉讼类型

从案件诉讼类型看，2021 年食品、饮品相关制造业上市公司涉及的 1216 件案件，以民事诉讼为主，行政诉讼有 28 件，刑事诉讼有 1 件。

2. 案件案由种类

首先，从诉讼案件案由的基本类型看，2021 年食品、饮品相关制造业上市公司涉及的 1216 件案件主要集中在知识产权纠纷和合同类纠纷两类中，具体分布情况如表 2－5 所示。

表 2－5　食品、饮品相关制造业上市公司案件案由基本类型分布

案由基本类型	案件数量/件
物权纠纷	4
合同类纠纷	167
侵权责任纠纷	29
知识产权纠纷	665
竞争法纠纷	91
公司法纠纷	17
金融法纠纷	5
劳动法纠纷	104
其他民事纠纷	5
行政诉讼	128
刑事诉讼	1
合计	1216

其中，如图 2－23 所示，知识产权纠纷案件共有 665 件，约占全部案件总量的 54.69%；合同类纠纷共有 167 件，约占全部案件总量的 13.73%；公司法纠纷、侵权责任纠纷及竞争法纠纷、劳动法纠纷等数量不多，占比较小。

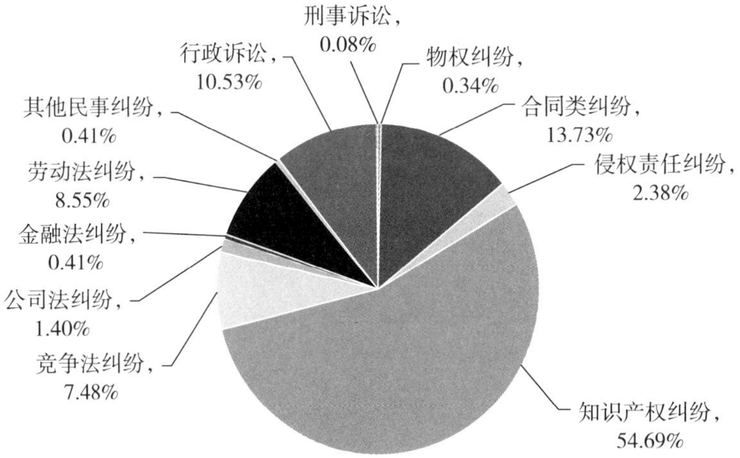

图 2－23　食品、饮品相关制造业上市公司案由基本类型分布情况

其次，从案件的具体案由看，2021 年食品、饮品相关制造业上市公司涉及的 1216 件案件以商标权权属、侵权纠纷案件数量最多，其他种类案由呈分散化分布状态，其分布情况如表 2－6 所示。

表 2－6　食品、饮品相关制造业上市公司案件具体案由分布

具体案由	案件数量/件
商标权权属、侵权纠纷	656
商标行政管理	112
劳动合同纠纷	103
其他不正当竞争纠纷	83
买卖合同纠纷	69
综合合同纠纷	33
建设工程合同纠纷	15
产品责任纠纷	13
借款合同纠纷	12
租赁合同纠纷	8
仿冒纠纷	8
机动车交通事故责任纠纷	8
专利行政管理	8
其他侵权责任纠纷	6
服务合同纠纷	5
广告合同纠纷	5
著作权权属、侵权纠纷	5
损害公司债权人利益责任纠纷	5
追偿权纠纷	4
证券欺诈责任纠纷	4
其他合同纠纷	4
破产债权确认纠纷	3
其他与公司有关的纠纷	3
生命权、身体权、健康权纠纷	2
名誉权纠纷	2
财产损害赔偿纠纷	2
确认合同效力纠纷	2
承揽合同纠纷	2

续表

具体案由	案件数量/件
劳务合同纠纷	2
不当得利纠纷	2
损害公司利益责任纠纷	2
行政复议	2
其他行政管理	2
一般人格权纠纷	1
排除妨害纠纷	1
恢复原状纠纷	1
债权人代位权纠纷	1
运输合同纠纷	1
物业服务合同纠纷	1
彩票、奖券纠纷	1
著作权合同纠纷	1
特许经营合同纠纷	1
专利权权属、侵权纠纷	1
福利待遇纠纷	1
请求变更公司登记纠纷	1
股权转让纠纷	1
公司解散纠纷	1
对外追收债权纠纷	1
财产保险合同纠纷	1
提供劳务者致害责任纠纷	1
网络侵权责任纠纷	1
其他知识产权纠纷	1
行政处罚	1
行政确认	1
行政给付	1
行政处理	1
交通肇事罪	1

3. 案件地域分布

从案件地域分布看，2021 年食品、饮品相关制造业上市公司涉及的 1216 件案件中，除了 5 件由最高人民法院审理之外，其他案件主要分布在北京市、湖南省、安徽省等地。其中,北京市案件最多,共 223 件;其次是湖南省,共 185 件。具体分布情况如图 2-24 所示。

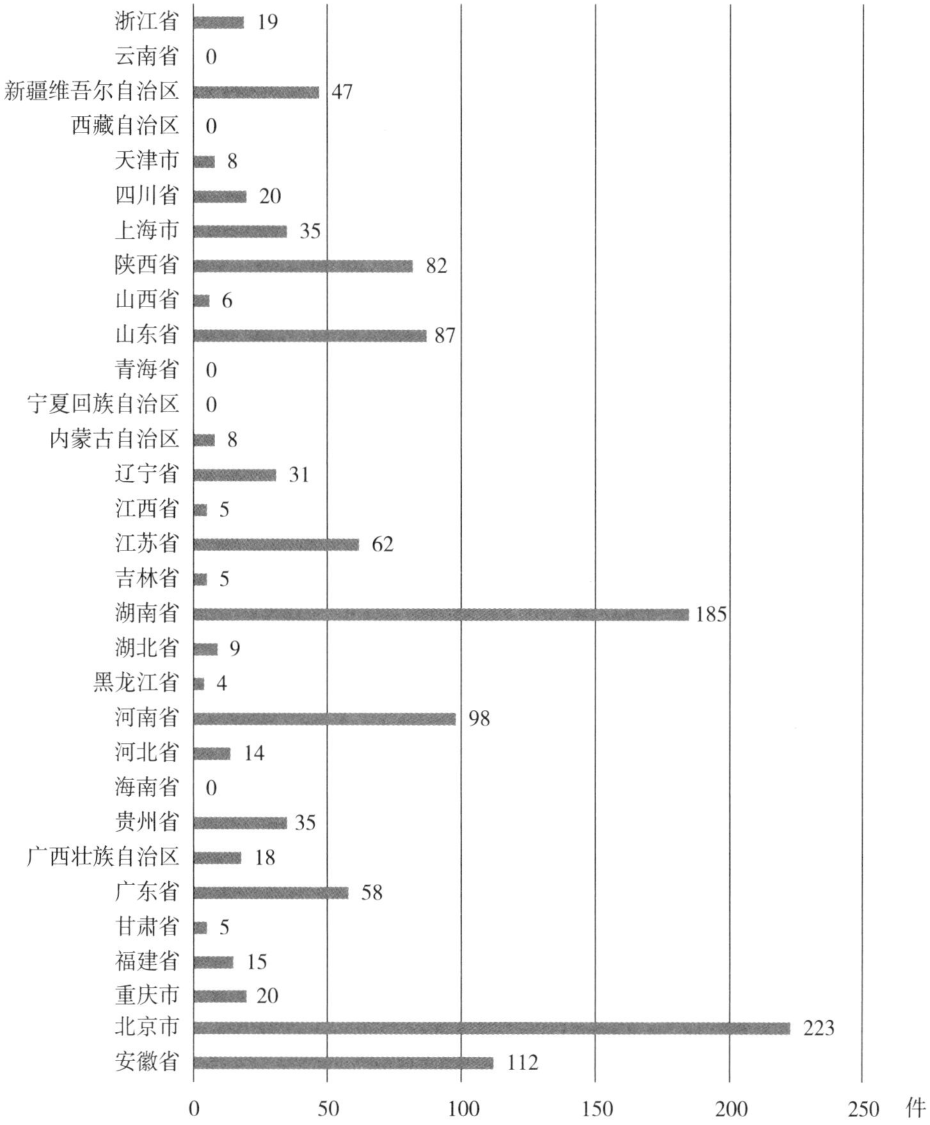

图 2-24 食品、饮品相关制造业上市公司案件地域分布情况

（二）案件审理程序

1. 诉讼阶段

如图 2－25 所示，从诉讼阶段看，2021 年食品、饮品相关制造业上市公司涉及的 1216 件案件中，一审案件 888 件，占比约 73.03%；二审案件 296 件，占比约 24.34%；再审案件 32 件，占比约 2.63%。

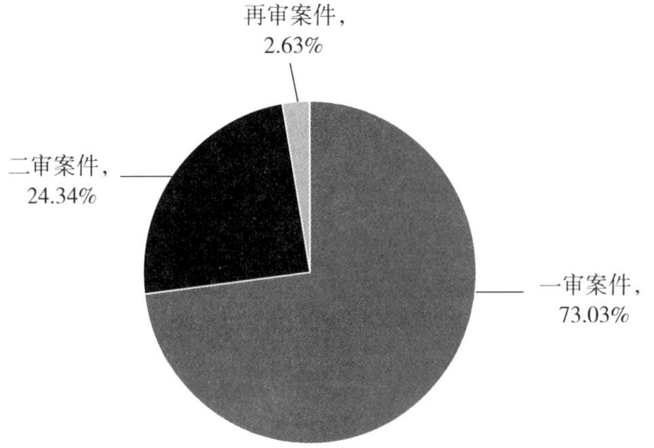

图 2－25　食品、饮品相关制造业上市公司案件诉讼阶段分布情况

2. 法院层级

如图 2－26 所示，从法院层级看，2021 年食品、饮品相关制造业上市公司涉及的 1216 件案件中，基层人民法院审结的案件 502 件，占比约 41.28%；中级人民法院审结的案件 551 件，占比约 45.31%；高级人民法院审结的案件 158 件，占比约 12.99%；最高人民法院审结的案件 5 件，占比约 0.42%。

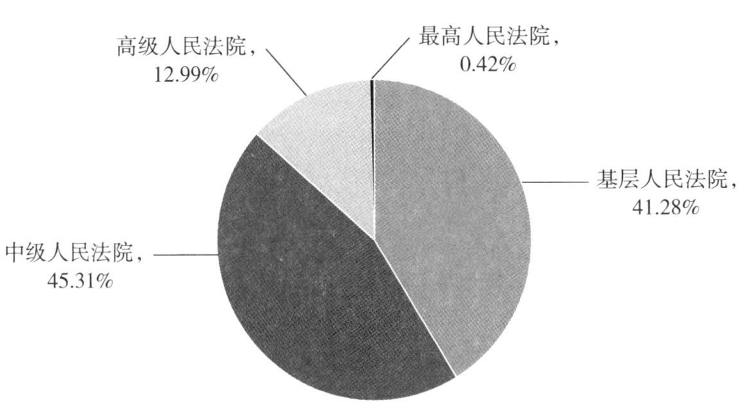

图 2－26　食品、饮品相关制造业上市公司案件审理法院层级分布情况

(三)上市公司诉讼地位

如图 2－27 所示,从上市公司的诉讼地位看,2021 年食品、饮品相关制造业上市公司涉及的 1216 件案件中,上市公司作为原告的案件有 818 件,占比约 67.27%;上市公司作为被告的案件有 323 件,占比约 26.56%;除此之外,还有 75 件案件中上市公司以第三人的身份参与了诉讼,占比约 6.17%。

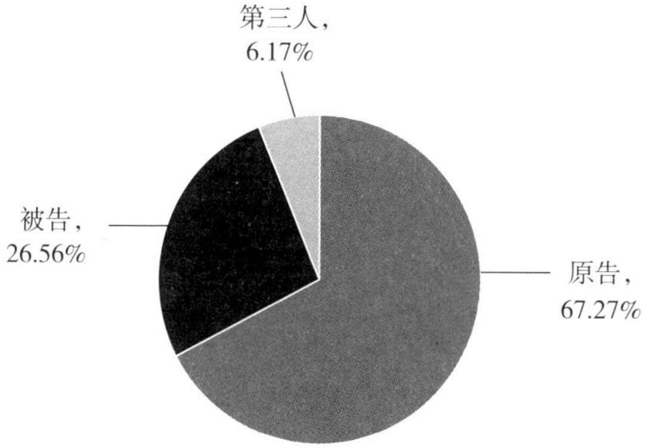

图 2－27　食品、饮品相关制造业上市公司一审程序诉讼地位分布情况

(四)诉讼标的额

从诉讼案件的标的额看,2021 年食品、饮品相关制造业上市公司涉及的有标的额可查的案件中,诉讼标的额数量分布情况如图 2－28 所示。总体来看,本行业诉讼标的额总额为 670,287,590.61 元,诉讼标的额最大为 164,580,200 元,行业平均诉讼标的额为 1,084,607.75 元。

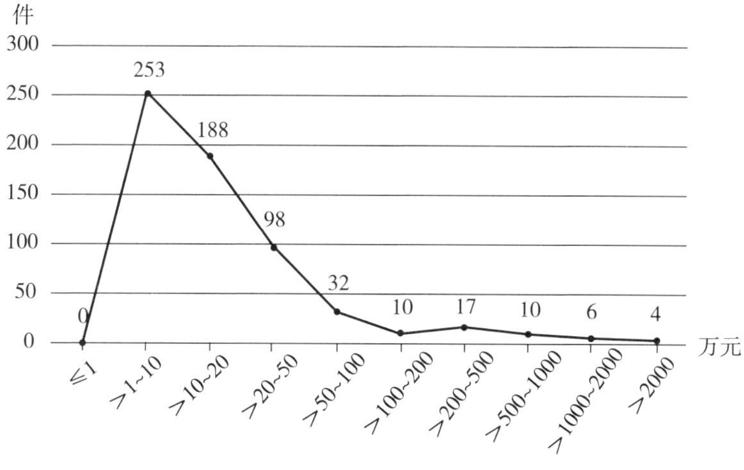

图 2－28　食品、饮品相关制造业上市公司诉讼标的额分布情况

区分上述案件中上市公司的不同诉讼地位来看：食品、饮品相关制造业上市公司作为原告涉及的案件中，诉讼标的额数量分布情况如图 2－29 所示。这部分案件的诉讼标的额总额为 280,636,856.47 元，平均诉讼标的额为 592,060.88 元。

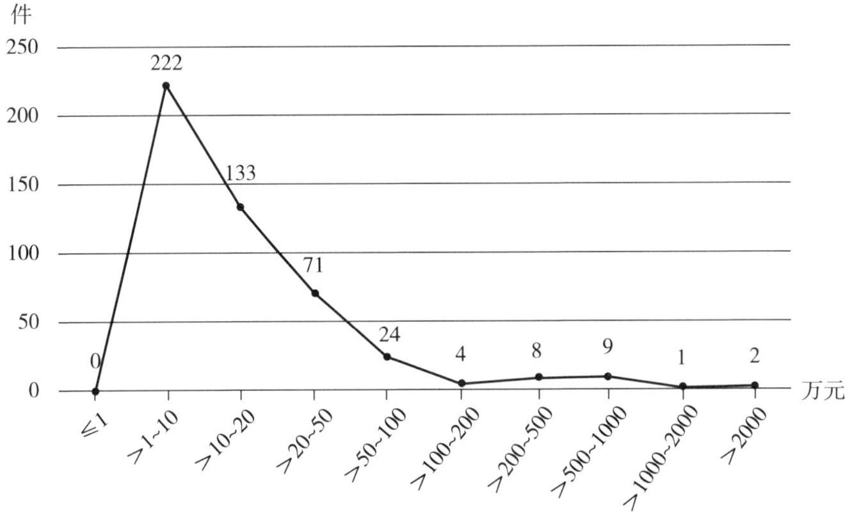

图 2－29　食品、饮品相关制造业上市公司作为原告诉讼标的额分布情况

食品、饮品相关制造业上市公司作为被告涉及的案件中，诉讼标的额数量分布情况如图 2－30 所示。这部分案件的诉讼标的额总额为 386,784,112.81 元，平均诉讼标的额为 2,865,067.5 元。

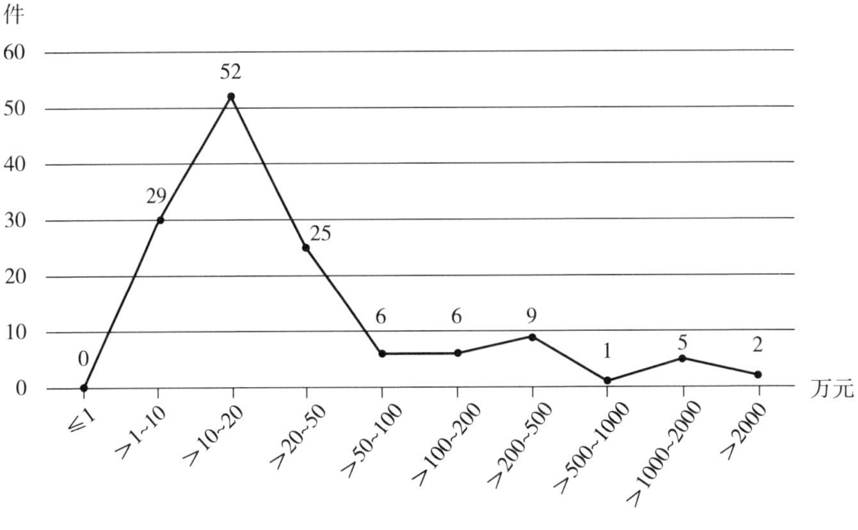

图 2－30　食品、饮品相关制造业上市公司作为被告诉讼标的额分布情况

（五）诉讼结果和胜诉率

从总体上看，如图 2－31 所示，2021 年食品、饮品相关制造业上市公司涉及的所有案件中，胜诉的案件有 351 件、败诉的案件有 793 件、撤回起诉的案件有 2 件、撤回上诉的案件有 20 件、撤回再审申请的案件有 3 件、驳回起诉的案件有 34 件、驳回上诉的案件有 13 件。该行业上市公司胜诉的案件数量在全部案件中占比约为 28.87%，如果排除撤诉等特殊情形，则该行业上市公司的总体胜诉率约为 30.68%。

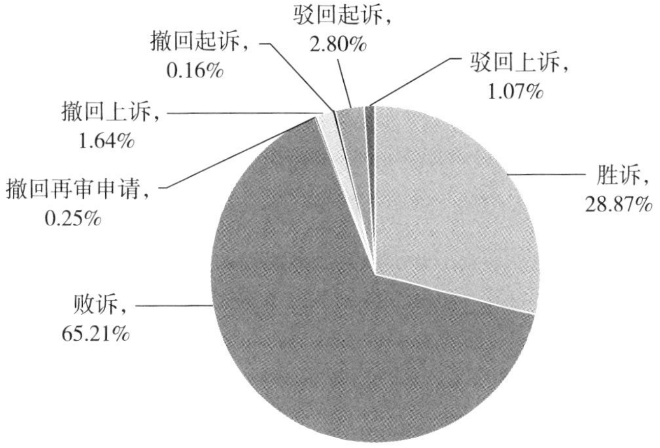

图 2－31　食品、饮品相关制造业上市公司诉讼结果占比情况

如图 2－32 所示，具体到不同的诉讼地位，当食品、饮品相关制造业上市公司为原告时，其胜诉的案件有 131 件，败诉的案件 681 件，胜诉率约为 16.13%，低于总体胜诉率；当食品、饮品相关制造业上市公司为被告时，其胜诉的案件有 203 件，败诉的案件有 93 件，胜诉率约为 58.68%，高于总体胜诉率；当食品、饮品相关制造业上市公司为第三人时，其胜诉的案件有 17 件，败诉的案件有 19 件，胜诉率约为 47.22%，高于总体胜诉率。

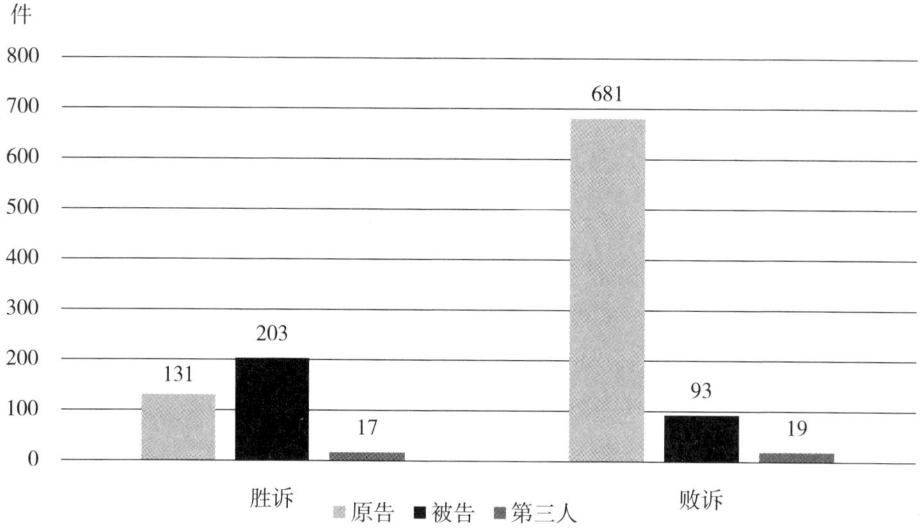

图 2－32　食品、饮品相关制造业上市公司胜诉情况与诉讼地位交叉分布情况

如图 2－33 所示，具体到不同的诉讼阶段，一审阶段，食品、饮品相关制造业上市公司胜诉的案件有 209 件，败诉的案件有 646 件，胜诉率约为 24.18%，低于总体胜诉率；二审阶段，上市公司胜诉的案件有 133 件，败诉的案件有 130 件，胜诉率约为 50.57%，高于一审胜诉率；再审阶段，上市公司胜诉的案件有 12 件，败诉的案件有 17 件，胜诉率约为 41.38%。

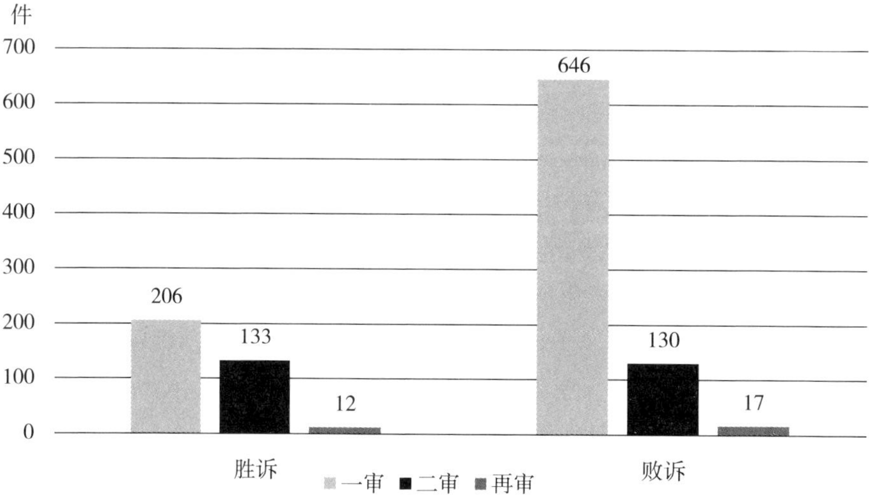

图 2－33　食品、饮品相关制造业上市公司胜诉情况与诉讼阶段交叉分布情况

第四节　纺织、服饰相关制造业

一、纺织、服饰相关制造业上市公司概况

纺织、服饰相关制造业，指以纺织面料为主要原料，经裁剪后缝制各种男、女服装，以及儿童成衣的活动。包括非自产原料制作的服装，以及固定生产地点的服装制作。我国纺织服装产业链企业集中分布在浙江、江苏、山东、新疆、广东等省份。在新型冠状病毒肺炎疫情发生前，我国纺织服装行业整体市场规模呈增长趋势，未来在经济和生产恢复后预计能继续保持增长。

截至 2021 年第四季度，我国纺织、服饰相关制造业上市公司共计 102 家，从行业小类看，纺织业上市公司 48 家，纺织服装、服饰业上市公司 42 家，皮革、毛皮、羽毛及其制品和制鞋业上市公司 12 家。纺织业和纺织服装、服饰业上市公司在纺织、服饰相关制造业上市公司中占据主流。从市场规模看，我国上市公司中纺织、服饰相关制造业的整体规模较小，其数量占全部上市公司的约 1.27%。

二、纺织、服饰相关制造业行业政策和法律风险新动向

（一）纺织、服饰相关制造业行业政策新动向

1.《关于加快推进废旧纺织品循环利用的实施意见》

2022 年 3 月 31 日，国家发改委、商务部、工业和信息化部联合发布《关于加快推进废旧纺织品循环利用的实施意见》，提及废旧纺织品循环利用对节约资源、减污降碳具有重要意义，是有效补充我国纺织工业原材料供应、缓解资源环境约束的重要措施，是建立健全绿色低碳循环发展经济体系的重要内容。该通知从鼓励使用绿色纤维、强化纺织品生产者社会责任、完善回收网络、拓宽回收渠道、强化回收管理等方面做出了指导和建议，争取实现到 2025 年，废旧纺织品循环利用体系初步建立，循环利用能力大幅提升，废旧纺织品循环利用率达到 25%，废旧纺织品再生纤维产量达到 200 万吨；到 2030 年，建成较为完善的废旧纺织品循环利用体系，生产者和消费者循环利用意识明显提高，高值化利用途径不断扩展，产业发展水平显著提升，废旧纺织品循环利用率达到 30%，废旧纺织品再生纤维产量达到 300 万吨的目标。

2.《关于产业用纺织品行业高质量发展的指导意见》

2022 年 4 月 12 日，工业和信息化部、国家发改委联合发布《关于产业用纺织品

行业高质量发展的指导意见》，发布了如下重点任务：强化科技创新，稳固产业发展基础、加快产业结构升级，推进产业高端化、促进两化融合，培育新业态新模式、坚持绿色发展，提高资源利用效率、坚持标准引领，完善质量保障能力，并提出目标：到2025年，规模以上企业工业增加值年均增长6%左右，3～5家企业进入全球产业用纺织品第一梯队。科技创新能力明显提升，行业骨干企业研发经费占主营业务收入比重达到3%，循环再利用纤维及生物质纤维应用占比达到15%，非织造布企业关键工序数控化率达到70%，智能制造和绿色制造对行业提质增效作用明显，行业综合竞争力进一步提升。

（二）纺织、服饰相关制造业法律风险新动向

2021年5月12日，生态环境部发布《纺织工业污染防治可行技术指南》（HJ 1177—2021），从术语和定义、行业生产与污染物的产生、污染预防技术、污染治理技术、环境管理措施以及污染防治可行技术等方面做出行业标准规定。纺织业相关上市公司应当切实遵守纺织工业污染防治新标准，为防治环境污染，改善生态环境质量，为规范纺织工业污染防治设施的建设和运行管理尽自己的一份力量。

三、纺织、服饰相关制造业上市公司诉讼情况统计

本书以纺织、服饰相关制造业的102家上市公司为当事人检索案件，共收集2021年全国法院判决的各类司法判决书1052份，作为统计分析的样本。

（一）案件类型分布

1. 案件诉讼类型

从案件诉讼类型看，2021年纺织、服饰相关制造业上市公司涉及的1052件案件，以民事诉讼为主，行政诉讼有45件，无刑事诉讼。

2. 案件案由种类

首先，从诉讼案件案由的基本类型看，2021年纺织、服饰相关制造业上市公司涉及的1052件案件主要集中在知识产权纠纷和合同类纠纷两类中，具体分布情况如表2－7所示。

表 2-7　纺织、服饰相关制造业上市公司案件案由基本类型分布

案由基本类型	案件数量/件
物权纠纷	2
合同类纠纷	129
侵权责任纠纷	6
知识产权纠纷	673
竞争法纠纷	83
公司法纠纷	7
金融法纠纷	18
劳动法纠纷	89
其他民事纠纷	0
行政诉讼	45
刑事诉讼	0
合计	1052

其中，如图 2-34 所示，知识产权纠纷案件共有 673 件，约占全部案件总量的 63.97%；合同类纠纷共有 129 件，约占全部案件总量的 12.26%。公司法纠纷、侵权责任纠纷及竞争法纠纷、劳动法纠纷数量不多，占比较小。

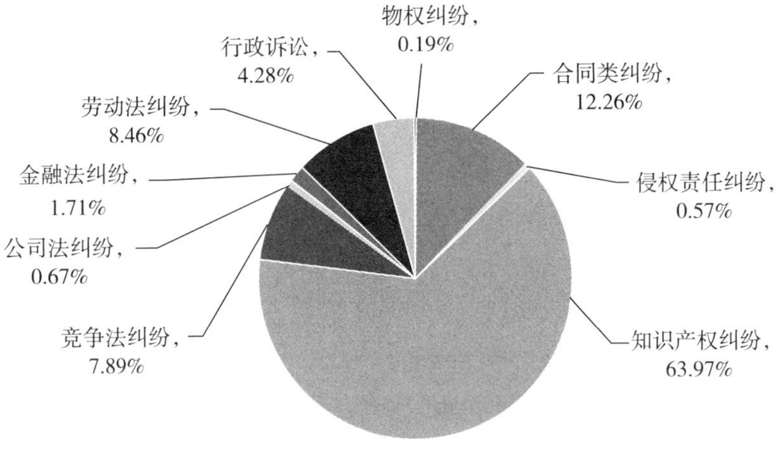

图 2-34　纺织、服饰相关制造业上市公司案由基本类型分布情况

其次，从案件的具体案由看，2021 年纺织、服饰相关制造业上市公司涉及的

1052 件案件以商标权权属、侵权纠纷案件数量最多，其他种类案由呈分散化分布状态，其分布情况如表 2－8 所示。

表 2－8　纺织、服饰相关制造业上市公司案件具体案由分布

具体案由	案件数量/件
商标权权属、侵权纠纷	648
劳动合同纠纷	84
其他不正当竞争纠纷	83
买卖合同纠纷	38
商标行政管理	34
承揽合同纠纷	26
租赁合同纠纷	17
综合合同纠纷	17
著作权权属、侵权纠纷	14
借款合同纠纷	13
票据追索权纠纷	9
特许经营合同纠纷	8
票据付款请求权纠纷	6
社会保险纠纷	5
其他行政管理	5
建设工程合同纠纷	3
运输合同纠纷	3
委托合同纠纷	3
联营合同纠纷	3
其他侵权责任纠纷	3
其他知识产权纠纷	3
专利行政管理	3
财产损害赔偿纠纷	2
信用证融资纠纷	2
机动车交通事故责任纠纷	2
房屋买卖合同纠纷	1
保理合同纠纷	1

续表

具体案由	案件数量/件
物业服务合同纠纷	1
合伙合同纠纷	1
服务合同纠纷	1
广告合同纠纷	1
追偿权纠纷	1
不当得利纠纷	1
挂靠经营合同纠纷	1
股权转让纠纷	1
损害公司债权人利益责任纠纷	1
破产债权确认纠纷	1
提供劳务者受害责任纠纷	1
其他合同纠纷	1
票据纠纷	1
行政征缴	1
行政处理	1
行政复议	1

3. 案件地域分布

从案件地域分布看,2021年纺织、服饰相关制造业上市公司涉及的1052件案件中,除了1件由最高人民法院审理之外,其他案件主要分布在上海市、北京市、江苏省等地。其中,上海市案件最多,共237件;其次是北京市,共167件。具体分布情况如图2-35所示。

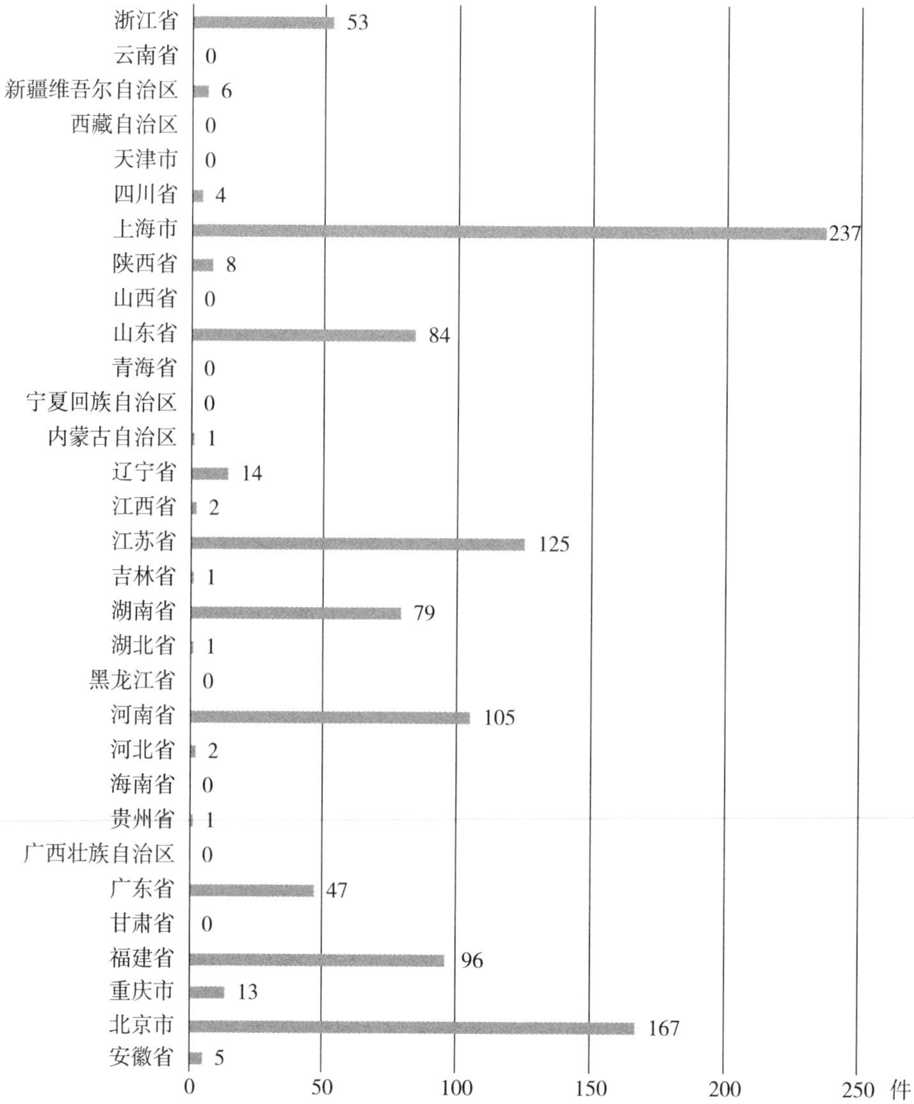

图2－35　纺织、服饰相关制造业上市公司案件地域分布情况

(二)案件审理程序

1.诉讼阶段

如图2－36所示,从诉讼阶段看,2021年纺织、服饰相关制造业上市公司涉及的1052件案件中,一审案件891件,占比约84.70%;二审案件153件,占比约14.54%;再审案件8件,占比约0.76%。

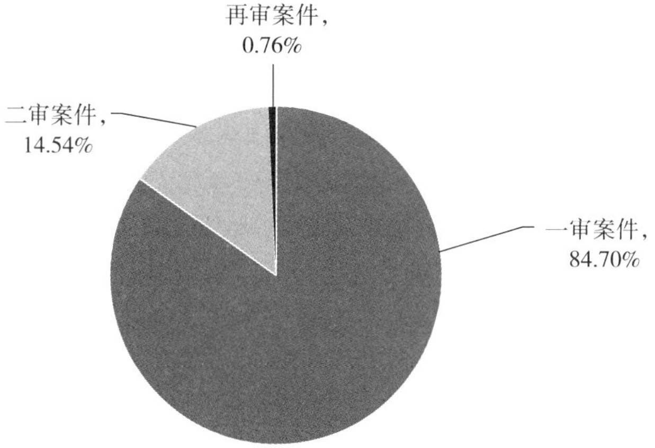

图 2－36　纺织、服饰相关制造业上市公司案件诉讼阶段分布情况

2. 法院层级

如图 2－37 所示，从法院层级看，2021 年纺织、服饰相关制造业上市公司涉及的 1052 件案件中，基层人民法院审结的案件 731 件，占比约 69.49%；中级人民法院审结的案件 277 件，占比约 26.33%；高级人民法院审结的案件 43 件，占比约 4.08%；最高人民法院审结的案件 1 件，占比约 0.10%。

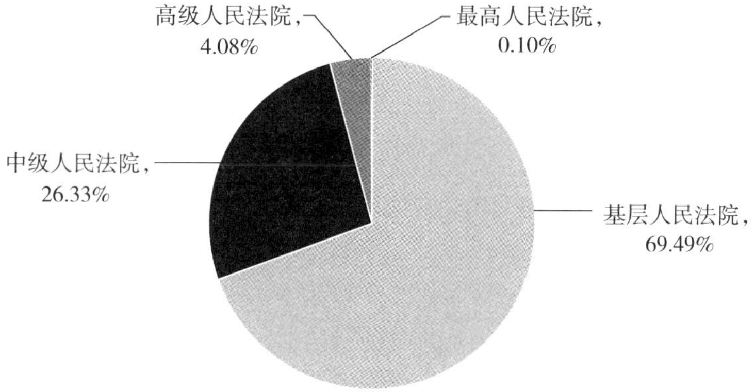

图 2－37　纺织、服饰相关制造业上市公司案件审理法院层级分布情况

（三）上市公司诉讼地位

如图 2－38 所示，从上市公司的诉讼地位看，2021 年纺织、服饰相关制造业上市公司涉及的 1052 件案件中，上市公司作为原告的案件有 856 件，占比约 81.37%；上市公司作为被告的案件有 173 件，占比约 14.66%；除此之外，还有 23 件案件中上市公司以第三人的身份参与了诉讼，占比约 2.19%。

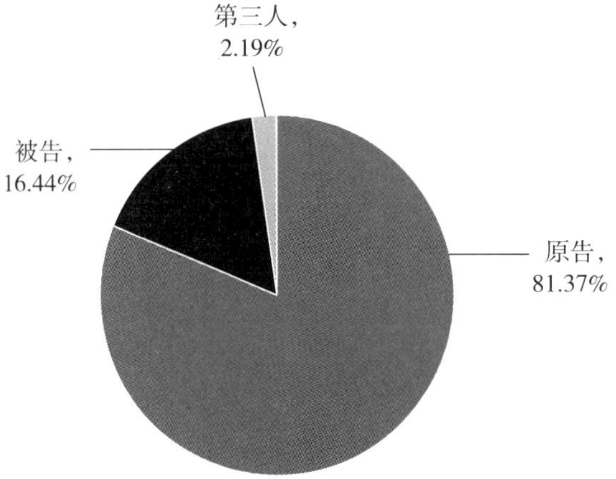

图 2－38　纺织、服饰相关制造业上市公司一审程序诉讼地位分布情况

（四）诉讼标的额

从诉讼案件的标的额看，2021 年纺织、服饰相关制造业上市公司涉及的有标的额可查的案件中，诉讼标的额数量分布情况如图 2－39 所示。总体来看，本行业诉讼标的额总额为 428，371，765.22 元，诉讼标的额最大为 46，609，000 元，行业平均诉讼标的额为 1，160，899.09 元。

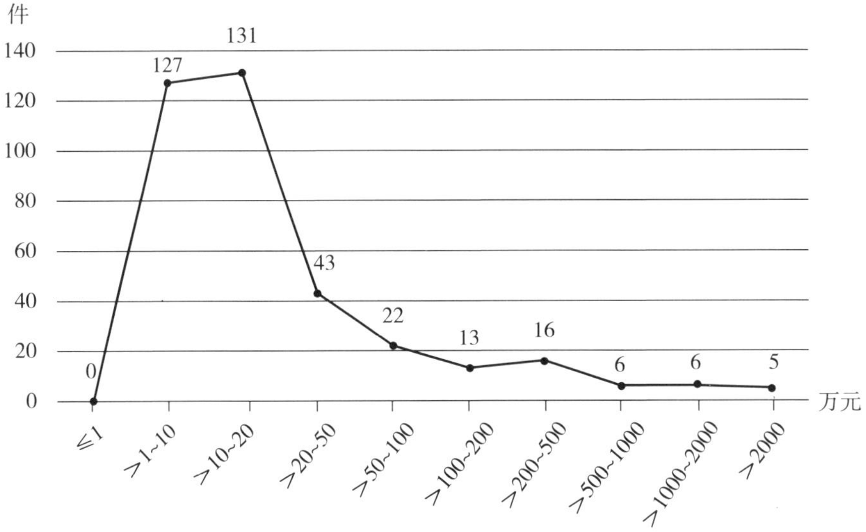

图 2－39　纺织、服饰相关制造业上市公司诉讼标的额分布情况

区分上述案件中上市公司的不同诉讼地位来看：纺织、服饰相关制造业上市公司作为原告涉及的案件中，诉讼标的额数量分布情况如图 2－40 所示。这部分案件的诉讼标的额总额为 160，067，180.77 元，平均诉讼标的额为 535，341.74 元。

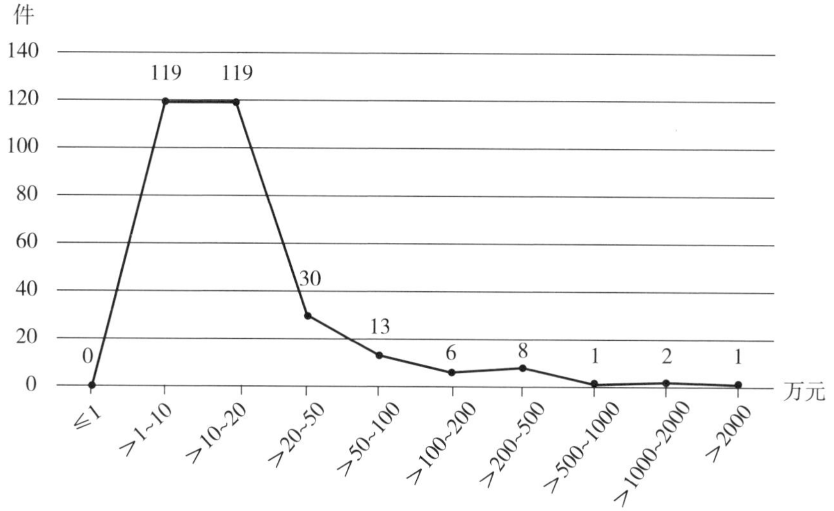

图 2－40　纺织、服饰相关制造业上市公司作为原告诉讼标的额分布情况

纺织、服饰相关制造业上市公司作为被告涉及的案件中，诉讼标的额数量分布情况如图 2－41 所示。这部分案件的诉讼标的额总额为 262，443，751.11 元，平均诉讼标的额为 3，917，070.91 元。

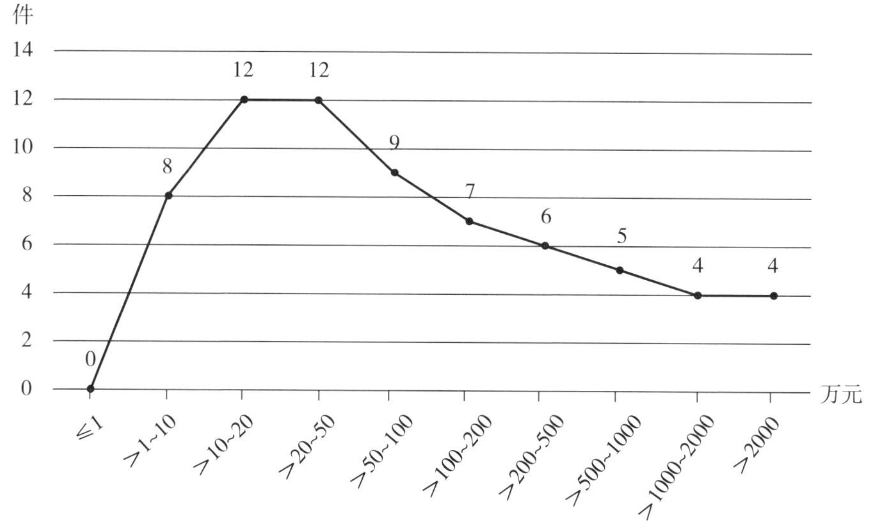

图 2－41　纺织、服饰相关制造业上市公司作为被告诉讼标的额分布情况

（五）诉讼结果和胜诉率

从总体上看，如图 2－42 所示，2021 年纺织、服饰相关制造业上市公司涉及的所有案件中，胜诉的案件有 233 件、败诉的案件有 797 件、撤回上诉的案件有 11 件、驳回起诉的案件有 6 件、驳回上诉的案件有 5 件。该行业上市公司胜诉的案件数量在全部案件中占比约 22.14%，如果排除撤诉等特殊情形，则该行业上市公司的总体胜诉率约为 22.62%。

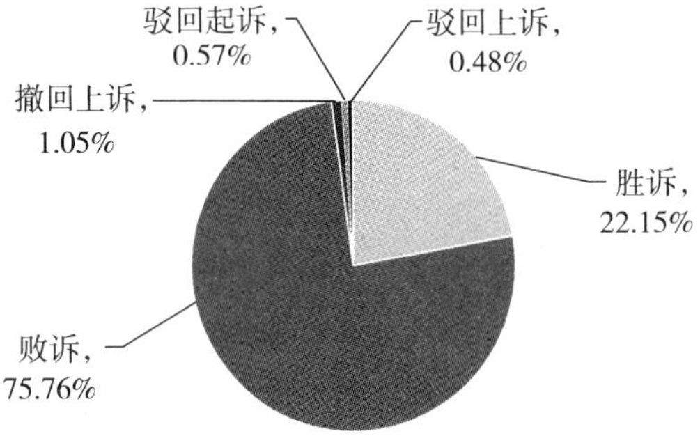

图 2－42　纺织、服饰相关制造业上市公司诉讼结果占比情况

如图 2－43 所示，具体到不同的诉讼地位，当纺织、服饰相关制造业上市公司为原告时，其胜诉的案件有 123 件，败诉的案件 729 件，胜诉率约为 14.43%，低于总体胜诉率；当纺织、服饰相关制造业上市公司为被告时，其胜诉的案件有 105 件，败诉的案件有 57 件，胜诉率约为 64.81%，高于总体胜诉率；当纺织、服饰相关制造业上市公司为第三人时，其胜诉的案件有 5 件，败诉的案件有 11 件，胜诉率为 31.25%，同样高于总体胜诉率。

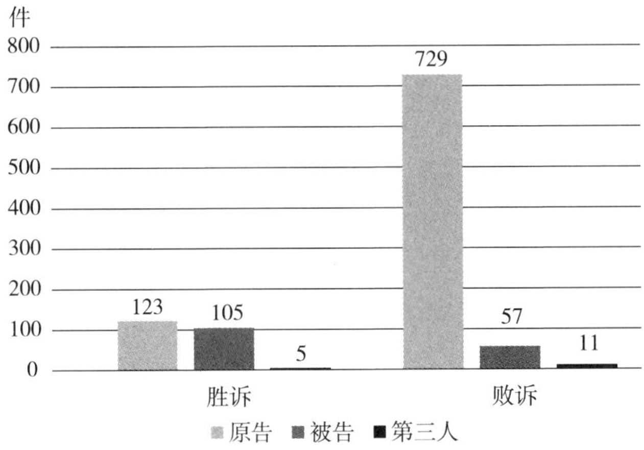

图 2－43　纺织、服饰相关制造业上市公司胜诉情况与诉讼地位交叉分布情况

如图 2－44 所示，具体到不同的诉讼阶段，一审阶段，纺织、服饰相关制造业上市公司胜诉的案件有 158 件，败诉的案件有 727 件，胜诉率约为 17.85%，低于总体胜诉率；二审阶段，上市公司胜诉的案件有 69 件，败诉的案件有 68 件，胜诉率约为 50.3%，高于一审胜诉率；再审阶段，上市公司胜诉的案件有 6 件，败诉的案件有 2 件，胜诉率约为 75%。

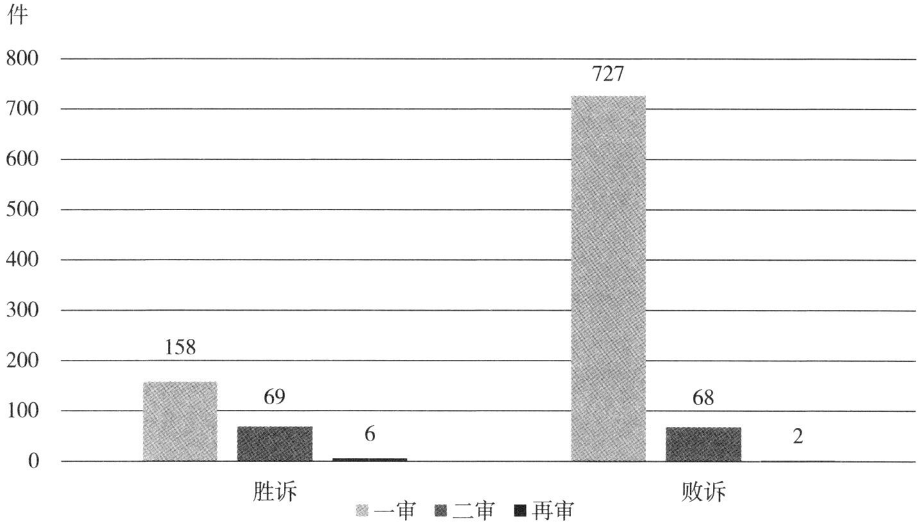

图 2－44　纺织、服饰相关制造业上市公司胜诉情况与诉讼阶段交叉分布情况

第五节　木材、家具、造纸相关制造业

一、木材、家具、造纸相关制造业上市公司概况

木材、家具、造纸相关制造业具体包括木材加工及木、竹、藤、棕、草制品业，家具制造业，造纸及纸制品业。

截至 2021 年第四季度，我国木材、家具、造纸相关制造业上市公司共计 72 家，从行业小类看，木材加工及木、竹、藤、棕、草制品业上市公司共 8 家，家具制造业上市公司 28 家，造纸及纸制品业上市公司 36 家。家具制造业和造纸及纸制品业上市公司在木材、家具、造纸相关制造业上市公司中占据主流。从市场规模看，我国上市公司中木材、家具、造纸相关制造业的整体规模较小，其数量占全部上市公司的约 1.53%，木材、家具、造纸相关制造业在全国范围内具有较大市场影响力的企业数量较少。

二、木材、家具、造纸相关制造业行业政策和法律风险新动向

（一）木材、家具、造纸相关制造业行业政策新动向

2022 年 4 月 2 日，国务院关税税则委员会发布《关于对部分原产于新西兰的木材和纸制品实施协定税率的公告》，提出根据《进出口关税条例》和《中华人民共和国政府和新西兰政府关于升级〈中华人民共和国政府和新西兰政府自由贸易协定〉的议定书》及有关换文规定，自 2022 年 4 月 7 日起，对部分原产于新西兰的木材和纸制品实施协定税率。

（二）木材、家具、造纸相关制造业法律风险新动向

2021 年 12 月 10 日，工业和信息化部为深入贯彻落实《循环经济促进法》《固体废物污染环境防治法》《土壤污染防治法》，引导废纸加工行业高质量发展，提升废纸集约化加工水平，制定了《废纸加工行业规范条件》。该规范条件要求，废纸加工企业应采用有效分拣、分离、拆解手段去除废纸中混杂的塑料覆膜、石膏填充物、玻璃、泥沙等不可利用杂物，鼓励企业采取智能分拣等先进工艺对废纸进行细分，提高废纸综合利用效率和洁净度，废纸利用率不低于 95%，废纸洁净率不低于 98%。该规范条件对废纸利用率和废纸清洁率都提出了要求，有利于提升废纸加工的整体质量和资源利用效率，从而促进我国造纸行业的效率提升与良性发展。同样，相关行业上市公司也应当在技术、装备和工艺与环境保护方面及时升级，做到生产作业符合《废纸加工行业规范条件》的要求。

三、木材、家具、造纸相关制造业上市公司诉讼情况统计

本书以木材、家具、造纸相关制造业的 72 家上市公司为当事人检索案例，共收集 2021 年全国法院判决的各类司法判决书 547 份，作为统计分析的样本。

（一）案件类型分布

1. 案件诉讼类型

从案件诉讼类型看，2021 年木材、家具、造纸相关制造业上市公司涉及的 547 件案件，以民事诉讼为主，行政诉讼有 56 件，无刑事诉讼。

2. 案件案由种类

首先，从诉讼案件案由的基本类型看，2021 年木材、家具、造纸相关制造业上市公司涉及的 547 件案件主要集中在知识产权纠纷和合同类纠纷两类中，具体分布情

况如表 2－9 所示。

表 2－9　木材、家具、造纸相关制造业上市公司案件案由基本类型分布

案由基本类型	案件数量/件
物权纠纷	3
合同类纠纷	120
侵权责任纠纷	10
知识产权纠纷	192
竞争法纠纷	44
公司法纠纷	5
金融法纠纷	40
劳动法纠纷	71
其他民事纠纷	4
行政诉讼	58
刑事诉讼	0
合计	547

其中，如图 2－45 所示，知识产权纠纷案件共有 192 件，约占全部案件总量的 35.10%；合同类纠纷共有 120 件，约占全部案件总量的 21.94%；公司法纠纷、侵权责任纠纷及竞争法纠纷、竞争法纠纷数量不多，占比较小。

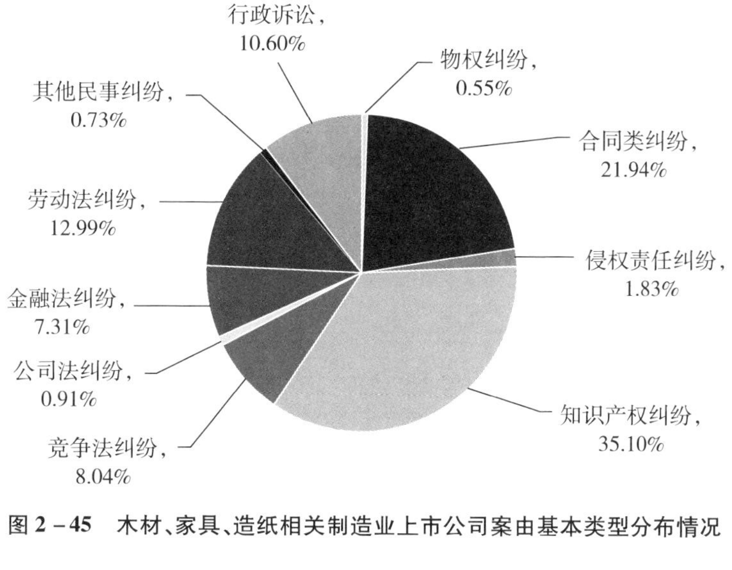

图 2－45　木材、家具、造纸相关制造业上市公司案由基本类型分布情况

其次，从案件的具体案由看，2021 年木材、家具、造纸相关制造业上市公司涉及的 547 件案件以商标权权属、侵权纠纷案件数量最多，其他种类案由呈分散化分布状态，其分布情况如表 2－10 所示。

表 2－10　木材、家具、造纸相关制造业上市公司案件具体案由分布

具体案由	案件数量/件
商标权权属、侵权纠纷	186
劳动合同纠纷	71
商标行政管理	50
买卖合同纠纷	48
证券欺诈责任纠纷	40
其他不正当竞争纠纷	39
承揽合同纠纷	25
综合合同纠纷	18
建设工程合同纠纷	11
其他侵权责任纠纷	7
租赁合同纠纷	6
专利行政管理	5
生命权、身体权、健康权纠纷	4
仿冒纠纷	4
不当得利纠纷	3
其他行政管理	3
借款合同纠纷	2
特许经营合同纠纷	2
专利权权属、侵权纠纷	2
损害公司债权人利益责任纠纷	2
提供劳务者受害责任纠纷	2
其他知识产权纠纷	2

续表

具体案由	案件数量/件
物权保护纠纷	2
排除妨害纠纷	1
定金合同纠纷	1
运输合同纠纷	1
委托合同纠纷	1
中介合同纠纷	1
合伙合同纠纷	1
劳务合同纠纷	1
商业诋毁纠纷	1
股权转让纠纷	1
公司解散纠纷	1
清算责任纠纷	1
环境污染责任纠纷	1
其他合同纠纷	1

3. 案件地域分布

从案件地域分布看,2021 年木材、家具、造纸相关制造业上市公司涉及的 547 件案件中,除了 3 件由最高人民法院审理之外,其他案件主要分布在广东省、北京市、山东省等地。其中,广东省案件最多,共 108 件;其次是北京市、山东省,分别为 64 件、63 件。具体分布情况如图 2 - 46 所示。

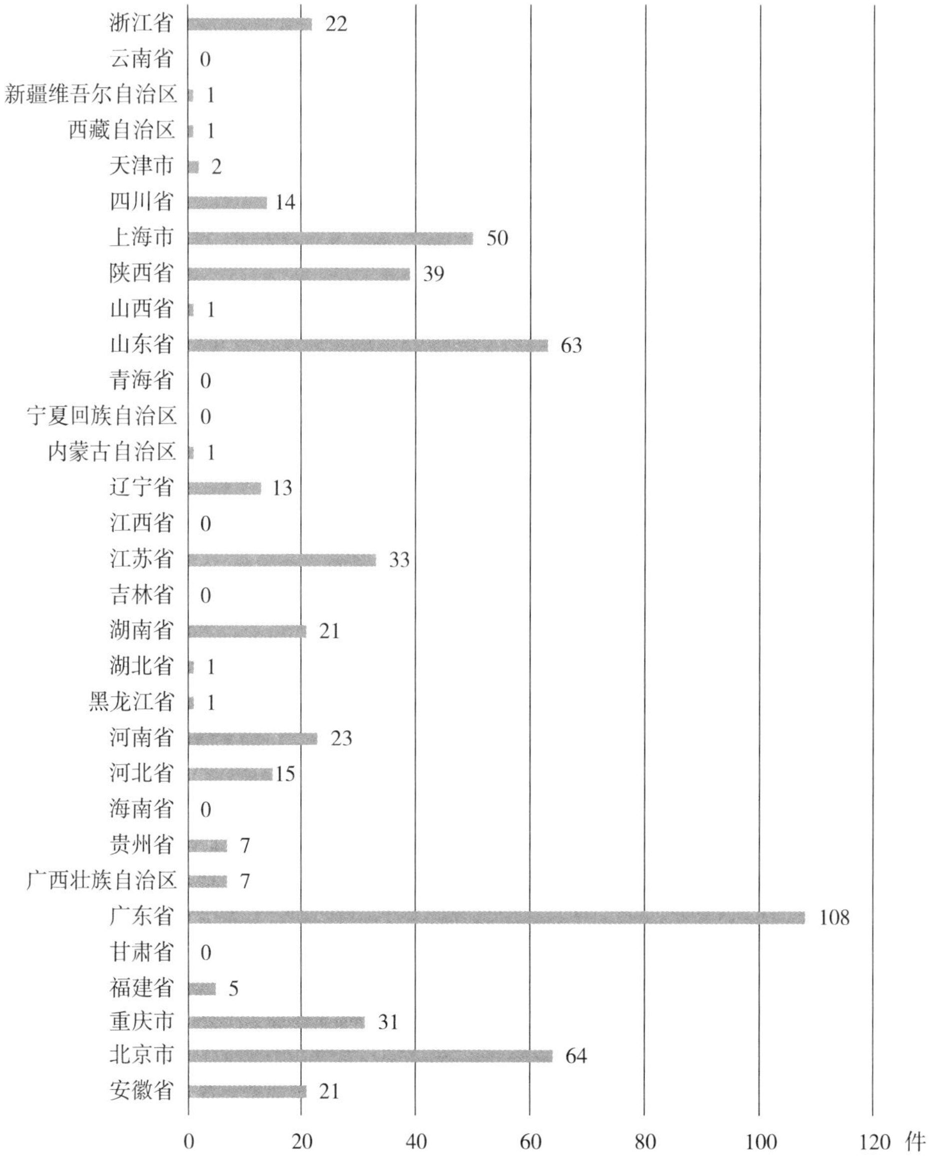

图 2－46　木材、家具、造纸相关制造业上市公司案件地域分布情况

（二）案件审理程序

1. 诉讼阶段

如图 2－47 所示，从诉讼阶段看，2021 年木材、家具、造纸相关制造业上市公司涉及的 547 个案件中，一审案件 329 件，占比约 60.15%；二审案件 204 件，占比约 37.29%；再审案件 14 件，占比约 2.56%。

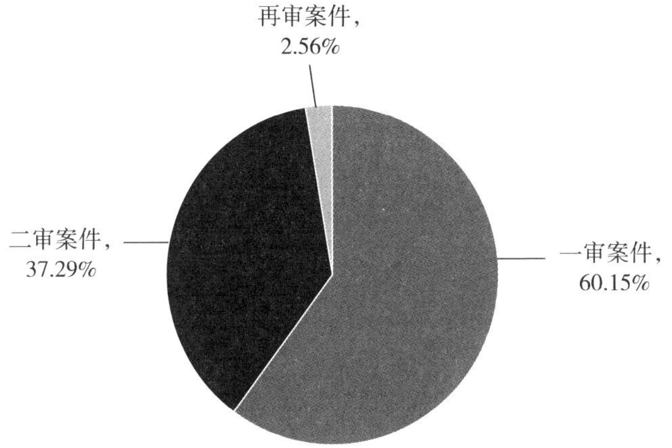

图 2－47　木材、家具、造纸相关制造业上市公司案件诉讼阶段分布情况

2. 法院层级

如图 2－48 所示，从法院层级看，2021 年木材、家具、造纸相关制造业上市公司涉及的 547 件案件中，基层人民法院审结的案件 200 件，占比约 36.56%；中级人民法院审结的案件 237 件，占比约 43.33%；高级人民法院审结的案件 107 件，占比约 19.56%；最高人民法院审结的案件 3 件，占比约 0.55%。

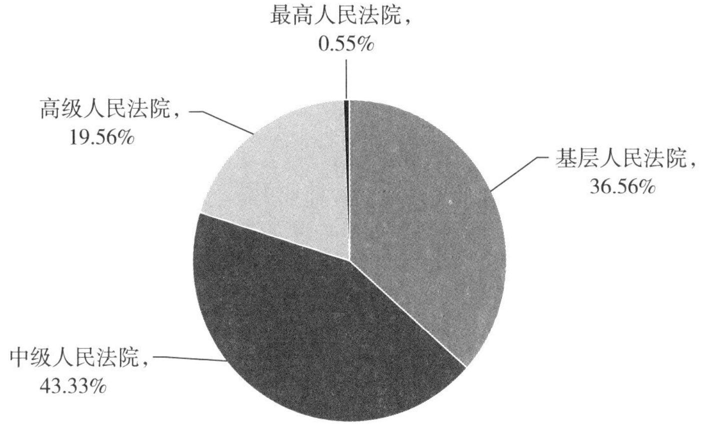

图 2－48　木材、家具、造纸相关制造业上市公司案件审理法院层级分布情况

（三）上市公司诉讼地位

如图 2－49 所示，从上市公司的诉讼地位看，2021 年木材、家具、造纸相关制造业上市公司涉及的 547 件案件中，上市公司作为原告的案件有 353 件，占比约 64.53%；上市公司作为被告的案件有 179 件，占比约 32.72%；除此之外，还有 15 件案件中上市公司以第三人的身份参与了诉讼，占比约 2.75%。

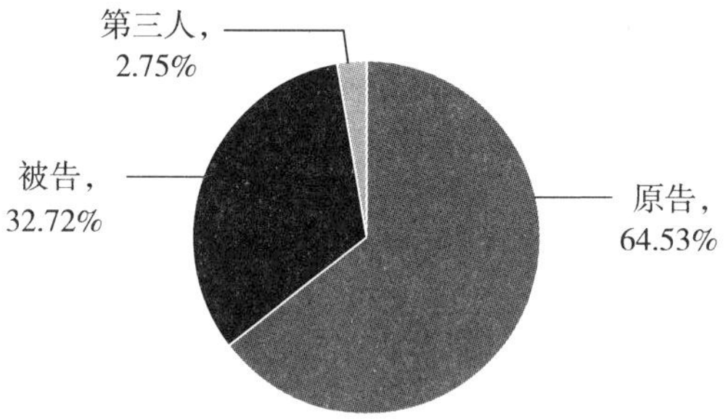

图 2－49　木材、家具、造纸相关制造业上市公司一审程序诉讼地位分布情况

（四）诉讼标的额

从诉讼案件的标的额看，2021 年木材、家具、造纸相关制造业上市公司涉及的有标的额可查的案件中，诉讼标的额数量分布情况如图 2－50 所示。总体来看，本行业诉讼标的额总额为 104,013,658.48 元，诉讼标的额最大为 13,079,166.67 元，行业平均诉讼标的额为 1,019,741.75 元。

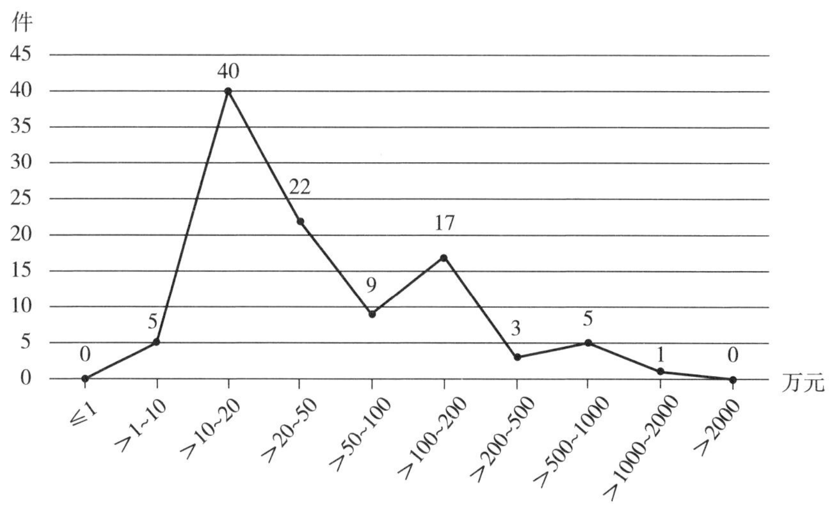

图 2－50　木材、家具、造纸相关制造业上市公司诉讼标的额分布情况

区分上述案件中上市公司的不同诉讼地位来看:2021 年木材、家具、造纸相关制造业上市公司作为原告涉及的案件中,诉讼标的额数量分布情况如图 2－51 所示。这部分案件的诉讼标的额总额为 69,855,609.11 元,平均诉讼标的额为 1,343,377.1元。

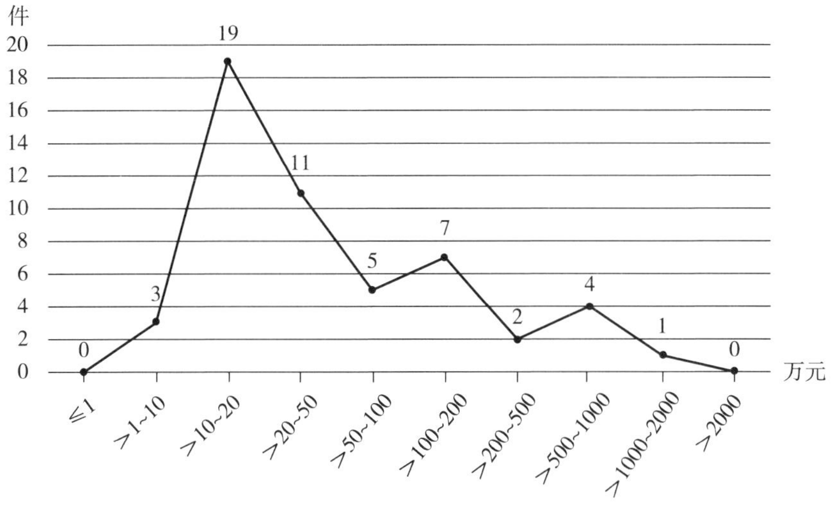

图 2－51　木材、家具、造纸相关制造业上市公司作为原告诉讼标的额分布情况

木材、家具、造纸相关制造业上市公司作为被告涉及的案件中,诉讼标的额数量分布情况如图 2－52 所示。这部分案件的诉讼标的额总额为 29,945,793.81 元,平均诉讼标的额为 650,995.52 元。

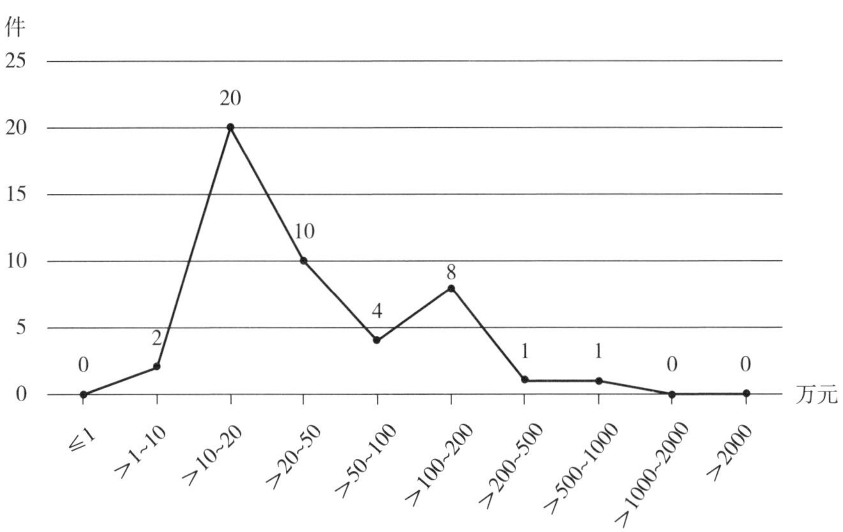

图 2－52　木材、家具、造纸相关制造业上市公司作为被告诉讼标的额分布情况

（五）诉讼结果和胜诉率

从总体上看，如图 2－53 所示，2021 年木材、家具、造纸相关制造业上市公司涉及的所有案件中，胜诉的案件有 179 件、败诉的案件有 309 件、撤回上诉的案件有 44 件、驳回起诉的案件有 6 件、驳回上诉的案件有 9 件。该行业上市公司胜诉的案件数量在全部案件中占比约 32.72%，如果排除撤诉等特殊情形，则该行业上市公司的总体胜诉率约为 36.68%。

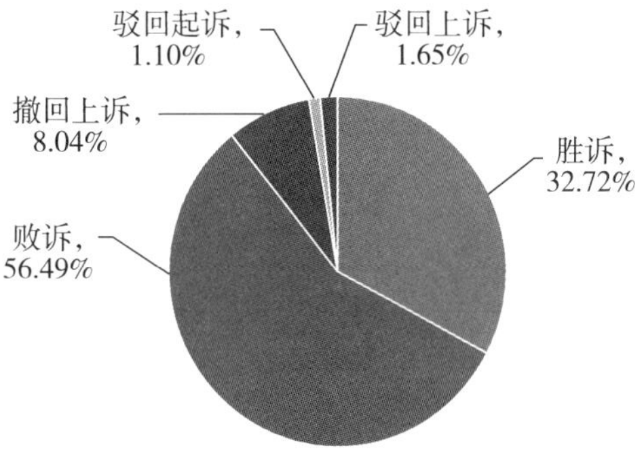

图 2－53　木材、家具、造纸相关制造业上市公司诉讼结果占比情况

如图 2－54 所示，具体到不同的诉讼地位，当木材、家具、造纸相关制造业上市公司为原告时，其胜诉的案件有 56 件，败诉的案件有 257 件，胜诉率约为17.89%，低于总体胜诉率；当木材、家具、造纸相关制造业上市公司为被告时，其胜诉的案件有 119 件，败诉的案件有 50 件，胜诉率约为 70.41%，高于总体胜诉率；当木材、家具、造纸相关制造业上市公司为第三人时，其胜诉的案件有 4 件，败诉的案件有 2 件，胜诉率约为 66.67%，同样高于总体胜诉率。

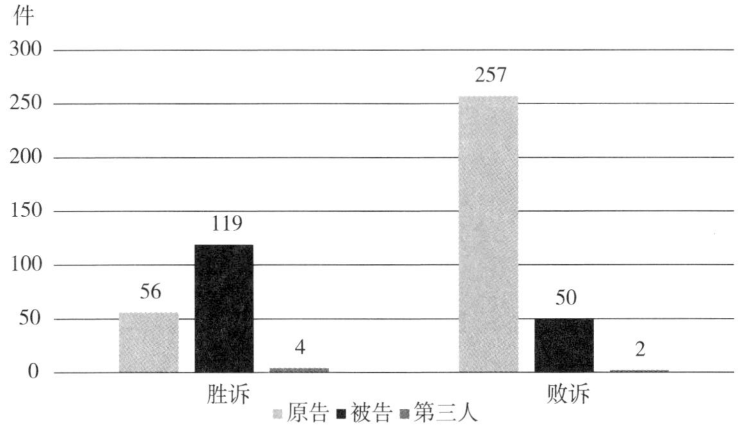

图 2－54　木材、家具、造纸相关制造业上市公司胜诉情况与诉讼地位交叉分布情况

如图 2－55 所示，具体到不同的诉讼阶段，一审阶段，木材、家具、造纸相关制造业上市公司胜诉的案件有 100 件，败诉的案件有 223 件，胜诉率约为 30.96%，低于总体胜诉率；二审阶段，上市公司胜诉的案件有 71 件，败诉的案件有 80 件，胜诉率约为 47.01%，高于一审胜诉率；再审阶段，上市公司胜诉的案件有 8 件，败诉的案件有 6 件，胜诉率约为 57.14%。

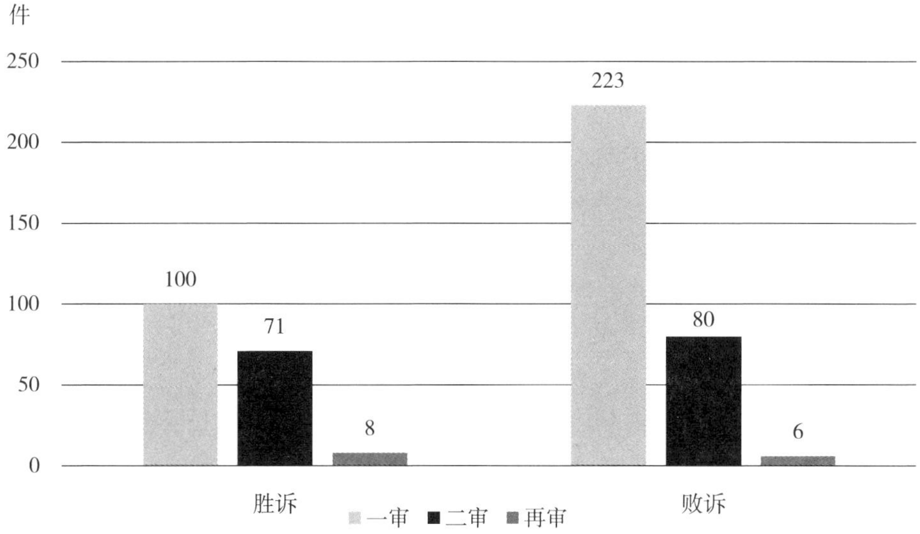

图 2－55 木材、家具、造纸相关制造业上市公司胜诉情况与诉讼阶段交叉分布情况

第六节 印刷、文娱相关制品制造业

一、印刷、文娱相关制品制造业上市公司概况

印刷、文娱相关制品制造业，包括印刷和记录媒介复制业和文教、工美、体育和娱乐用品制造业，同属于制造业大类。印刷记录媒介复制业，包括印刷、装订及印刷相关服务以及记录媒介复制；文教、工美、体育和娱乐用品制造业，包括文教办公用品制造、乐器制造、工艺美术及礼仪用品制造、体育用品制造、玩具制造和游艺器材及娱乐用品制造。

截至 2021 年第四季度，我国印刷、文娱相关制品制造业上市公司共计 35 家，从行业小类看，印刷和记录媒介复制业上市公司 14 家，文教、工美、体育和娱乐用品制造业上市公司21家，印刷和记录媒介复制业的上市公司稍多。从市场规模看，我国上市公司中印刷、文娱相关制品制造业的整体规模非常小，其数量占全部上市公司的约0.75%，可见印刷、文娱相关制品制造业在全国范围内具有较大市场影响力的企业数量寥寥可数。

二、印刷、文娱相关制品制造业行业政策和法律风险新动向

（一）印刷、文娱相关制品制造业行业政策新动向

1.《关于做好2021年印刷复制发行管理工作的通知》

为切实推动印刷复制发行业实现高质量可持续发展，2021年2月24日，国家新闻出版署发布《关于做好2021年印刷复制发行管理工作的通知》，要求坚持正确出版导向，组织开展“双随机、一公开”抽查，推动印刷业数字化绿色化融合化智能化发展，提升发行业专业化融合化数字化智能化水平，同时提出要做好印刷发行保障工作，优化政务服务，防范化解风险，加强示范引领工作。

2.《包装印刷业有机废气治理工程技术规范》

2021年5月7日，生态环境部发布关于《包装印刷业有机废气治理工程技术规范》等7项国家生态环境标准的公告，其中《包装印刷业有机废气治理工程技术规范》（HJ 1163—2021）规定了包装印刷业有机废气治理工程的设计、施工、验收和运行维护的技术要求，为印刷业高质量、可持续发展提供技术标准支持。

3.《出版业“十四五”时期发展规划》

2021年12月30日，国家新闻出版署印发《出版业“十四五”时期发展规划》，明确出版业“十四五”时期发展的指导思想、基本原则、目标要求、重点任务、保障措施，描绘了出版业的发展蓝图和工作方向。同时，该规划从做强做优主题出版、打造新时代出版精品、壮大数字出版产业、促进印刷产业提质增效、加强出版公共服务体系建设、健全现代出版市场体系、推动出版业高水平“走出去”、提高出版业治理能力与管理水平、完善出版业高质量发展保障措施9个方面，提出39项重点任务，列出46项重大工程，并对推动规划落地实施提出工作要求。

（二）印刷、文娱相关制品制造业法律风险新动向

为引导废纸加工行业高质量发展，提升废纸集约化加工水平，2021年12月10日，工业和信息化部发布了《废纸加工行业规范条件》，鼓励企业进入再生资源或循环经济园区经营，规范企业布局与项目选址，工业和信息化部将委托相关专业机构加强行业发展状况的分析和研究，组织推广应用先进适用的节能减排新技术、新工

艺及新设备,对于任何单位或个人发现申请公告企业或已公告企业有不符合本规范条件有关规定的,工业和信息化部开通了投诉或举报通道。因此,相关企业应提高节能减排意识以适应行业发展。

三、印刷、文娱相关制品制造业上市公司诉讼情况统计

本书以印刷、文娱相关制品制造业的 35 家上市公司为当事人检索案件,共收集 2021 年全国法院判决的各类司法判决书 71 份,作为统计分析的样本。

(一)案件类型分布

1. 案件诉讼类型

从案件诉讼类型看,2021 年印刷、文娱相关制品制造业上市公司涉及的 71 件案件,以民事诉讼为主,行政诉讼仅有 4 件,刑事诉讼为 1 件。

2. 案件案由种类

首先,从诉讼案件案由的基本类型看,2021 年印刷、文娱相关制品制造业上市公司涉及的 71 件案件主要集中在合同类纠纷和知识产权纠纷两类中,具体分布情况如表 2 - 11 所示。

表 2 - 11　印刷、文娱相关制品制造业上市公司案件案由基本类型分布

案由基本类型	案件数量/件
物权纠纷	0
合同类纠纷	38
侵权责任纠纷	1
知识产权纠纷	20
竞争法纠纷	0
公司法纠纷	2
金融法纠纷	1
劳动法纠纷	4
其他民事纠纷	0
行政诉讼	4
刑事诉讼	1
合计	71

其中，如图 2－56 所示，合同类纠纷案件共有 38 件，约占全部案件总量的 53.52%；知识产权纠纷共有 20 件，约占全部案件总量的 28.17%；侵权责任纠纷、公司法纠纷、金融法纠纷及刑事诉讼数量不多，占比较小。

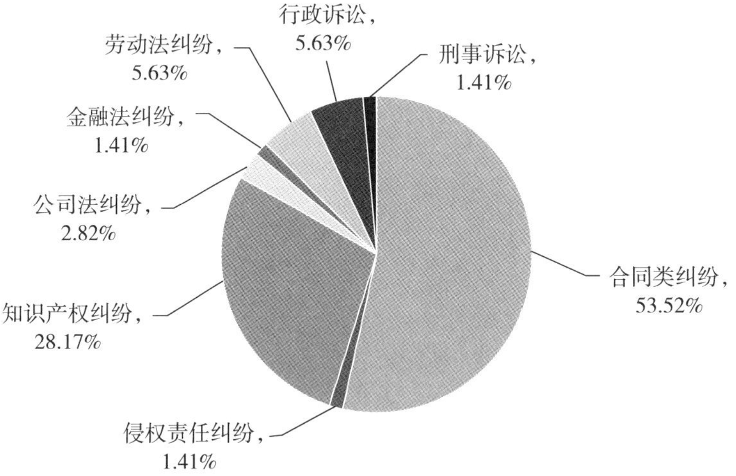

图 2－56　印刷、文娱相关制品制造业上市公司案由基本类型分布情况

其次，从案件的具体案由看，2021 年印刷、文娱相关制品制造业上市公司涉及的 71 件案件以其他买卖合同纠纷案件数量最多，其他种类案由呈分散化分布状态，其分布情况如表 2－12 所示。

表 2－12　印刷、文娱相关制品制造业上市公司案件具体案由分布

具体案由	案件数量/件
买卖合同纠纷	15
借款合同纠纷	12
商标权权属、侵权纠纷	6
专利权权属、侵权纠纷	6
著作权权属、侵权纠纷	5
承揽合同纠纷	4
劳动合同纠纷	4

续表

具体案由	案件数量/件
综合合同纠纷	3
商标行政管理	3
租赁合同纠纷	2
特许经营合同纠纷	2
股东资格确认纠纷	2
建设工程合同纠纷	1
广告合同纠纷	1
证券欺诈责任纠纷	1
其他侵权责任纠纷	1
其他知识产权纠纷	1
专利行政管理	1
盗窃罪	1

3. 案件地域分布

从案件地域分布看,2021 年印刷、文娱相关制品制造业上市公司涉及的 71 件案件中,除了 1 件由最高人民法院审理之外,其他案件主要分布在广东省、北京市、江苏省等地。其中,广东省案件最多,共 14 件;其次是北京市,共 12 件;再次是江苏省,共 9 件。具体分布情况如图 2 – 57 所示。

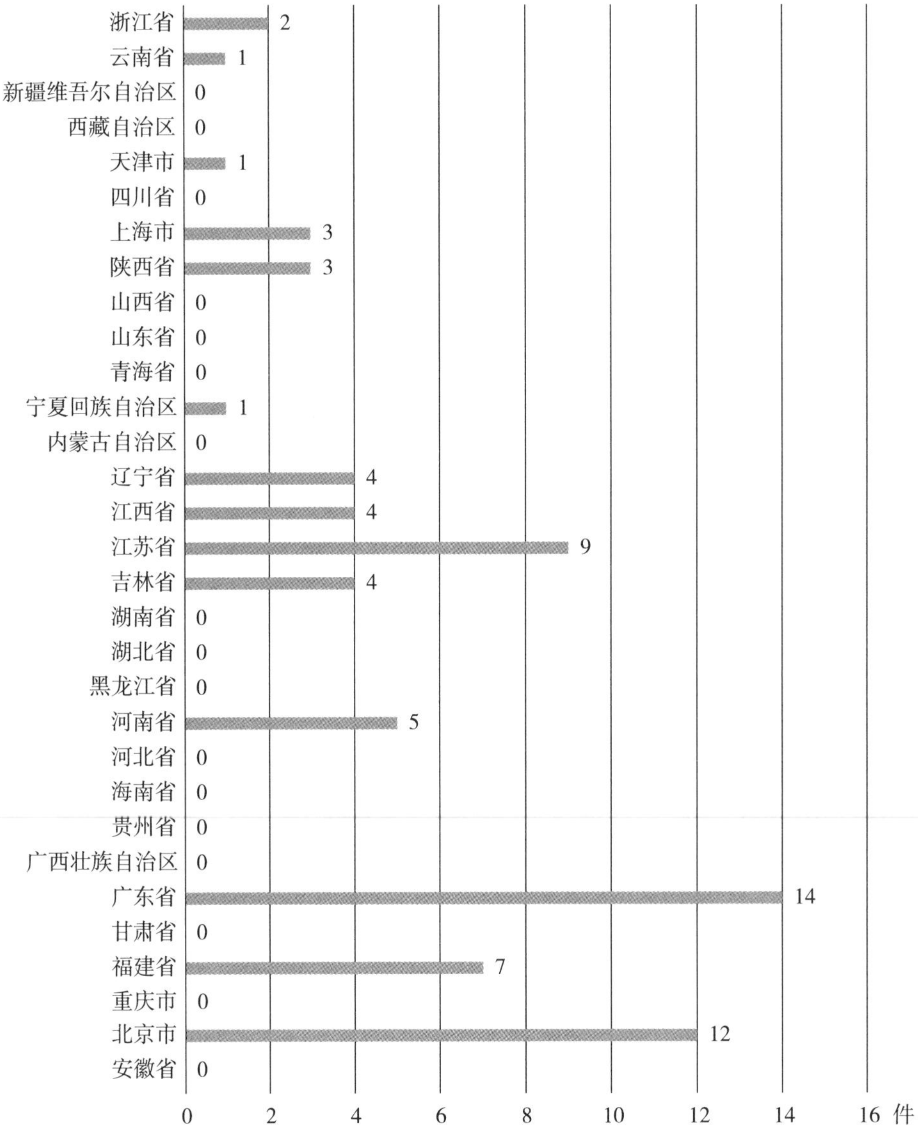

图 2－57 印刷、文娱相关制品制造业上市公司案件地域分布情况

(二)案件审理程序

1. 诉讼阶段

如图 2－58 所示,从诉讼阶段看,2021 年印刷、文娱相关制品制造业上市公司涉及的 71 件案件中,一审案件 53 件,占比约 74.65%;二审案件 15 件,占比约

21.12%；再审案件 3 件，占比约 4.23%。

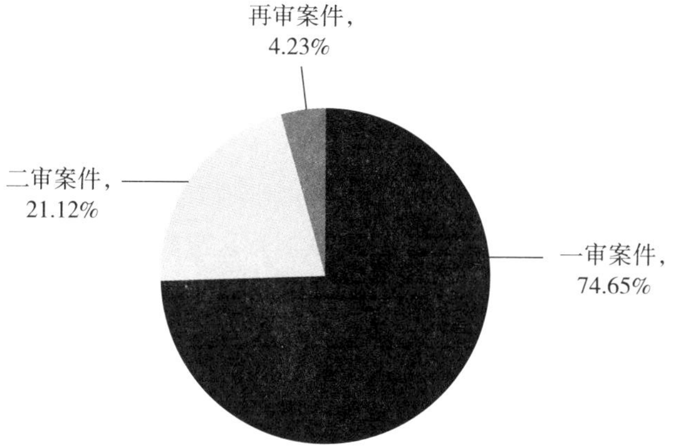

图 2－58 印刷、文娱相关制品制造业上市公司案件诉讼阶段分布情况

2. 法院层级

如图 2－59 所示，从法院层级看，2021 年印刷、文娱相关制品制造业上市公司涉及的 71 件案件中，基层人民法院审结的案件 40 件，占比约 56.34%；中级人民法院审结的案件 25 件，占比约 35.21%；高级人民法院审结的案件 5 件，占比约 7.03%；最高人民法院审结的案件 1 件，占比约 1.42%。

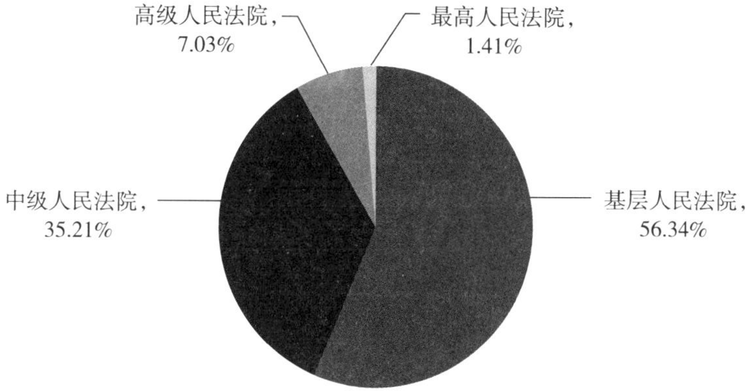

图 2－59 印刷、文娱相关制品制造业上市公司案件审理法院层级分布情况

（三）上市公司诉讼地位

如图2－60所示，从上市公司的诉讼地位看，2021年印刷、文娱相关制品制造业上市公司涉及的71件案件中，上市公司作为原告的案件有35件，占比约49.30%；上市公司作为被告的案件有33件，占比约46.47%；除此之外，还有3件案件中上市公司以第三人的身份参与了诉讼，占比约4.23%。可见，2021年印刷、文娱相关制品制造业上市公司诉讼中，主动发起诉讼与被动应诉的上市公司比例相差甚微，作为第三人参加诉讼的情况较少。

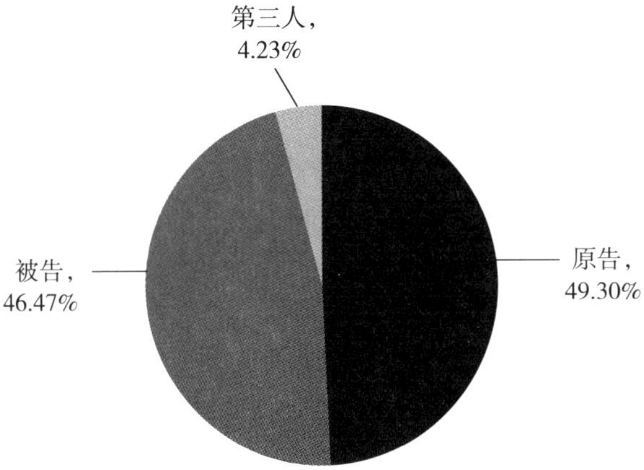

图2－60　印刷、文娱相关制品制造业上市公司一审程序诉讼地位分布情况

（四）诉讼标的额

从诉讼案件的标的额看，2021年印刷、文娱相关制品制造业上市公司涉及的有标的额可查的案件中，诉讼标的额数量分布情况如图2－61所示。总体来看，本行业诉讼标的额总额为132,786,662.80元，诉讼标的额最大为47,887,200.00元，行业平均诉讼标的额为3,905,490.08元。

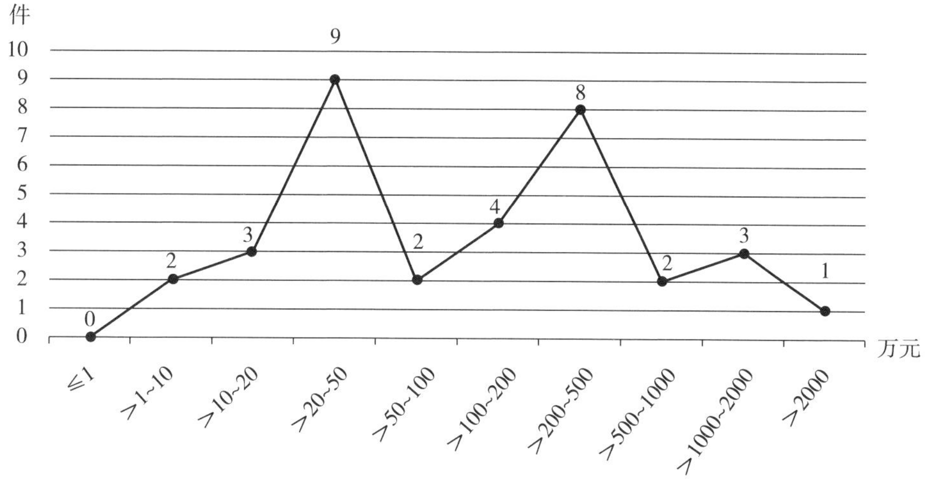

图 2－61　印刷、文娱相关制品制造业上市公司诉讼标的额分布情况

区分上述案件中上市公司的不同诉讼地位来看：印刷、文娱相关制品制造业上市公司作为原告涉及的案件中，诉讼标的额数量分布情况如图 2－62 所示。这部分案件的诉讼标的额总额为 79,824,454.76 元，平均诉讼标的额为 5,701,746.77 元。

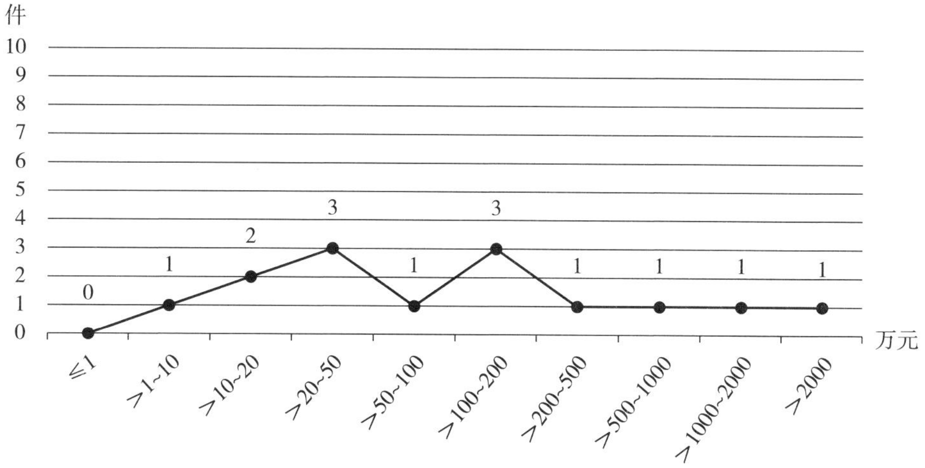

图 2－62　印刷、文娱相关制品制造业上市公司作原告诉讼标的额分布情况

印刷、文娱相关制品制造业上市公司作为被告涉及的案件中，诉讼标的额数量分布情况如图 2－63 所示。这部分案件的诉讼标的额总额为 52,157,074.70 元，平均诉讼标的额为 2,897,615.26 元。

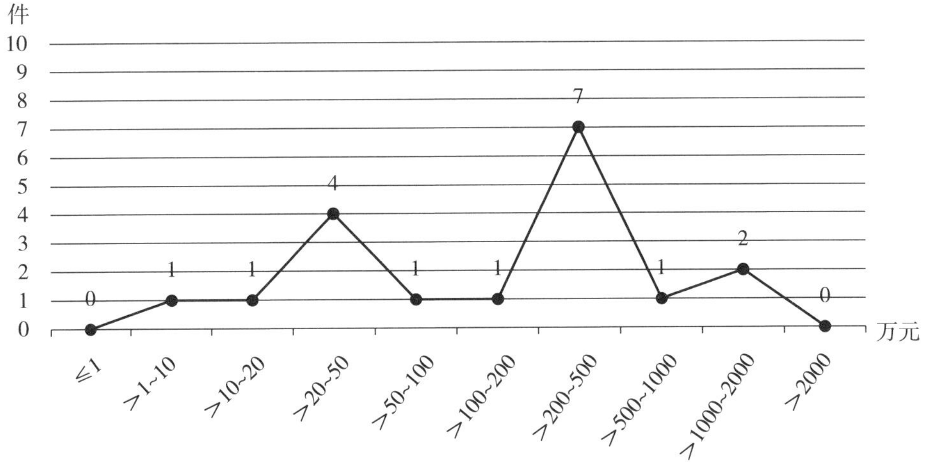

图2－63 印刷、文娱相关制品制造业上市公司作被告诉讼标的额分布情况

（五）诉讼结果和胜诉率

从总体上看，如图2－64所示，2021年印刷、文娱相关制品制造业上市公司涉及的所有案件中，胜诉的案件有34件、败诉的案件有31件、撤回上诉的案件有3件、驳回起诉的案件有3件。该行业上市公司胜诉的案件数量在全部案件中占比约47.89%，如果排除撤诉等特殊情形，则该行业上市公司的总体胜诉率约为52.31%。

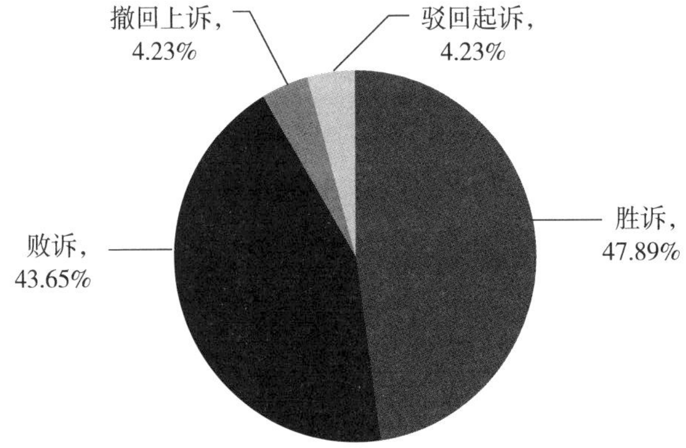

图2－64 印刷、文娱相关制品制造业上市公司诉讼结果占比情况

如图 2－65 所示，具体到不同的诉讼地位，当印刷、文娱相关制品制造业上市公司为原告时，其胜诉的案件有 9 件，败诉的案件有 24 件，胜诉率约为 27.27%，低于总体胜诉率；当印刷、文娱相关制品制造业上市公司为被告时，其胜诉的案件有 25 件，败诉的案件有 7 件，胜诉率约为 78.13%，高于总体胜诉率；印刷、文娱相关制品制造业上市公司未作为第三人参加诉讼。

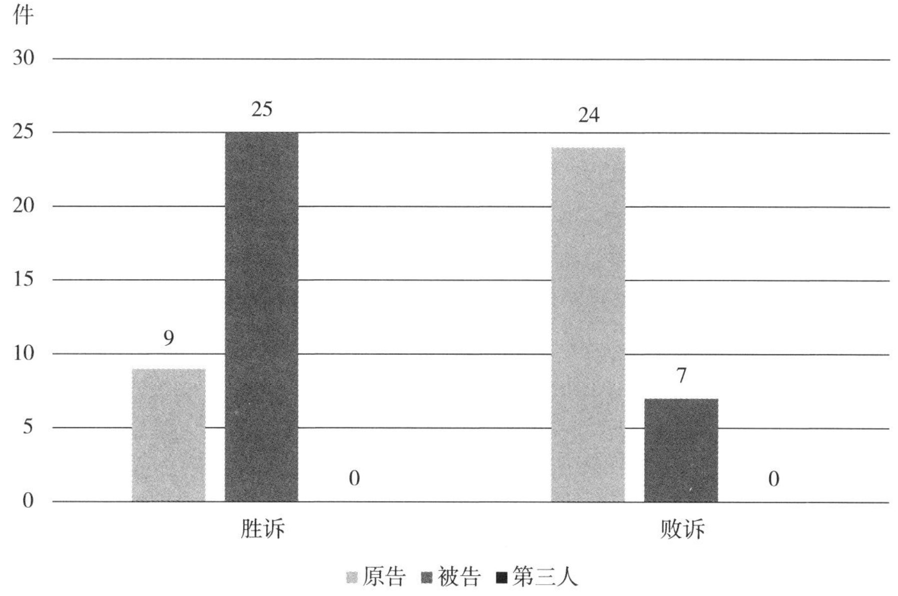

图 2－65　印刷、文娱相关制品制造业上市公司胜诉情况与诉讼地位交叉分布情况

如图 2－66 所示，具体到不同的诉讼阶段，一审阶段，印刷、文娱相关制品制造业上市公司胜诉的案件有 26 件，败诉的案件有 24 件，胜诉率为 52.00%，略高于总体胜诉率；二审阶段，上市公司胜诉的案件有 7 件，败诉的案件有 5 件，胜诉率约为 58.33%，高于一审胜诉率；再审阶段，上市公司胜诉的案件有 1 件，败诉的案件有 2 件，胜诉率约为 33.33%，胜诉率较低。

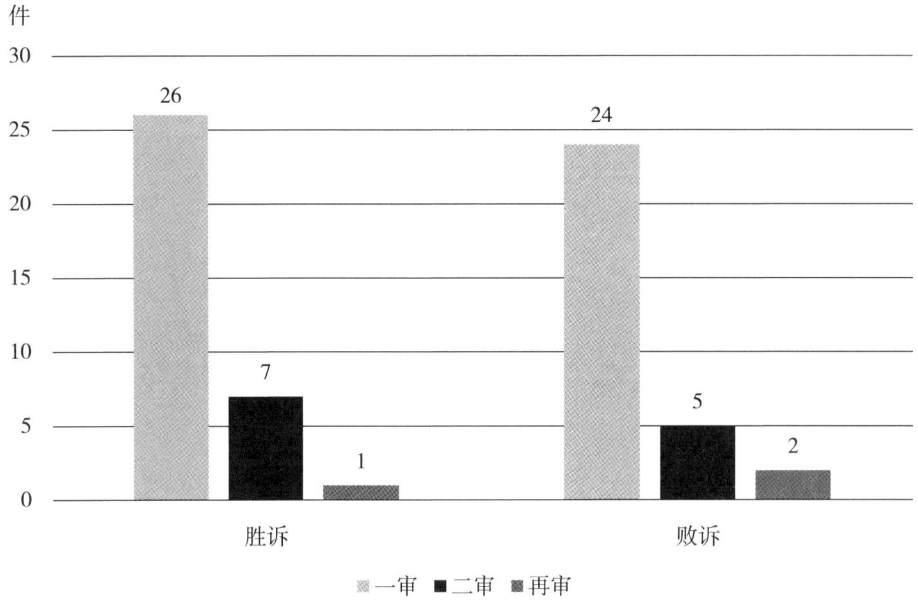

图2－66　印刷、文娱相关制品制造业上市公司胜诉情况与诉讼阶段交叉分布情况

第七节　石油、化学相关制品制造业

一、石油、化学相关制品制造业上市公司概况

石油、化学相关制品制造业，一般是指以石油和天然气为原料的化学工业。范围很广，产品很多。原油经过裂解（裂化）、重整和分离，提供基础原料，如乙烯、丙烯、丁烯、丁二烯、苯、甲苯、二甲苯、萘等。

截至2021年第四季度，我国石油、化学相关制品制造业上市公司共计326家，从行业小类看，石油加工、炼焦及核燃料加工业上市公司16家，化学原料及化学制品制造业上市公司310家。化学原料及化学制品制造业上市公司在石油、化学相关制品制造业上市公司中占据主流。从市场规模看，我国上市公司中石油、化学相关制品制造业的整体规模非常大，其数量占全部上市公司的约6.94%，可见石油、化学相关制品制造业在全国范围内具有较大市场影响力的企业数量之多。

二、石油、化学相关制品制造业行业政策和法律风险新动向

（一）石油、化学相关制品制造业行业政策新动向

1.《工业互联网综合标准化体系建设指南（2021版）》

为坚定不移地实施制造强国网络强国战略，进一步建立健全工业互联网标准体系，统筹推进国内国际标准工作，增加标准有效供给，强化标准应用实施，加快构建统一、融合、开放的工业互联网标准体系，发挥好标准对推动工业互联网高质量发展的支撑和引领作用，2021年11月24日，工业和信息化部、国家标准化管理委员会联合印发《工业互联网综合标准化体系建设指南（2021版）》，明确到2023年，工业互联网标准体系持续完善，面向汽车、电子信息、钢铁、轻工（家电）、装备制造、航空航天、石油化工等重点行业领域的应用标准25项以上，推动标准优先在重点行业和领域率先应用，引导企业在研发、生产、管理等环节对标达标。到2025年，制定工业互联网关键技术、产品、管理及应用等标准100项以上，建成统一、融合、开放的工业互联网标准体系，形成标准广泛应用、与国际先进水平保持同步发展的良好局面。

2.《“十四五”原材料工业发展规则》

面对资源能源和生态环境的强约束、碳达峰碳中和的硬任务，也为贯彻落实《中华人民共和国国民经济和社会发展第十四个五年规划和2035年远景目标纲要》，加速推动原材料工业体系优化开放与高质量发展，2021年12月21日，工业和信息化部、科学技术部、自然资源部联合编制了《“十四五”原材料工业发展规划》，该规划围绕发展目标，从供给水平、产业结构、绿色低碳、数字转型、产业安全5个方面，提出了高端化、合理化、绿色化、数字化、安全化等“五化”重点任务。为推进“五化”任务顺利落地落实，该规划部署了新材料创新发展工程、低碳制造试点工程、数字化赋能工程、战略资源安全保障工程、补链强链工程等五大工程。

3.《2021年碳达峰碳中和专项行业标准制修订计划》

为发挥标准在推进工业领域碳达峰碳中和工作中的引领和规范作用，2021年12月22日，工业和信息化部发布《2021年碳达峰碳中和专项行业标准制修订计划》，包含九大领域，重点支持石化化工、钢铁、有色、建材等重点行业基础通用、核算核查、技术与装备类等标准。

（二）石油、化学相关制品制造业法律风险新动向

1.《关于加快解决当前挥发性有机物治理突出问题的通知》

为深入打好污染防治攻坚战，强化细颗粒物（PM2.5）和臭氧（O_3）协同控制，落

实相关法律法规标准等要求，2021 年 8 月 4 日，生态环境部办公厅印发《关于加快解决当前挥发性有机物治理突出问题的通知》，明确指出大气污染防治重点区域于 2021 年 10 月底前、其他地区于 2021 年 12 月底前，组织企业自行完成一轮排查工作。以石油炼制、石油化工、合成树脂等石化行业，有机化工、煤化工、焦化（含兰炭）、制药、农药、涂料、油墨、胶粘剂等化工行业，涉及工业涂装的汽车、家具、零部件、钢结构、彩涂板等行业，包装印刷行业以及油品储运销为重点，并结合本地特色产业，组织企业针对挥发性有机液体储罐、装卸、敞开液面、泄漏检测与修复（LDAR）、废气收集、废气旁路、治理设施、加油站、非正常工况、产品 VOCs 含量 10 个关键环节，认真对照大气污染防治法、排污许可证、相关排放标准和产品 VOCs 含量限值标准等开展排查整治。

2.《中共中央、国务院关于深入打好污染防治攻坚战的意见》

为进一步加强生态环境保护，深入打好污染防治攻坚战，深入推进碳达峰行动，《中共中央、国务院关于深入打好污染防治攻坚战的意见》于 2021 年 11 月 2 日发布，该意见要求处理好减污降碳和能源安全、产业链供应链安全、粮食安全、群众正常生活的关系，落实 2030 年应对气候变化国家自主贡献目标，以能源、工业、城乡建设、交通运输等领域和钢铁、有色金属、建材、石化化工等行业为重点，深入开展碳达峰行动。强化队伍建设。完善省以下生态环境机构监测监察执法垂直管理制度，全面推进生态环境监测监察执法机构能力标准化建设。将生态环境保护综合执法机构列入政府行政执法机构序列，统一保障执法用车和装备。

三、石油、化学相关制品制造业上市公司诉讼情况统计

本书以石油、化学相关制品制造业的 326 家上市公司为当事人检索案件，共收集 2021 年全国法院判决的各类司法判决书 1179 份，作为统计分析的样本。

（一）案件类型分布

1. 案件诉讼类型

从案件诉讼类型看，2021 年石油、化学相关制品制造业上市公司涉及的 1179 件案件，以民事诉讼为主，行政诉讼仅有 23 件，无刑事诉讼。

2. 案件案由种类

首先，从诉讼案件案由的基本类型看，2021 年石油、化学相关制品制造业上市公司涉及的 1179 件案件主要集中在合同类纠纷、知识产权纠纷、金融法纠纷和劳动法纠纷四类中，具体分布情况如表 2－13 所示。

表2-13 石油、化学相关制品制造业上市公司案件案由基本类型分布

案由基本类型	案件数量/件
物权纠纷	5
合同类纠纷	329
侵权责任纠纷	20
知识产权纠纷	433
竞争法纠纷	5
公司法纠纷	18
金融法纠纷	234
劳动法纠纷	109
其他民事纠纷	3
行政诉讼	23
刑事诉讼	0
合计	1179

其中,如图2-67所示,知识产权纠纷案件共有433件,约占全部案件总量的36.73%;合同类纠纷共有329件,约占全部案件总量的27.91%;金融法纠纷共有234件,约占全部案件总量的19.85%;劳动法纠纷共有109件,约占全部案件总量的9.25%;物权纠纷、侵权责任纠纷、竞争法纠纷及刑事诉讼数量不多,占比较小。

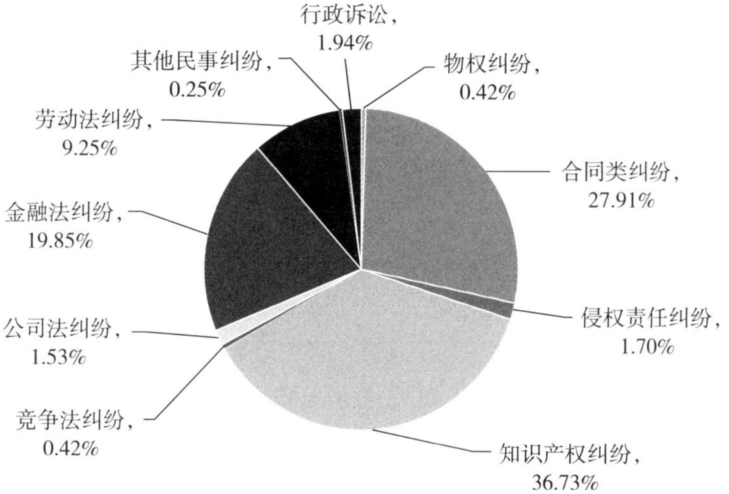

图2-67 石油、化学相关制品制造业上市公司案由基本类型分布情况

其次，从案件的具体案由看，2021 年石油、化学相关制品制造业上市公司涉及的 1179 件案件以商标权权属、侵权纠纷案件数量最多，证券欺诈责任纠纷、买卖合同纠纷、劳动合同纠纷数量较多，其他种类案由呈分散化分布状态，其分布情况如表 2－14 所示。

表 2－14　石油、化学相关制品制造业上市公司案件具体案由分布

具体案由	案件数量/件
商标权权属、侵权纠纷	418
证券欺诈责任纠纷	219
买卖合同纠纷	181
劳动合同纠纷	99
建设工程合同纠纷	38
综合合同纠纷	30
劳务合同纠纷	22
商标行政管理	16
承揽合同纠纷	14
专利权权属、侵权纠纷	11
社会保险纠纷	10
借款合同纠纷	9
机动车交通事故责任纠纷	7
专利行政管理	7
租赁合同纠纷	6
股权转让纠纷	6
债权人撤销权纠纷	5
票据追索权纠纷	5
提供劳务者受害责任纠纷	5
产品责任纠纷	5
其他不正当竞争纠纷	5

续表

具体案由	案件数量/件
融资租赁合同纠纷	4
财产损害赔偿纠纷	3
房屋买卖合同纠纷	3
著作权权属、侵权纠纷	3
公司决议纠纷	3
其他合同纠纷	3
服务合同纠纷	2
广告合同纠纷	2
追偿权纠纷	2
不当得利纠纷	2
新增资本认购纠纷	2
破产债权确认纠纷	2
财产保险合同纠纷	2
票据利益返还请求权纠纷	2
其他侵权责任纠纷	2
票据纠纷	2
生命权、身体权、健康权纠纷	1
肖像权纠纷	1
名誉权纠纷	1
排除妨害纠纷	1
土地承包经营权纠纷	1
保理合同纠纷	1
运输合同纠纷	1
委托合同纠纷	1

续表

具体案由	案件数量/件
中介合同纠纷	1
典当纠纷	1
合伙合同纠纷	1
植物新品种权权属、侵权纠纷	1
侵害企业出资人权益纠纷	1
股东资格确认纠纷	1
损害公司债权人利益责任纠纷	1
公司解散纠纷	1
对外追收债权纠纷	1
证券交易合同纠纷	1
证券回购合同纠纷	1
票据付款请求权纠纷	1
票据损害责任纠纷	1
环境污染责任纠纷	1

3. 案件地域分布

从案件地域分布看，2021 年石油、化学相关制品制造业上市公司涉及的 1179 件案件中，除了 10 件由最高人民法院审理之外，其他案件主要分布在上海市、山东省等地。其中，上海市案件最多，共 249 件；其次是山东省，共 162 件。具体分布情况如图 2－68 所示。

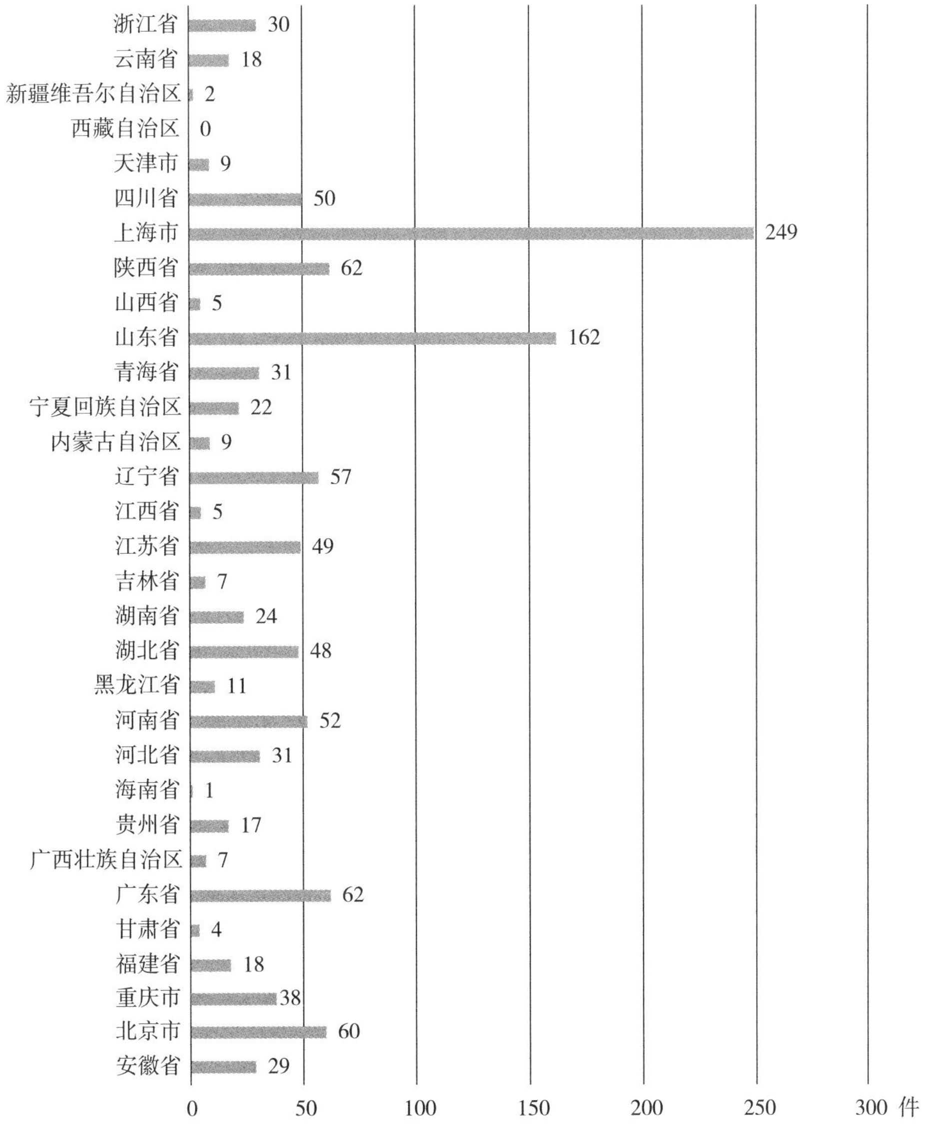

图2-68　石油、化学相关制品制造业上市公司案件地域分布情况

(二)案件审理程序

1. 诉讼阶段

如图2-69所示,从诉讼阶段看,2021年石油、化学相关制品制造业上市公司涉及的1179件案件中,一审案件910件,占比约77.18%;二审案件243件,占比约

20.61%；再审案件 26 件，占比约 2.21%。

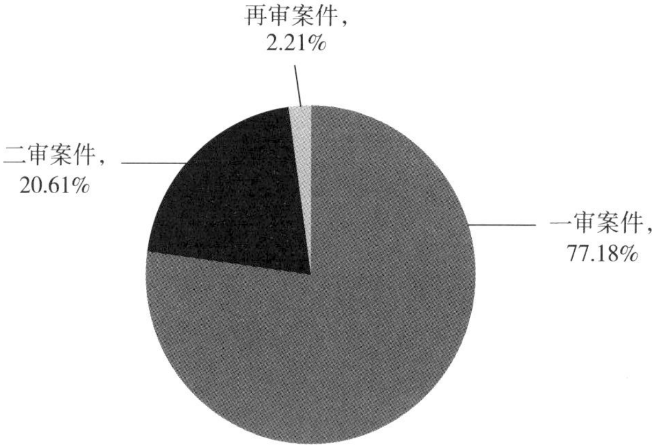

图 2－69　石油、化学相关制品制造业上市公司案件诉讼阶段分布情况

2. 法院层级

如图 2－70 所示，从法院层级看，2021 年石油、化学相关制品制造业上市公司涉及的 1179 件案件中，基层人民法院审结的案件 454 件，占比约 38.51%；中级人民法院审结的案件 597 件，占比约 50.63%；高级人民法院审结的案件 118 件，占比约 10.01%；最高人民法院审结的案件 10 件，占比约 0.85%。

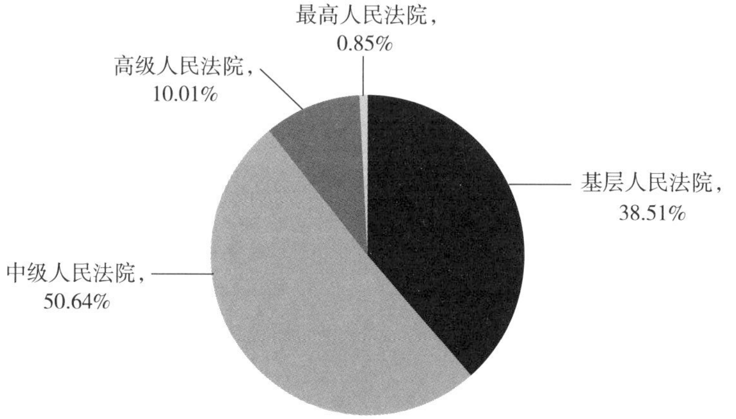

图 2－70　石油、化学相关制品制造业上市公司案件审理法院层级分布情况

（三）上市公司诉讼地位

如图 2－71 所示，从上市公司的诉讼地位看，2021 年石油、化学相关制品制造业上市公司涉及的 1179 件案件中，上市公司作为原告的案件有 587 件，占比约 49.79%；上市公司作为被告的案件有 571 件，占比约 48.43%；除此之外，还有 21 件案件中上市公司以第三人的身份参与了诉讼，占比约 1.78%。可见，2021 年石油、化学相关制品制造业上市公司诉讼中，主动发起诉讼较被动应诉的上市公司比例稍高但差距不大，作为第三人参加诉讼的情况较少。

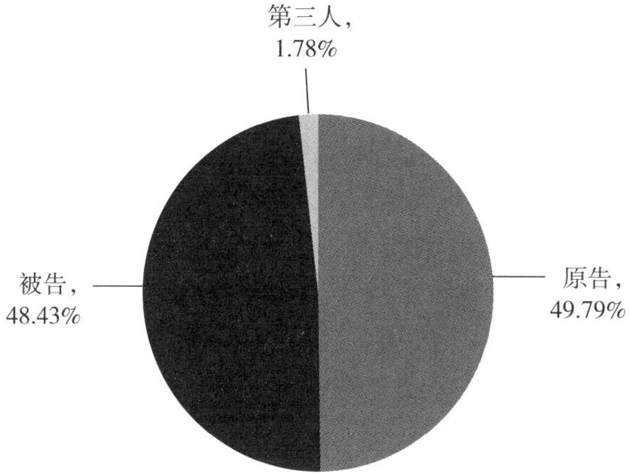

图 2－71 石油、化学相关制品制造业上市公司一审程序诉讼地位分布情况

（四）诉讼标的额

从诉讼案件的标的额看，2021 年石油、化学相关制品制造业上市公司涉及的有标的额可查的案件中，诉讼标的额数量分布情况如图 2－72 所示。总体来看，本行业诉讼标的额总额为 4,282,680,939.73 元，诉讼标的额最大为 2,590,222,000.00 元，行业平均诉讼标的额为 15,350,110.90 元。

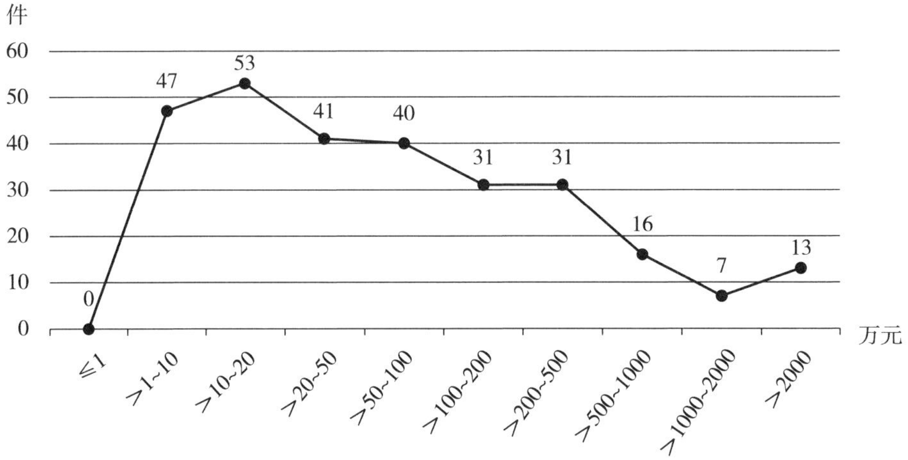

图 2－72　石油、化学相关制品制造业上市公司诉讼标的额分布情况

区分上述案件中上市公司的不同诉讼地位来看：石油、化学相关制品制造业上市公司作为原告涉及的案件中，诉讼标的额数量分布情况如图 2－73 所示。这部分案件的诉讼标的额总额为 3,000,393,427.05 元，平均诉讼标的额为 25,427,062.94 元。

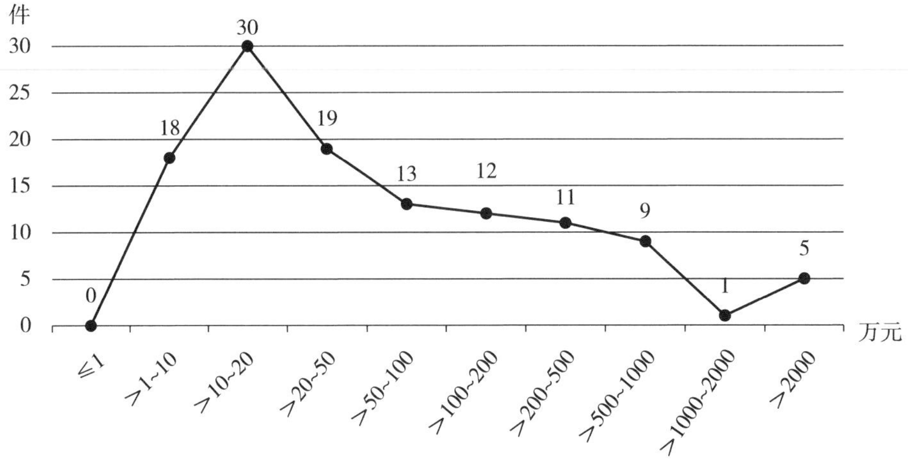

图 2－73　石油、化学相关制品制造业上市公司作为原告诉讼标的额分布情况

石油、化学相关制品制造业上市公司作为被告涉及的案件中，诉讼标的额数量分布情况如图 2－74 所示。这部分案件的诉讼标的额总额为 1,268,683,371.41 元，平均诉讼标的额为 8,185,054.01 元。

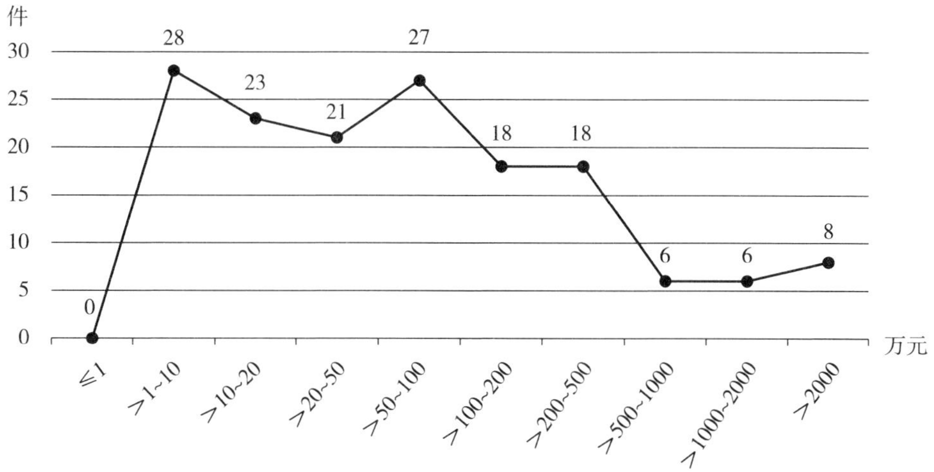

图 2－74　石油、化学相关制品制造业上市公司
作为被告诉讼标的额分布情况

（五）诉讼结果和胜诉率

从总体上看，如图 2－75 所示，2021 年石油、化学相关制品制造业上市公司涉及的所有案件中，胜诉的案件有 497 件、败诉的案件有 653 件、撤回起诉的案件有 2 件、撤回上诉的案件有 12 件、撤回再审申请的案件有 1 件、驳回起诉的案件有 9 件、驳回上诉的案件有 5 件。该行业上市公司胜诉的案件数量在全部案件中占比约 42.15%，如果排除撤诉等特殊情形，则该行业上市公司的总体胜诉率约为 43.22%。

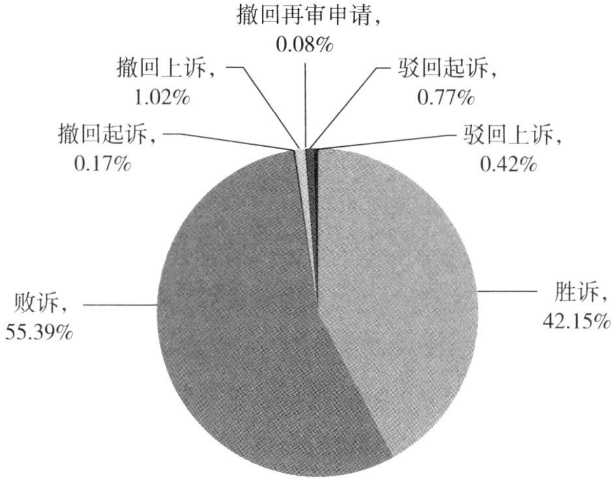

图 2－75　石油、化学相关制品制造业上市公司诉讼结果占比情况

如图 2 -76 所示,具体到不同的诉讼地位,当石油、化学相关制品制造业上市公司为原告时,其胜诉的案件有 127 件,败诉的案件有 456 件,胜诉率约为 21.78%,低于总体胜诉率;当石油、化学相关制品制造业上市公司为被告时,其胜诉的案件有 368 件,败诉的案件有 189 件,胜诉率约为 66.07%,高于总体胜诉率。

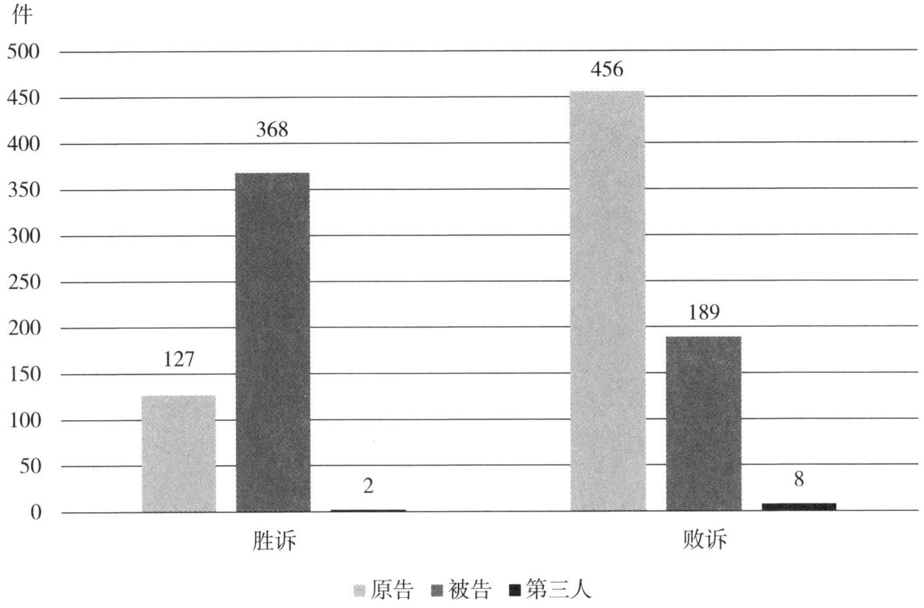

图 2 -76　石油、化学相关制品制造业上市公司胜诉情况与诉讼地位交叉分布情况

如图 2 -77 所示,具体到不同的诉讼阶段,一审阶段,石油、化学相关制品制造业上市公司胜诉的案件有 380 件,败诉的案件有 518 件,胜诉率约为 42.32%,与总体胜诉率基本持平;二审阶段,上市公司胜诉的案件有 104 件,败诉的案件有 123 件,胜诉率约为 45.81%,稍高于一审胜诉率;再审阶段,上市公司胜诉的案件有 13 件,败诉的案件有 12 件,胜诉率达到 52.00%,胜诉率相对较高。

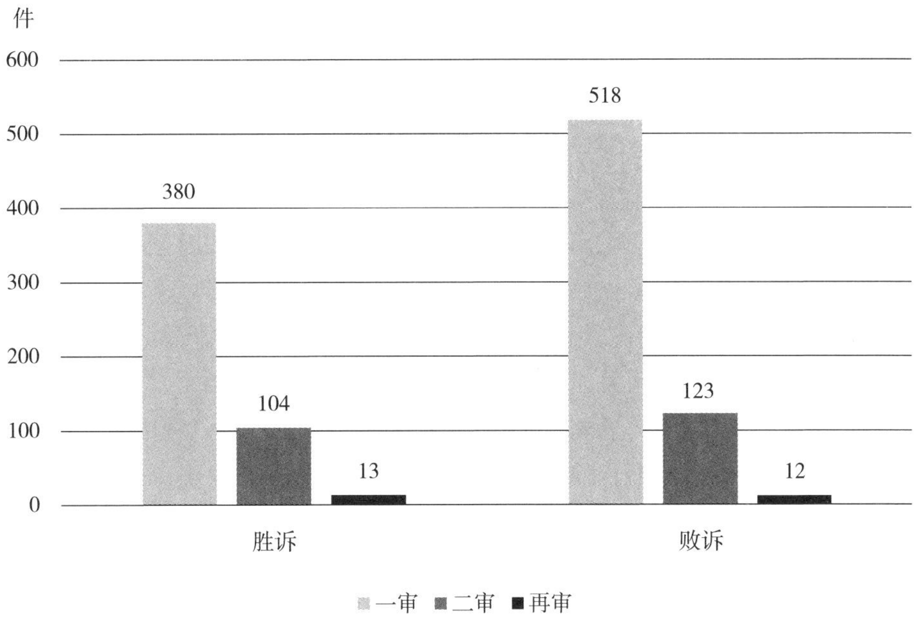

图2－77　石油、化学相关制品制造业上市公司胜诉情况与诉讼阶段交叉分布情况

第八节　医药制造业

一、医药制造业上市公司概况

医药制造业，是指原料经物理变化或化学变化后成为新的医药类产品的过程，包含通常所说的中西药制造，其中兽用药品还包含医药原药及卫生材料。

截至2021年第四季度，我国医药制造业上市公司共计293家。从市场规模看，我国上市公司中医药制造业的整体规模很大，其数量占全部上市公司的约6.24%，可见医药制造业在全国范围内具有较大市场影响力的企业数量相对较多。

二、医药制造业行业政策和法律风险新动向

（一）医药制造业行业政策新动向

1.《关于加快中医药特色发展若干政策措施的通知》

为更好发挥中医药特色和比较优势，推动中医药和西医药相互补充、协调发

展，2021 年 1 月 22 日，国务院办公厅印发《关于加快中医药特色发展若干政策措施的通知》，强调要夯实中医药人才基础，提高中医药教育整体水平，坚持发展中医药师承教育，加强中医药人才评价和激励，优化中药审评审批管理，完善中药分类注册管理。

2.《医药行业合规管理规范》

2021 年 3 月 25 日，中国化学制药工业协会正式发布了《医药行业合规管理规范》标准，从反商业贿赂、反垄断、财务与税务、产品推广、集中采购、环境、健康和安全、不良反应报告、数据合规及网络安全等领域对医药行业内的企业进行全面规范，对企业合规管理提出了更加严格的要求。

3.《关于建立健全职工基本医疗保险门诊共济保障机制的指导意见》

2021 年 4 月 13 日国务院办公厅发布《关于建立健全职工基本医疗保险门诊共济保障机制的指导意见》，增强门诊共济保障功能、改进个人账户计入办法、规范个人账户使用范围、完善与门诊共济保障相适应的付费机制，进一步健全互助共济、责任共担的职工基本医疗保险制度，更好解决职工医保参保人员门诊保障问题。

4.《关于全面加强药品监管能力建设的实施意见》

2021 年 4 月 27 日，国务院办公厅印发《关于全面加强药品监管能力建设的实施意见》，坚持人民至上、生命至上，落实“四个最严”要求，强基础、补短板、破瓶颈、促提升，对标国际通行规则，深化审评审批制度改革，持续推进监管创新，加强监管队伍建设，按照高质量发展要求，加快建立健全科学、高效、权威的药品监管体系，坚决守住药品安全底线，进一步提升药品监管工作科学化、法治化、国际化、现代化水平，推动我国从制药大国向制药强国跨越，更好地满足人民群众对药品安全的需求。

（二）医药制造业法律风险新动向

1.《医疗保障基金使用监督管理条例》

2021 年 1 月 15 日，国务院发布《医疗保障基金使用监督管理条例》，对医疗保障基金使用提供了全方位的监管框架安排，完善了医疗保障基金使用监管制度，推动医疗保障法治建设迈上了新台阶。这标志着我国医疗保障基金使用的监督管理有了法律规范，在全面深化医疗保障制度改革、推动医保治理能力和治理水平现代化具有里程碑意义，是医保法治化建设进程中的一大步。

2.《医疗机构医疗保障定点管理暂行办法》

2021 年 2 月 1 日起实施的《医疗机构医疗保障定点管理暂行办法》，对定点医疗机构的申请、经办、评估、协议谈判以及不予受理等事项规定更为明确具体，并强调严格执行医保协议、实名就医和购药管理、集中采购、医药价格政策，及时报送医疗保障基金结算清单等信息，配合经办机构开展医保费用审核、稽核检查、绩效考核等工作，优化医保结算流程，保障医保相关的信息系统安全。

3.《医疗保障行政处罚程序暂行规定》

2021 年 6 月 11 日，国家医保局发布《医疗保障行政处罚程序暂行规定》，该暂行规定共七章 62 条，对立法目的、适用范围、基本原则、委托执法、管辖权与适用、普通程序、简易程序、执行与结案、期间和送达等内容作出全面规范。这是国家医保局贯彻落实《中共中央、国务院关于深化医疗保障制度改革的意见》、国务院办公厅《关于推进医疗保障基金监管制度体系改革的指导意见》的具体行动，也是规范医疗保障行政处罚行为，推进法治政府建设的重要举措。

4.《关于原料药领域的反垄断指南》

为贯彻落实党中央、国务院决策部署，加强原料药领域反垄断监管，预防和制止垄断行为，进一步明确市场竞争规则，维护原料药领域市场公平竞争，保护消费者利益和社会公共利益，2021 年 11 月 15 日，国务院反垄断委员会发布《关于原料药领域的反垄断指南》，该指南共六章 29 条，与《反垄断法》的结构紧密衔接，针对各方面反映较为突出的原料药领域垄断问题，明确反垄断监管的基本原则、思路和方法，细化垄断行为认定标准，主要规定了总则，垄断协议，滥用市场支配地位，经营者集中，滥用行政权力排除、限制竞争五个方面的内容。该指南的制定和出台，进一步完善了反垄断监管制度规则，有利于增强原料药领域反垄断执法的统一性、科学性和有效性，提高执法的可预期性和透明度。同时，也有利于原料药领域经营者明确行为界限，依法加强合规自律，降低违法风险。

三、医药制造业上市公司诉讼情况统计

本书以医药制造业的 293 家上市公司为当事人检索案件，共收集 2021 年全国法院判决的各类司法判决书 870 份，作为统计分析的样本。

（一）案件类型分布

1. 案件诉讼类型

从案件诉讼类型看，2021 年医药制造业上市公司涉及的 870 件案件，以民事诉讼为主，行政诉讼仅有 53 件，无刑事诉讼。

2. 案件案由种类

首先，诉讼案件案由的基本类型看，2021 年医药制造业上市公司涉及的 870 件

案件主要集中在劳动法纠纷、合同类纠纷这两类中，具体分布情况如表 2－15 所示。

表 2－15　医药制造业上市公司案件案由基本类型分布

案由基本类型	案件数量/件
物权纠纷	10
合同类纠纷	248
侵权责任纠纷	14
知识产权纠纷	68
竞争法纠纷	27
公司法纠纷	27
金融法纠纷	62
劳动法纠纷	358
其他民事纠纷	3
行政诉讼	53
刑事诉讼	0
合计	870

其中，如图 2－78 所示，劳动法纠纷案件共有 358 件，约占全部案件总量的 41.15%；合同类纠纷共有 248 件，约占全部案件总量的 28.51%；其他各类诉讼数量不多，较为分散，占比较小。

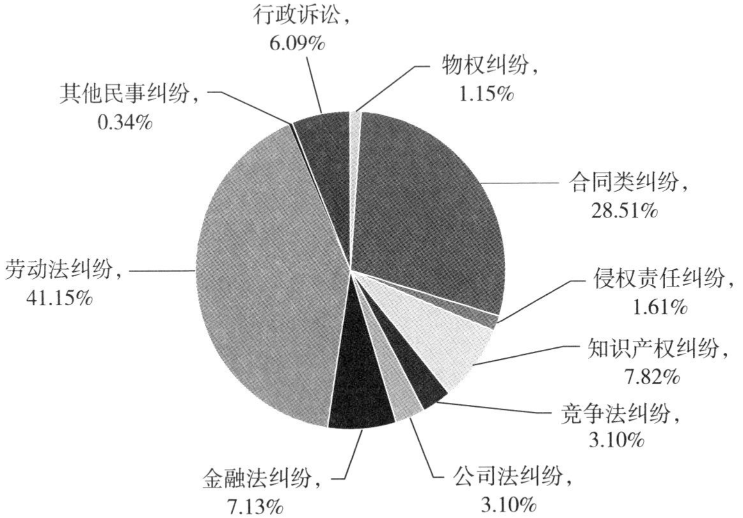

图 2－78　医药制造业上市公司案由基本类型分布情况

其次，从案件的具体案由看，2021 年医药制造业上市公司涉及的 870 件案件以劳动合同纠纷案件数量最多，买卖合同纠纷次之，其他种类案由呈分散化分布状态，其分布情况如表 2－16 所示。

表 2－16　医药制造业上市公司案件具体案由分布

具体案由	案件数量/件
劳动合同纠纷	356
买卖合同纠纷	143
商标行政管理	49
商标权权属、侵权纠纷	46
证券欺诈责任纠纷	39
建设工程合同纠纷	33
其他不正当竞争纠纷	25
综合合同纠纷	23
票据利益返还请求权纠纷	15
借款合同纠纷	13
股权转让纠纷	11
著作权权属、侵权纠纷	10
租赁合同纠纷	8
财产损害赔偿纠纷	6
承揽合同纠纷	6
专利权权属、侵权纠纷	5
服务合同纠纷	4
证券权利确认纠纷	4
产品责任纠纷	4
机动车交通事故责任纠纷	4
其他知识产权纠纷	4
生命权、身体权、健康权纠纷	3
不当得利纠纷	3
股东知情权纠纷	3
对外追收债权纠纷	3
提供劳务者受害责任纠纷	3
专利行政管理	3

续表

具体案由	案件数量/件
返还原物纠纷	2
保证合同纠纷	2
融资租赁合同纠纷	2
运输合同纠纷	2
委托合同纠纷	2
技术合同纠纷	2
仿冒纠纷	2
股东资格确认纠纷	2
公司决议纠纷	2
损害公司利益责任纠纷	2
公司增资纠纷	2
票据追索权纠纷	2
其他合同纠纷	2
票据纠纷	2
相邻关系纠纷	1
债权人代位权纠纷	1
房屋买卖合同纠纷	1
民事主体间房屋拆迁补偿合同纠纷	1
物业服务合同纠纷	1
合伙合同纠纷	1
特许经营合同纠纷	1
社会保险纠纷	1
辞职纠纷	1
股东出资纠纷	1
网络侵权责任纠纷	1
医疗损害责任纠纷	1
其他侵权责任纠纷	1
其他与公司有关的纠纷	1
其他物权纠纷	1
行政处理	1

3. 案件地域分布

从案件地域分布看，2021年医药制造业上市公司涉及的870件案件中，除了26件由最高人民法院审理之外，其他案件主要分布在山东省、浙江省、吉林省等地。其中，山东省案件最多，共206件；浙江省、吉林省次之，案件数量分别为149件、117件。具体分布情况如图2-79所示。

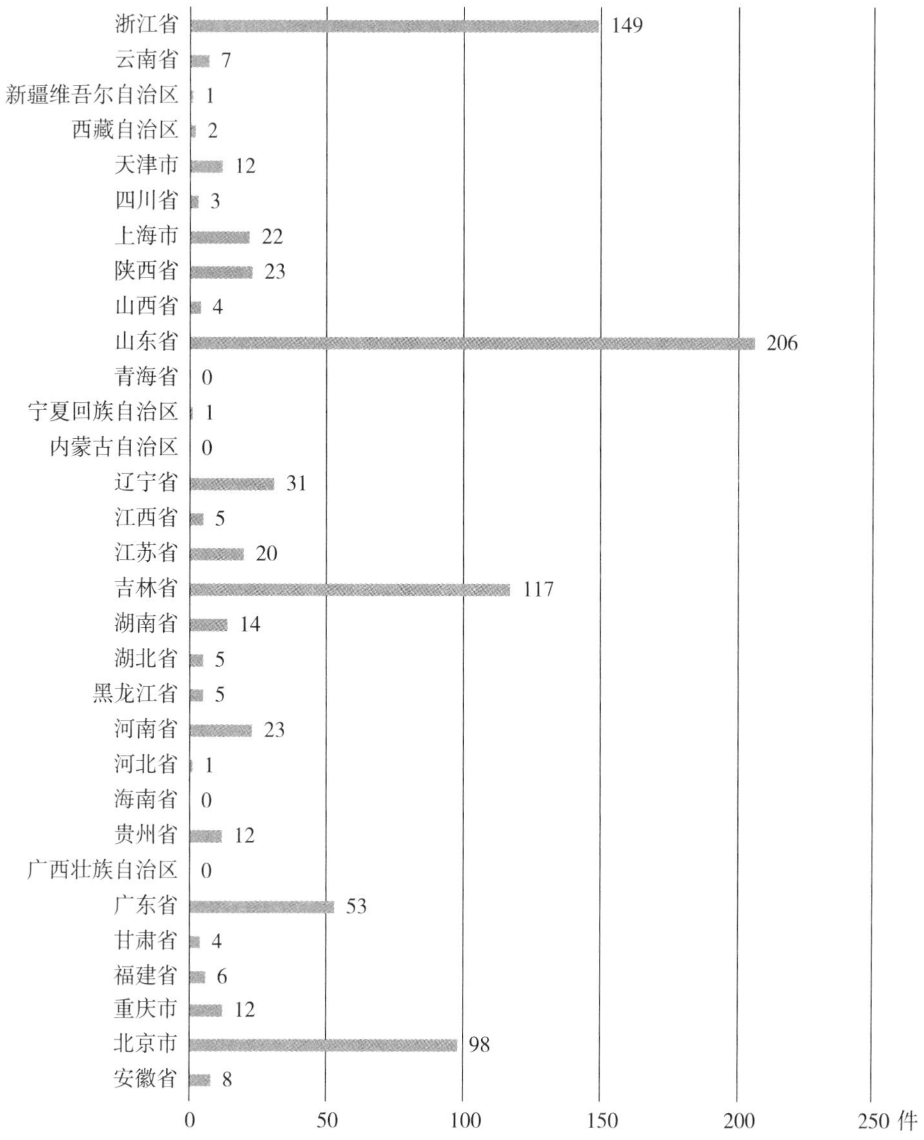

图2-79 医药制造业上市公司案件地域分布情况

（二）案件审理程序

1. 诉讼阶段

如图2－80所示，从诉讼阶段看，2021年医药制造业上市公司涉及的870件案件中，一审案件652件，占比约74.94%；二审案件172件，占比约19.77%；再审案件46件，占比约5.29%。

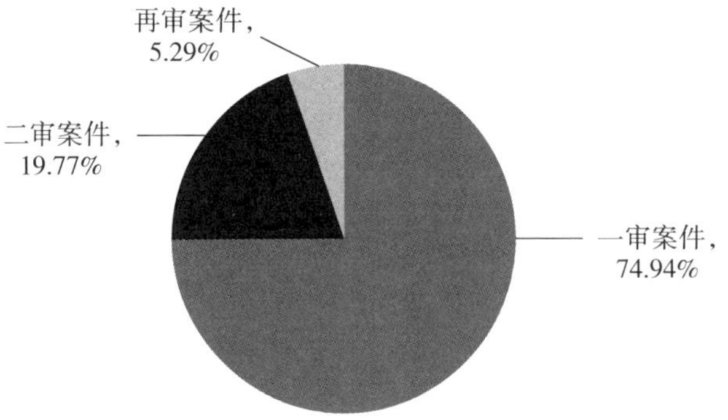

图2－80　医药制造业上市公司案件诉讼阶段分布情况

2. 法院层级

如图2－81所示，从法院层级看，2021年医药制造业上市公司涉及的870件案件中，基层人民法院审结的案件568件，占比约65.29%；中级人民法院审结的案件209件，占比约24.02%；高级人民法院审结的案件67件，占比约7.70%；最高人民法院审结的案件26件，占比约2.99%。

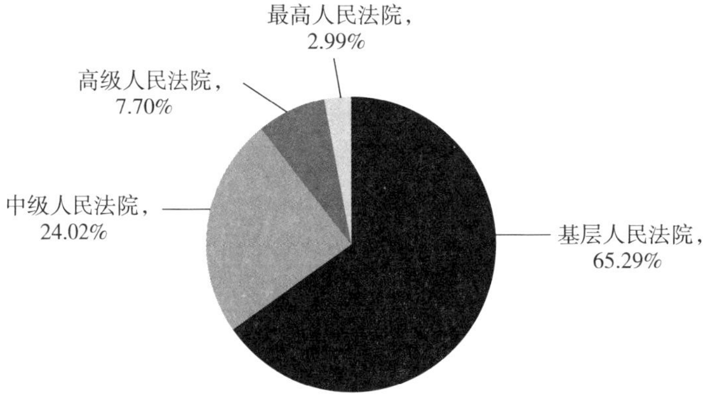

图2－81　医药制造业上市公司案件审理法院层级分布情况

（三）上市公司诉讼地位

如图 2－82 所示，从上市公司的诉讼地位看，2021 年医药制造业上市公司涉及的 870 件案件中，上市公司作为原告的案件有 317 件，占比约 36.44%；上市公司作为被告的案件有 525 件，占比约 60.34%；除此之外，还有 28 件案件中上市公司以第三人的身份参与了诉讼，占比约 3.22%。可见，2021 年医药制造业上市公司诉讼中，被动应诉的情况较多。

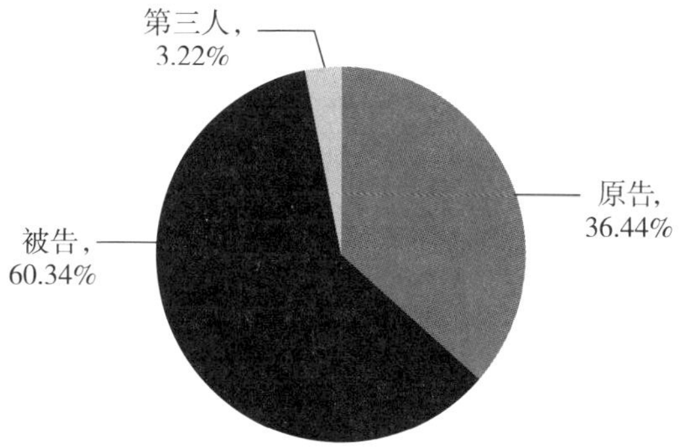

图 2－82 医药制造业上市公司一审程序诉讼地位分布情况

（四）诉讼标的额

从诉讼案件的标的额看，2021 年医药制造业上市公司涉及的有标的额可查的案件中，诉讼标的额数量分布情况如图 2－83 所示。总体来看，本行业诉讼标的额总额为 1,371,854,208.56 元，诉讼标的额最大为 252,392,000.00 元，行业平均诉讼标的额为 6,963,726.95 元。

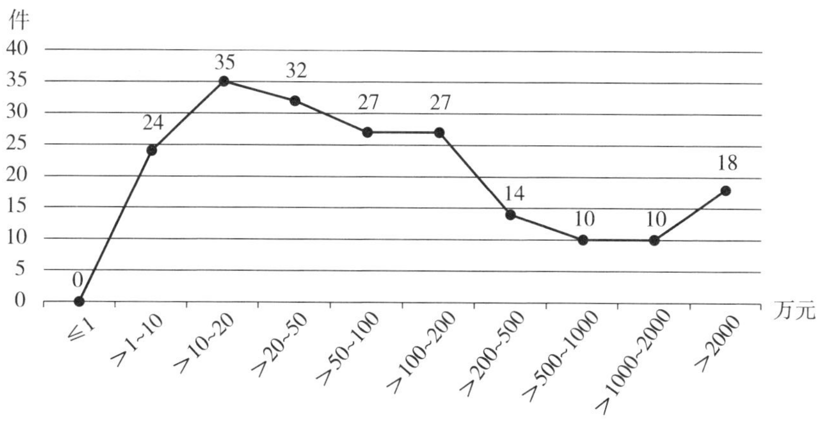

图 2－83 医药制造业上市公司诉讼标的额分布情况

区分上述案件中上市公司的不同诉讼地位来看:医药制造业上市公司作为原告涉及的案件中,诉讼标的额数量分布情况如图 2－84 所示。这部分案件的诉讼标的额总额为 463,808,353.11 元,平均诉讼标的额为 5,211,329.81 元。

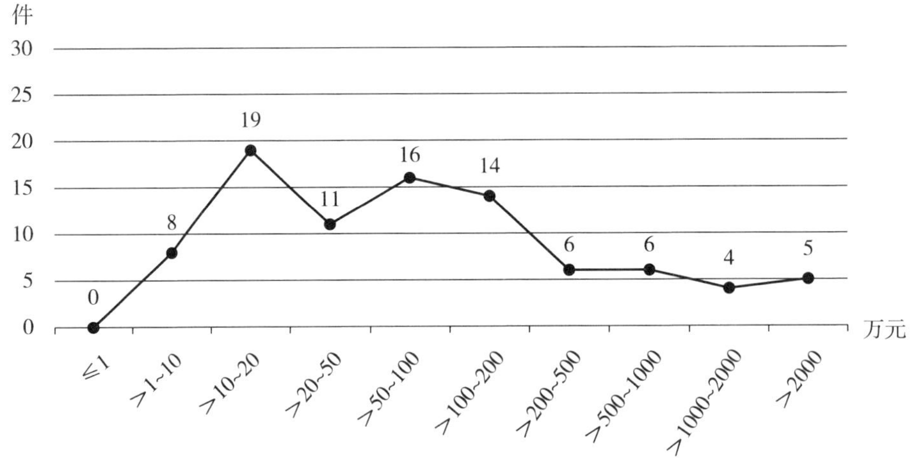

图 2－84　医药制造业上市公司作为原告诉讼标的额分布情况

医药制造业上市公司作为被告涉及的案件中,诉讼标的额数量分布情况如图 2－85 所示。这部分案件的诉讼标的额总额为 856,847,746.78 元,平均诉讼标的额为 8,400,468.11 元。

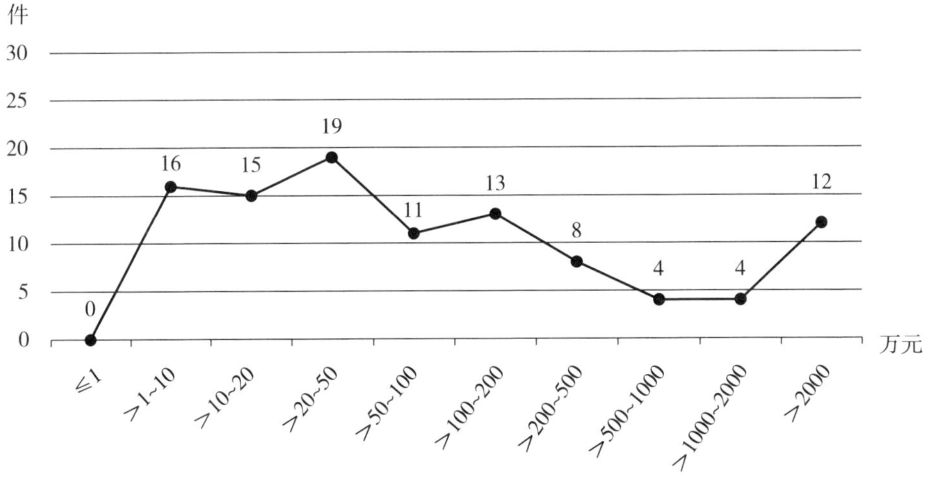

图 2－85　医药制造业上市公司作为被告诉讼标的额分布情况

（五）诉讼结果和胜诉率

从总体上看，如图 2－86 所示，2021 年医药制造业上市公司涉及的所有案件中，胜诉的案件有 491 件、败诉的案件有 356 件、撤回起诉的案件有 1 件、撤回上诉的案件有 4 件、撤回再审申请的案件有 1 件、驳回起诉的案件有 9 件、驳回上诉的案件有 7 件、驳回再审申请的案件有 1 件。该行业上市公司胜诉的案件数量在全部案件中占比约 56.44%，如果排除撤诉等特殊情形，则该行业上市公司的总体胜诉率约为 57.97%。

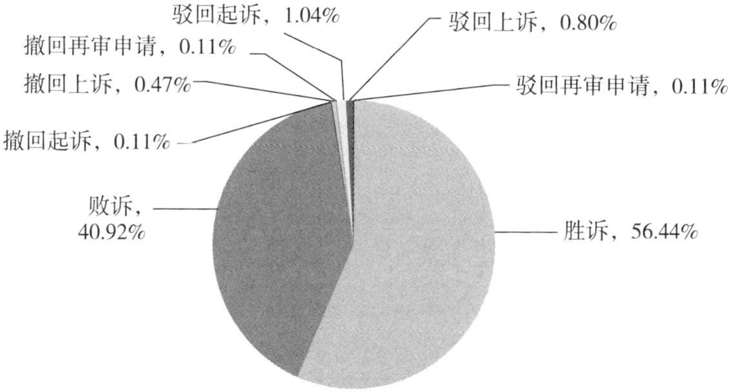

图 2－86 医药制造业上市公司诉讼结果占比情况

如图 2－87 所示，具体到不同的诉讼地位，当医药制造业上市公司为原告时，其胜诉的案件有 98 件，败诉的案件 215 件，胜诉率约为 31.31%，低于总体胜诉率；当医药制造业上市公司为被告时，其胜诉的案件有 386 件，败诉的案件有 130 件，胜诉率约为 74.81%，高于总体胜诉率；当医药制造业上市公司为第三人时，其胜诉的案件有 7 件，败诉的案件有 11 件，胜诉率约为 38.89%，低于总体胜诉率。

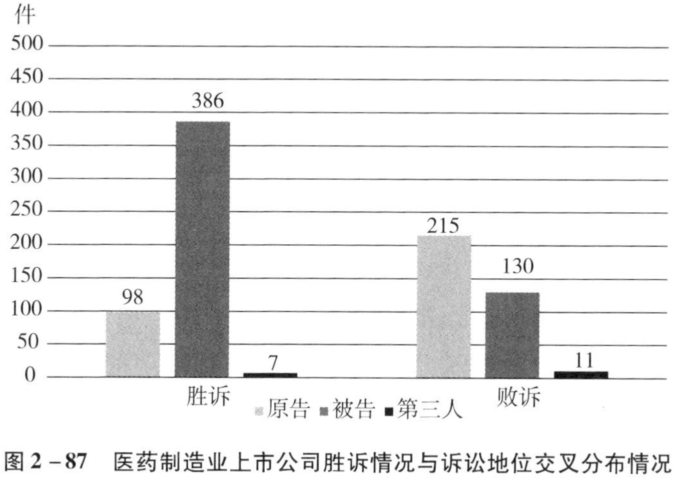

图 2－87 医药制造业上市公司胜诉情况与诉讼地位交叉分布情况

如图 2－88 所示，具体到不同的诉讼阶段，一审阶段，医药制造业上市公司胜诉的案件有 398 件，败诉的案件有 244 件，胜诉率约为 61.99%，高于总体胜诉率；二审阶段，上市公司胜诉的案件有 75 件，败诉的案件有 86 件，胜诉率约为 46.58%，低于一审胜诉率；再审阶段，上市公司胜诉的案件有 18 件，败诉的案件有 26 件，胜诉率仅 40.91%，胜诉率相对较低。

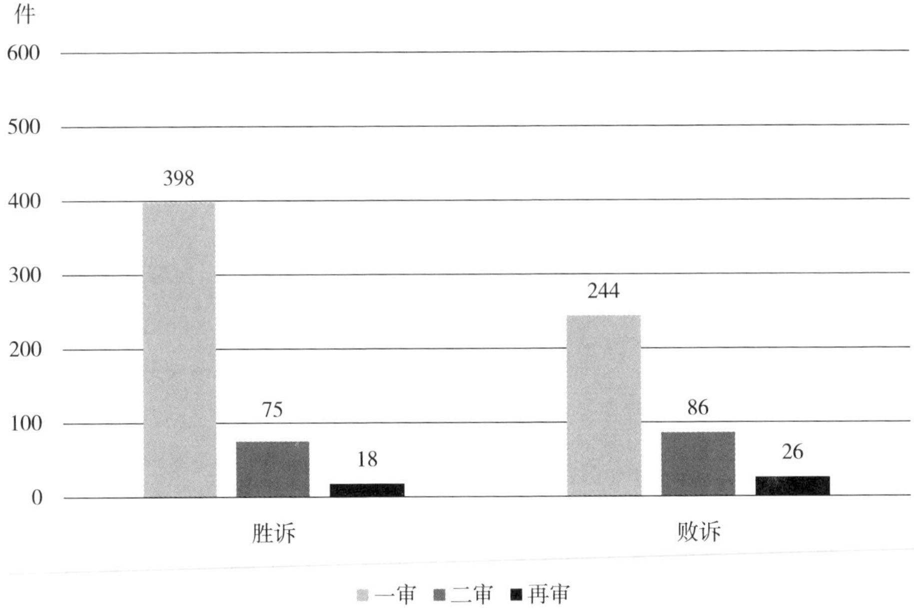

图 2－88　医药制造业上市公司胜诉情况与诉讼阶段交叉分布情况

第九节　化纤、橡胶、塑料相关制造业

一、化纤、橡胶、塑料相关制造业上市公司概况

化纤、橡胶、塑料相关制造业从属于制造业大类，化学纤维制造业，是指利用原料以化学方式生产纤维的活动；橡胶制造业，是指以天然及合成橡胶为原料生产各种橡胶制品的活动；塑料制造业，是指以合成树脂为主要原料，经采用挤塑、注塑、压延、层压等工艺加工成型的各种制品的生产，以及利用回收的废旧塑料加工再生产塑料制品的活动。

截至 2021 年第四季度，我国化纤、橡胶、塑料相关制造业上市公司共计 138 家，从行业小类看，化学纤维制造业上市公司 30 家、橡胶和塑料制品业上市公司 108 家。橡胶和塑料制品制造业上市公司在化纤、橡胶、塑料相关制造业上市公司中占据主流。从市场规模看，我国上市公司中化纤、橡胶、塑料相关制造业的整体规模较小，其数量占全部上市公司的约 2.94%，可见化纤、橡胶、塑料相关制造业的企业在全国范围内市场影响力不大。

二、化纤、橡胶、塑料相关制造业行业政策和法律风险新动向

（一）化纤、橡胶、塑料相关制造业行业政策新动向

1.《塑料加工业“十四五”科技创新指导意见》

2021 年 6 月中国塑料加工工业协会发布《塑料加工业“十四五”科技创新指导意见》，将功能化、轻量化、精密化、生态化、智能化作为塑料加工行业的技术创新发展方向。该指导意见提出，到 2025 年，部分关键核心技术实现重大突破，塑料加工业主要产品及配件满足高端领域的需求，部分产品和技术达到的世界领先水平。

2.《“十四五”原材料工业发展规划》

2021 年 12 月 29 日，工业和信息化部、科学技术部、自然资源部三部委联合发布《“十四五”原材料工业发展规划》，要求实施大宗基础材料巩固提升行动，引导企业在优化生产工艺的基础上，利用工业互联网等新一代信息技术，提升先进制造基础零部件用钢、高强铝合金、稀有稀贵金属材料、特种工程塑料、高性能膜材料、纤维新材料、复合材料等综合竞争力。

3.《重点新材料首批次应用示范指导目录（2021 年版）》

2021 年 12 月 31 日，为进一步做好重点新材料首批次应用保险补偿试点工作，工业和信息化部关于发布《重点新材料首批次应用示范指导目录（2021 年版）》，将 23 种工程塑料、特种橡胶及其他高分子材料产品纳入首批次应用保险补偿试点工作。

（二）化纤、橡胶、塑料相关制造业法律风险新动向

2021 年 2 月 8 日，国家邮政局公布《邮件快件包装管理办法》，针对邮件快件包装带来的资源消耗、环境污染等问题，明确了邮政管理部门的监督管理职责，寄递企业应当遵守国家有关禁止、限制使用不可降解塑料袋等一次性塑料制品的规定。鼓励寄递企业积极回收塑料袋等一次性塑料制品，使用可循环、易回收、可降解的替代产品。对未遵守国家有关禁止、限制使用不可降解塑料袋等一次性塑料制品的规定，或者未按照邮政管理部门要求报告塑料袋等一次性塑料制品的使用情况

的，依照《固体废物污染环境防治法》处理。

三、化纤、橡胶、塑料相关制造业上市公司诉讼情况统计

本书以化纤、橡胶、塑料相关制造业的 138 家上市公司为当事人检索案件，共收集 2021 年全国法院判决的各类司法判决书 225 份，作为统计分析的样本。

（一）案件类型分布

1. 案件诉讼类型

从案件诉讼类型看，2021 年化纤、橡胶、塑料相关制造业上市公司涉及的 225 件案件，以民事诉讼为主，行政诉讼仅有 3 件，无刑事诉讼。

2. 案件案由种类

首先，从诉讼案件案由的基本类型看，2021 年化纤、橡胶、塑料相关制造业上市公司涉及的 225 件案件主要集中在合同类纠纷中，具体分布情况如表 2－17 所示。

表 2－17　化纤、橡胶、塑料相关制造业上市公司案件案由基本类型分布

案由基本类型	案件数量/件
物权纠纷	1
合同类纠纷	136
侵权责任纠纷	6
知识产权纠纷	13
竞争法纠纷	1
公司法纠纷	6
金融法纠纷	13
劳动法纠纷	42
其他民事纠纷	4
行政诉讼	3
刑事诉讼	0
合计	225

其中，如图 2－89 所示，合同类纠纷案件共有 136 件，约占全部案件总量的 60.44%；其次是劳动法纠纷，共有 42 件，约占全部案件总量的 18.67%；其他各类诉讼数量与占比均较小。

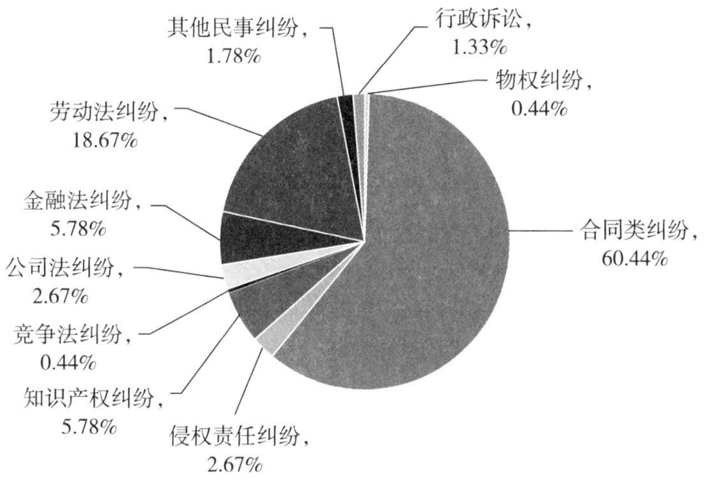

图 2－89 化纤、橡胶、塑料相关制造业上市公司案由基本类型分布情况

其次，从案件的具体案由看，2021 年化纤、橡胶、塑料相关制造业上市公司涉及的 225 件案件以买卖合同纠纷案件数量最多，劳动合同纠纷次之，其他种类案由呈分散化分布状态，其分布情况如表 2－18 所示。

表 2－18 化纤、橡胶、塑料相关制造业上市公司案件具体案由分布

具体案由	案件数量/件
买卖合同纠纷	79
劳动合同纠纷	41
借款合同纠纷	14
承揽合同纠纷	10
专利权权属、侵权纠纷	9
票据追索权纠纷	9
建设工程合同纠纷	8
综合合同纠纷	8
租赁合同纠纷	5
生命权、身体权、健康权纠纷	4

续表

具体案由	案件数量/件
商标权权属、侵权纠纷	4
损害股东利益责任纠纷	4
提供劳务者受害责任纠纷	4
债权人代位权纠纷	2
保证合同纠纷	2
追偿权纠纷	2
票据付款请求权纠纷	2
机动车交通事故责任纠纷	2
其他行政管理	2
财产损害赔偿纠纷	1
仓储合同纠纷	1
中介合同纠纷	1
服务合同纠纷	1
劳务合同纠纷	1
展览合同纠纷	1
不当得利纠纷	1
福利待遇纠纷	1
公司盈余分配纠纷	1
财产保险合同纠纷	1
其他不正当竞争纠纷	1
票据纠纷	1
其他与破产有关的纠纷	1
商标行政管理	1

3. 案件地域分布

从案件地域分布看，2021 年化纤、橡胶、塑料相关制造业上市公司涉及的 225 件案件中，除了 6 件由最高人民法院审理之外，其他案件主要分布在山东省、江苏省、广东省等地。其中,山东省案件最多,共 45 件;江苏省、广东省次之,案件数量分别为 34 件、26 件。具体分布情况如图 2－90 所示。

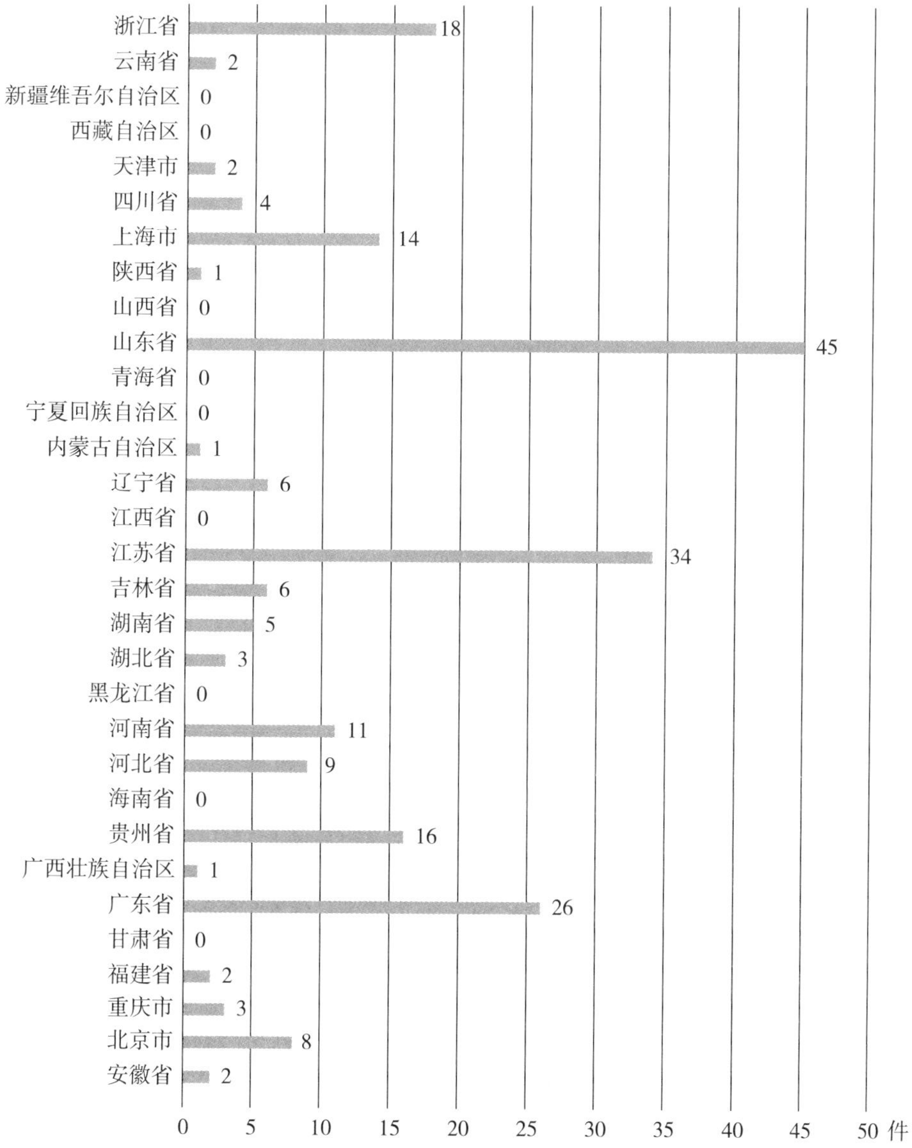

图 2－90　化纤、橡胶、塑料相关制造业上市公司案件地域分布情况

(二)案件审理程序

1. 诉讼阶段

如图 2－91 所示，从诉讼阶段看，2021 年化纤、橡胶、塑料相关制造业上市公司涉及的 225 件案件中，一审案件 140 件，占比约 62.22%；二审案件 73 件，占比约 32.44%；再审案件 12 件，占比约 5.34%。

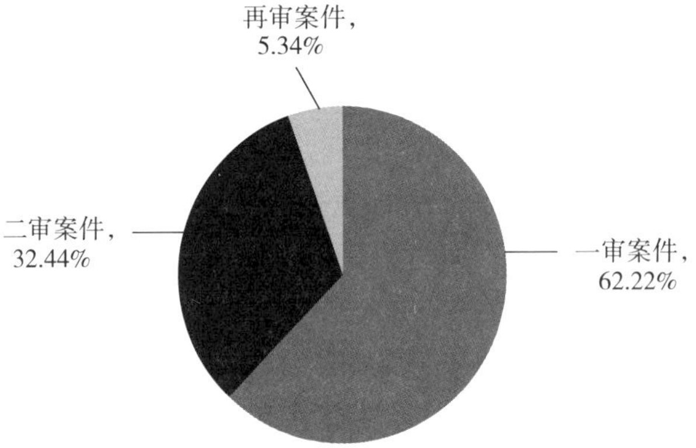

图 2－91　化纤、橡胶、塑料相关制造业上市公司案件诉讼阶段分布情况

2. 法院层级

如图 2－92 所示，从法院层级看，2021 年化纤、橡胶、塑料相关制造业上市公司涉及的 225 件案件中，基层人民法院审结的案件 135 件，占比为 60.00%；中级人民法院审结的案件 76 件，占比约 33.78%；高级人民法院审结的案件 8 件，占比约 3.56%；最高人民法院审结的案件 6 件，占比约 2.66%。

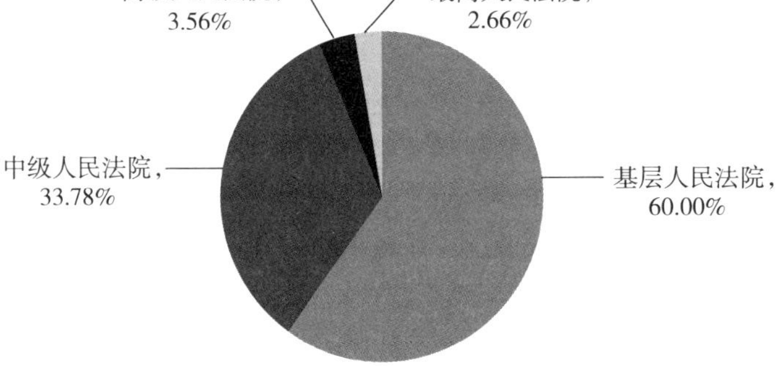

图 2－92　化纤、橡胶、塑料相关制造业上市公司案件审理法院层级分布情况

（三）上市公司诉讼地位

如图 2－93 所示，从上市公司的诉讼地位看，2021 年化纤、橡胶、塑料相关制造业上市公司涉及的 225 件案件中，上市公司作为原告的案件有 99 件，占比为 44.00%；上市公司作为被告的案件有 120 件，占比约 53.33%；除此之外，还有 6 件案件中上市公司以第三人的身份参与了诉讼，占比约 2.67%。由此可见，2021 年化纤、橡胶、塑料相关制造业上市公司诉讼中，上市公司被动应诉的情况居多。

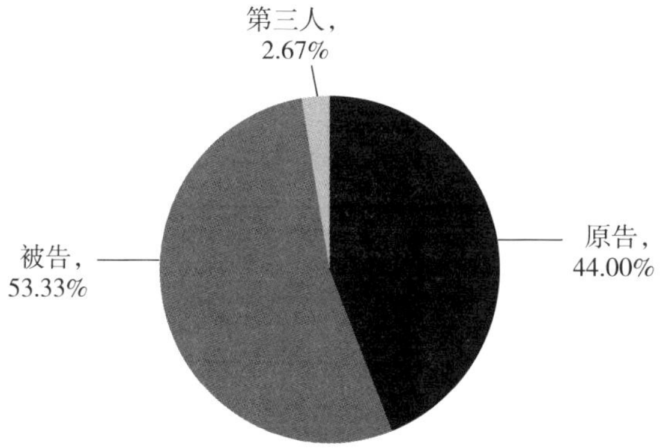

图 2－93　化纤、橡胶、塑料相关制造业上市公司一审程序诉讼地位分布情况

（四）诉讼标的额

从诉讼案件的标的额看，2021 年化纤、橡胶、塑料相关制造业上市公司涉及的有标的额可查的案件中，诉讼标的额数量分布情况如图 2－94 所示。总体来看，本行业诉讼标的额总额为 679,172,925.79 元，诉讼标的额最大为 158,600,000.00 元，行业平均诉讼标的额为 6,468,313.58 元。

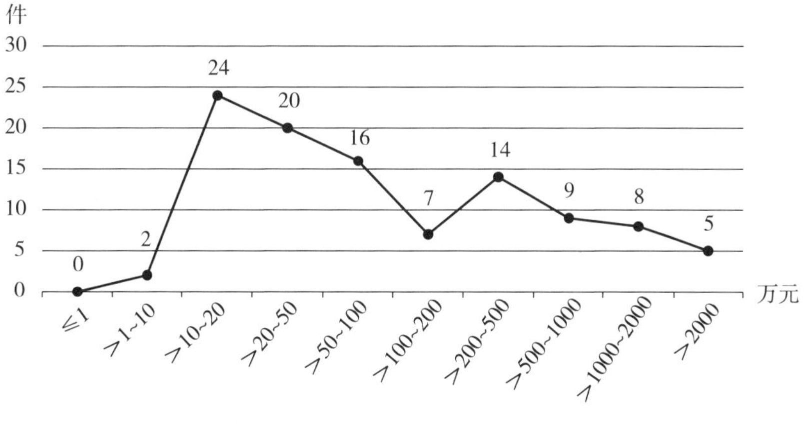

图 2－94　化纤、橡胶、塑料相关制造业上市公司诉讼标的额分布情况

区分上述案件中上市公司的不同诉讼地位来看：化纤、橡胶、塑料相关制造业上市公司作为原告涉及的案件中，诉讼标的额数量分布情况如图 2－95 所示。这部分案件的诉讼标的额总额为 316,044,038.56 元，平均诉讼标的额为 5,449,035.15 元。

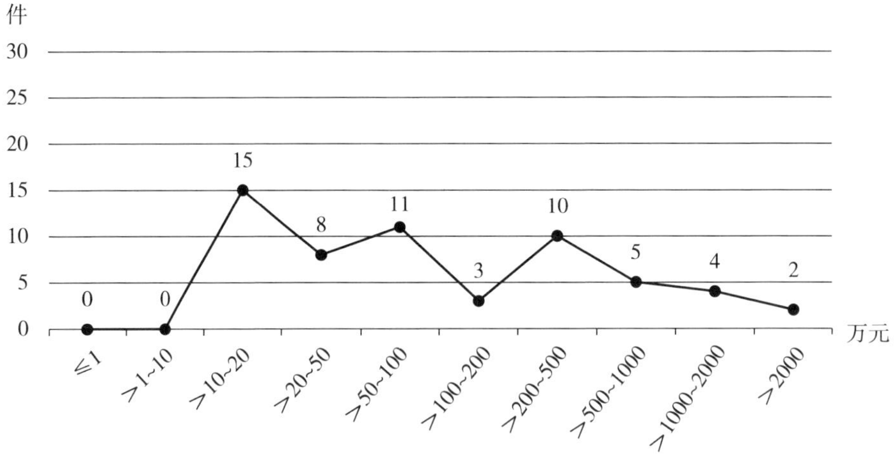

图 2－95　化纤、橡胶、塑料相关制造业上市公司作为原告诉讼标的额分布情况

化纤、橡胶、塑料相关制造业上市公司作为被告涉及的案件中，诉讼标的额数量分布情况如图 2－96 所示。这部分案件的诉讼标的额总额为 360,969,976.12 元，平均诉讼标的额为 8,021,555.02 元。

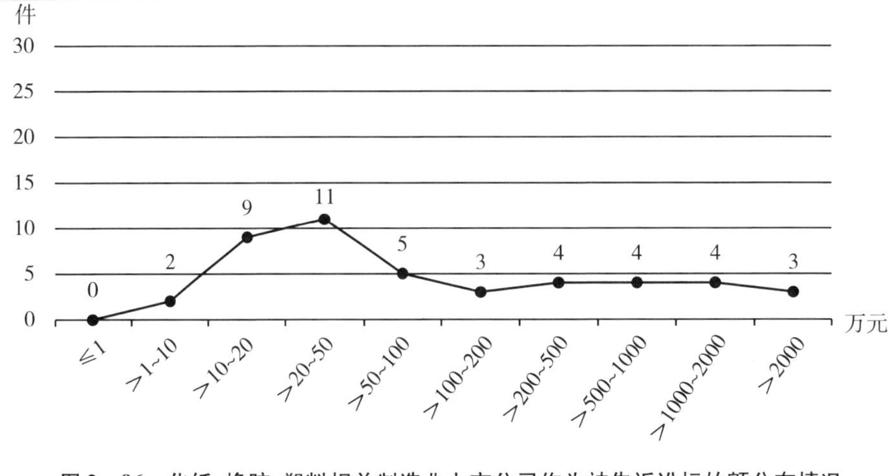

图 2－96　化纤、橡胶、塑料相关制造业上市公司作为被告诉讼标的额分布情况

(五)诉讼结果和胜诉率

从总体上看,如图 2－97 所示,2021 年化纤、橡胶、塑料相关制造业上市公司涉及的所有案件中,胜诉的案件有 111 件、败诉的案件有 103 件、撤回起诉的案件有 1 件、撤回上诉的案件有 4 件、驳回起诉的案件有 1 件、驳回上诉的案件有 5 件。该行业上市公司胜诉的案件数量在全部案例中占比约 49.33%,如果排除撤诉等特殊情形,则该行业上市公司的总体胜诉率约为 51.87%。

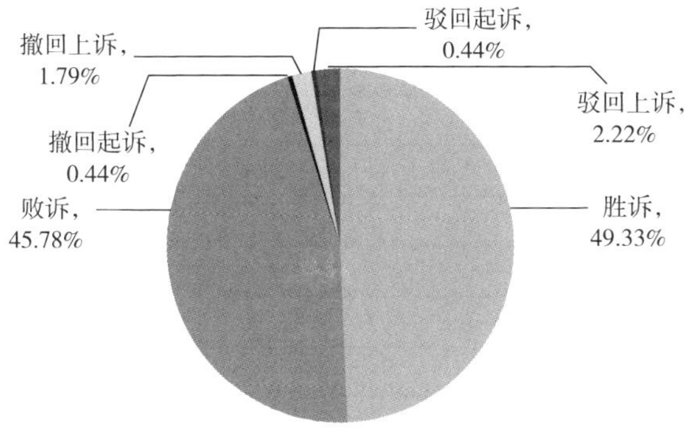

图 2－97　化纤、橡胶、塑料相关制造业上市公司诉讼结果占比情况

如图 2－98 所示,具体到不同的诉讼地位,当化纤、橡胶、塑料相关制造业上市公司为原告时,其胜诉的案件有 29 件,败诉的案件有 68 件,胜诉率约为 29.90%,低于总体胜诉率;当化纤、橡胶、塑料相关制造业上市公司为被告时,其胜诉的案件有 79 件,败诉的案件有 34 件,胜诉率约为 69.91%,高于总体胜诉率;当化纤、橡胶、塑料相关制造业上市公司为第三人时,其胜诉的案件有 3 件,败诉的案件有 1 件,胜诉率为 75.00%,同样高于总体胜诉率。

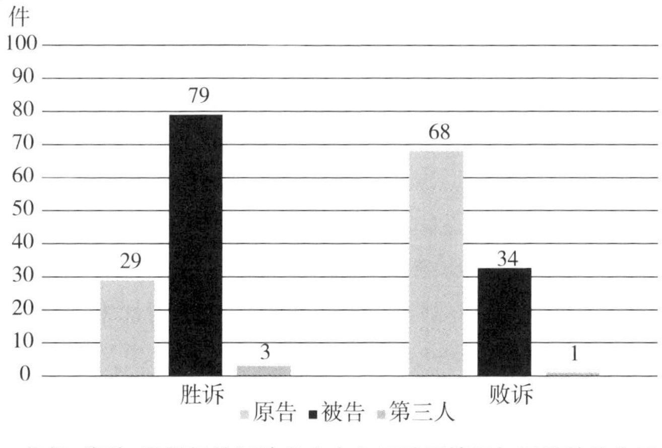

图 2－98　化纤、橡胶、塑料相关制造业上市公司胜诉情况与诉讼地位交叉分布情况

如图 2－99 所示，具体到不同的诉讼阶段，一审阶段，化纤、橡胶、塑料相关制造业上市公司胜诉的案件有 70 件，败诉的案件有 68 件，胜诉率约为 50.72%，与总体胜诉率基本持平；二审阶段，上市公司胜诉的案件有 32 件，败诉的案件有 32 件，胜诉率为 50.00%，略低于一审胜诉率；再审阶段，上市公司胜诉的案件有 9 件，败诉的案件有 3 件，胜诉率高达 75.00%。

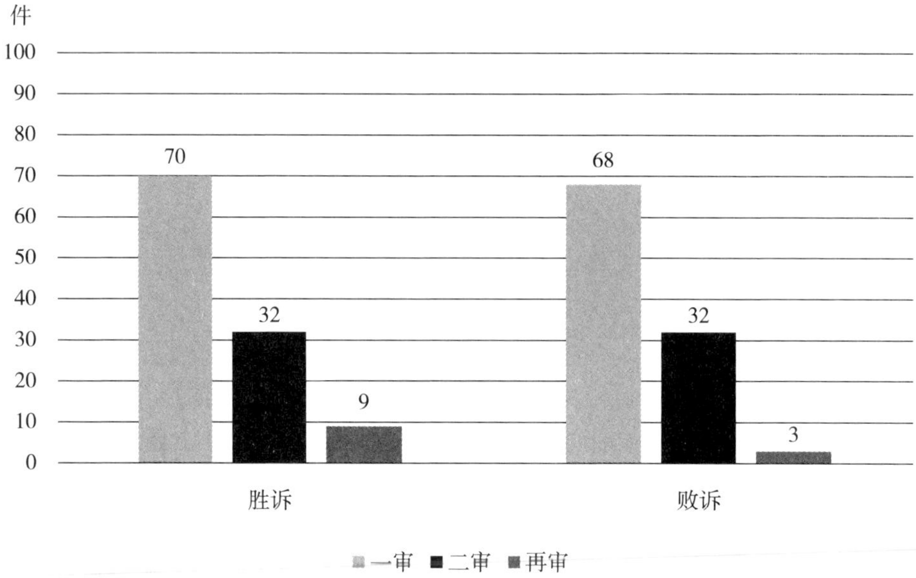

图 2－99　化纤、橡胶、塑料相关制造业上市公司胜诉情况与诉讼阶段交叉分布情况

第十节　非金属矿物制品业

一、非金属矿物制品业上市公司概况

非金属矿物制品，是指以非金属矿物材料经过进一步加工形成的产品，而非金属矿物制品业是以生产、制造非金属矿物制品的行业。根据我国国民经济分类，非金属矿物制品业包括水泥、石灰和石膏制造，石膏、水泥制品及类似制品制造，砖瓦、石材等建筑材料制造，玻璃制造、玻璃制品制造，玻璃纤维和玻璃纤维增强塑料制品制造，陶瓷制品制造，耐火材料制品制造，以及石墨及其他非金属矿物制品制造。

截至 2021 年第四季度，我国非金属矿物制品业上市公司共计 108 家，从市场规模看,我国上市公司中非金属矿物制品业的整体规模较小,其数量占全部上市公司的约2.30%,可见非金属矿物制品业在全国范围内具有较大市场影响力的企业数量较少。

二、非金属矿物制品业行业政策和法律风险新动向

(一)非金属矿物制品业行业政策新动向

1.《西部地区鼓励类产业目录(2020年本)》

2021年1月18日,国家发改委正式印发《西部地区鼓励类产业目录(2020年本)》,对西部地区鼓励类产业企业减按15%的税率征收企业所得税,适用范围包括重庆、四川、贵州、云南、西藏、陕西、甘肃、青海、宁夏、新疆(含兵团)、内蒙古、广西等西部12省(区、市)。非金属矿、新材料产业也囊括其中,如核级石墨开发及生产、白云石精细加工及综合开发利用、石棉湿法浮选改性工艺应用等。

2.《5G应用"扬帆"行动计划(2021—2023年)》

2021年7月5日,工业和信息化部、中央网络安全和信息化委员会办公室、国家发改委、教育部等部门联合发布《关于印发〈5G应用"扬帆"行动计划(2021—2023年)〉的通知》,该通知将采矿业列为5G赋能重点领域,明确要加快可适应采矿环境具有防爆等要求的5G通信设备研制和认证,推进露天矿山和地下矿区5G网络系统、智能化矿区管控平台、企业云平台等融合基础设施建设。推广5G在能源矿产、金属矿产、非金属矿产等各类矿区的应用,拓展采矿业远程控制、无人驾驶等5G应用场景,推进井下核心采矿装备远程操控和集群化作业、深部高危区域采矿装备无人化作业、露天矿区实现智能连续作业和无人化运输。

3.《水泥玻璃行业产能置换实施办法》

为适应水泥玻璃行业发展新形势,贯彻新发展理念,构建新发展格局,更好地推动高质量发展,工业和信息化部于2021年7月2日出台修订后的《水泥玻璃行业产能置换实施办法》,该办法按照市场主导、有保有压、规范操作的原则,主要对置换比例和置换范围、产能指标的认定、产能置换操作程序三个方面进行了修订。

4.《关于粉石英等矿产资源合理开发利用"三率"最低指标要求(试行)的公告》

为强化粉石英等矿产资源合理开发利用的监督管理,促进矿山企业节约与综合利用矿产资源,2021年4月2日,自然资源部《关于粉石英等矿产资源合理开发利用"三率"最低指标要求(试行)的公告》发布,包含粉石英、麦饭石、金刚石、白垩、花岗岩、白云岩、大理岩、泥灰岩等36种矿产。

5.《资源综合利用企业所得税优惠目录(2021 年版)》

2021 年 12 月 16 日,财政部、国家税务总局、国家发改委、生态环境部联合发布《资源综合利用企业所得税优惠目录(2021 年版)》,明确提出以煤系共生、伴生矿产资源生产高岭岩、膨润土,以黑金属矿、有色金属矿、非金属矿共生、伴生矿产资源生产共生、伴生矿产资源产品均可享受企业所得税优惠。

(二)非金属矿物制品业法律风险新动向

1.《环境保护综合名录(2021 年版)》

2021 年 10 月 25 日,生态环境部印发《环境保护综合名录(2021 年版)》,包括"高污染、高环境风险"产品名录、环境保护重点设备名录等内容。其中,石棉(闪石类石棉)、鳞片状天然石墨、硫酸钡、涂料、钛白粉(氯化法、联产法硫酸法工艺除外)、颜料、水泥产品、土窑石灰、平板玻璃、玻璃纤维、活性白土等被列入"高污染"产品名录。

2.《"十四五"原材料工业发展规划》

2021 年 12 月 21 日,工业和信息化部、科学技术部、自然资源部印发《"十四五"原材料工业发展规划》,明确提出将加强产学研用深度融合,攻克成分组织均匀性控制、原料均化提纯等工艺装备技术,提高产品性能及其稳定性;推进非金属矿分级提纯、晶形保护、粒形粒貌控制技术等技术的工程化;落实税收优惠政策,鼓励采取减少矿业固体废物产生的先进工艺和设备,高效集约利用低品位矿,鼓励综合利用复杂共伴生矿及矿山固废。可见,非金属矿物制品业上市公司,注重环保减少污染仍是企业需要关注的重点。

三、非金属矿物制品业上市公司诉讼情况统计

本书以非金属矿物制品业的 108 家上市公司为当事人检索案件,共收集 2021 年全国法院判决的各类司法判决书 250 份,作为统计分析的样本。

(一)案件类型分布

1. 案件诉讼类型

从案件诉讼类型看,2021 年非金属矿物制品业上市公司涉及的 250 件案件,以民事诉讼为主,行政诉讼相对较多,达到 71 件,无刑事诉讼。

2. 案件案由种类

首先,诉讼案件案由的基本类型上来看,2021 年非金属矿物制品业上市公司涉及的 250 件案件主要集中在合同类纠纷中,具体分布情况如表 2－19 所示。

表 2－19　非金属矿物制品业上市公司案件案由基本类型分布

案由基本类型	案件数量/件
物权纠纷	2
合同类纠纷	120
侵权责任纠纷	11
知识产权纠纷	7
竞争法纠纷	7
公司法纠纷	2
金融法纠纷	3
劳动法纠纷	27
其他民事纠纷	0
行政诉讼	71
刑事诉讼	0
合计	250

其中，如图 2－100 所示，合同类纠纷案件共有 120 件，占全部案件总量的 48.00%；其次是行政诉讼，共有 71 件，占全部案件总量的 28.40%；劳动法纠纷共有 27 件，占比为 10.80%；其他各类诉讼数量与占比均较小。

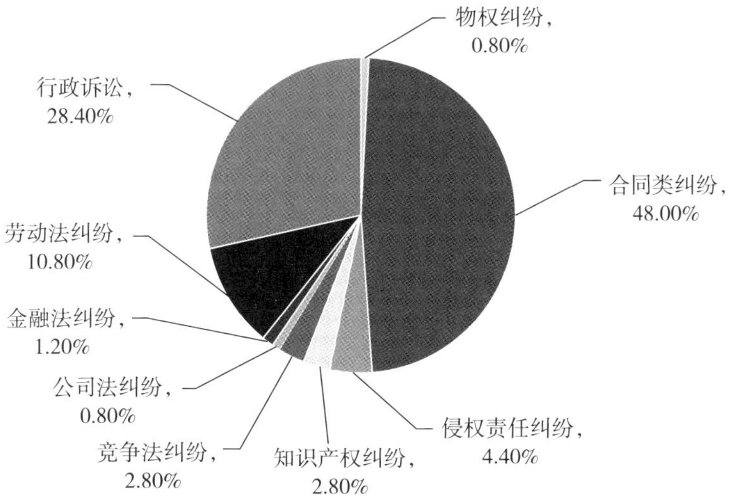

图 2－100　非金属矿物制品业上市公司案由基本类型分布情况

其次,从案件的具体案由看,2021 年非金属矿物制品业上市公司涉及的 250 件案件以买卖合同纠纷案件数量最多,商标行政管理次之,其他种类案由呈分散化分布状态,其分布情况如表 2－20 所示。

表 2－20　非金属矿物制品业上市公司案件具体案由分布

具体案由	案件数量/件
买卖合同纠纷	68
商标行政管理	66
劳动合同纠纷	23
借款合同纠纷	10
建设工程合同纠纷	10
综合合同纠纷	7
运输合同纠纷	6
其他不正当竞争纠纷	6
商标权权属、侵权纠纷	5
债权人代位权纠纷	4
社会保险纠纷	4
其他行政管理	4
债权转让合同纠纷	3
租赁合同纠纷	3
产品责任纠纷	3
其他侵权责任纠纷	3
房屋买卖合同纠纷	2
追偿权纠纷	2
损害公司债权人利益责任纠纷	2
提供劳务者受害责任纠纷	2
机动车交通事故责任纠纷	2

续表

具体案由	案件数量/件
返还原物纠纷	1
恢复原状纠纷	1
确认合同效力纠纷	1
储蓄存款合同纠纷	1
保理合同纠纷	1
承揽合同纠纷	1
中介合同纠纷	1
商标合同纠纷	1
专利权权属、侵权纠纷	1
商业诋毁纠纷	1
证券欺诈责任纠纷	1
票据追索权纠纷	1
票据利益返还请求权纠纷	1
用人单位责任纠纷	1
行政登记	1

3. 案件地域分布

从案件地域分布看，2021 年非金属矿物制品业上市公司涉及的 250 件案件中，除了 9 件由最高人民法院审理之外，其他案件主要分布在北京市、重庆市、山东省等地。其中，北京市案件最多，共 84 件；重庆市、山东省次之，案件数量分别为 29 件、28 件。具体分布情况如图 2－101 所示。

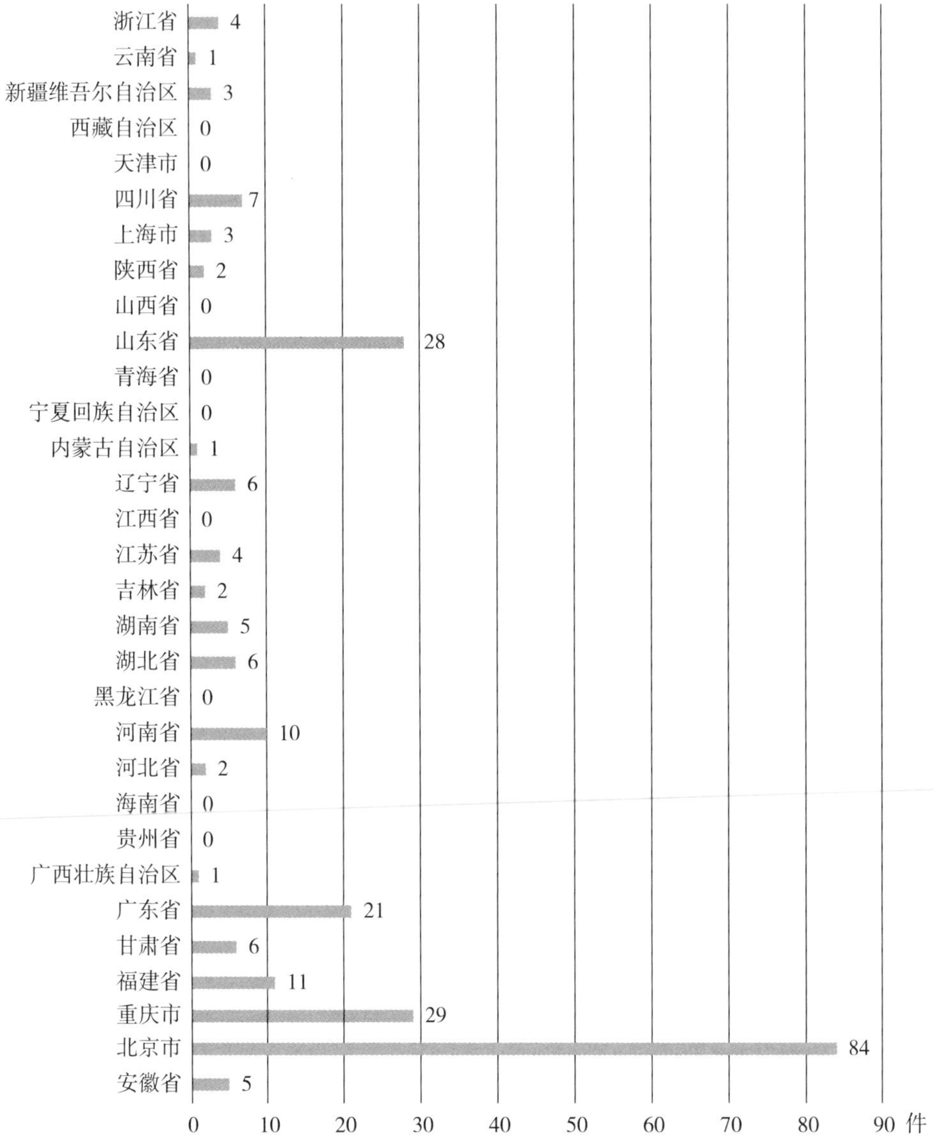

图 2－101　非金属矿物制品业上市公司案件地域分布情况

(二)案件审理程序

1. 诉讼阶段

如图 2－102 所示,从诉讼阶段看,2021 年非金属矿物制品业上市公司涉及的 250 件案件中,一审案件 131 件,占比为 52.40%;二审案件 103 件,占比为 41.20%;

再审案件 16 件，占比为 6.40%。

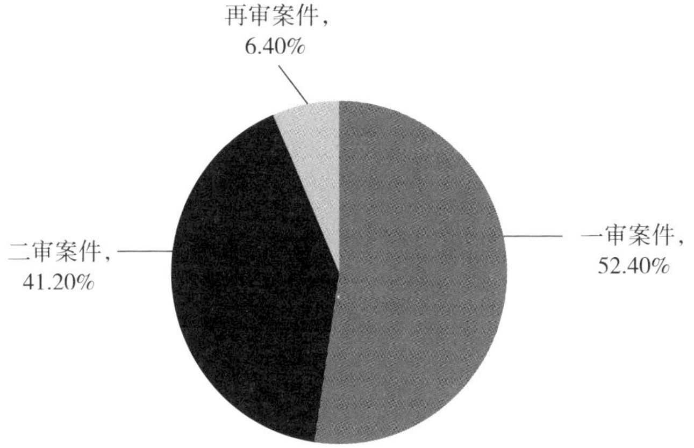

图 2－102 非金属矿物制品业上市公司案件诉讼阶段分布情况

2. 法院层级

如图 2－103 所示，从法院层级看，2021 年非金属矿物制品业上市公司涉及的 250 件案件中，基层人民法院审结的案件 104 件，占比为 41.60%；中级人民法院审结的案件 80 件，占比为 32.00%；高级人民法院审结的案件 57 件，占比为 22.80%；最高人民法院审结的案件 9 件，占比为 3.60%。

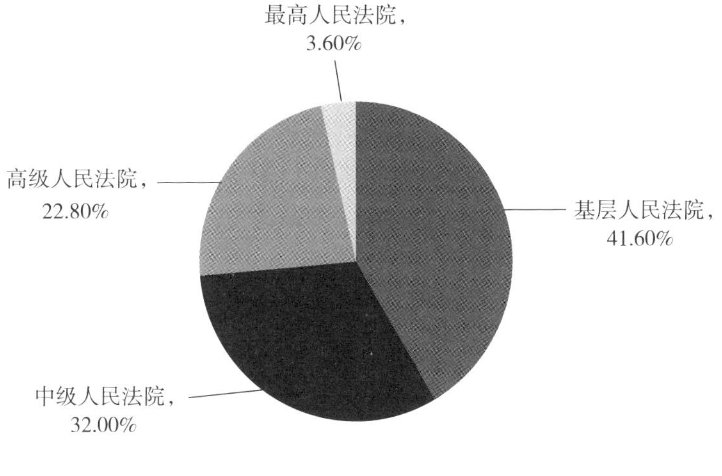

图 2－103 非金属矿物制品业上市公司案件审理法院层级分布情况

（三）上市公司诉讼地位

如图 2－104 所示，从上市公司的诉讼地位看，2021 年非金属矿物制品业上市公司涉及的 250 件案件中，上市公司作为原告的案件有 135 件，占比为54.00%；上市公司作为被告的案件有 97 件，占比为 38.80%；除此之外，还有 18 件案件中上市公司以第三人的身份参与了诉讼，占比为 7.20%。由此可见，2021 年非金属矿物制品业上市公司诉讼中，上市公司主动发起诉讼的情况居多。

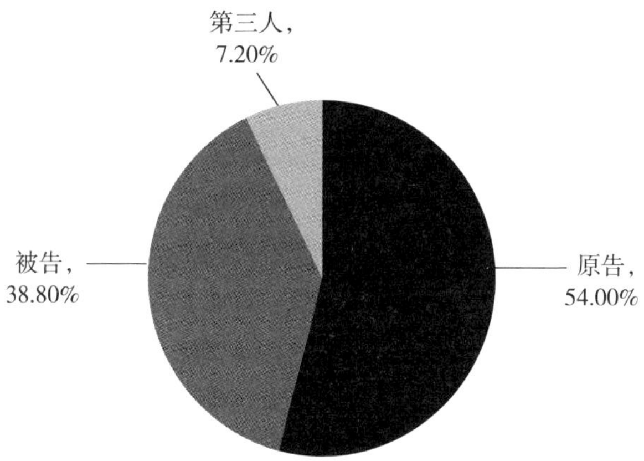

图 2－104　非金属矿物制品业上市公司一审程序诉讼地位分布情况

（四）诉讼标的额

从诉讼案件的标的额看，2021 年非金属矿物制品业上市公司涉及的有标的额可查的案件中，诉讼标的额数量分布情况如图 2－105 所示。总体来看，本行业诉讼标的额总额为 363，064，463.55 元，诉讼标的额最大为 95，643，200.00 元，行业平均诉讼标的额为 4，173，154.75 元。

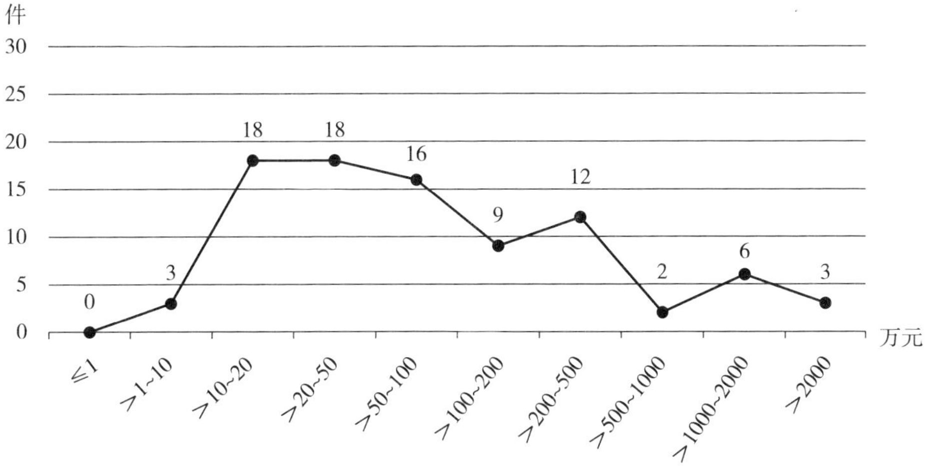

图 2－105　非金属矿物制品业上市公司诉讼标的额分布情况

区分上述案件中上市公司的不同诉讼地位来看：非金属矿物制品业上市公司作为原告涉及的案件中，诉讼标的额数量分布情况如图 2－106 所示。这部分案件的诉讼标的额总额为 67,020,094.79 元，平均诉讼标的额为 1,763,686.71 元。

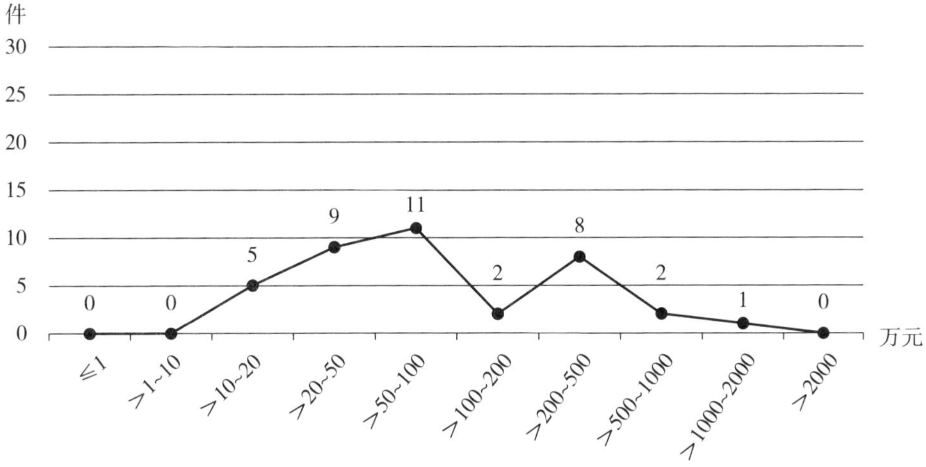

图 2－106　非金属矿物制品业上市公司作为原告诉讼标的额分布情况

非金属矿物制品业上市公司作为被告涉及的案件中，诉讼标的额数量分布情况如图 2－107 所示。这部分案件的诉讼标的额总额为 295,483,568.76 元，平均诉讼标的额为 6,286,884.44 元。

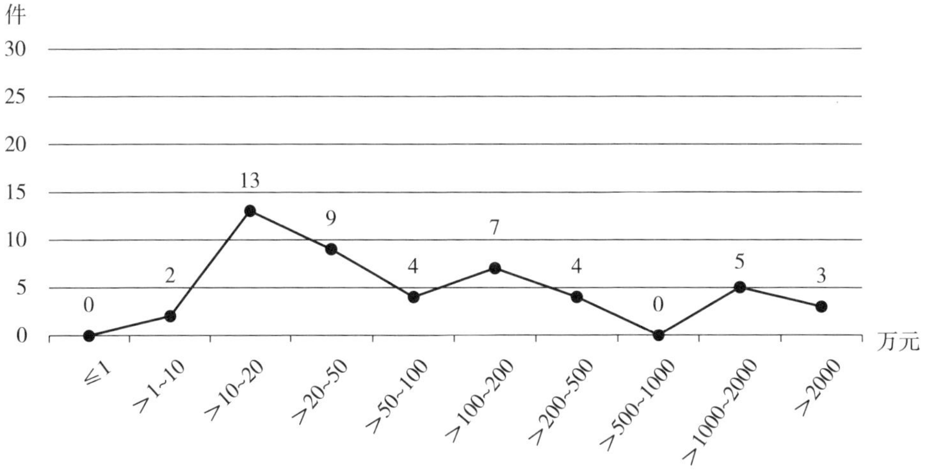

图 2－107　非金属矿物制品业上市公司作为被告诉讼标的额分布情况

(五)诉讼结果和胜诉率

从总体上看,如图 2－108 所示,2021 年非金属矿物制品业上市公司涉及的所有案件中,胜诉的案件有 110 件、败诉的案件有 125 件、撤回起诉的案件有 2 件、撤回上诉的案件有 3 件、撤回再审申请的案件有 1 件、驳回起诉的案件有 6 件、驳回上诉的案件有 2 件、再审的案件有 1 件。该行业上市公司胜诉的案件数量在全部案件中占比为 44.00%,如果排除撤诉等特殊情形,则该行业上市公司的总体胜诉率约为 46.81%。

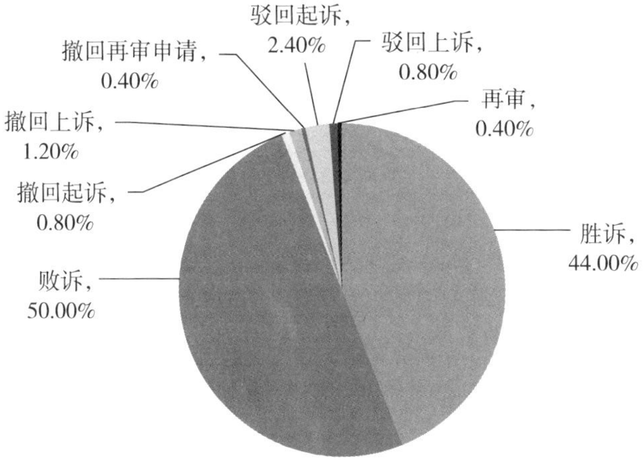

图 2－108　非金属矿物制品业上市公司诉讼结果占比情况

如图 2－109 所示,具体到不同的诉讼地位,当非金属矿物制品业上市公司为原告时,其胜诉的案件有 40 件,败诉的案件 92 件,胜诉率约为 30.30%,低于总体胜诉率;当非金属矿物制品业上市公司为被告时,其胜诉的案件有 67 件,败诉的案件有 27 件,胜诉率约为 71.28%,高于总体胜诉率;当非金属矿物制品业上市公司为第三人时,其胜诉的案件有 3 件,败诉的案件有 6 件,胜诉率约为 33.33%,低于总体胜诉率。

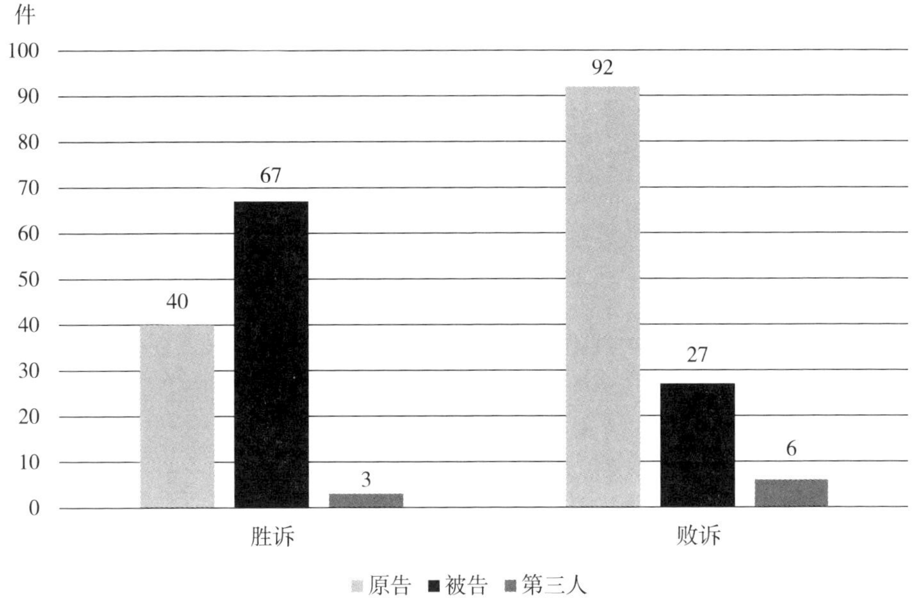

图 2－109　非金属矿物制品业上市公司胜诉情况与诉讼地位交叉分布情况

如图 2－110 所示,具体到不同的诉讼阶段,一审阶段,非金属矿物制品业上市公司胜诉的案件有 60 件,败诉的案件有 63 件,胜诉率约为 48.78%,略高于总体胜诉率;二审阶段,上市公司胜诉的案件有 46 件,败诉的案件有 51 件,胜诉率约为 47.42%,低于一审胜诉率;再审阶段,上市公司胜诉的案件有 4 件,败诉的案件有 11 件,胜诉率约为 26.67%。

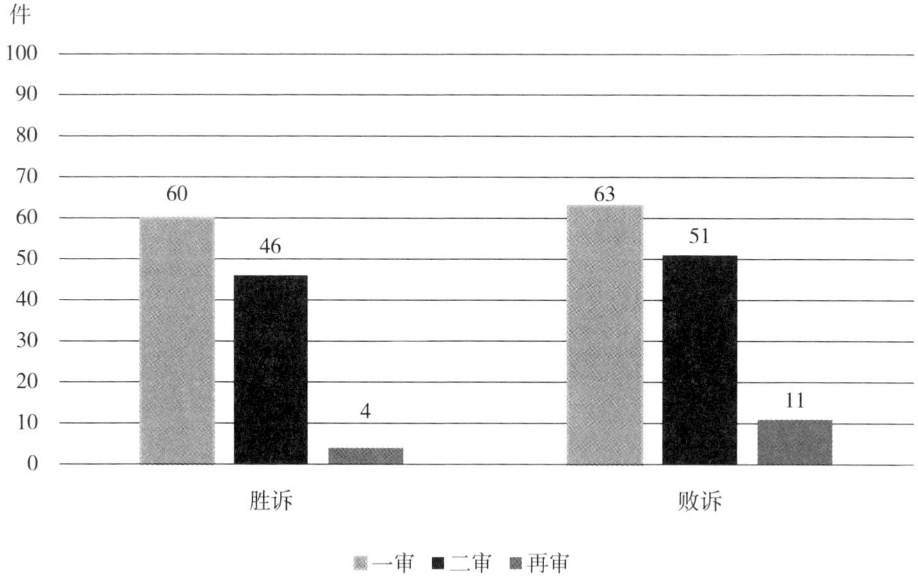

图 2－110　非金属矿物制品业上市公司胜诉情况与诉讼阶段交叉分布情况

第十一节　金属相关制造业

一、金属相关制造业上市公司概况

根据我国国民经济行业分类，金属相关制造业包括黑色金属冶炼和压延加工业、有色金属冶炼和压延加工业和金属制品业，属于制造业大类。金属相关制造业上市公司的经营活动主要围绕金属材料的生产和制造展开。

截至 2021 年第四季度，我国金属相关制造业上市公司共计 201 家，从行业小类看，黑色金属冶炼及压延加工业上市公司 32 家、有色金属冶炼和压延加工业上市公司 80 家、金属制品业上市公司 89 家。有色金属冶炼和压延加工业与金属制品业上市公司在金属相关制造业上市公司中占据较多部分。从市场规模看，我国上市公司中金属相关制造业的整体规模较大，其数量占全部上市公司的约 4.28%，金属相关制造业在全国有影响力的企业数量较多。

二、金属相关制造业行业政策和法律风险新动向

（一）金属相关制造业行业政策新动向

1.《2030 年前碳达峰行动方案》

2021 年 10 月 24 日，国务院《2030 年前碳达峰行动方案》发布，提出将碳达峰贯穿于经济社会发展全过程和各方面，在工业领域强调推动有色金属行业碳达峰。巩固化解电解铝过剩产能成果，严格执行产能置换，严控新增产能。推进清洁能源替代，提高水电、风电、太阳能发电等应用比重。加快再生有色金属产业发展，完善废弃有色金属资源回收、分选和加工网络，提高再生有色金属产量。加快推广应用先进适用绿色低碳技术，提升有色金属生产过程余热回收水平，推动单位产品能耗持续下降。

2.《"十四五"市场监管现代化规划》

为深入贯彻党中央、国务院决策部署，建设科学高效的市场监管体系，全面提高市场综合监管效能，更大激发各类市场主体活力，持续优化营商环境，根据《中华人民共和国国民经济和社会发展第十四个五年规划和 2035 年远景目标纲要》，国务院编制《"十四五"市场监管现代化规划》，并于 2021 年 12 月 14 日发布。该规划两次提到重金属检测及标准制定在食品安全方面的重要作用：(1)食品产业大县和人口大县要具备对农药残留、兽药残留、重金属、常见微生物等指标的实验室检验能力及定性快速检测能力。(2)加快制修订农药残留、兽药残留、重金属、食品污染物、致病性微生物等食品安全通用标准，推进产业发展和监管急需的食品安全基础标准、产品标准、标签标准、配套检验方法标准制修订，完善食品添加剂、食品相关产品等标准。

（二）金属相关制造行业法律风险新动向

1.《安全生产法》

为了加强安全生产工作，防止和减少生产安全事故，保障人民群众生命和财产安全，促进经济社会持续健康发展。全国人大常委会于 2021 年 6 月 10 日发布了《安全生产法》，这是该法的第三次修正。其中，多次强调了金属冶炼的安全生产工作。

在安全生产保障方面，规定了金属冶炼的生产、经营、储存、装卸单位，应当设置安全生产管理机构或者配备专职安全生产管理人员；金属冶炼单位的安全生产管理人员的任免，应当告知主管的负有安全生产监督管理职责的部门；金属冶炼的主

要负责人和安全生产管理人员，应当由主管的负有安全生产监督管理职责的部门对其安全生产知识和管理能力考核，考核不得收费；金属冶炼单位应当有注册安全工程师从事安全生产管理工作；金属冶炼建设项目和用于生产、储存、装卸危险物品的建设项目，应当按照国家有关规定进行安全评价等。

在生产安全事故的应急救援与调查处理方面，规定了金属冶炼单位应当建立应急救援组织；生产经营规模较小的，可以不建立应急救援组织，但应当指定兼职的应急救援人员；还应当配备必要的应急救援器材、设备和物资，并进行经常性维护、保养，保证正常运转。

在法律责任的规定上，依照情节的不同，对金属冶炼的生产经营单位、主要负责人和安全生产管理人员处以行政或刑事责任。

2.《乡村振兴促进法》

2021 年 4 月 25 日颁布的《乡村振兴促进法》第 40 条第 2 款规定："禁止违法将污染环境、破坏生态的产业、企业向农村转移。禁止违法将城镇垃圾、工业固体废物、未经达标处理的城镇污水等向农业农村转移。禁止向农用地排放重金属或者其他有毒有害物质含量超标的污水、污泥，以及可能造成土壤污染的清淤底泥、尾矿、矿渣等；禁止将有毒有害废物用作肥料或者用于造田和土地复垦。"通过禁止重金属含量超标的污水、污泥向农用地排放，加强乡村生态保护和环境治理。

三、金属相关制造业上市公司诉讼情况统计

本书以金属相关制造业的 201 家上市公司为当事人检索案件，共收集 2021 年全国法院判决的各类司法判决书 751 份，作为统计分析的样本。

（一）案件类型分布

1. 案件诉讼类型

从案件诉讼类型看，2021 年金属相关制造业上市公司涉及的 751 件案件，以民事诉讼为主，行政诉讼有 42 件，无刑事诉讼。

2. 案件案由种类

首先，从诉讼案件案由的基本类型看，2021 年金属相关制造业上市公司涉及的 751 件案件主要集中在合同类纠纷和劳动法纠纷两类中，具体分布情况如表 2－21 所示。

表 2－21　金属相关制造业上市公司案件案由基本类型分布

案由基本类型	案件数量/件
物权纠纷	5
合同类纠纷	335
侵权责任纠纷	35
知识产权纠纷	76
竞争法纠纷	5
公司法纠纷	23
金融法纠纷	75
劳动法纠纷	147
其他民事纠纷	8
行政诉讼	42
刑事诉讼	0
合计	751

其中，如图 2－111 所示，合同类纠纷案件共有 335 件，约占全部案件总量的 44.61%；劳动法纠纷共有 147 件，约占全部案件总量的 19.57%；其他类型的纠纷数量不多，占比较小。

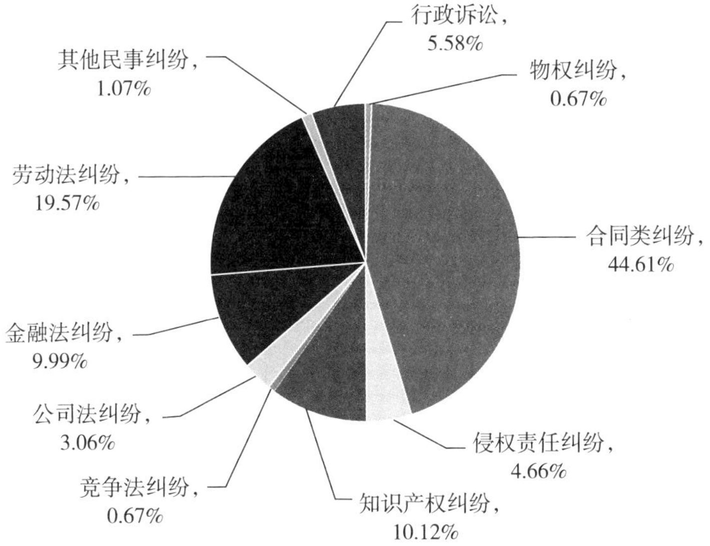

图 2－111　金属相关制造业上市公司案由基本类型分布情况

其次，从案件的具体案由看，2021 年金属相关制造业上市公司涉及的 751 件案件以买卖合同纠纷和劳动合同纠纷案件数量最多，其他种类案由呈分散化分布状态，其分布情况如表 2－22 所示。

表 2－22　金属相关制造业上市公司案件具体案由分布

具体案由	案件数量/件
买卖合同纠纷	166
劳动合同纠纷	144
商标权权属、侵权纠纷	64
建设工程合同纠纷	51
证券欺诈责任纠纷	50
综合合同纠纷	39
商标行政管理	26
产品责任纠纷	15
承揽合同纠纷	11
专利权权属、侵权纠纷	10
清算责任纠纷	8
破产债权确认纠纷	8
票据追索权纠纷	8
房屋买卖合同纠纷	7
票据利益返还请求权纠纷	7
提供劳务者受害责任纠纷	7
其他侵权责任纠纷	7
供用热力合同纠纷	6
劳务合同纠纷	6
其他合同纠纷	6
行政确认	6
债权人代位权纠纷	5
借款合同纠纷	5
租赁合同纠纷	5
追偿权纠纷	5
票据纠纷	5

续表

具体案由	案件数量/件
生命权、身体权、健康权纠纷	4
机动车交通事故责任纠纷	4
其他不正当竞争纠纷	4
其他行政管理	4
名誉权纠纷	3
排除妨害纠纷	3
仓储合同纠纷	3
物业服务合同纠纷	3
合伙合同纠纷	3
不当得利纠纷	3
社会保险纠纷	3
损害公司债权人利益责任纠纷	3
票据付款请求权纠纷	3
确认合同效力纠纷	2
债权转让合同纠纷	2
股权转让纠纷	2
证券交易合同纠纷	2
其他知识产权纠纷	2
政府信息公开	2
遗赠纠纷	1
财产损害赔偿纠纷	1
土地承包经营权纠纷	1
债权人撤销权纠纷	1
保证合同纠纷	1
质押合同纠纷	1
融资租赁合同纠纷	1

3. 案件地域分布

从案件地域分布看，2021 年金属相关制造业上市公司涉及的 751 件案件中，除了 5 件由最高人民法院审理之外，其他案件主要分布在辽宁省、山东省、广东省等地。其中,辽宁省案件最多,共 120 件;其次是山东省,共 94 件。具体分布情况如图 2－112 所示。

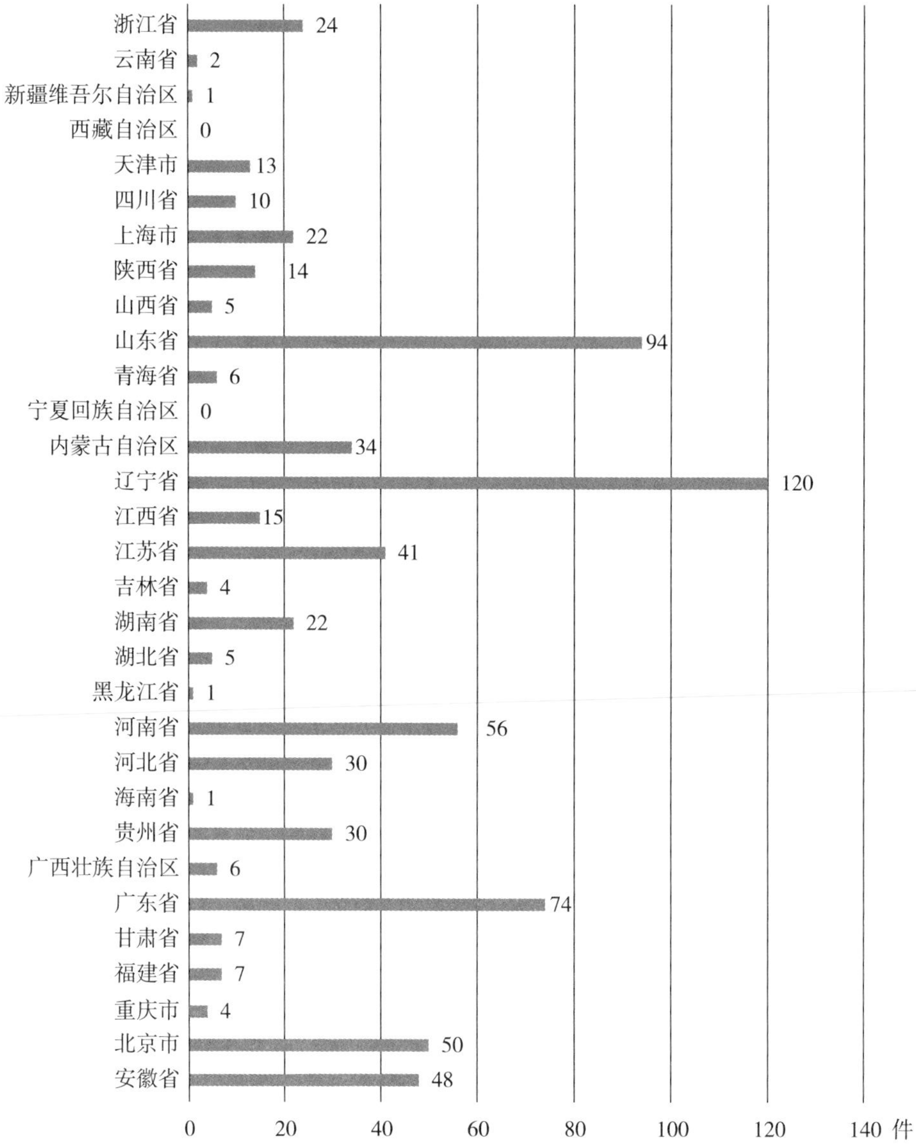

图 2－112　金属相关制造业上市公司案件地域分布情况

（二）案件审理程序

1. 诉讼阶段

如图 2－113 所示，从诉讼阶段看，2021 年金属相关制造业上市公司涉及的 751 件案件中，一审案件 482 件，占比约为 64.18%；二审案件 222 件，占比约为29.56%，再审案件 47 件，占比约为 6.26%。

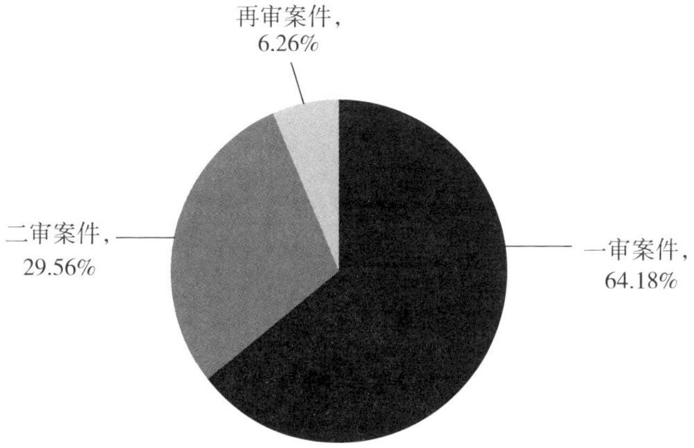

图 2－113 金属相关制造业上市公司案件诉讼阶段分布情况

2. 法院层级

如图 2－114 所示，从法院层级看，2021 年金属相关制造业上市公司涉及的 751 件案件中，基层人民法院审结的案件 362 件，占比约 48.20%；中级人民法院审结的案件 329 件，占比约 43.81%；高级人民法院审结的案件 55 件，占比约 7.32%；最高人民法院审结的案件 5 件，占比约 0.67%。

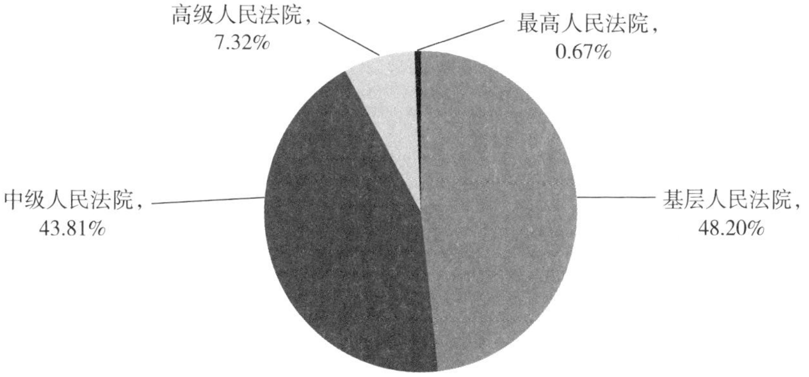

图 2－114 金属相关制造业上市公司案件审理法院层级分布情况

（三）上市公司诉讼地位

如图 2－115 所示，从上市公司的诉讼地位看，2021 年金属相关制造业上市公司涉及的 751 件案件中，上市公司作为原告的案件有 303 件，占比约 55.39%；上市公司作为被告的案件有 416 件，占比约 40.35%；除此之外，还有 32 件案件中上市公司以第三人的身份参与了诉讼，占比约 4.26%。

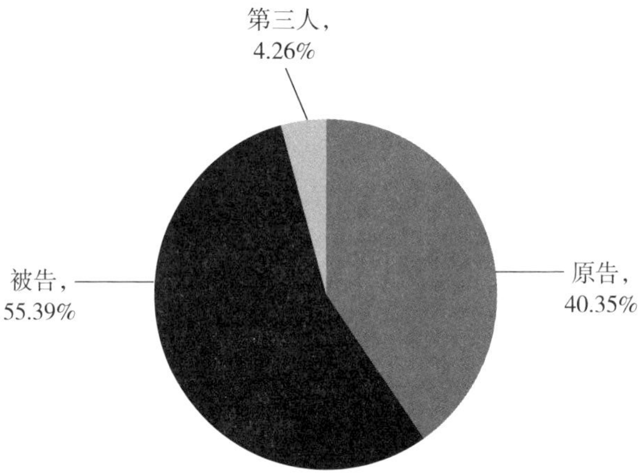

图 2－115　金属相关制造业上市公司一审程序诉讼地位分布情况

（四）诉讼标的额

从诉讼案件的标的额上看，2021 年金属相关制造业上市公司涉及的有标的额可查的案件中，诉讼标的额数量分布情况如图 2－116 所示。总体来看，本行业诉讼标的额总额为 1,158,373,262.29 元，诉讼标的额最大为 103,648,800 元，行业平均诉讼标的额约为 4,107,706.60 元。

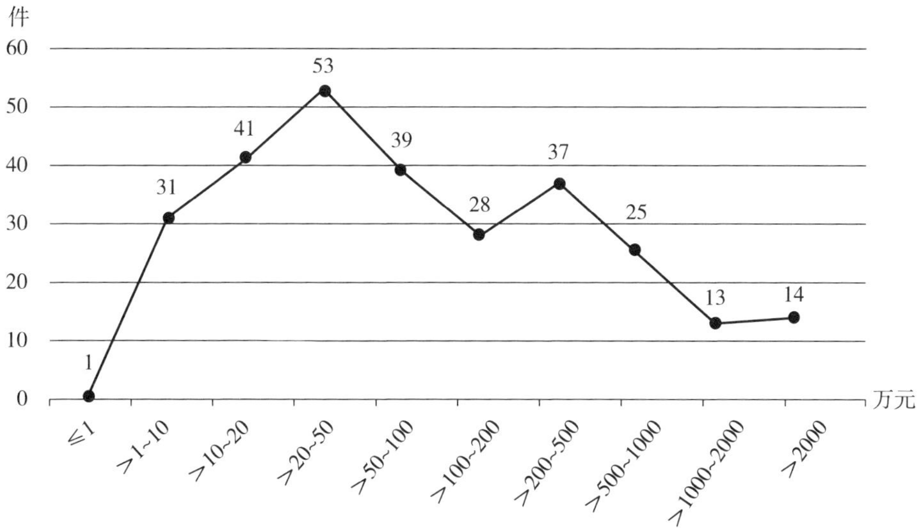

图 2-116 金属相关制造业上市公司诉讼标的额分布情况

区分上述案件中上市公司的不同诉讼地位来看:金属相关制造业上市公司作为原告涉及的案件中,诉讼标的额数量分布情况如图 2-117 所示。这部分案件的诉讼标的额总额为 258,016,885.02 元,平均诉讼标的额为 2,687,675.89 元。

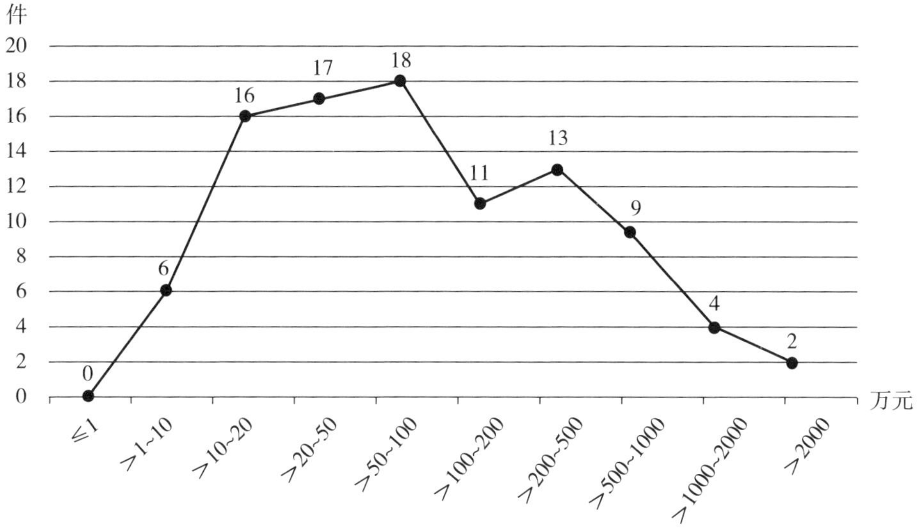

图 2-117 金属相关制造业上市公司作为原告诉讼标的额分布情况

金属相关制造业上市公司作为被告涉及的案件中，诉讼标的额数量分布情况如图 2－118 所示。这部分案件的诉讼标的额总额为 898,109,417.27 元，平均诉讼标的额为 5,017,371.05 元。

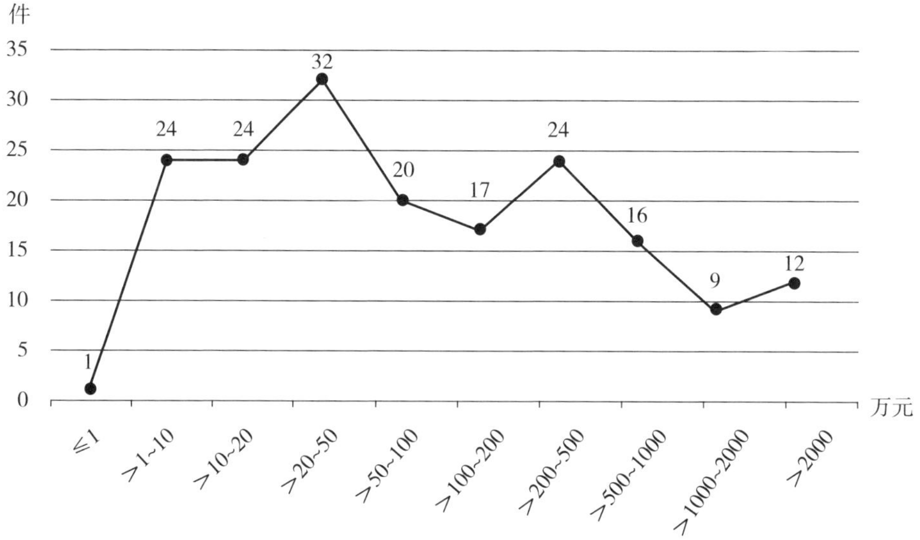

图 2－118　金属相关制造业上市公司作为被告诉讼标的额分布情况

（五）诉讼结果和胜诉率

从总体上看，如图 2－119 所示，2021 年金属相关制造业上市公司涉及的所有案件中，胜诉的案件有 391 件、败诉的案件有 335 件、撤回起诉的案件有 1 件、撤回上诉的案件有 6 件、撤回再审申请的案件有 1 件、驳回起诉的案件有 8 件、驳回上诉的案件有 5 件、驳回再审申请的案件有 3 件、发回重审的案件有 1 件。该行业上市公司胜诉的案件数量在全部案件中占比约 52.06%，如果排除撤诉等特殊情形，则该行业上市公司的总体胜诉率约为 53.86%。

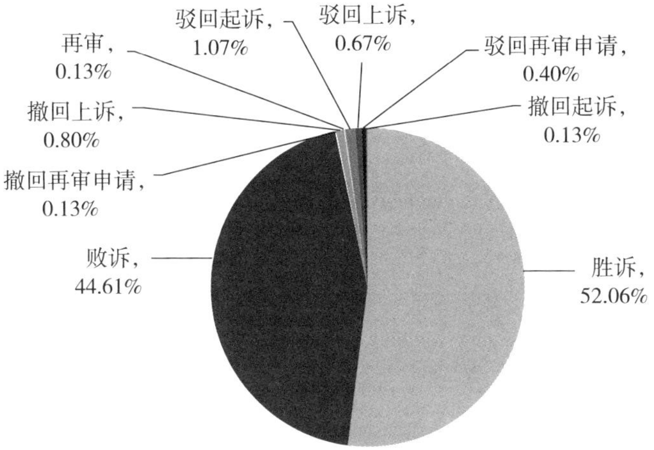

图 2－119　金属相关制造业上市公司诉讼结果占比情况

如图 2－120 所示，具体到不同的诉讼地位，当金属相关制造业上市公司为原告时，其胜诉的案件有 85 件，败诉的案件 211 件，胜诉率约为 28.72%，远低于总体胜诉率；当金属相关制造业上市公司为被告时，其胜诉的案件有 296 件，败诉的案件有 115 件，胜诉率约为 72.02%，高于总体胜诉率；当金属相关制造业上市公司为第三人时，其胜诉的案件有 10 件，败诉的案件有 9 件，胜诉率约为 52.63%，略低于总体胜诉率。

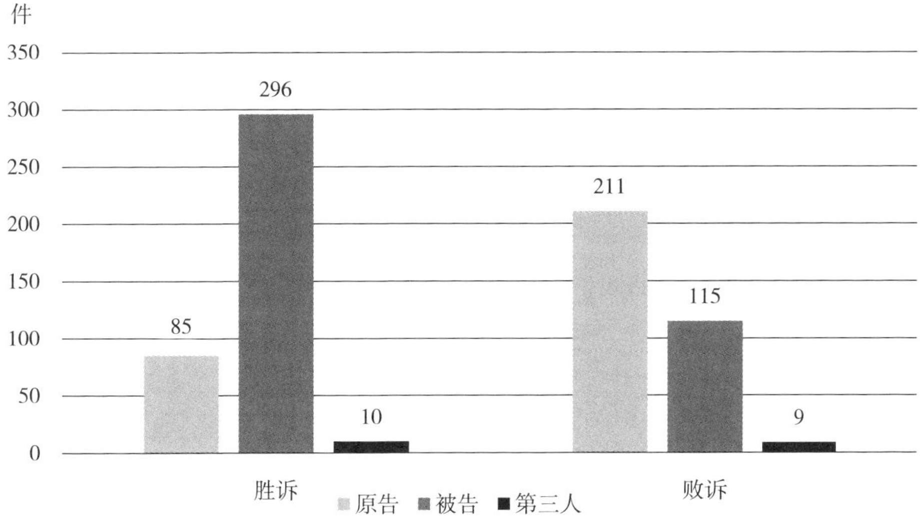

图 2－120　金属相关制造业上市公司胜诉情况与诉讼地位交叉分布情况

如图 2－121 所示，具体到不同的诉讼阶段，一审阶段，金属相关制造业上市公司胜诉的案件有 258 件，败诉的案件有 215 件，胜诉率约为 54.55%，略高于总体胜诉率；二审阶段，上市公司胜诉的案件有 110 件，败诉的案件有 100 件，胜诉率约为 52.38%，略低于一审胜诉率；再审阶段，上市公司胜诉的案件有 23 件，败诉的案件有 20 件，胜诉率约为 53.49%，与总体胜诉率基本持平。

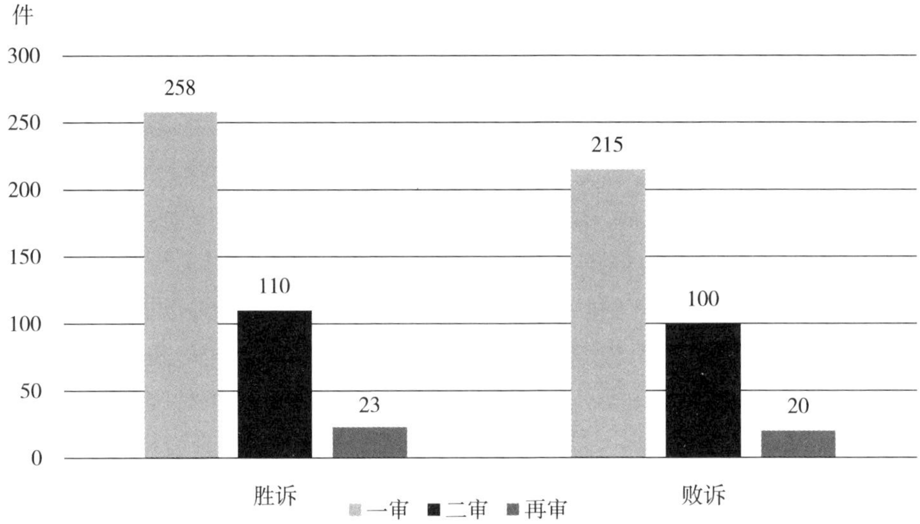

图 2－121　金属相关制造业上市公司胜诉情况与诉讼阶段交叉分布情况

第十二节　通用设备制造业

一、通用设备制造业上市公司概况

通用设备制造业，是指用于一个以上行业的设备制造，与专业设备制造业相区分，根据我国国民经济行业分类，通用设备制造业从属于制造业大类，包括锅炉及原动设备制造，金属加工机械制造，物料搬运设备制造，泵、阀门、压缩机及类似机械制造，轴承、齿轮和传动部件制造，烘炉、风机、包装等设备制造，文化、办公用品制造，通用设备制造业。

截至 2021 年第四季度，我国通用设备制造业上市公司共计 168 家。从市场规模看，我国上市公司通用设备制造业的整体规模相对不大，其数量占全部上市公司的约 3.58%。

二、通用设备制造行业政策和法律风险新动向

(一)通用设备制造行业政策新动向

1.《2021 年度实施企业标准"领跑者"重点领域》

2021 年 6 月 15 日,国家市场监督管理总局统筹考虑企业标准自我声明公开情况、消费者关注程度、标准对产品和服务质量提升效果,研究制定了《2021 年度实施企业标准"领跑者"重点领域》并发布。其中,通用设备制造业被划定为"领跑者"重点领域,且该项下涉及的项目多达 27 项。

2.《节能环保清洁产业统计分类(2021)》

为落实党中央、国务院关于推动高质量发展的重大决策部署,准确反映生态文明建设成效和绿色发展新动能培育情况,科学界定节能环保清洁产业统计范围,满足统计上测算节能环保清洁产业发展规模、结构和速度的需要,国家统计局制定《节能环保清洁产业统计分类(2021)》,并于 2021 年 7 月 26 日发布。该分类不仅详细划分了节能环保产业,还提供了"对应国民经济行业名称"以及"产品和服务索引",其中,高效节能通用设备制造项下包括了节能锅炉制造、节能汽轮机制造、节能泵及真空设备制造、节能压缩机及类似机械元件制造、节能窑炉、风机制造以及其他高效节能通用设备制造。

3.《数字经济及其核心产业统计分类(2021)》

为贯彻落实党中央、国务院关于数字经济和信息化发展战略的重大决策部署,科学界定数字经济及其核心产业统计范围,2021 年 5 月 27 日国家统计局发布了《数字经济及其核心产业统计分类(2021)》。其中包括了数字化通用、专用设备制造,并说明数字化通用、专用设备制造指利用数字孪生、人工智能、5G、区块链、VR/AR、边缘计算、试验验证、仿真技术等技术和设备,在通用、专用设备领域开展的生产和制造活动,包括个性定制、柔性制造等新模式;不包括计算器及货币专用设备制造、工业机器人制造、特殊作业机器人制造、增材制造装备制造、半导体器件专用设备制造、电子元器件与机电组件设备制造。

(二)通用设备制造行业法律风险新动向

2021 年 3 月 12 日,国家卫健委公布了修订后的《建设项目职业病危害风险分类管理目录》,该目录是在《职业病危害因素分类目录》(国卫疾控发〔2015〕92 号)的基础上,按照《国民经济行业分类》(GB/T4754— 2017)对建设项目和用人单位可能存在职业病危害的风险程度进行的行业分类。通用设备制造业被列入该目

录，且划分等级为严重，足见通用设备制造业可能存在职业病危害的风险程度之高。

三、通用设备制造业上市公司诉讼情况统计

本书以通用设备制造业的168家上市公司为当事人检索案件，共收集2021年全国法院判决的各类司法判决书401份，作为统计分析的样本。

（一）案件类型分布

1. 案件诉讼类型

从案件诉讼类型看，2021年通用设备制造业上市公司涉及的401件案件，以民事诉讼为主，行政诉讼有2件，刑事诉讼有2件。

2. 案件案由种类

首先，从诉讼案件案由的基本类型看，2021年通用设备制造业上市公司涉及的401件案件主要集中在合同类纠纷和劳动法纠纷两类中，具体分布情况如表2－23所示。

表2－23　通用设备制造业上市公司案件案由基本类型分布

案由基本类型	案件数量/件
物权纠纷	1
合同类纠纷	282
侵权责任纠纷	19
知识产权纠纷	12
竞争法纠纷	5
公司法纠纷	17
金融法纠纷	17
劳动法纠纷	41
其他民事纠纷	3
行政诉讼	2
刑事诉讼	2
合计	401

其中，如图2-122所示，合同法纠纷案件共有282件，约占全部案件总量的70.32%；劳动法纠纷共有41件，约占全部案件总量的10.22%；其他类型的纠纷数量不多，占比较小。

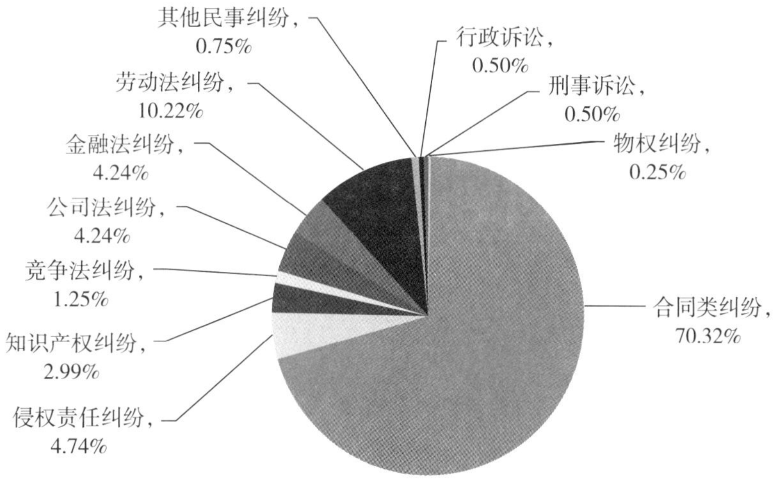

图2-122 通用设备制造业上市公司案由基本类型分布情况

其次，从案件的具体案由看，2021年通用设备制造业上市公司涉及的401件案件以买卖合同纠纷案件数量最多，其他种类案由呈分散化分布状态，其分布情况如表2-24所示。

表2-24 通用设备制造业上市公司案件具体案由分布

具体案由	案件数量/件
买卖合同纠纷	183
劳动合同纠纷	41
承揽合同纠纷	30
综合合同纠纷	24
商标权权属、侵权纠纷	9
票据追索权纠纷	7
保证合同纠纷	6
租赁合同纠纷	6

续表

具体案由	案件数量/件
建设工程合同纠纷	6
服务合同纠纷	5
劳务合同纠纷	5
证券欺诈责任纠纷	5
提供劳务者受害责任纠纷	5
产品责任纠纷	5
机动车交通事故责任纠纷	5
其他不正当竞争纠纷	5
借款合同纠纷	4
股东知情权纠纷	4
破产债权确认纠纷	4
生命权、身体权、健康权纠纷	3
不当得利纠纷	3
专利权权属、侵权纠纷	3
其他侵权责任纠纷	3
质押合同纠纷	2
中介合同纠纷	2
追偿权纠纷	2
公司关联交易损害责任纠纷	2
票据利益返还请求权纠纷	2
财产损害赔偿纠纷	1
房屋买卖合同纠纷	1
供用热力合同纠纷	1
物业服务合同纠纷	1

续表

具体案由	案件数量/件
借用合同纠纷	1
股东出资纠纷	1
股权转让纠纷	1
公司决议纠纷	1
损害股东利益责任纠纷	1
损害公司利益责任纠纷	1
损害公司债权人利益责任纠纷	1
对外追收债权纠纷	1
财产保险合同纠纷	1
票据付款请求权纠纷	1
票据返还请求权纠纷	1
医疗损害责任纠纷	1
商标行政管理	1
专利行政管理	1
盗窃罪	1
职务侵占罪	1

3. 案件地域分布

从案件地域分布看，2021 年通用设备制造业上市公司涉及的 401 件案件中，除了 4 件由最高人民法院审理之外，其他案件主要分布在辽宁省、广东省、江苏省等地。其中，辽宁省案件最多，共 67 件；其次是广东省，共 64 件。具体分布情况如图 2－123 所示。

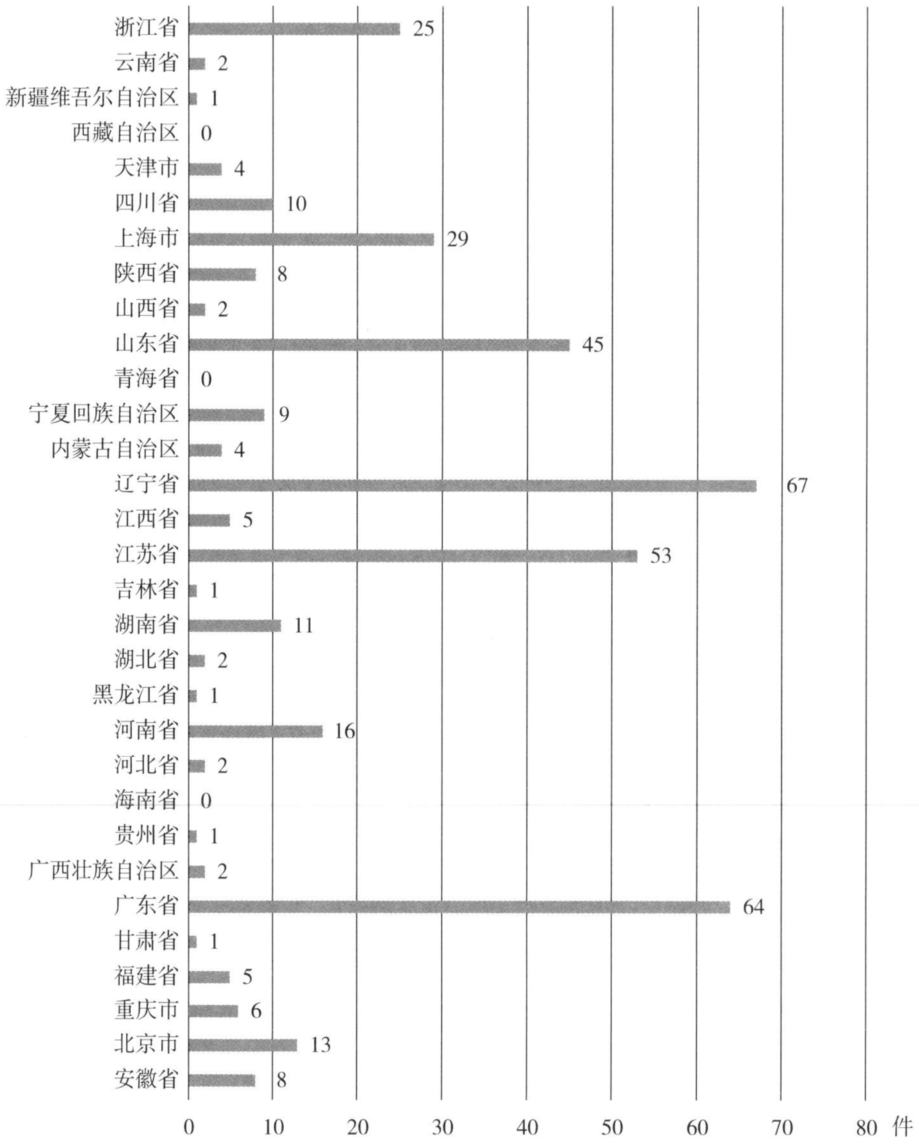

图 2－123　通用设备制造业上市公司案件地域分布情况

（二）案件审理程序

1. 诉讼阶段

如图 2－124 所示，从诉讼阶段看，2021 年通用设备制造业上市公司涉及的 401 件案件中，一审案件 276 件，占比约 68.83%；二审案件 105 件，占比约 26.18%；再审案件 20 件,占比约 4.99%。

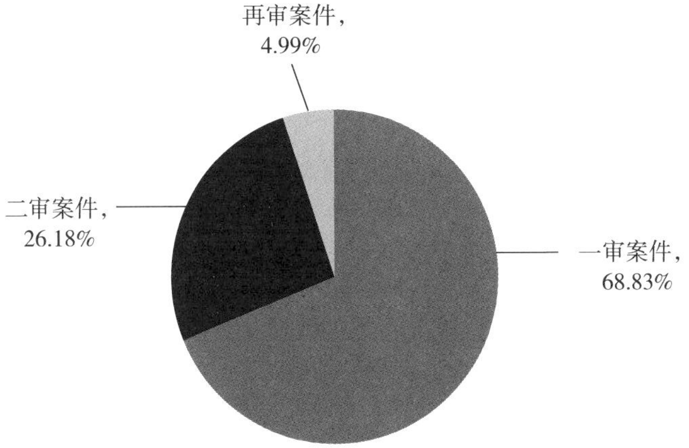

图 2-124　通用设备制造业上市公司案件诉讼阶段分布情况

2. 法院层级

如图 2-125 所示,从法院层级看,2021 年通用设备制造业上市公司涉及的 401 件案件中,基层人民法院审结的案件 261 件,占比约 65.09%;中级人民法院审结的案件 108 件,占比约 26.93%;高级人民法院审结的案件 28 件,占比约 6.98%;最高人民法院审结的案件 4 件,占比约 1.00%。

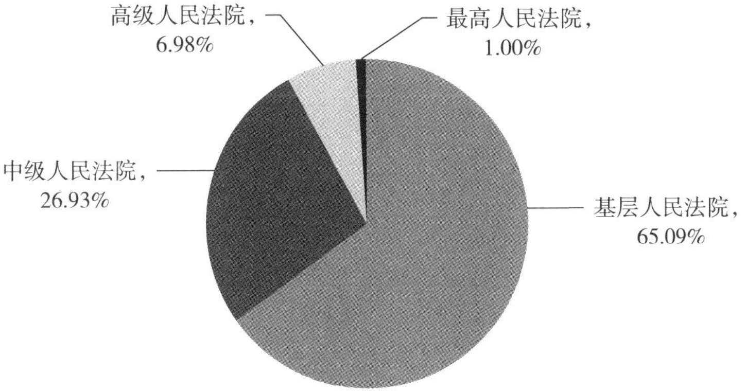

图 2-125　通用设备制造业上市公司案件审理法院层级分布情况

(三)上市公司诉讼地位

如图 2-126 所示,从上市公司的诉讼地位看,2021 年通用设备制造业上市公司涉及的 401 件案件中,上市公司作为原告的案件有 229 件,占比约 57.11%;上市公司作为被告的案件有159件，占比约39.65%；除此之外，还有13件案件中上市公司以第三人的身份参与了诉讼，占比约3.24%。

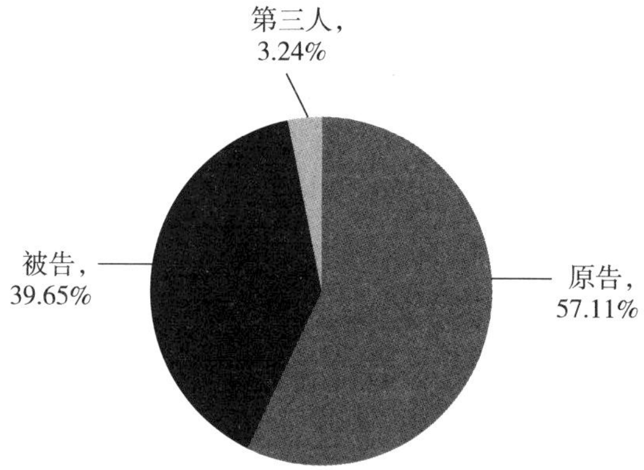

图2－126　通用设备制造业上市公司一审程序诉讼地位分布情况

（四）诉讼标的额

从诉讼案件的标的额看，2021年通用设备制造业上市公司涉及的有标的额可查的案件中，诉讼标的额数量分布情况如图2－127所示。总体来看，本行业诉讼标的额总额为1，341，543，148.85元，诉讼标的额最大为203，874，000元，行业平均诉讼标的额约为6，674，344.02元。

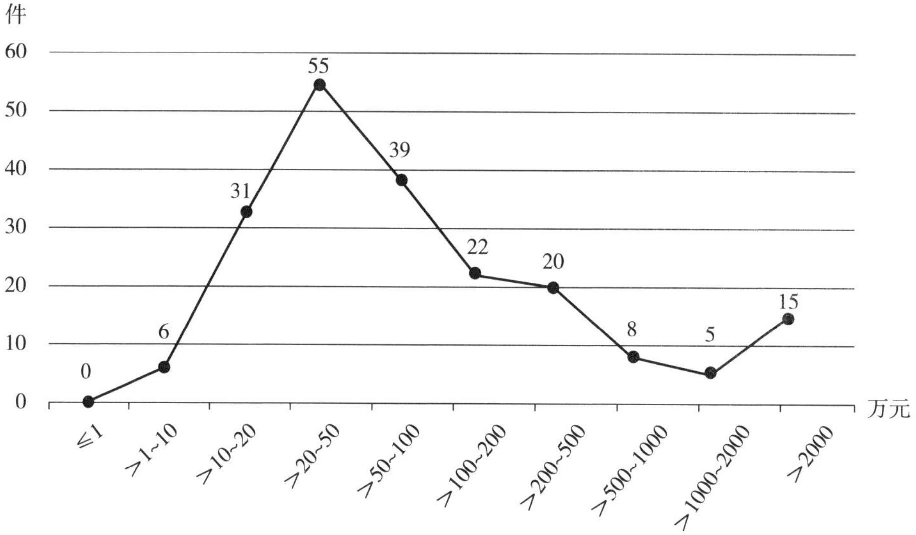

图2－127　通用设备制造业上市公司诉讼标的额分布情况

区分上述案件中上市公司的不同诉讼地位来看:通用设备制造业上市公司作为原告涉及的案件中,诉讼标的额数量分布情况如图 2 - 128 所示。这部分案件的诉讼标的额总额为 799,559,081.2 元,平均诉讼标的额为 6,775,924.41 元。

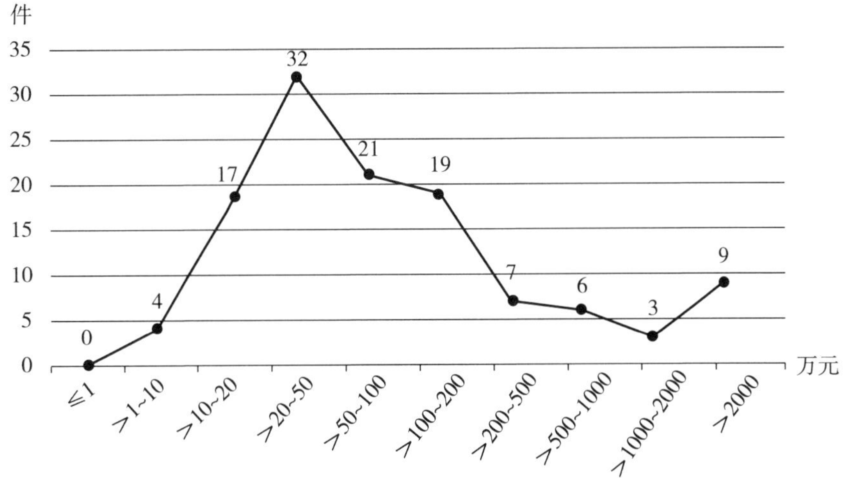

图 2 - 128　通用设备制造业上市公司作为原告诉讼标的额分布情况

通用设备制造业上市公司作为被告涉及的案件中,诉讼标的额数量分布情况如图 2 - 129 所示。这部分案件的诉讼标的额总额为 510,846,377.65 元,平均诉讼标的额为 6,549,312.53 元。

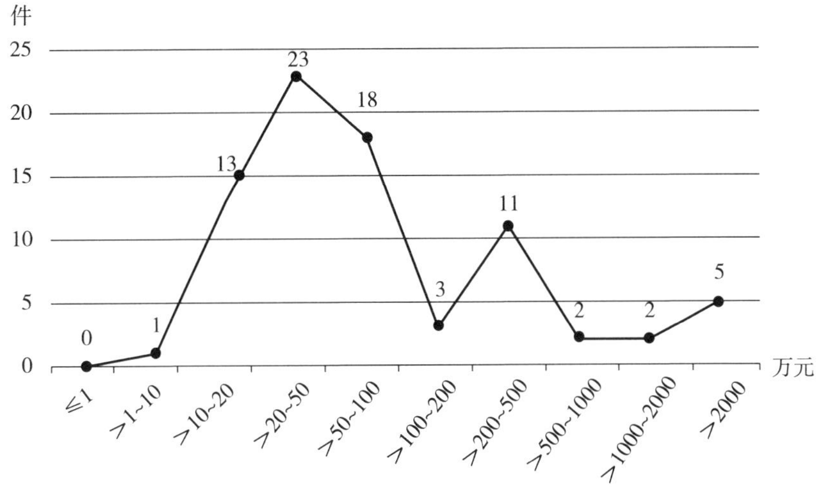

图 2 - 129　通用设备制造业上市公司作为被告诉讼标的额分布情况

（五）诉讼结果和胜诉率

从总体上看，如图 2－130 所示，2021 年通用设备制造业上市公司涉及的所有案件中，胜诉的案件有 177 件、败诉的案件有 207 件、撤回上诉的案件有 4 件、撤回再审申请的案件有 2 件、驳回起诉的案件有 5 件、驳回上诉的案件有 6 件。该行业上市公司胜诉的案件数量在全部案件中占比约 44.14%，如果排除撤诉等特殊情形，则该行业上市公司的总体胜诉率约为 46.09%。

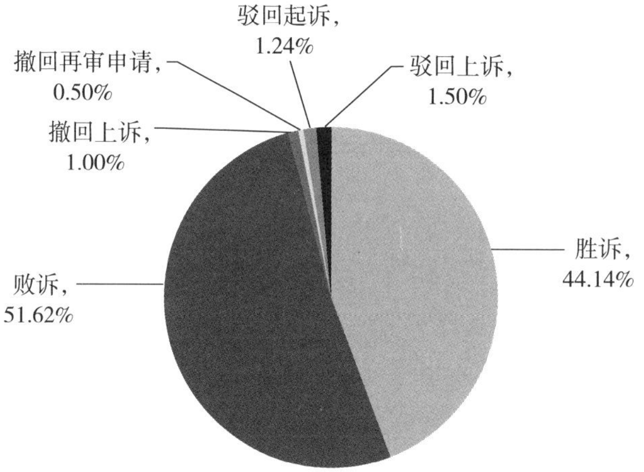

图 2－130　通用设备制造业上市公司诉讼结果占比情况

如图 2－131 所示，具体到不同的诉讼地位，当通用设备制造业上市公司为原告时，其胜诉的案件有 68 件，败诉的案件 159 件，胜诉率约为 29.86%，远低于总体胜诉率；当通用设备制造业上市公司为被告时，其胜诉的案件有 105 件，败诉的案件有 44 件，胜诉率约为 70.47%，大大高于总体胜诉率；当通用设备制造业上市公司为第三人时，其胜诉的案件有 4 件，败诉的案件有 4 件，胜诉率为 50.00%，略高于总体胜诉率。

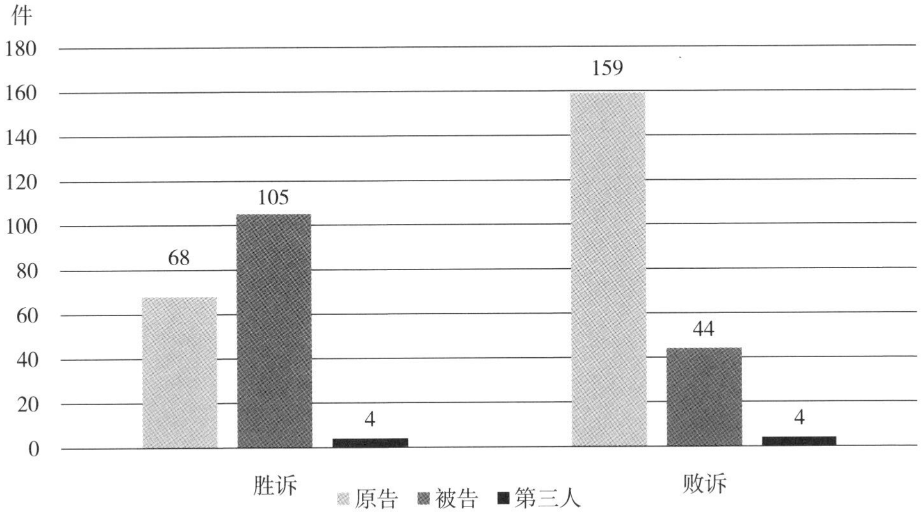

图 2－131　通用设备制造业上市公司胜诉情况与诉讼地位交叉分布情况

如图 2－132 所示，具体到不同的诉讼阶段，一审阶段，通用设备制造业上市公司胜诉的案件有 119 件，败诉的案件有 152 件，胜诉率约为 43.91%，略低于总体胜诉率；二审阶段，上市公司胜诉的案件有 47 件，败诉的案件有 48 件，胜诉率约为 49.47%，略高于一审胜诉率；再审阶段，上市公司胜诉的案件有 11 件，败诉的案件有 7 件，胜诉率约为 61.11%。

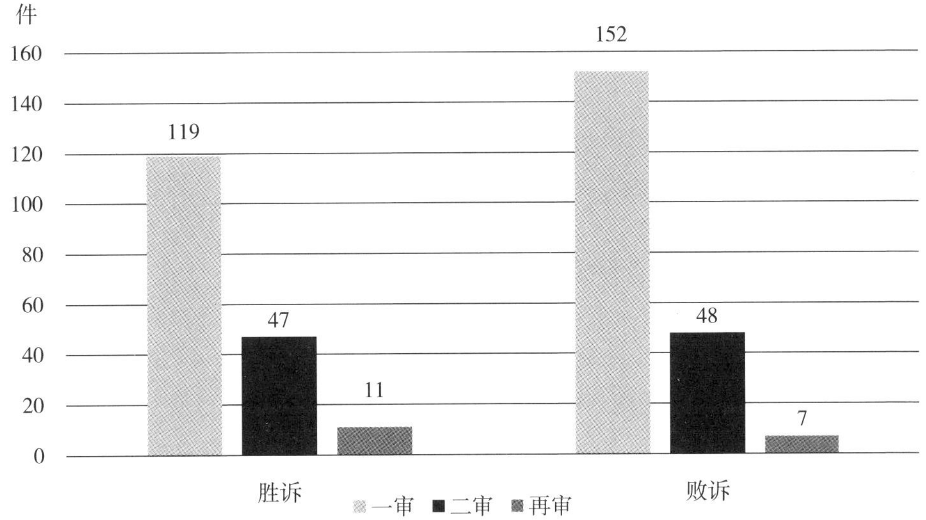

图 2－132　通用设备制造业上市公司胜诉情况与诉讼阶段交叉分布情况

第十三节 专用设备制造业

一、专用设备制造业上市公司概况

专用设备的关键在于专用，是相对于通用设备而言的。专门为某一个行业服务应用的设备归类于专用设备制造业，而可以应用于两个行业及其以上的设备归类于通用设备制造业。专用设备通常是在某一特定行业或企业中使用的，如汽车制造流水线，而通用装备如发电机，一般在很多行业都有应用。

截至 2021 年第四季度，我国专用设备制造业上市公司共计 319 家。从市场规模看，我国上市公司中专用设备制造业的整体规模较大，其数量占全部上市公司的约 6.79%，可见专用设备制造业在全国范围内具有较大市场影响力的企业相对集中。

二、专用设备制造行业政策和法律风险新动向

（一）专用设备制造行业政策新动向

1.《全国乡村重点产业指导目录（2021 年版）》

2021 年 9 月 6 日，农业农村部乡村产业发展司印发了《全国乡村重点产业指导目录（2021 年版）》，该目录是为贯彻落实《国务院关于促进乡村产业振兴的指导意见》（国发〔2019〕12 号）及《全国乡村产业发展规划（2020～2025 年）》精神，强化乡村产业与财政、金融、人才、土地等相关政策衔接，按照县域边界、乡村资源、农民为主、三产融合的原则，以《国民经济行业分类》（GB/T 4754— 2017）、《农业及相关产业统计分类（2020）》为基础确定。其中，食用类产品生产专用设备制造被列为乡村重点产业。

2.《2021 年度实施企业标准“领跑者”重点领域》

2021 年 6 月 15 日，国家市场监督管理总局统筹考虑企业标准自我声明公开情况、消费者关注程度、标准对产品和服务质量提升效果，研究制定了《2021 年度实施企业标准“领跑者”重点领域》并发布。其中，专用设备制造业被划定为“领跑者”重点领域，主要包括建筑工程用机械、建筑材料生产专用机械、农副食品加工专用设备、制药专用设备等 17 项。

3.《节能环保清洁产业统计分类（2021）》

2021 年 7 月 26 日，国家统计局发布了《节能环保清洁产业统计分类（2021）》，

该分类建立了与《国民经济行业分类》(GB/T 4754－2017)的对应关系。其中,第1.2 条"高效节能专用设备制造"项下详细列明了节能采矿、建筑专用设备制造、其他节能专用设备以及相关电子设备制造的产品和服务索引,对符合节能环保清洁产业特征的有关活动进行再分类。此外,在高效照明产品及系统制造、水污染防治装备制造、大气污染防治装备制造、土壤污染治理与修复装备制造、固体废物处理处置装备制造、减振降噪设备制造、放射性污染防治和处理设备制造等多个节能环保产业分类中都包含了对应的专用设备制造行业名称。

4.《数字经济及其核心产业统计分类(2021)》

2021 年5 月 27 日国家统计局发布了《数字经济及其核心产业统计分类(2021)》。该分类立足现行统计工作实际,聚焦数字经济统计核算需求,充分考虑分类的可操作性和数据的可获得性,力求全面、准确反映数字经济及其核心产业发展状况。专用设备制造包括半导体器件专用设备制造、计算器及货币专用设备制造、数字化通用、专用设备制造。

半导体器件专用设备制造,是指生产集成电路、二极管(含发光二极管)、三极管、太阳能电池片的设备的制造;计算器及货币专用设备制造指金融、商业、交通及办公等使用的电子计算器、具有计算功能的数据记录、重现和显示机器的制造,以及货币专用设备及类似机械的制造;数字化通用、专用设备制造指利用数字孪生、人工智能、5G、区块链、VR/AR、边缘计算、试验验证、仿真技术等技术和设备,在通用、专用设备领域开展的生产和制造活动,包括个性定制、柔性制造等新模式;不包括计算器及货币专用设备制造、工业机器人制造、特殊作业机器人制造、增材制造装备制造、半导体器件专用设备制造、电子元器件与机电组件设备制造。

(二)专用设备制造行业法律风险新动向

为规范铁路安全行政处罚行为,维护当事人的合法权益,2021 年 11 月 19 日交通运输部发布了修正后的《违反〈铁路安全管理条例〉行政处罚实施办法》,其中第21 条规定:"违反《条例》第二十六条规定,铁路机车车辆以及其他专用设备制造者未按规定召回缺陷产品,采取措施消除缺陷的,由国家铁路局依照《条例》第八十六条规定,责令改正;拒不改正的,处缺陷产品货值金额 1% 以上 5% 以下的罚款;拒不改正且造成铁路交通事故的,处缺陷产品货值金额 5% 以上 10% 以下的罚款;情节严重的,吊销相应的许可证件。"

三、专用设备制造业上市公司诉讼情况统计

本书以专用设备制造业的 319 家上市公司为当事人检索案件,共收集 2021 年

全国法院判决的各类司法判决书1347份，作为统计分析的样本。

（一）案件类型分布

1. 案件诉讼类型

从案件诉讼类型看，2021年专用设备制造业上市公司涉及的1347件案件，以民事诉讼为主，行政诉讼有24件，无刑事诉讼。

2. 案件案由种类

首先，从诉讼案件案由的基本类型看，2021年专用设备制造业上市公司涉及的1347件案件主要集中在合同类纠纷和金融法纠纷两类中，具体分布情况如表2－25所示。

表2－25 专用设备制造业上市公司案件案由基本类型分布

案由基本类型	案件数量/件
物权纠纷	7
合同类纠纷	979
侵权责任纠纷	16
知识产权纠纷	31
竞争法纠纷	11
公司法纠纷	19
金融法纠纷	187
劳动法纠纷	65
其他民事纠纷	8
行政诉讼	24
刑事诉讼	0
合计	1347

其中，如图2－133所示，合同类纠纷案件共有979件，约占全部案件总量的72.68%；金融法纠纷共有187件，约占全部案件总量的13.88%；其他类型的纠纷数量不多，占比较小。

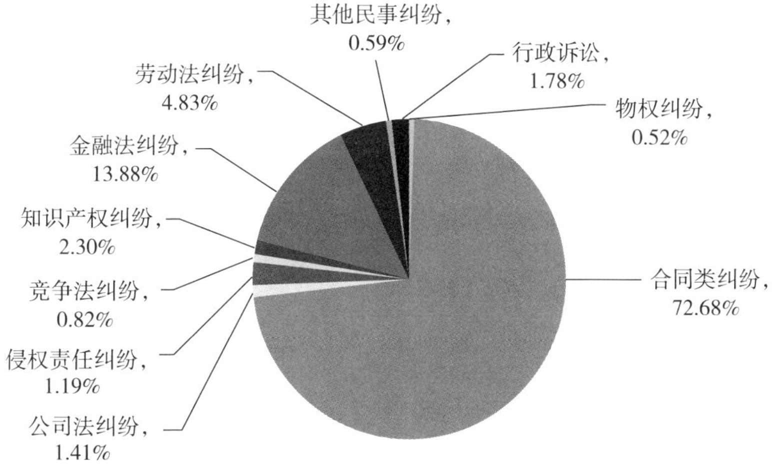

图 2－133　专用设备制造业上市公司案由基本类型分布情况

其次，从案件的具体案由看，2021 年专用设备制造业上市公司涉及的 1347 件案件以买卖合同纠纷和劳动合同纠纷案件数量最多，其他种类案由呈分散化分布状态，其分布情况如表 2－26 所示。

表 2－26　专用设备制造业上市公司案件具体案由分布

具体案由	案件数量/件
买卖合同纠纷	490
追偿权纠纷	217
证券欺诈责任纠纷	161
综合合同纠纷	97
劳动合同纠纷	62
建设工程合同纠纷	38
承揽合同纠纷	35
专利权权属、侵权纠纷	24
借款合同纠纷	23
租赁合同纠纷	16
票据追索权纠纷	14
专利行政管理	13

续表

具体案由	案件数量/件
其他不正当竞争纠纷	11
保证合同纠纷	10
融资租赁合同纠纷	7
股权转让纠纷	7
商标行政管理	7
债权人撤销权纠纷	6
委托合同纠纷	6
不当得利纠纷	5
其他侵权责任纠纷	5
债权人代位权纠纷	4
债权转让合同纠纷	4
劳务合同纠纷	4
船舶建造合同纠纷	4
财产保险合同纠纷	4
产品责任纠纷	4
机动车交通事故责任纠纷	4
其他合同纠纷	4
其他与破产有关的纠纷	4
生命权、身体权、健康权纠纷	3
财产损害赔偿纠纷	3
商标权权属、侵权纠纷	3
社会保险纠纷	3
票据付款请求权纠纷	3
票据利益返还请求权纠纷	3
返还原物纠纷	2

续表

具体案由	案件数量/件
确认合同效力纠纷	2
抵押合同纠纷	2
运输合同纠纷	2
中介合同纠纷	2
服务合同纠纷	2
股东出资纠纷	2
损害股东利益责任纠纷	2
清算责任纠纷	2
医疗损害责任纠纷	2
行政确认	2
其他行政管理	2
名誉权纠纷	1
相邻关系纠纷	1
抵押权纠纷	1
房屋买卖合同纠纷	1
定金合同纠纷	1
著作权合同纠纷	1
商标合同纠纷	1
特许经营合同纠纷	1
著作权权属、侵权纠纷	1
请求公司收购股份纠纷	1
损害公司利益责任纠纷	1
证券权利确认纠纷	1
建筑物和物件损害责任纠纷	1
票据纠纷	1
准合同纠纷	1

3. 案件地域分布

从案件地域分布看，2021 年专用设备制造业上市公司涉及的 1347 件案件中，除了 19 件由最高人民法院审理之外，其他案件有近一半分布在湖南省，共 644 件；其次是山东省，共 102 件。具体分布情况如图 2－134 所示。

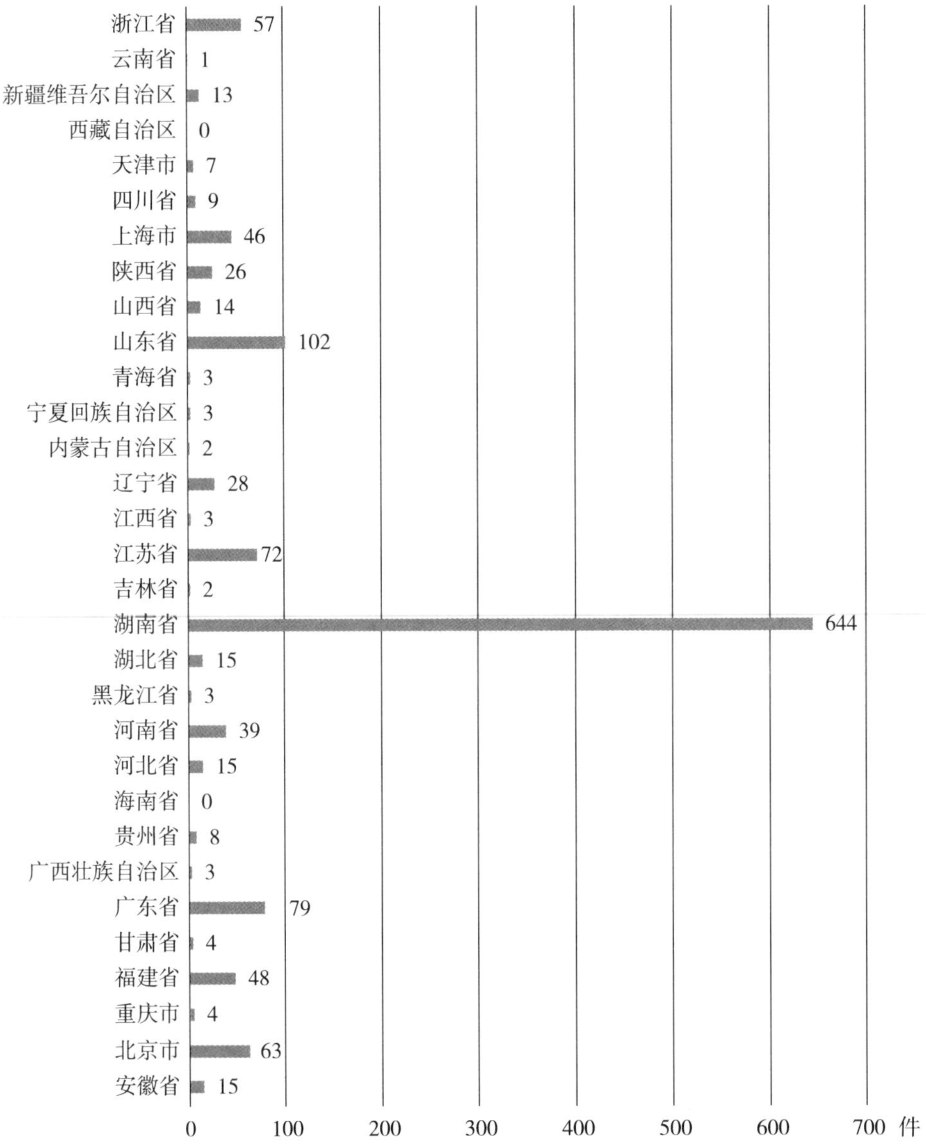

图 2－134　专用设备制造业上市公司案件地域分布情况

(二)案件审理程序

1. 诉讼阶段

如图 2－135 所示，从诉讼阶段看，2021 年专用设备制造业上市公司涉及的 1347 件案件中，一审案件 879 件，占比约 65.26%；二审案件 416 件，占比约 30.88%；再审案件 52 件，占比约 3.86%。

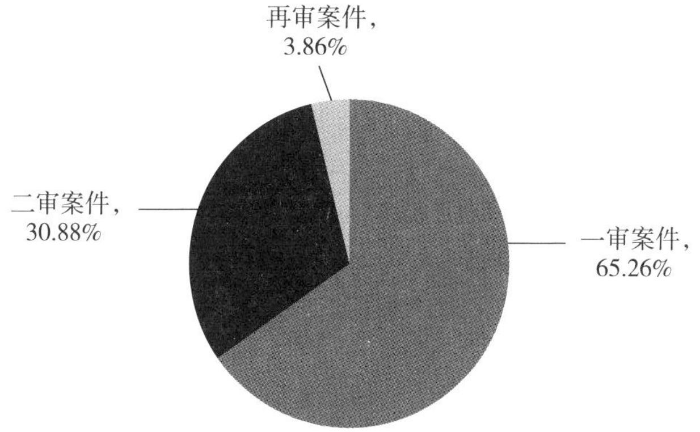

图 2－135　专用设备制造业上市公司案件诉讼阶段分布情况

2. 法院层级

如图 2－136 所示，从法院层级看，2021 年专用设备制造业上市公司涉及的 1347 件案件中，基层人民法院审结的案件 819 件，占比约 60.80%；中级人民法院审结的案件 313 件，占比约 23.24%；高级人民法院审结的案件 196 件，占比约 14.55%；最高人民法院审结的案件 19 件，占比约 1.41%。

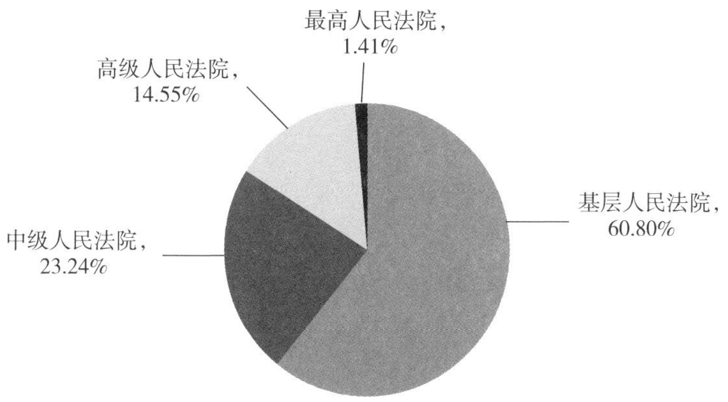

图 2－136　专用设备制造业上市公司案件审理法院层级分布情况

（三）上市公司诉讼地位

如图 2－137 所示，从上市公司的诉讼地位看，2021 年专用设备制造业上市公司涉及的 1347 件案件中，上市公司作为原告的案件有 882 件，占比约 65.48%；上市公司作为被告的案件有 433 件，占比约 32.15%；除此之外，还有 32 件案件中上市公司以第三人的身份参与了诉讼，占比约 2.37%。

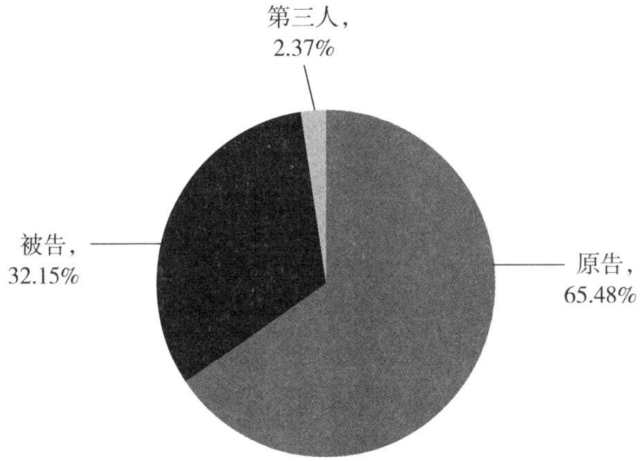

图 2－137　专用设备制造业上市公司一审程序诉讼地位分布情况

（四）诉讼标的额

从诉讼案件的标的额看，2021 年专用设备制造业上市公司涉及的有标的额可查的案件中，诉讼标的额数量分布情况如图 2－138 所示。总体来看，本行业诉讼标的额总额为 2,840,453,939.54 元，诉讼标的额最大为 298,126,800 元，行业平均诉讼标的额约为 3,405,820.07 元。

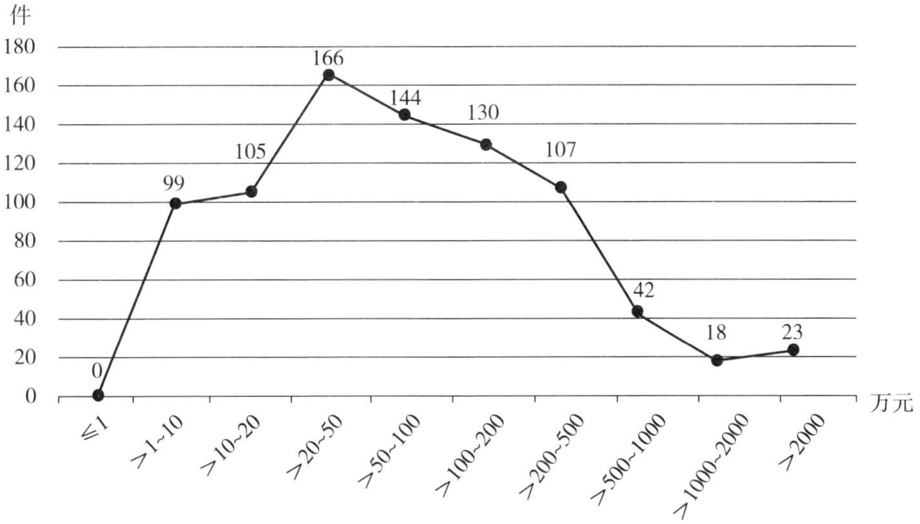

图 2 - 138　专用设备制造业上市公司诉讼标的额分布情况

区分上述案件中上市公司的不同诉讼地位来看：专用设备制造业上市公司作为原告涉及的案件中，诉讼标的额数量分布情况如图 2 - 139 所示。这部分案件的诉讼标的额总额为 1,625,461,519.59 元，平均诉讼标的额为 2,750,357.90 元。

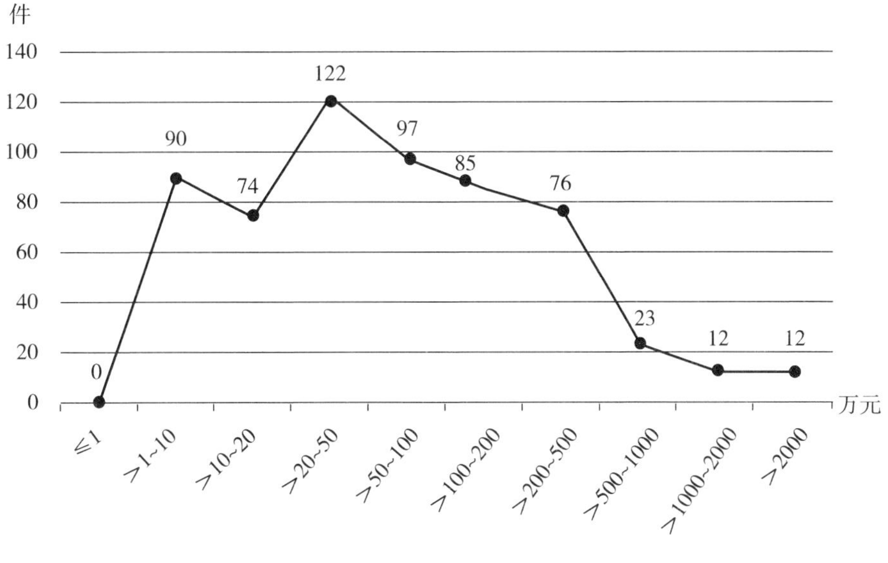

图 2 - 139　专用设备制造业上市公司作为原告诉讼标的额分布情况

专用设备制造业上市公司作为被告涉及的案件中，诉讼标的额数量分布情况如图 2－140 所示。这部分案件的诉讼标的额总额为 1,155,310,892.17 元，平均诉讼标的额为 5,023,090.83 元。

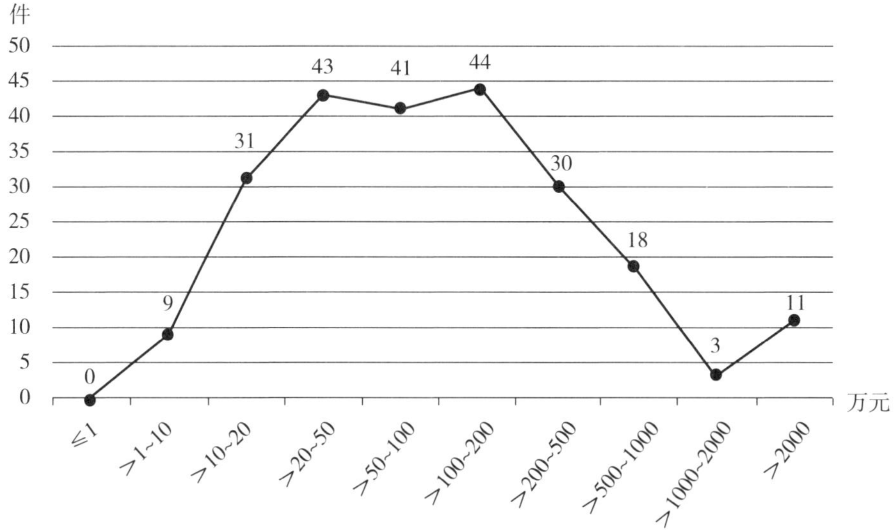

图 2－140　专用设备制造业上市公司作为被告诉讼标的额分布情况

（五）诉讼结果和胜诉率

从总体上看，如图 2－141 所示，2021 年专用设备制造业上市公司涉及的所有案件中，胜诉的案件有 528 件、败诉的案件有 768 件、撤回上诉的案件有 22 件、撤回再审申请的案件有 3 件、驳回起诉的案件有 6 件、驳回上诉的案件有 17 件、驳回再审申请的有 2 件、发回重审的有 1 件。该行业上市公司胜诉的案件数量在全部案件中占比约 39.20%，如果排除撤诉等特殊情形，则该行业上市公司的总体胜诉率约为 40.74%。

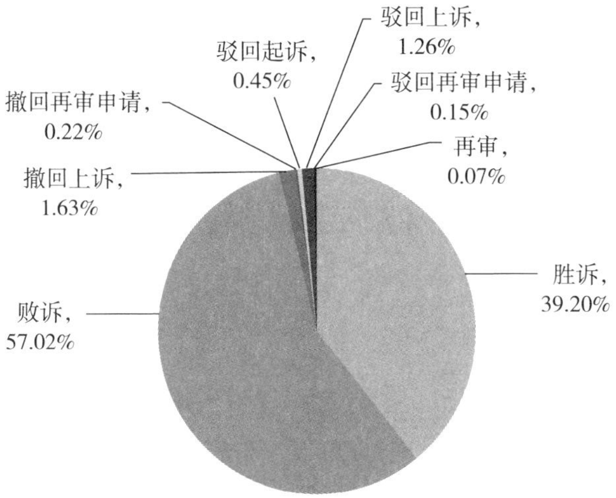

图 2－141 专用设备制造业上市公司诉讼结果占比情况

如图 2－142 所示，具体到不同的诉讼地位，当专用设备制造业上市公司为原告时，其胜诉的案件有 257 件，败诉的案件 609 件，胜诉率约为 29.68%，远低于总体胜诉率；当专用设备制造业上市公司为被告时，其胜诉的案件有 258 件，败诉的案件有 146 件，胜诉率约为 63.86%，高于总体胜诉率；当专用设备制造业上市公司为第三人时，其胜诉的案件有 13 件，败诉的案件有 13 件，胜诉率为 50.00%，略高于总体胜诉率。

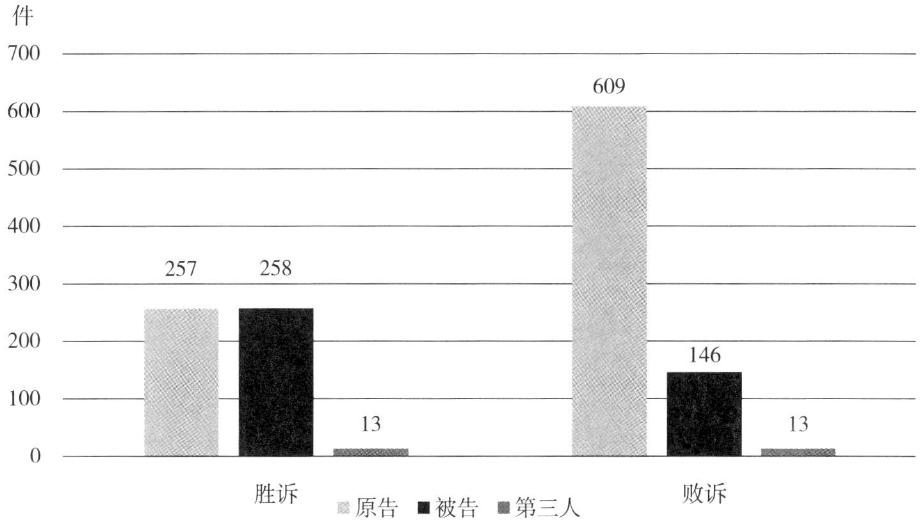

图 2－142 专用设备制造业上市公司胜诉情况与诉讼地位交叉分布情况

如图2－143所示，具体到不同的诉讼阶段，一审阶段，专用设备制造业上市公司胜诉的案件有330件，败诉的案件有542件，胜诉率约为37.84%，低于总体胜诉率；二审阶段，上市公司胜诉的案件有173件，败诉的案件有205件，胜诉率约为45.77%，略高于总体胜诉率；再审阶段，上市公司胜诉案件有25件，败诉有21件，胜诉率约为54.35%，也高于总体胜诉率。

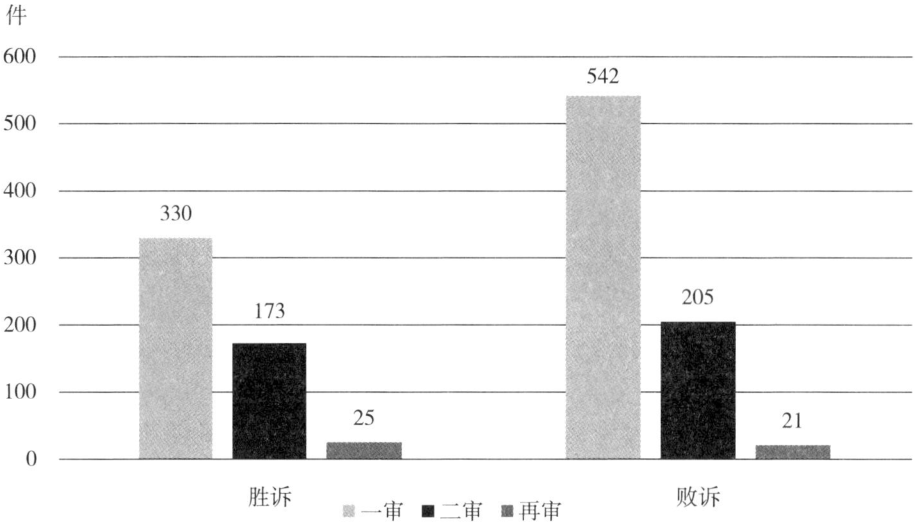

图2－143　专用设备制造业上市公司胜诉情况与诉讼阶段交叉分布情况

第十四节　汽车等交通运输设备制造业

一、汽车等交通运输设备制造业上市公司概况

汽车等交通运输设备制造业是在许多相关联的工业和有关技术的基础上发展起来的综合性产业。汽车上使用着许多部门的产品，而且从毛坯加工到整车装配，需要采用各类加工技术。汽车零件包括大至地板，小至螺钉等数千个不同的部件。实际的汽车生产过程是由若干不同的专业生产厂（车间）合作完成的。为了经济地、高效率地制造汽车，这些专业生产厂（车间）按产品的协作原则组织生产、分工合作。一般来说，发动机、变速器、车轴、车身等主要总成由本企业自己制造，而轮胎、玻璃、电器、车身内饰件与其他小型零部件等，多靠协作，由外面的专业厂生产。

截至2020年第四季度，我国汽车等交通运输设备制造业上市公司共计235家，从行业小类看,汽车制造业上市公司 161 家,铁路、船舶、航空航天和其他运输设备制造业上市公司 74 家。汽车等交通运输设备制造业上市公司中以汽车制造业为主。从市场规模看,我国上市公司中汽车等交通运输设备制造业的整体规模相对可观,其数量占全部上市公司的约 4.82%,可见汽车等交通运输设备制造业在全国范围内具有较大市场影响力的企业数量比较多。

二、汽车等交通运输设备制造业行业政策和法律风险新动向

(一)汽车等交通运输设备制造行业政策新动向

1.《数字经济及其核心产业统计分类(2021)》

2021 年 5 月 27 日,国家统计局发布了《数字经济及其核心产业统计分类(2021)》。该分类将数字经济产业范围确定为:01 数字产品制造业、02 数字产品服务业、03 数字技术应用业、04 数字要素驱动业、05 数字化效率提升业 5 个大类。汽车制造业以及铁路、船舶、航空航天和其他运输设备制造业被划分到第 5 个大类——数字化效率提升业。

2.《2021 年度实施企业标准“领跑者”重点领域》

2021 年 6 月 15 日,国家市场监督管理总局统筹考虑企业标准自我声明公开情况、消费者关注程度、标准对产品和服务质量提升效果,研究制定了《2021 年度实施企业标准“领跑者”重点领域》并发布。其中,汽车制造业被划定为“领跑者”重点领域,主要包括汽柴油车整车、新能源车整车、汽车用发动机、电车、汽车零部件及配件共 5 项。

3.《关于推荐先进大气污染防治、噪声与振动控制技术的通知》

为贯彻落实 2021 年全国生态环境保护工作会议精神,充分发挥先进技术在污染防治攻坚战中的作用,2021 年 3 月 29 日,生态环境部办公厅发布了《关于推荐先进大气污染防治、噪声与振动控制技术的通知》,强调在大气污染领域防治领域,征集石油、化工、涂装、制药、包装印刷、汽车制造、电子、家具制造等行业挥发性有机物污染防治技术。

(二)汽车等交通运输设备制造行业法律风险新动向

为了规范汽车数据处理活动,保护个人、组织的合法权益,维护国家安全和社会公共利益,促进汽车数据合理开发利用,2021 年 8 月 16 日,国家互联网信息办公室、国家发改委、工业和信息化部、公安部、交通运输部发布了《汽车数据安全管理若干规定(试行)》。该规定第 3 条第 1 ~ 3 款明确规定:“本规定所称汽车数据,包括汽车设计、生产、销售、使用、运维等过程中的涉及个人信息数据和重要数据。汽

车数据处理，包括汽车数据的收集、存储、使用、加工、传输、提供、公开等。汽车数据处理者，是指开展汽车数据处理活动的组织，包括汽车制造商、零部件和软件供应商、经销商、维修机构以及出行服务企业等。”该规定规范了汽车数据处理者的行为并对汽车数据处理进行监管。

三、汽车等交通运输设备制造业上市公司诉讼情况统计

本书以汽车等交通运输设备制造业的235家上市公司为当事人检索案件，共收集2021年全国法院判决的各类司法判决书620份，作为统计分析的样本。

（一）案件类型分布

1. 案件诉讼类型

从案件诉讼类型看，2021年汽车等交通运输设备制造业上市公司涉及的620件案件，以民事诉讼为主，行政诉讼有18件，无刑事诉讼。

2. 案件案由种类

首先，从诉讼案件案由的基本类型看，2021年汽车等交通运输设备制造业上市公司涉及的620件案件主要集中在合同类纠纷和劳动法纠纷两类中，具体分布情况如表2－27所示。

表2－27　汽车等交通运输设备制造业上市公司案件案由基本类型分布

案由基本类型	案件数量/件
物权纠纷	11
合同类纠纷	267
侵权责任纠纷	53
知识产权纠纷	65
竞争法纠纷	8
公司法纠纷	9
金融法纠纷	52
劳动法纠纷	134
其他民事纠纷	3
行政诉讼	18
刑事诉讼	0
合计	620

其中,如图 2－144 所示,合同类纠纷案件共有 267 件,约占全部案件总量的 43.06%;劳动法纠纷共有 134 件,约占全部案件总量的 21.61%;其他类型的纠纷数量不多,占比较小。

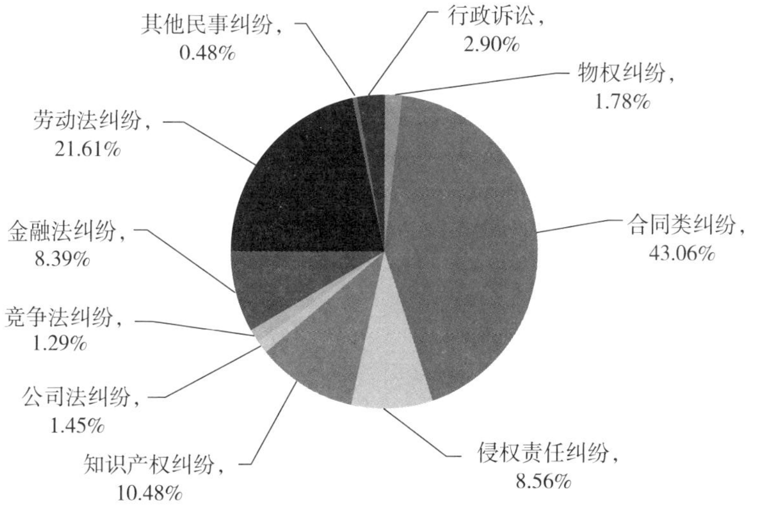

图 2－144　汽车等交通运输设备制造业上市公司案由基本类型分布情况

其次,从案件的具体案由看,2021 年汽车等交通运输设备制造业上市公司所涉及的 620 件案件以买卖合同纠纷和劳动合同纠纷案件数量最多,其他种类案由呈分散化分布状态,其分布情况如表 2－28 所示。

表 2－28　汽车等交通运输设备制造业上市公司案件具体案由分布

具体案由	案件数量/件
劳动合同纠纷	132
买卖合同纠纷	102
综合合同纠纷	43
票据纠纷	41
租赁合同纠纷	38
商标权权属、侵权纠纷	33
追偿权纠纷	30
产品责任纠纷	26
承揽合同纠纷	22

续表

具体案由	案件数量/件
机动车交通事故责任纠纷	17
著作权权属、侵权纠纷	11
专利权权属、侵权纠纷	11
商标行政管理	10
技术合同纠纷	9
其他不正当竞争纠纷	8
其他侵权责任纠纷	8
财产损害赔偿纠纷	7
借款合同纠纷	5
建设工程合同纠纷	5
股权转让纠纷	5
票据追索权纠纷	5
生命权、身体权、健康权纠纷	3
债权人代位权纠纷	3
运输合同纠纷	3
服务合同纠纷	3
行政复议	3
其他行政管理	3
排除妨害纠纷	2
债权转让合同纠纷	2
保证合同纠纷	2
委托理财合同纠纷	2
劳务合同纠纷	2
社会保险纠纷	2
损害公司债权人利益责任纠纷	2
证券欺诈责任纠纷	2
财产保险合同纠纷	2

续表

具体案由	案件数量/件
提供劳务者受害责任纠纷	2
专利行政管理	2
占有物返还纠纷	1
供用热力合同纠纷	1
融资租赁合同纠纷	1
仓储合同纠纷	1
不当得利纠纷	1
特许经营合同纠纷	1
股东知情权纠纷	1
清算责任纠纷	1
证券权利确认纠纷	1
票据利益返还请求权纠纷	1
其他合同纠纷	1
物权保护纠纷	1

3. 案件地域分布

从案件地域分布看,2021 年汽车等交通运输设备制造业上市公司涉及的 620 件案件中,除了 9 件由最高人民法院审理之外,其他案件主要分布在北京市、山东省、河南省等地。其中,北京市案件最多,共 159 件;其次是山东省,共 79 件。具体分布情况如图 2－145 所示。

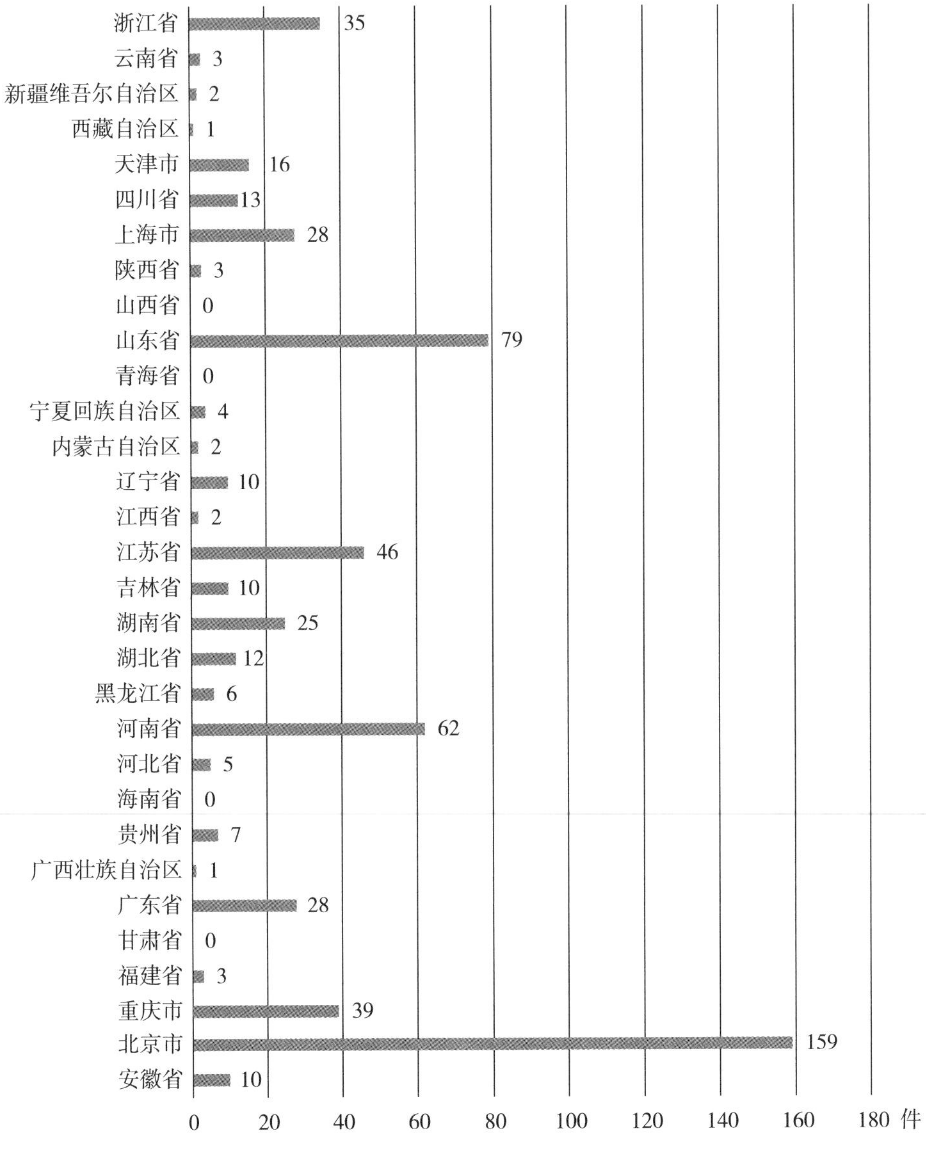

图 2－145　汽车等交通运输设备制造业上市公司案件地域分布情况

（二）案件审理程序

1. 诉讼阶段

如图 2－146 所示，从诉讼阶段看，2021 年汽车等交通运输设备制造业上市公司涉及的 620 件案件中，一审案件 380 件，占比约 61.29%；二审案件 195 件，占比约

31.45%；再审案件 45 件，占比约 7.26%。

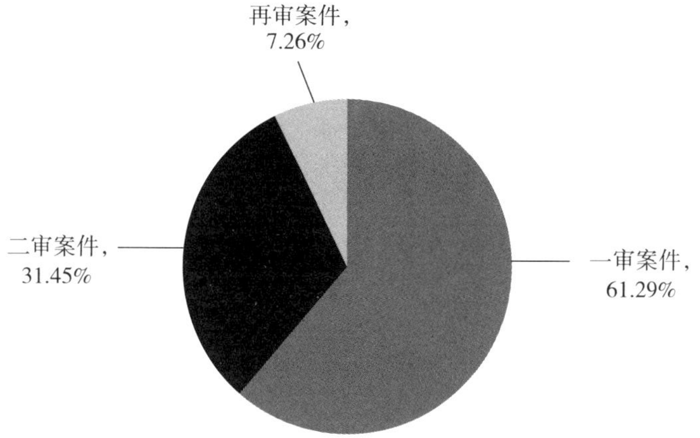

图 2－146　汽车等交通运输设备制造业上市公司案件诉讼阶段分布情况

2. 法院层级

如图 2－147 所示，从法院层级看，2021 年汽车等交通运输设备制造业上市公司涉及的 620 件案件中，基层人民法院审结的案件 347 件，占比约 55.97%；中级人民法院审结的案件 204 件，占比约 32.90%；高级人民法院审结的案件 60 件，占比约 9.68%；最高人民法院审结的案例 9 件，占比约 1.45%。

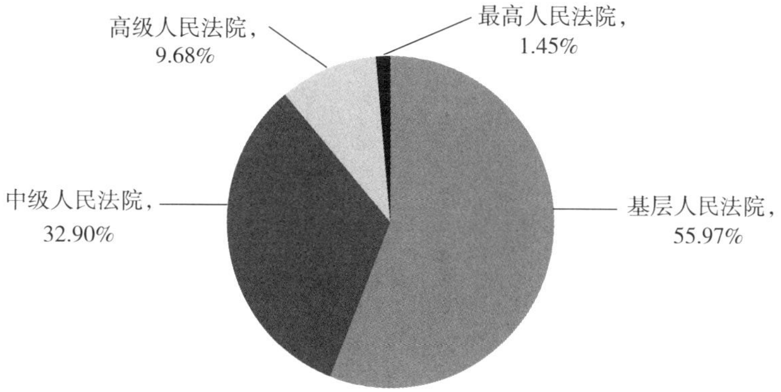

图 2－147　汽车等交通运输设备制造业上市公司案件审理法院层级分布情况

（三）上市公司诉讼地位

如图 2－148 所示，从上市公司的诉讼地位看，2021 年汽车等交通运输设备制造业上市公司涉及的 620 件案件中，上市公司作为原告的案件有 272 件，占比约 43.87%；上市公司作为被告的案件有 326 件，占比约 52.58%；除此之外，还有 22 件案件中上市公司以第三人的身份参与了诉讼，占比约 3.55%。

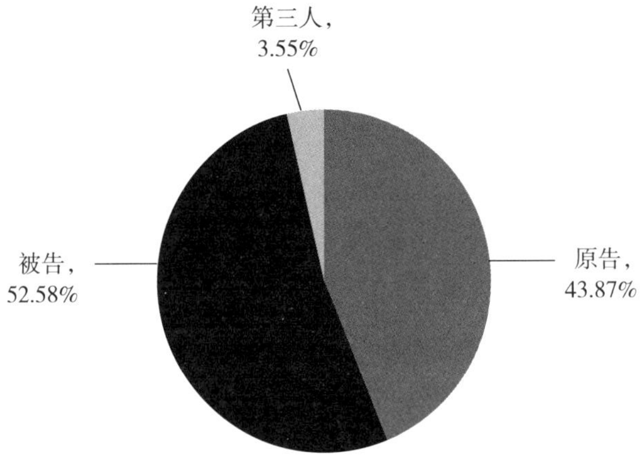

图 2－148　汽车等交通运输设备制造业上市公司一审程序诉讼地位分布情况

（四）诉讼标的额

从诉讼案件的标的额看，2021 年汽车等交通运输设备制造业上市公司涉及的有标的额可查的案件中，诉讼标的额数量分布情况如图 2－149 所示。总体来看，本行业诉讼标的额总额为 1，326，226，816.67 元，诉讼标的额最大为 501，549，000 元，行业平均诉讼标的额约为 5，791，383.47 元。

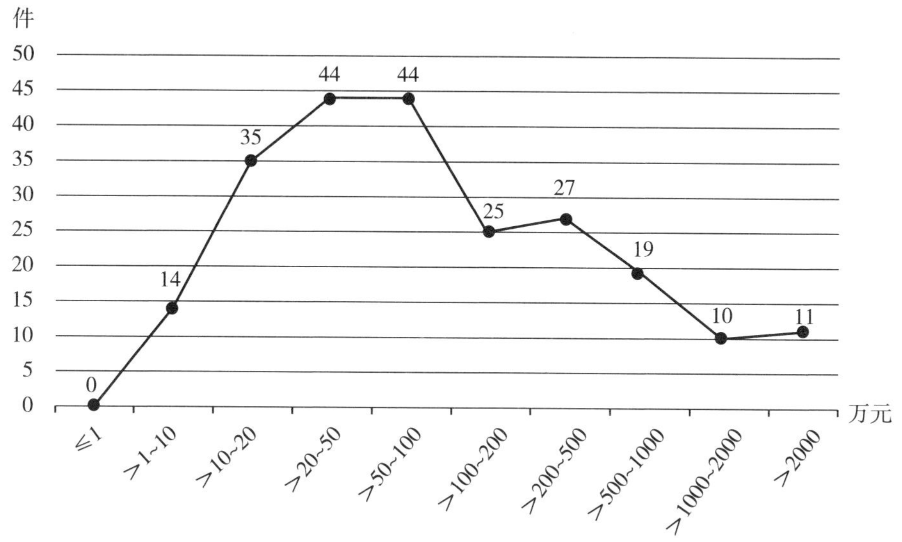

图2-149 汽车等交通运输设备制造业上市公司诉讼标的额分布情况

区分上述案件中上市公司的不同诉讼地位来看：汽车等交通运输设备制造业上市公司作为原告涉及的案件中，诉讼标的额数量分布情况如图2-150所示。这部分案件的诉讼标的额总额为409,549,418.90元，平均诉讼标的额为3,757,334.11元。

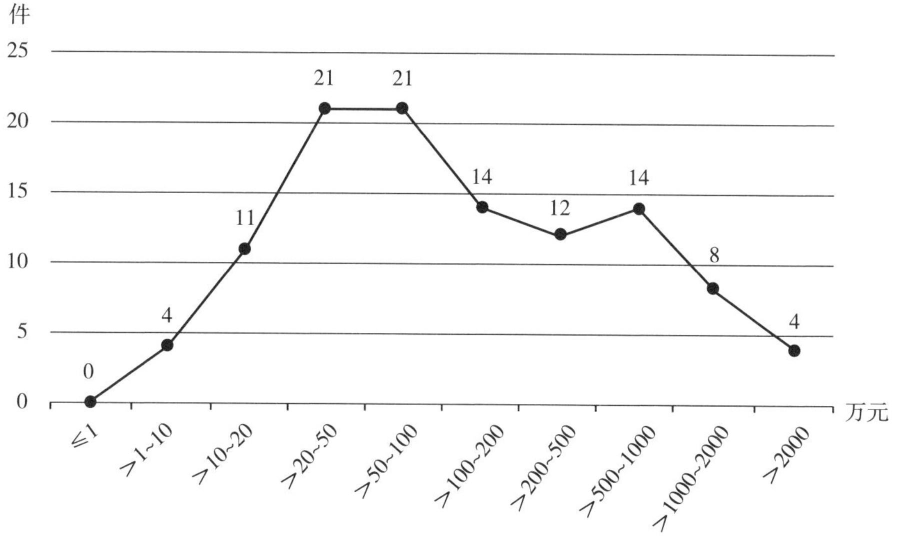

图2-150 汽车等交通运输设备制造业上市公司作为原告诉讼标的额分布情况

汽车等交通运输设备制造业上市公司作为被告涉及的案件中，诉讼标的额数量分布情况如图 2－151 所示。这部分案件的诉讼标的额总额为 902,087,728.32 元，平均诉讼标的额为 8,352,664.15 元。

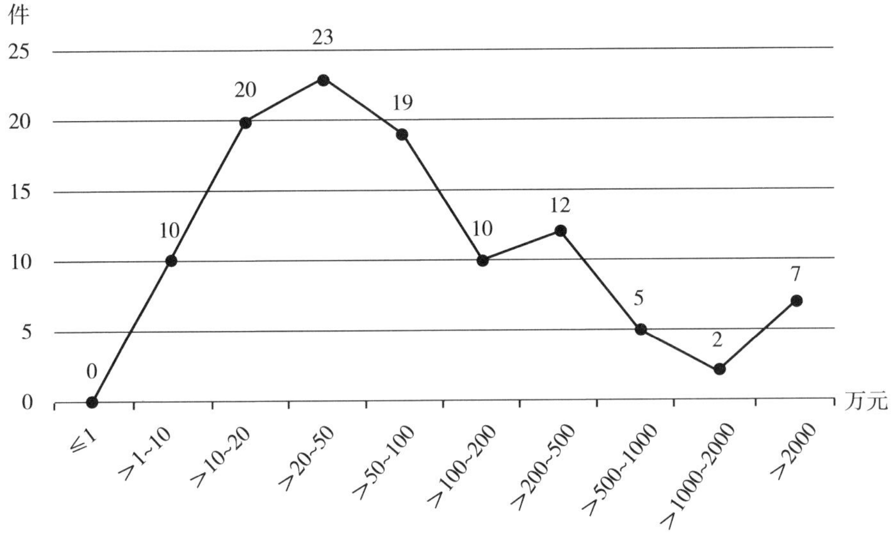

图 2－151　汽车等交通运输设备制造业上市公司作为被告诉讼标的额分布情况

（五）诉讼结果和胜诉率

从总体上看，如图 2－152 所示，2021 年汽车等交通运输设备制造业上市公司涉及的所有案件中，胜诉的案件有 278 件、败诉的案件有 314 件、撤回起诉的案件有 4 件、撤回上诉的案件有 9 件、驳回起诉的案件有 7 件、驳回上诉的案件有 8 件。该行业上市公司胜诉的案件数量在全部案件中占比约 44.84%，如果排除撤诉等特殊情形，则该行业上市公司的总体胜诉率约为 46.96%。

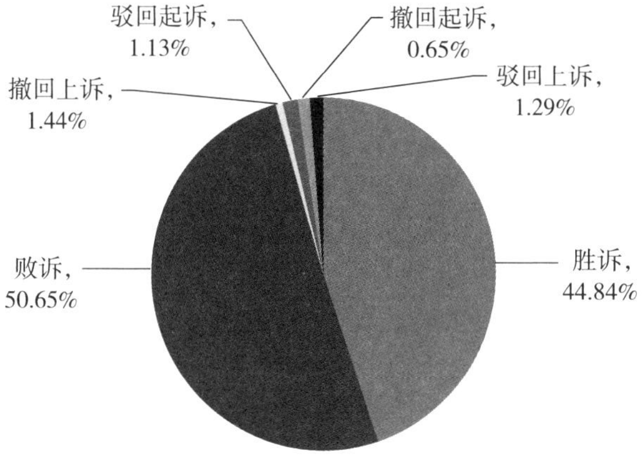

图 2-152　汽车等交通运输设备制造业上市公司诉讼结果占比情况

如图 2-153 所示，具体到不同的诉讼地位，当汽车等交通运输设备制造业上市公司为原告时，其胜诉的案件有 73 件，败诉的案件 193 件，胜诉率约为 27.44%，远低于总体胜诉率；当汽车等交通运输设备制造业上市公司为被告时，其胜诉的案件有 201 件，败诉的案件有 115 件，胜诉率约为 63.61%，高于总体胜诉率；当汽车等交通运输设备制造业上市公司为第三人时，其胜诉的案件有 4 件，败诉的案件有 6 件，胜诉率为 40.00%，略低于总体胜诉率。

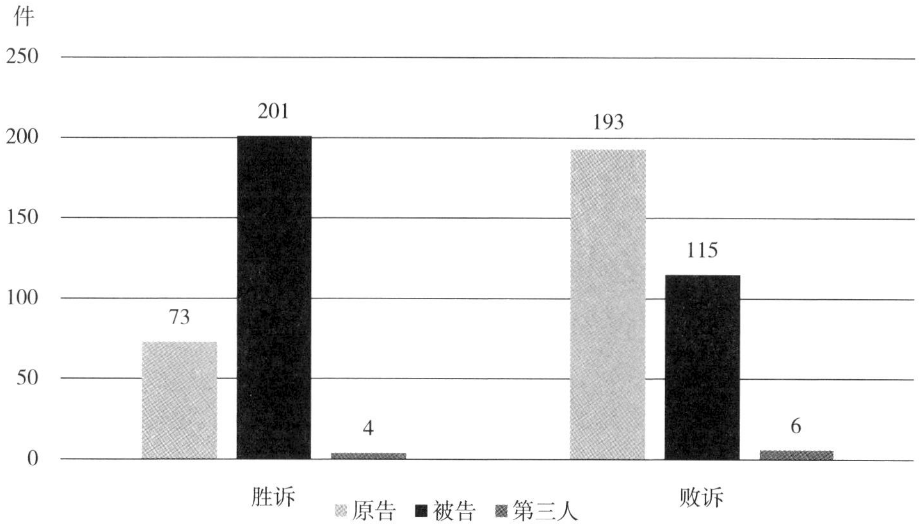

图 2-153　汽车等交通运输设备制造业上市公司胜诉情况与诉讼地位交叉分布情况

如图 2－154 所示，具体到不同的诉讼阶段，一审阶段，汽车等交通运输设备制造业上市公司胜诉的案件有 177 件，败诉的案件有 192 件，胜诉率约为 47.97%，略高于总体胜诉率；二审阶段，上市公司胜诉的案件有 81 件，败诉的案件有 97 件，胜诉率约为 45.51%，略低于一审胜诉率；再审阶段，上市公司胜诉的案件有 20 件，败诉的案件有 25 件，胜诉率约为 44.44%，与总体胜诉率也相差不大。

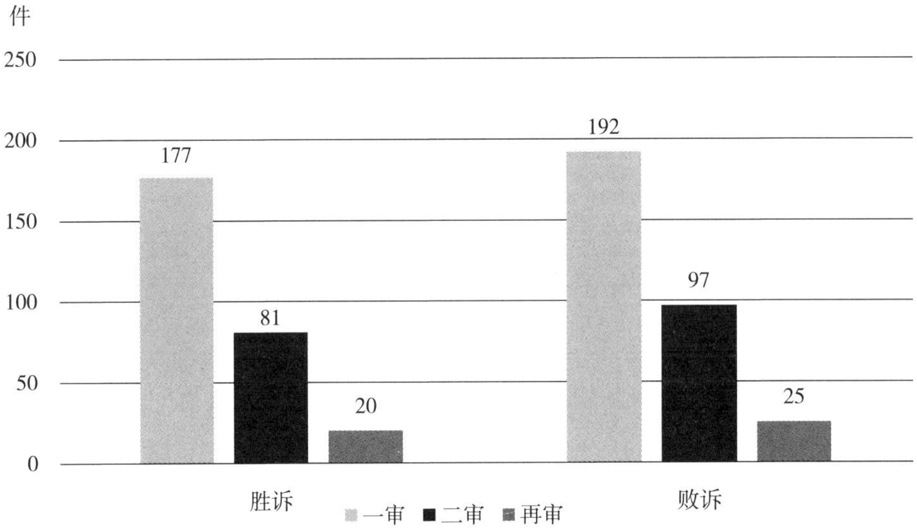

图 2－154　汽车等交通运输设备制造业上市公司胜诉情况与诉讼阶段交叉分布情况

第十五节　电气机械和器材制造业

一、电气机械和器材制造业上市公司概况

电气机械和器材制造业是国民经济的重要基础产业，包括电机制造业、输配电及控制设备制造业、电工器械制造业、日用电器制造业等。该行业产品技术密集程度相对较高，在提升产业经济、提高一国国民生活质量中起着不可替代的基础性作用。

截至 2021 年第四季度，我国电气机械和器材制造业上市公司共计 297 家。从市场规模看，我国上市公司中电气机械和器材制造业的整体规模较大，其数量占全部上市公司的约 6.32%。

二、电气机械和器材制造业行业政策和法律风险新动向

（一）电气机械和器材制造业行业政策新动向

1.《“5G + 工业互联网”典型应用场景和重点行业实践（第二批）》

为深化产业合作、强化应用推广、拓展实践领域，工业和信息化部办公厅于 2021 年 11 月 18 日发布了《“5G + 工业互联网”典型应用场景和重点行业实践（第二批）》。在重点行业中的家电行业中提到，家电行业在此重点指电气机械和器材制造业中相关门类，具有市场规模大、产品型号规格多、产品更新换代快、竞争压力和成本压力较大等特点。存在提升生产效率、适应消费升级趋势、增强行业竞争力等迫切需求，发展智能化制造、数字化管理、服务化延伸等模式潜力大。还列出了四个企业应用 5G 技术积极探索生产单元模拟、精准动态作业、虚拟现场服务等典型应用场景的案例，具有指导意义。

2.《2021 年度实施企业标准“领跑者”重点领域》

为贯彻落实中共中央办公厅、国务院办公厅印发的《建设高标准市场体系行动方案》《市场监管总局等八部门关于实施企业标准“领跑者”制度的意见》，国家市场监督管理总局会同国务院有关部门，根据《中华人民共和国国民经济和社会发展第十四个五年规划和 2035 年远景目标纲要》等文件要求，统筹考虑企业标准自我声明公开情况、消费者关注程度、标准对产品和服务质量提升效果，研究制定了《2021 年度实施企业标准“领跑者”重点领域》并于 2021 年 6 月 15 日发布。其中，电气机械和器材制造业被划定为“领跑者”重点领域，主要包括电机、输配电及控制设备、电池、家用电力器具等共 9 项。

（二）电气机械和器材制造业法律风险新动向

为了加强排污许可管理，规范企业事业单位和其他生产经营者排污行为，控制污染物排放，保护和改善生态环境，根据《环境保护法》等有关法律，制定《排污许可管理条例》并于 2021 年 1 月 24 日发布。该条例从排污许可的申请与审批、排污管理、监督检查以及法律责任等方面规范了企事业单位及其他生产经营者的排污行为，加强事中事后监管，强化排污单位的主体责任。

三、电气机械和器材制造业上市公司诉讼情况统计

本书以电气机械和器材制造业的 297 家上市公司为当事人检索案件，共收集 2021 年全国法院判决的各类司法判决书 1245 份，作为统计分析的样本。

（一）案件类型分布

1. 案件诉讼类型

从案件诉讼类型看，2021 年电气机械和器材制造业上市公司涉及的 1245 件案件，以民事诉讼为主，行政诉讼有 57 件，刑事诉讼有 1 件。

2. 案件案由种类

首先，诉讼案件案由的基本类型看，2021 年电气机械和器材制造业上市公司涉及的 1245 件案件主要集中在合同类纠纷和知识产权纠纷两类中，具体分布情况如表 2－29 所示。

表 2－29　电气机械和器材制造业上市公司案件案由基本类型分布

案由基本类型	案件数量/件
物权纠纷	11
合同类纠纷	545
侵权责任纠纷	20
知识产权纠纷	334
竞争法纠纷	46
公司法纠纷	23
金融法纠纷	42
劳动法纠纷	137
其他民事纠纷	29
行政诉讼	57
刑事诉讼	1
合计	1245

其中，如图 2－155 所示，合同类纠纷案件共有 545 件，约占全部案件总量的 43.78%；知识产权纠纷共有 334 件，约占全部案件总量的 26.83%；其他类型的纠纷数量不多，占比较小。

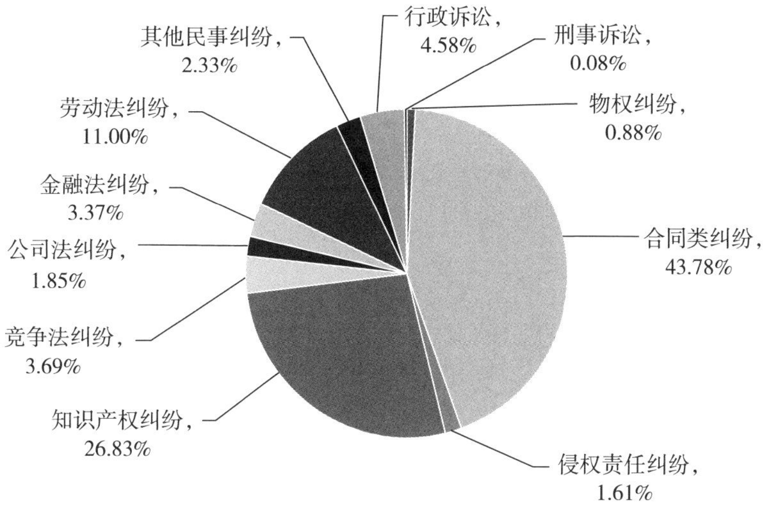

图 2－155　电气机械和器材制造业上市公司案由基本类型分布情况

其次，从案件的具体案由看，2021 年电气机械和器材制造业上市公司涉及的 1245 件案件以买卖合同纠纷和商标权权属、侵权纠纷案件数量最多，其他种类案由呈分散化分布状态，其分布情况如表 2－30 所示。

表 2－30　电气机械和器材制造业上市公司案件具体案由分布

具体案由	案件数量/件
买卖合同纠纷	356
商标权权属、侵权纠纷	291
劳动合同纠纷	135
综合合同纠纷	65
其他不正当竞争纠纷	44
商标行政管理	39
建设工程合同纠纷	29
承揽合同纠纷	26
专利权权属、侵权纠纷	26
借款合同纠纷	22

续表

具体案由	案件数量/件
海上、通海水域货物运输合同纠纷	20
证券欺诈责任纠纷	16
著作权权属、侵权纠纷	13
专利行政管理	11
票据追索权纠纷	10
生命权、身体权、健康权纠纷	8
供用热力合同纠纷	8
股权转让纠纷	7
产品责任纠纷	7
票据纠纷	7
租赁合同纠纷	6
委托合同纠纷	6
服务合同纠纷	6
财产保险合同纠纷	6
其他侵权责任纠纷	6
财产损害赔偿纠纷	5
追偿权纠纷	4
机动车交通事故责任纠纷	4
排除妨害纠纷	3
债权转让合同纠纷	3
提供劳务者受害责任纠纷	3
其他知识产权纠纷	3
其他行政管理	3
确认合同效力纠纷	2

续表

具体案由	案件数量/件
保证合同纠纷	2
运输合同纠纷	2
虚假宣传纠纷	2
请求变更公司登记纠纷	2
公司决议纠纷	2
损害公司利益责任纠纷	2
清算责任纠纷	2
票据利益返还请求权纠纷	2
其他与破产有关的纠纷	2
行政处理	2
荣誉权纠纷	1
返还原物纠纷	1
养殖权纠纷	1
债权人代位权纠纷	1
房屋买卖合同纠纷	1
物业服务合同纠纷	1
中介合同纠纷	1
合伙合同纠纷	1
劳务合同纠纷	1
无因管理纠纷	1
侵害企业名称（商号）权纠纷	1
社会保险纠纷	1
企业股份合作制改造合同纠纷	1
联营合同纠纷	1

续表

具体案由	案件数量/件
损害股东利益责任纠纷	1
损害公司债权人利益责任纠纷	1
破产债权确认纠纷	1
其他合同纠纷	1
其他与公司有关的纠纷	1
其他物权纠纷	1
独立保函纠纷	1
其他劳动争议、人事争议	1
行政处罚	1
行政确认	1
盗窃罪	1
劳务合同纠纷	1
无因管理纠纷	1
侵害企业名称(商号)权纠纷	1
社会保险纠纷	1
企业股份合作制改造合同纠纷	1

3. 案件地域分布

从案件地域分布看,2021 年电气机械和器材制造业上市公司涉及的 1245 件案件中,除了 31 件由最高人民法院审理之外,其他案件主要分布在广东省、江苏省、北京市等地。其中,广东省案件最多,共 321 件;其次是江苏省,共 152 件。具体分布情况如图 2－156 所示。

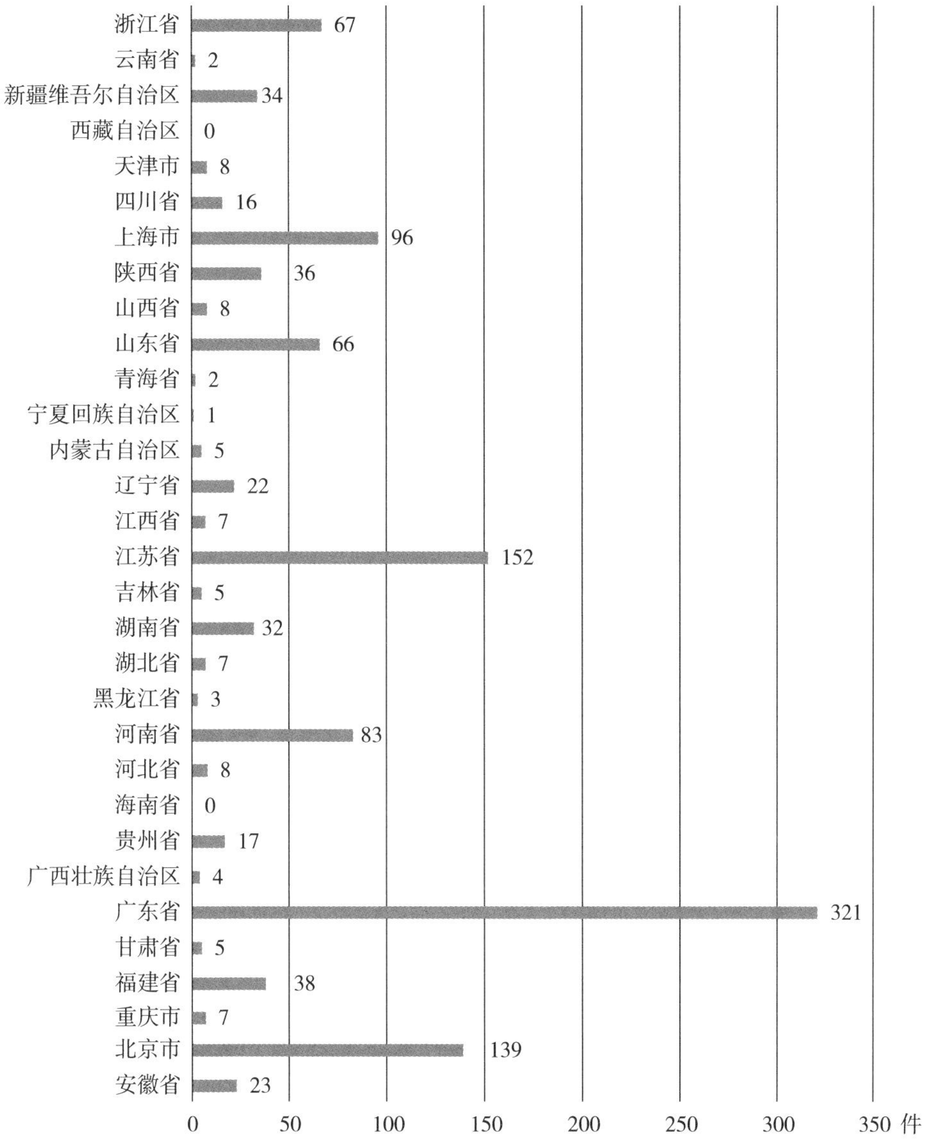

图 2－156　电气机械和器材制造业上市公司案件地域分布情况

(二)案件审理程序

1. 诉讼阶段

如图 2－157 所示，从诉讼阶段看，2021 年电气机械和器材制造业上市公司所涉及的 1245 件案件中，一审案件 806 件，占比约 64.74%；二审案件 378 件，占比约

30.36%；再审案件 61 件，占比约 4.90%。

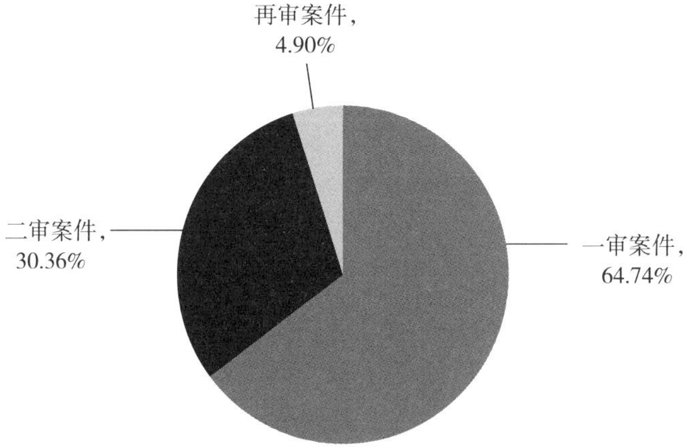

图 2－157　电气机械和器材制造业上市公司案件诉讼阶段分布情况

2. 法院层级

如图 2－158 所示，从法院层级看，2021 年电气机械和器材制造业上市公司涉及的 1245 件案件中，基层人民法院审结的案件 678 件，占比约 54.46%；中级人民法院审结的案件 462 件，占比约 37.11%；高级人民法院审结的案件 74 件，占比约 5.94%；最高人民法院审结的案件 31 件，占比约 2.49%。

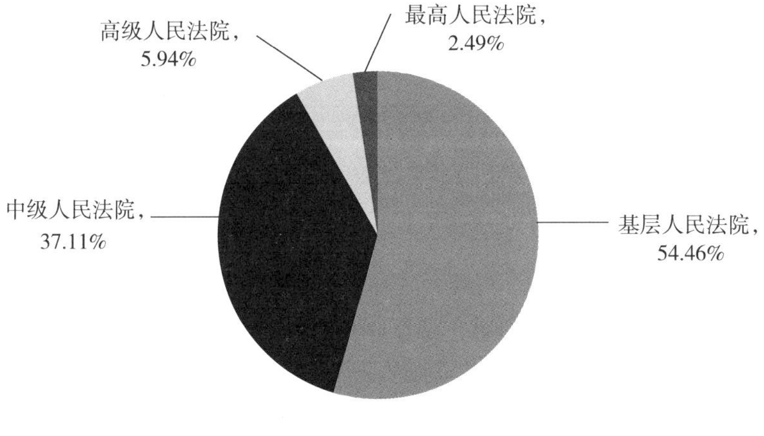

图 2－158　电气机械和器材制造业上市公司案件审理法院层级分布情况

（三）上市公司诉讼地位

如图 2－159 所示，从上市公司的诉讼地位看，2021 年电气机械和器材制造业上市公司涉及的 1245 件案件中，上市公司作为原告的案件有 787 件，占比约 63.21%；上市公司作为被告的案件有 415 件，占比约 33.33%；除此之外，还有 43 件案件中上市公司以第三人的身份参与了诉讼，占比约 3.46%。

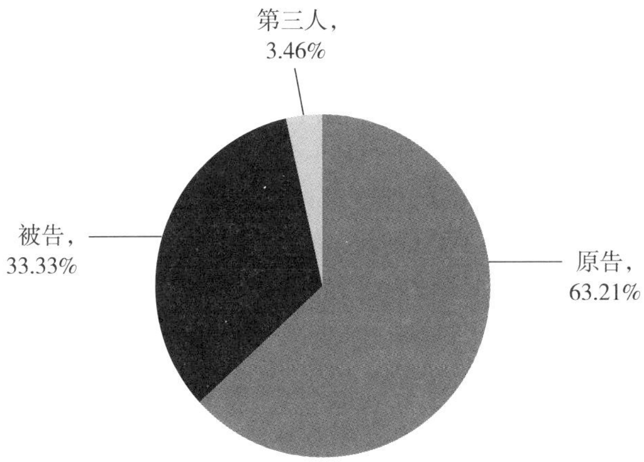

图 2－159　电气机械和器材制造业上市公司一审程序诉讼地位分布情况

（四）诉讼标的额

从诉讼案件的标的额看，2021 年电气机械和器材制造业上市公司涉及的有标的额可查的案件中，诉讼标的额数量分布情况如图 2－160 所示。总体来看，本行业诉讼标的额总额为 2,057,893,906.87 元，诉讼标的额最大为 172,064,120 元，行业平均诉讼标的额约为 4,730,790.59 元。

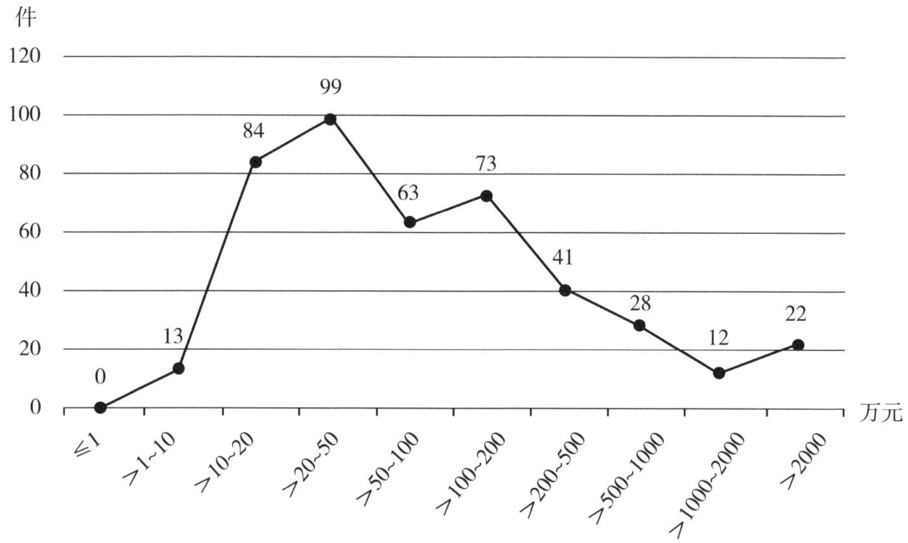

图 2－160　电气机械和器材制造业上市公司诉讼标的额分布情况

区分上述案件中上市公司的不同诉讼地位来看：电气机械和器材制造业上市公司作为原告涉及的案件中，诉讼标的额数量分布情况如图 2－161 所示。这部分案件的诉讼标的额总额为 1,297,691,996.05 元，平均诉讼标的额为 4,634,614.27 元。

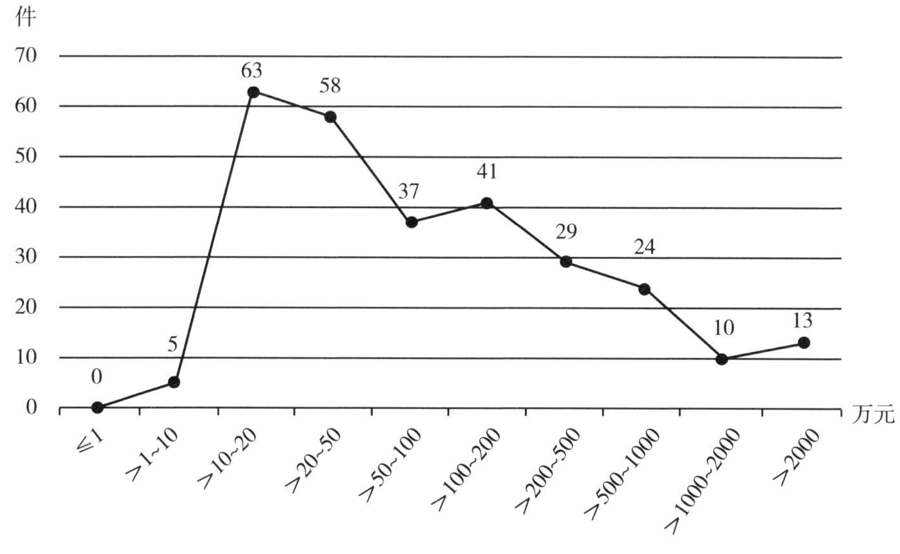

图 2－161　电气机械和器材制造业上市公司作为原告诉讼标的额分布情况

电气机械和器材制造业上市公司作为被告涉及的案件中,诉讼标的额数量分布情况如图 2-162 所示。这部分案件的诉讼标的额总额为 756,050,864.15 元,平均诉讼标的额为 5,108,451.78 元。

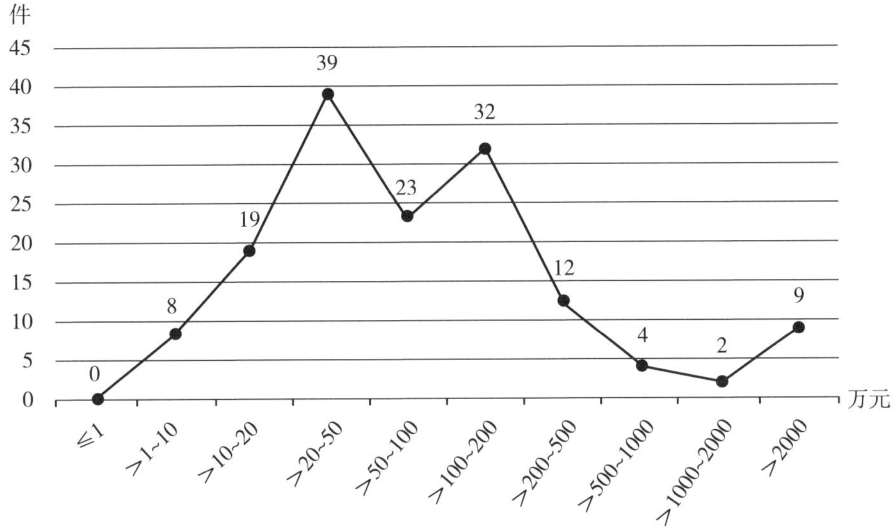

图 2-162 电气机械和器材制造业上市公司作为被告诉讼标的额分布情况

(五)诉讼结果和胜诉率

从总体上看,如图 2-163 所示,2021 年电气机械和器材制造业上市公司涉及的所有案件中,胜诉的案件有 425 件、败诉的案件有 738 件、撤回起诉的案件有 3 件、撤回上诉的案件有 36 件、撤回再审申请的案件有 6 件、驳回起诉的案件有 19 件、驳回上诉的案件有 17 件、驳回再审申请的案件有 1 件。该行业上市公司胜诉的案件数量在全部案件中占比约 34.14%,如果排除撤诉等特殊情形,则该行业上市公司的总体胜诉率约为 36.54%。

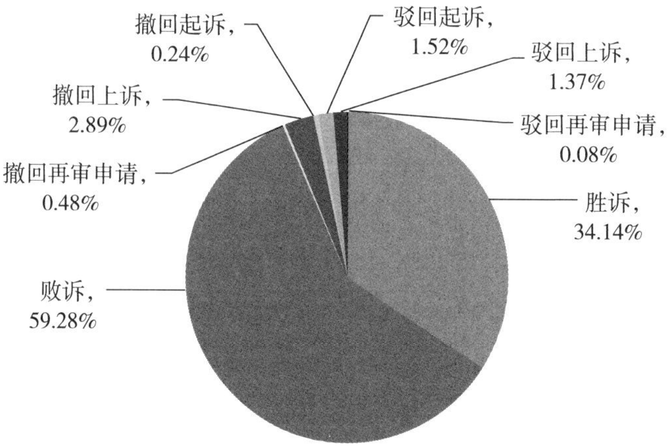

图 2-163　电气机械和器材制造业上市公司诉讼结果占比情况

如图 2-164 所示，具体到不同的诉讼地位，当电气机械和器材制造业上市公司为原告时，其胜诉的案件有 160 件，败诉的案件 602 件，胜诉率约为 20.99%，远低于总体胜诉率；当电气机械和器材制造业上市公司为被告时，其胜诉的案件有 256 件，败诉的案件有 126 例，胜诉率约为 67.16%，高于总体胜诉率；当电气机械和器材制造业上市公司为第三人时，其胜诉的案件有 9 件，败诉的案件有 10 件，胜诉率约为 47.37%，高于总体胜诉率。

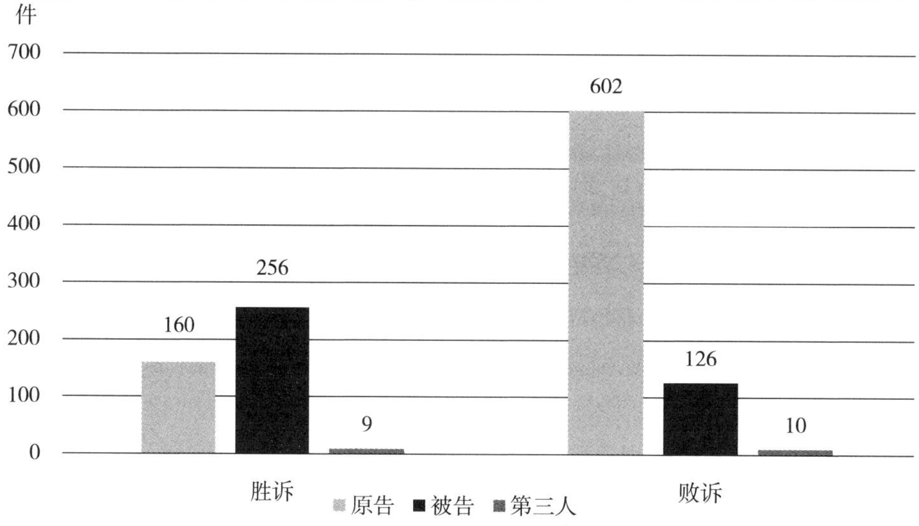

图 2-164　电气机械和器材制造业上市公司胜诉情况与诉讼地位交叉分布情况

如图 2－165 所示，具体到不同的诉讼阶段，一审阶段，电气机械和器材制造业上市公司胜诉的案件有 237 件，败诉的案件有 547 件，胜诉率约为 30.23%，低于总体胜诉率；二审阶段，上市公司胜诉的案件有 163 件，败诉的案件有 162 件，胜诉率约为 50.15%，略高于总体胜诉率；再审阶段，上市公司胜诉的案件有 25 件，败诉的案件有 29 件，胜诉率约为 46.29%，稍低于总体胜诉率。

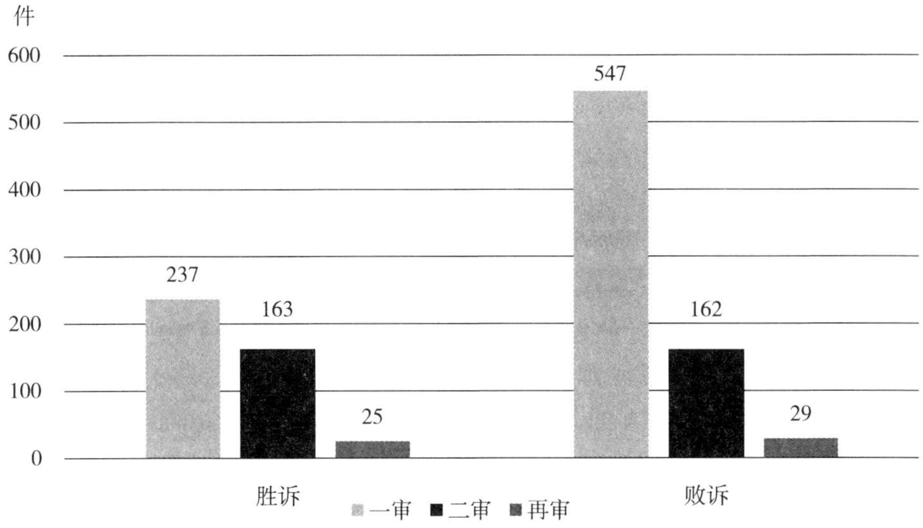

图 2－165　电气机械和器材制造业上市公司胜诉情况与诉讼阶段交叉分布情况

第十六节　计算机、通信和其他电子设备制造业

一、计算机、通信和其他电子设备制造业上市公司概况

计算机、通信和其他电子设备制造业属于制造业大类，在制造业中处于比较重要的位置。计算机、通信和其他电子设备制造业包括计算机制造、通信设备制造、广播电视设备制造、雷达及配套设施制造、非专业视听设备制造、智能消费设备制造、电子器件制造、电子元件及电子专用材料制造、其他电子设备制造。其中，计算机制造包括计算机整机、计算机零部件、计算机外围设备、工业控制计算机及系统、信息安全设备、其他计算机制造。

截至 2021 年第四季度，我国计算机、通信和其他电子设备制造业上市公司共计 484 家。从市场规模看，我国上市公司中计算机、通信和其他电子设备制造业的整体规模相当大，其数量占全部上市公司的约 10.30%。

二、计算机、通信和其他电子设备制造业行业政策和法律风险新动向

（一）计算机、通信和其他电子设备制造业行业政策新动向

1.《“十四五”信息通信行业发展规划》

2021 年 11 月 1 日，工业和信息化部印发《“十四五”信息通信行业发展规划》，该规划包括四大部分、26 条发展重点，描绘了信息通信行业的发展蓝图，是未来五年加快建设网络强国和数字中国、推进信息通信行业高质量发展、引导市场主体行为、配置政府公共资源的指导性文件。与以往的五年规划相比，本次规划一方面进一步凸显了信息通信行业的功能和定位：是构建国家新型数字基础设施、提供网络和信息服务、全面支撑经济社会发展的战略性、基础性和先导性行业。另一方面进一步强化了坚持新发展理念、坚持系统观念方面的有关要求：一是全面对接国家关于立足新发展阶段、贯彻新发展理念、构建新发展格局的战略构想和相关规划体系，提出行业高质量发展新思路，设定六大类 20 个量化发展目标；二是确定了五个方面 26 项发展重点和 21 项重点工程，首次明确提出了加强跨地域跨行业统筹协调的重点任务，并通过增加工程数量进一步明确了任务落地实施的重点和抓手。

2.《关于加强 5G 公众移动通信系统无线电频率共享管理有关事项的通知》

2021 年 11 月 26 日，工业和信息化部发布《关于加强 5G 公众移动通信系统无线电频率共享管理有关事项的通知》，主要内容如下：(1)明确了 5G 基站频率共享和用户终端频率共享两类频率共享的定义。(2)明确了 5G 基站频率共享和用户终端频率共享需提交的申请材料和相关审批要求。(3)明确了 5G 基站频率共享情形无线电台执照的办理要求。(4)明确了 5G 基站频率共享的频率使用率、干扰协调、频率占用费缴纳、监督检查等要求。(5)明确了终止 5G 基站频率共享的要求。(6)明确基础电信运营企业开展频率共享时应遵守电信业务经营许可的有关规定。(7)对其他技术体制的公众移动通信系统频率共享提出了管理要求。

（二）计算机、通信和其他电子设备制造业行业法律风险新动向

2021 年 7 月 5 日，交通运输部发布《民用航空通信导航监视设备飞行校验管理规则》，优化了对校验种类、校验项目和校验周期的相关规定，使之更具可操作性。主要内容如下：(1)考虑新技术广泛推进应用的实际发展情况，明确了新技术应用中涉及通信导航监视设备的飞行验证和飞行测试工作参照该规则实施。(2)考虑监视性校验是对投产校验后的符合性检查和验证，与安全运行密切相关，调整了飞

行校验种类的优先次序，将监视性校验的优先次序调整至投产校验之前。(3)为应对重大活动保障、恶劣天气、空域限制等情况，便于校验实施机构合理安排飞行校验计划和保障设备正常运行，引入了时间窗口的概念。(4)为方便对导航设备的校验周期进行管理，将校验周期计算单位由“天”改为“日历月”。(5)根据不同设备飞行校验工作的实施特点，明确了通信设备和监视设备的飞行校验报告由校验对象的运行管理单位出具。此外，该规则还强化了对飞行校验的实施要求，并增设专章对通用航空设备的飞行校验作出要求。

三、计算机、通信和其他电子设备制造业上市公司诉讼情况统计

本书以计算机、通信和其他电子设备制造业的 484 家上市公司为当事人检索案件，共收集 2021 年全国法院判决的各类司法判决书 844 份，作为统计分析的样本。

(一)案件类型分布

1. 案件诉讼类型

从案件诉讼类型看，2021 年计算机、通信和其他电子设备制造业上市公司涉及的 844 件案件，以民事诉讼为主，行政诉讼仅有 32 件，刑事诉讼为 1 件。

2. 案件案由种类

首先，从诉讼案件案由的基本类型看，2021 年计算机、通信和其他电子设备制造业上市公司涉及的 844 件案件主要集中在合同类纠纷和劳动法纠纷两类中，具体分布情况如表 2-31 所示。

表 2-31　计算机、通信和其他电子设备制造业上市公司案件案由基本类型分布

案由基本类型	案件数量/件
物权纠纷	9
合同类纠纷	427
侵权责任纠纷	18
知识产权纠纷	85
竞争法纠纷	9
公司法纠纷	31
金融法纠纷	44
劳动法纠纷	184
其他民事纠纷	4

续表

案由基本类型	案件数量/件
行政诉讼	32
刑事诉讼	1
合计	844

其中，如图 2－166 所示，合同法纠纷案件共有 427 件，约占全部案件总量的 50.59%；劳动法纠纷共有 184 件，约占全部案件总量的 21.80%；公司法纠纷、侵权责任纠纷及物权纠纷、知识产权纠纷等数量不多，占比较小。

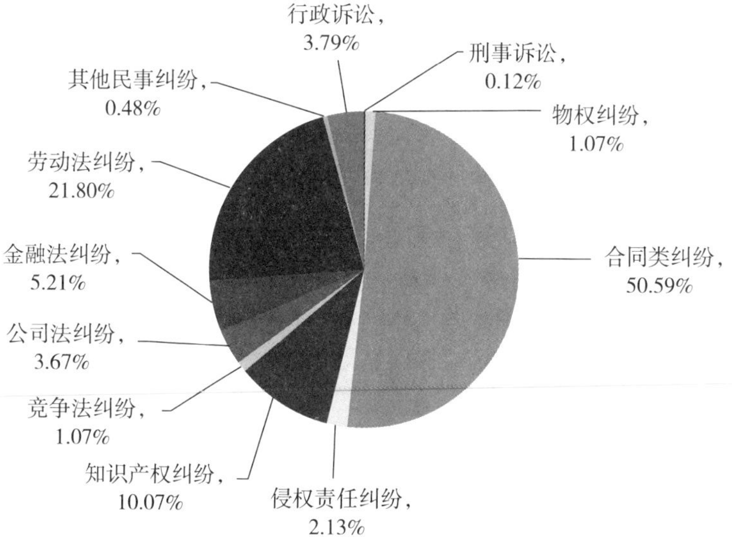

图 2－166 计算机、通信和其他电子设备制造业上市公司案由基本类型分布情况

其次，从案件的具体案由看，2021 年计算机、通信和其他电子设备制造业上市公司涉及的 844 件案件以买卖合同纠纷与劳动合同纠纷案件数量最多，其他种类案由呈分散化分布状态，其分布情况如表 2－32 所示。

表 2－32　计算机、通信和其他电子设备制造业上市公司案件具体案由分布

具体案由	案件数量/件
买卖合同纠纷	265
劳动合同纠纷	182
专利权权属、侵权纠纷	62
综合合同纠纷	42
建设工程合同纠纷	29
证券欺诈责任纠纷	29
商标行政管理	18
借款合同纠纷	17
承揽合同纠纷	17
租赁合同纠纷	16
商标权权属、侵权纠纷	15
专利行政管理	9
服务合同纠纷	8
股权转让纠纷	8
损害公司债权人利益责任纠纷	7
机动车交通事故责任纠纷	7
其他不正当竞争纠纷	7
其他侵权责任纠纷	7
其他与公司有关的纠纷	7
票据付款请求权纠纷	5
票据追索权纠纷	5
其他合同纠纷	5
生命权、身体权、健康权纠纷	4
财产损害赔偿纠纷	4

续表

具体案由	案件数量/件
委托合同纠纷	4
其他行政管理	4
返还原物纠纷	3
债权人代位权纠纷	3
房屋买卖合同纠纷	3
保证合同纠纷	3
著作权权属、侵权纠纷	3
公司解散纠纷	3
提供劳务者受害责任纠纷	3
票据纠纷	3
确认合同效力纠纷	2
债权转让合同纠纷	2
中介合同纠纷	2
不当得利纠纷	2
著作权合同纠纷	2
因恶意提起知识产权诉讼损害责任纠纷	2
商业诋毁纠纷	2
共有纠纷	1
保理合同纠纷	1
运输合同纠纷	1
委托理财合同纠纷	1
物业服务合同纠纷	1
劳务合同纠纷	1
广告合同纠纷	1

续表

具体案由	案件数量/件
追偿权纠纷	1
专利合同纠纷	1
社会保险纠纷	1
企业承包经营合同纠纷	1
公司决议纠纷	1
损害公司利益责任纠纷	1
清算责任纠纷	1
追收未缴出资纠纷	1
证券交易代理合同纠纷	1
票据利益返还请求权纠纷	1
教育机构责任纠纷	1
物权保护纠纷	1
其他与破产有关的纠纷	1
其他劳动争议、人事争议	1
行政确认	1
故意伤害罪	1

3. 案件地域分布

从案件地域分布看，2021 年计算机、通信和其他电子设备制造业上市公司涉及的 844 件案件中，除了 60 件由最高人民法院审理之外，其他案件主要分布在广东省、北京市等地。其中，广东省案件最多，共 212 件；其次是北京市，共 136 件。具体分布情况如图 2－167 所示。

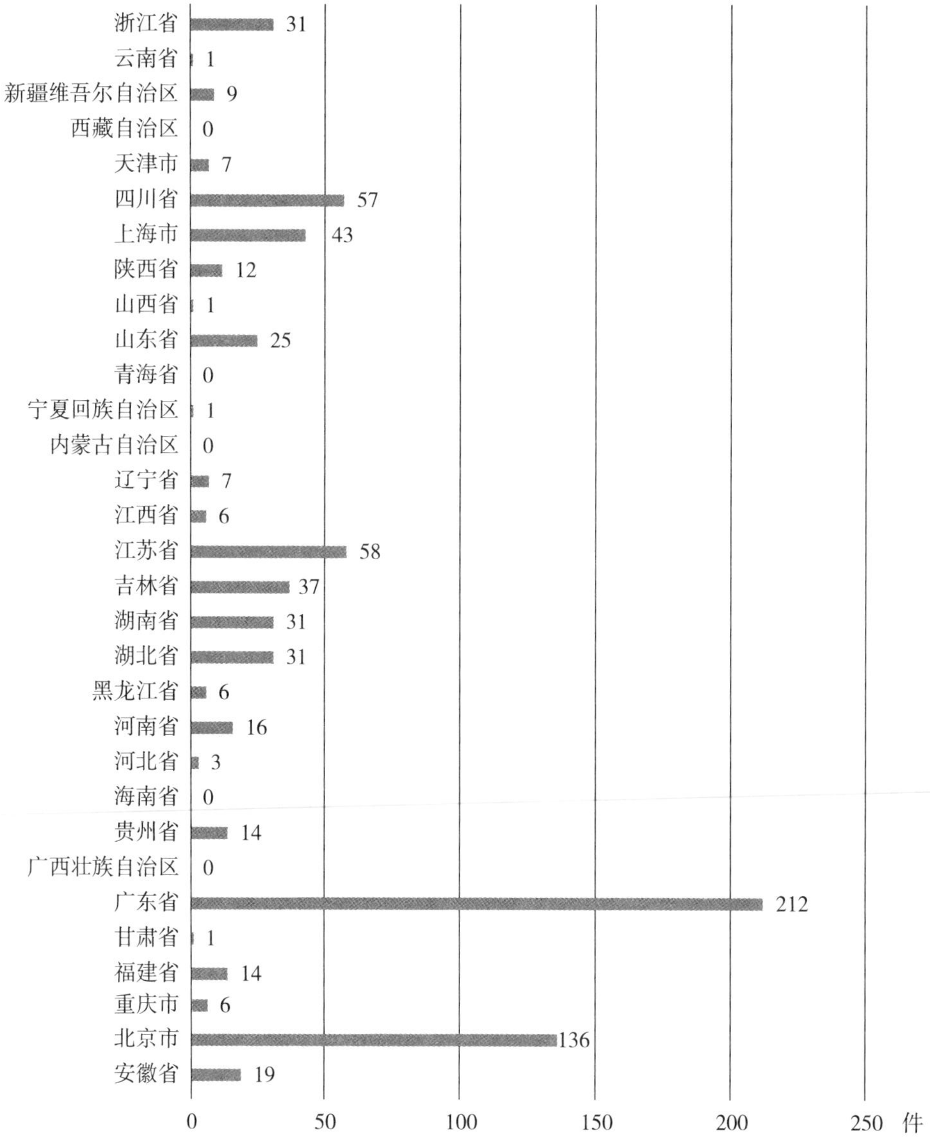

图2－167　计算机、通信和其他电子设备制造业上市公司案件地域分布情况

（二）案件审理程序

1. 诉讼阶段

如图2－168所示，从诉讼阶段看，2021年计算机、通信和其他电子设备制造业上市公司涉及的844件案件中，一审案件541件，占比约64.10%；二审案件268件，占比约 31.75%；再审案件 35 件，占比约 4.15%。

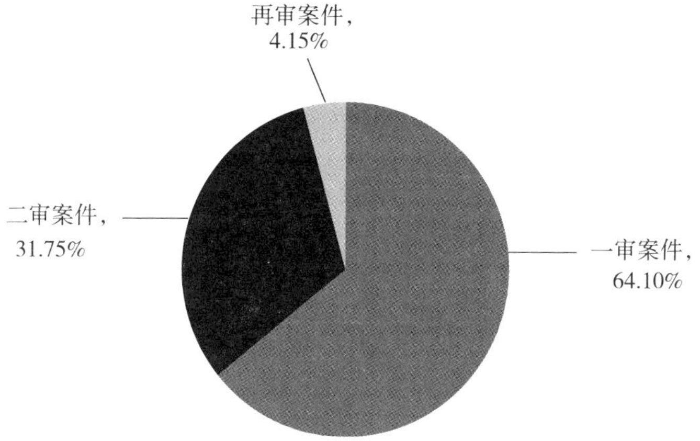

图 2－168　计算机、通信和其他电子设备制造业上市公司案件诉讼阶段分布情况

2. 法院层级

如图 2－169 所示，从法院层级看，2021 年计算机、通信和其他电子设备制造业上市公司涉及的 844 件案件中，基层人民法院审结的案件 482 件，占比约 57.11%；中级人民法院审结的案件 252 件，占比约 29.86%；高级人民法院审结的案件 50 件，占比约5.92%；最高人民法院审结的案件 60 件，占比约 7.11%。

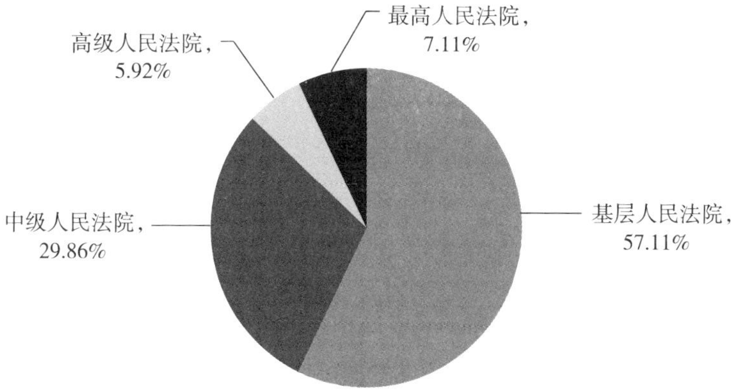

图 2－169　计算机、通信和其他电子设备制造业上市公司案件审理法院层级分布情况

（三）上市公司诉讼地位

如图 2－170 所示，从上市公司的诉讼地位看，2021 年计算机、通信和其他电子设备制造业上市公司涉及的 844 件案件中，上市公司作为原告的案件有 354 件，占比约 41.94%；上市公司作为被告的案件有 425 件，占比约 50.36%；除此之外，还有 65 件案件中上市公司以第三人的身份参与了诉讼，占比约 7.70%。

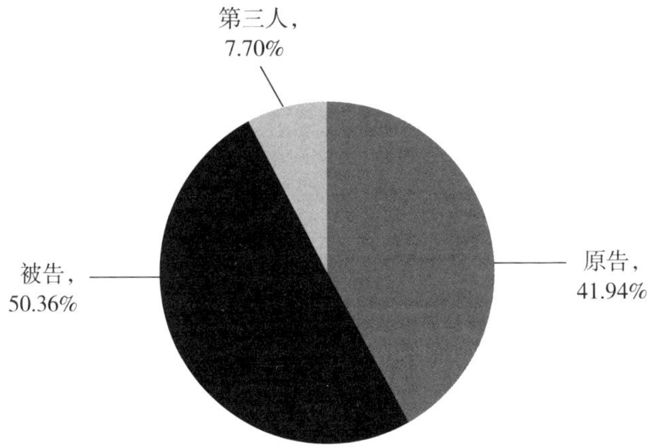

图 2－170　计算机、通信和其他电子设备制造业上市公司一审程序诉讼地位分布情况

（四）诉讼标的额

从诉讼案件的标的额看，2021 年计算机、通信和其他电子设备制造业上市公司涉及的有标的额可查的案件中，诉讼标的额数量分布情况如图 2－171 所示。总体来看，本行业诉讼标的额总额为 2,309,432,674.15 元，诉讼标的额最大为 441,915,600 元，行业平均诉讼标的额为 6,832,641.05 元。

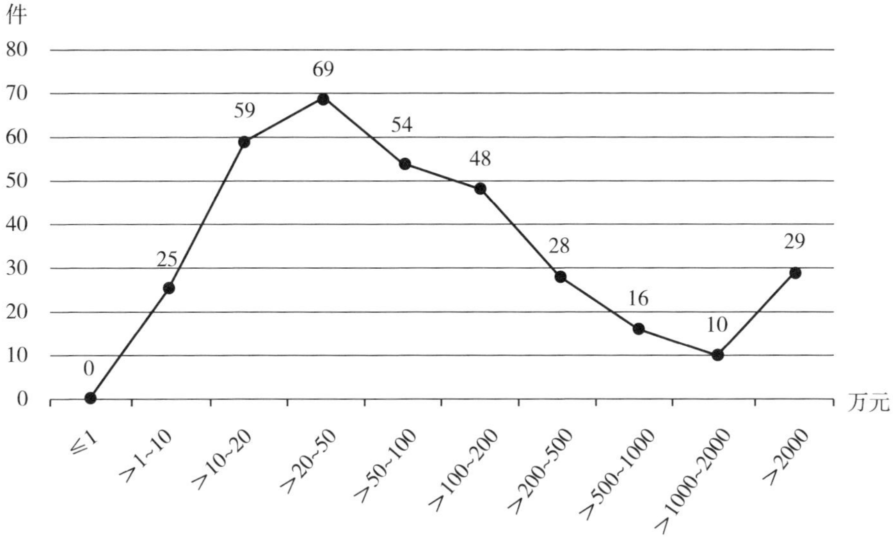

图 2 - 171　计算机、通信和其他电子设备制造业上市公司诉讼标的额分布情况

区分上述案件中上市公司的不同诉讼地位来看:计算机、通信和其他电子设备制造业上市公司作为原告涉及的案件中,诉讼标的额数量分布情况如图 2 - 172 所示。这部分案件的诉讼标的额总额为 690,746,077 元,平均诉讼标的额为 4,290,348.3 元。

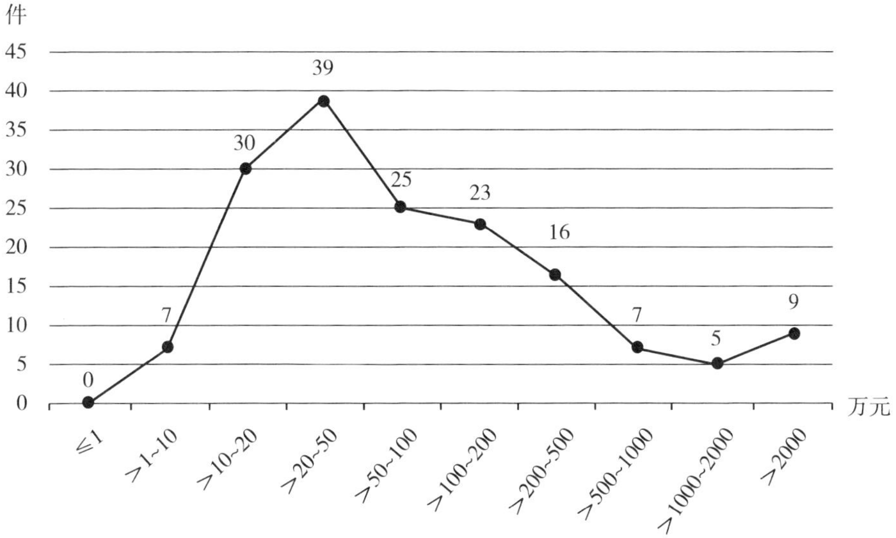

图 2 - 172　计算机、通信和其他电子设备制造业上市公司作为原告诉讼标的额分布情况

计算机、通信和其他电子设备制造业上市公司作为被告涉及的案件中，诉讼标的额数量分布情况如图 2－173 所示。这部分案件的诉讼标的额总额为 1,513,158,030.934元，平均诉讼标的额为 8,953,597.82 元。

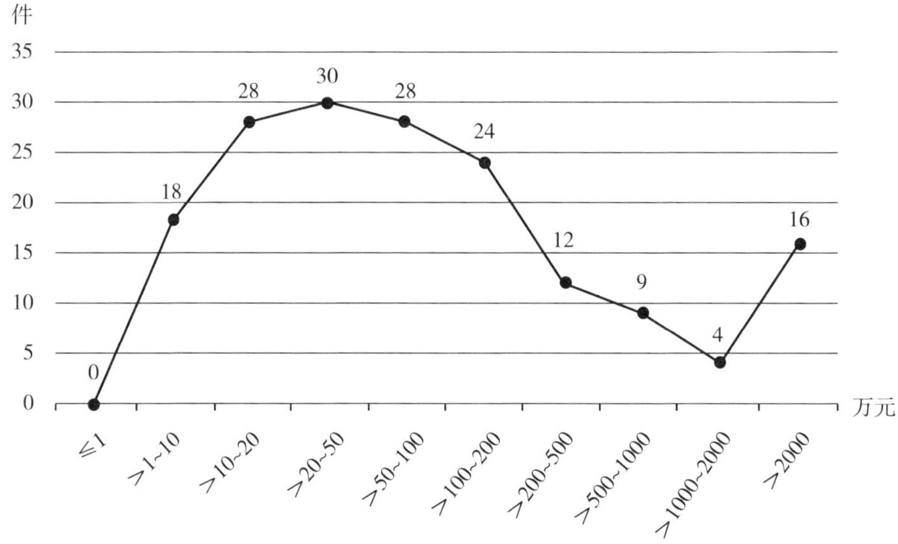

图 2－173　计算机、通信和其他电子设备制造业上市公司作为被告诉讼标的额分布情况

（五）诉讼结果和胜诉率

从总体上看，如图 2－174 所示，2021 年计算机、通信和其他电子设备制造业上市公司涉及的所有案件中，胜诉的案件有 394 件、败诉的案件有 410 件、撤回起诉的案件有 1 件、撤回上诉的案件有 21 件、驳回起诉的案件有 10 件、驳回上诉的案件有 7 件、驳回再审申请的案件有 1 件。该行业上市公司胜诉的案件数量在全部案件中占比约 46.68%，如果排除撤诉等特殊情形，则该行业上市公司的总体胜诉率约为 49.00%。

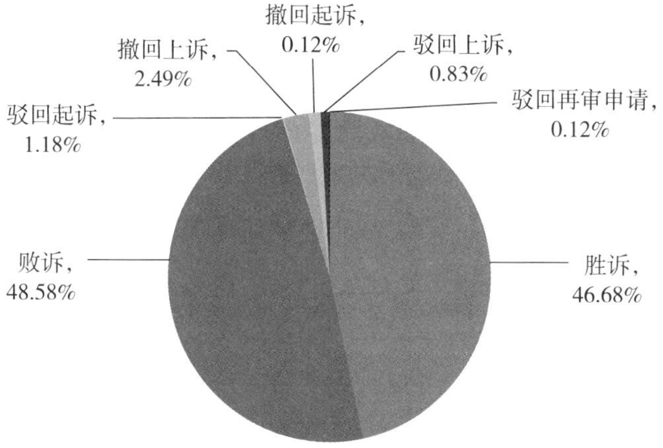

图 2－174　计算机、通信和其他电子设备制造业上市公司诉讼结果占比情况

如图 2－175 所示，具体到不同的诉讼地位，当计算机、通信和其他电子设备制造业上市公司为原告时，其胜诉的案件有 98 件，败诉的案件 242 件，胜诉率约为 28.82%，低于总体胜诉率；当计算机、通信和其他电子设备制造业上市公司为被告时，其胜诉的案件有 267 件，败诉的案件有 143 件，胜诉率约为 65.12%，高于总体胜诉率；当计算机通信和其他电子设备制造业上市公司为第三人时，其胜诉的案件有 29 件，败诉的案件有 25 件，胜诉率约为 53.70%，略高于总体胜诉率。

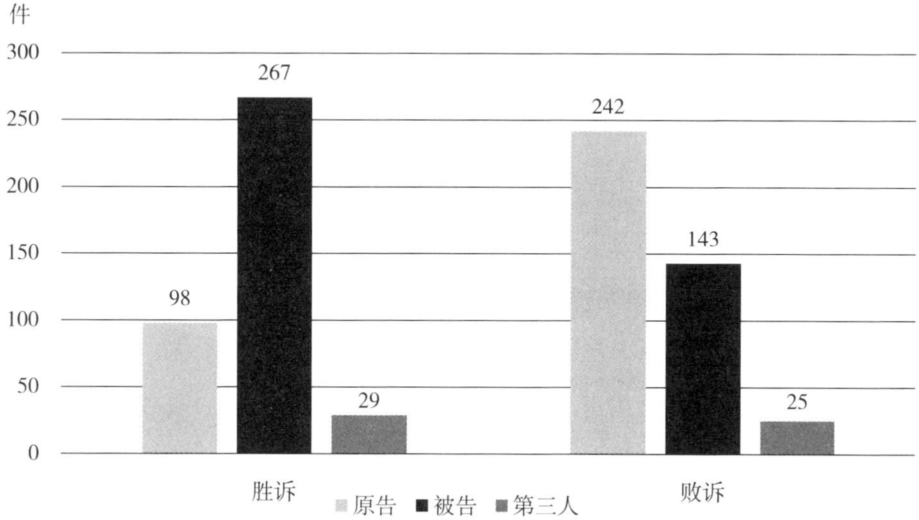

图 2－175　计算机、通信和其他电子设备制造业上市公司胜诉情况与诉讼地位交叉分布情况

如图 2－176 所示，具体到不同的诉讼阶段，一审阶段，计算机、通信和其他电子设备制造业上市公司胜诉的案件有 257 件，败诉的案件有 273 件，胜诉率约为 48.49%，基本等同总体胜诉率。二审阶段，上市公司胜诉的案件有 120 件，败诉的案件有 120 件，胜诉率为 50.00%。再审阶段，上市公司胜诉的案件有 17 件，败诉的案件有 17 件，胜诉率同为 50.00%。

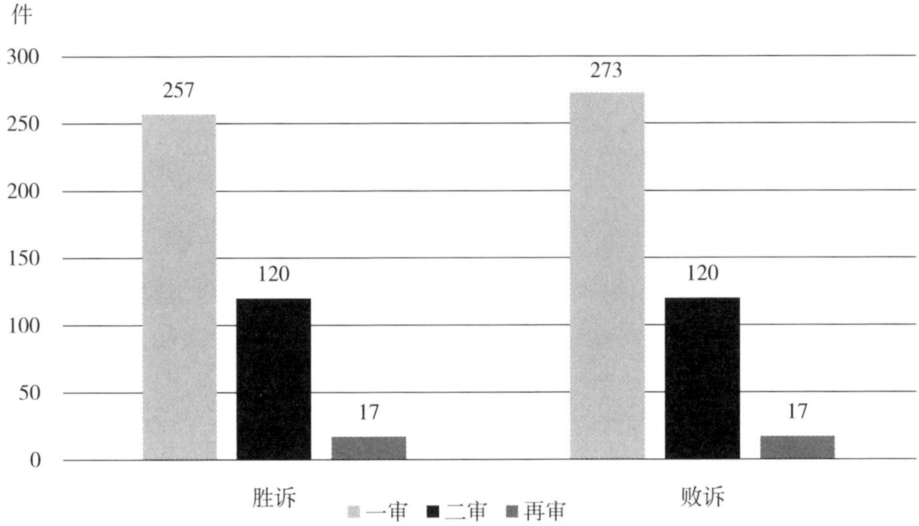

图 2－176　计算机、通信和其他电子设备制造业上市公司胜诉情况与诉讼阶段交叉分布情况

第十七节　仪器仪表等其他制造业

一、仪器仪表等其他制造业上市公司概况

仪器仪表等其他制造业属于制造业大类，包括仪器仪表制造业、其他制造业、废弃资源综合利用业和金属制品、机械和设备修理业。仪器仪表制造业被视为国民经济发展以及基础设施建设等提供专业检测设备的先进制造业；其他制造业包括日用杂品制造、核辐射加工以及其他未列明制造业；废弃资源综合利用业，是指在矿产资源开发、生产以及其与社会生产和消费过程中产生的废物资源进行回收和再利用的产业；金属制品、机械和设备修理业更是在工业生产上占有重要地位。

截至 2021 年第四季度，仪器仪表等其他制造业上市公司共计 102 家。从行业小类看，仪器仪表制造业上市公司 75 家、其他制造业上市公司 16 家、废弃资源综合利用业上市公司 11 家。仪器仪表制造业上市公司在仪器仪表等其他制造业上市公司中占据主流。从市场规模看，我国上市公司中仪器仪表等其他制造业的整体规模较小，其数量占全部上市公司的约 2.17%，可见在全国范围内具有较大市场影响力的仪器仪表等其他制造业企业数量较少。

二、仪器仪表等其他制造业行业政策和法律风险新动向

（一）仪器仪表等其他制造业行业政策新动向

1.《航空器运行目视和仪表飞行程序设计规范》

2021 年 10 月 13 日，中国民用航空局发布《航空器运行目视和仪表飞行程序设计规范》，由于飞行程序设计标准会随着民航航行新技术的发展和应用而经常性更新，为使中国民航飞行程序设计规范与国际民航组织最新的技术标准保持同步，该规范未采用民航行业标准形式发布，而采用了行政规范性文件形式发布。相比于上一版，本次修订公布了尚未在我国民航飞行程序设计领域应用的微波着陆系统 MLS、精密进近雷达 PAR、定向台 DF 和监视雷达 SRE 的相关程序设计规范。

2.《气象观测站仪器设备配置标准（试行）》

2021 年 10 月 21 日，财政部和中国气象局联合发布《气象观测站仪器设备配置标准（试行）》，旨在加强和规范气象观测站仪器设备配置管理，完善气象系统气象观测职能与气象观测仪器设备功能相匹配机制。这一标准主要对气象观测站类别、观测项目、仪器设备种类、数量上限、价格上限、最低使用年限等指标作出规定。

（二）仪器仪表等其他制造业法律风险新动向

2021 年 7 月 22 日，国家市场监管总局公布《家用汽车产品修理更换退货责任规定》，自 2022 年 1 月 1 日起施行。该规定在 2013 年施行的《家用汽车产品修理、更换、退货责任规定》的基础上，进行了较大幅度修改，主要包括以下三个方面的内容：(1) 进一步加大消费者合法权益的保护力度，对经营者提出更加严格的“三包”责任要求。例如，规定家用汽车自“三包”有效期起算之日起 7 日内，出现因质量问题需要更换发动机、变速器、动力蓄电池、行驶驱动电机或者其主要零部件等情形的，销售者应当按照消费者的选择予以免费换车或者退车。(2) 适应产业发展和消费升级需要，扩大家用汽车“三包”调整范围。针对家用电动汽车快速发展的情况，将动力蓄电池、行驶驱动电机等专用部件质量问题纳入“三包”退换车条款。(3) 针对家用汽车“三包”工作的发展变化，进一步完善相关监管制度。强化生产者的质

量责任，要求生产者不得故意拖延或无正当理由拒绝销售者、修理者提出的协助、追偿等事项。

三、仪器仪表等其他制造业上市公司诉讼情况统计

本书以仪器仪表等其他制造业的102家上市公司为当事人检索案件，共收集2021年全国法院判决的各类司法判决书170份，作为统计分析的样本。

（一）案件类型分布

1. 案件诉讼类型

从案件诉讼类型看，2021年仪器仪表等其他制造业上市公司涉及的170件案件，以民事诉讼为主，行政诉讼仅有9件，无刑事诉讼。

2. 案件案由种类

首先，诉讼案件案由的基本类型看，2021年仪器仪表等其他制造业上市公司涉及的170件案件主要集中在合同类纠纷和劳动法纠纷两类中，具体分布情况如表2－33所示。

表2－33　仪器仪表等其他制造业上市公司案件案由基本类型分布

案由基本类型	案件数量/件
物权纠纷	0
合同类纠纷	134
侵权责任纠纷	3
知识产权纠纷	9
竞争法纠纷	0
公司法纠纷	1
金融法纠纷	1
劳动法纠纷	12
其他民事纠纷	1
行政诉讼	9
刑事诉讼	0
合计	170

其中,如图 2 - 177 所示,合同类纠纷案件共有 134 件,约占全部案件总量的 78.82%;劳动法纠纷共有 12 件,约占全部案件总量的 7.06%;公司法纠纷、侵权责任纠纷及物权纠纷、知识产权纠纷等数量不多,占比较小。

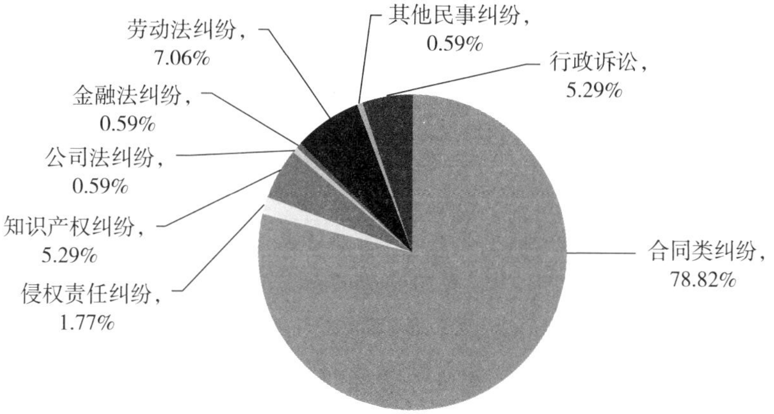

图 2 - 177　仪器仪表等其他制造业上市公司案由基本类型分布情况

其次,从案件的具体案由看,2021 年仪器仪表等其他制造业上市公司涉及的 170 件案件以买卖合同纠纷案件数量最多,其他种类案由呈分散化分布状态,其分布情况如表 2 - 34 所示。

表 2 - 34　仪器仪表等其他制造业上市公司案件具体案由分布

具体案由	案件数量/件
买卖合同纠纷	94
劳动合同纠纷	12
综合合同纠纷	10
商标权权属、侵权纠纷	9
租赁合同纠纷	8
建设工程合同纠纷	8
借款合同纠纷	7
其他行政管理	6

续表

具体案由	案件数量/件
商标行政管理	3
承揽合同纠纷	2
生命权、身体权、健康权纠纷	1
保证合同纠纷	1
物业服务合同纠纷	1
服务合同纠纷	1
劳务合同纠纷	1
票据追索权纠纷	1
提供劳务者受害责任纠纷	1
产品责任纠纷	1
机动车交通事故责任纠纷	1
其他合同纠纷	1
其他与破产有关的纠纷	1

3. 案件地域分布

从案件地域分布看，2021 年仪器仪表等其他制造业上市公司涉及的 170 件案件中，除了 1 件由最高人民法院审理之外，其他案件主要分布在浙江省、北京市等地。其中，北京市案件最多，共 27 件；其次是浙江省，共 19 件。具体分布情况如图 2－178 所示。

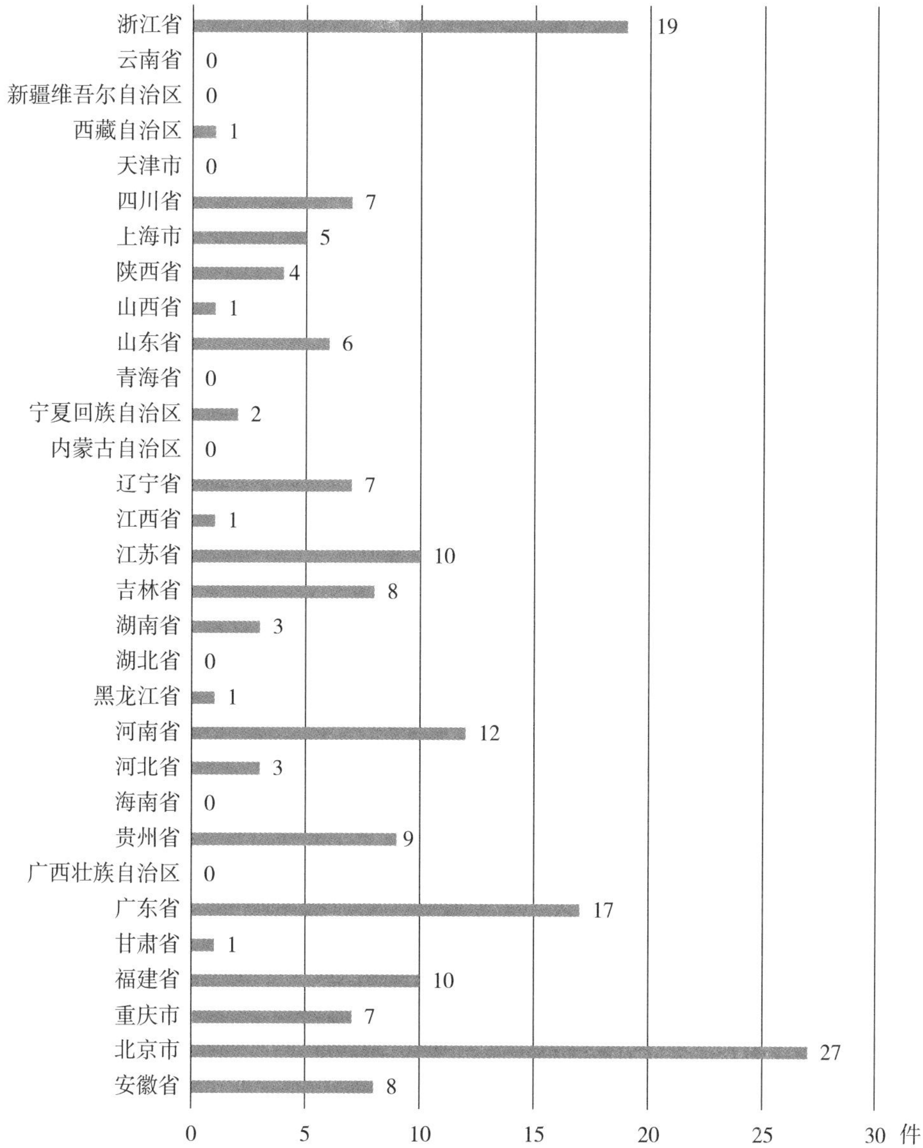

图 2－178　仪器仪表等其他制造业上市公司案件地域分布情况

（二）案件审理程序

1. 诉讼阶段

如图 2－179 所示，从诉讼阶段看，2021 年仪器仪表等其他制造业上市公司涉及的 170 件案件中，一审案件 133 件，占比约 78.24%；二审案件 32 件，占比约

18.82%;再审案件 5 件,占比约 2.94%。

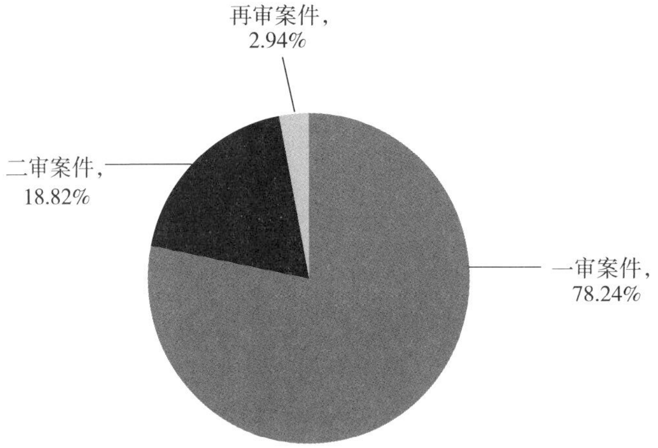

图 2-179 仪器仪表等其他制造业上市公司案件诉讼阶段分布情况

2. 法院层级

如图 2-180 所示,从法院层级看,2021 年仪器仪表等其他制造业上市公司涉及的 170 件案件中,基层人民法院审结的案件 120 件,占比约 70.59%;中级人民法院审结的案件 42 件,占比约 24.70%;高级人民法院审结的案件 7 件,占比约 4.12%;最高人民法院审结的案件 1 件,占比约 0.59%。

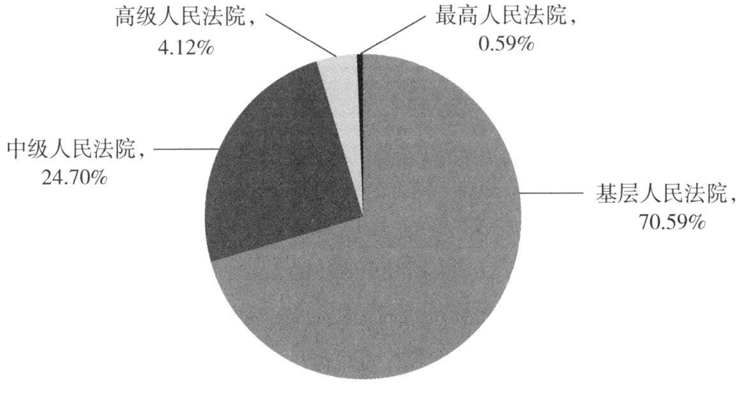

图 2-180 仪器仪表等其他制造业上市公司案件审理法院层级分布情况

(三)上市公司诉讼地位

如图 2－181 所示,从上市公司的诉讼地位看,2021 年仪器仪表等其他制造业上市公司涉及的 170 件案件中,上市公司作为原告的案件有 111 件,占比约 65.29%;上市公司作为被告的案件有 54 件,占比约 31.76%;除此之外,还有 5 件案件中上市公司以第三人的身份参与了诉讼,占比约 2.95%。

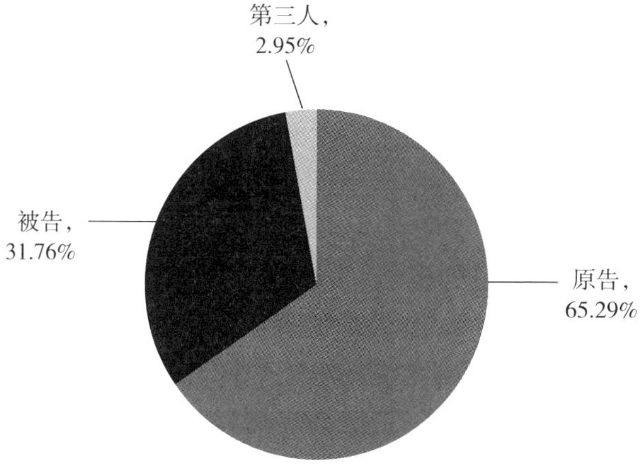

图 2－181 仪器仪表等其他制造业上市公司一审程序诉讼地位分布情况

(四)诉讼标的额

从诉讼案件的标的额上看,2021 年仪器仪表等其他制造业上市公司涉及的有标的额可查的案件中,诉讼标的额数量分布情况如图 2－182 所示。总体来看,本行业诉讼标的额总额为 1,066,316,166.08 元,诉讼标的额最大为 381,070,000 元,行业平均诉讼标的额为 13,003,855.68 元。

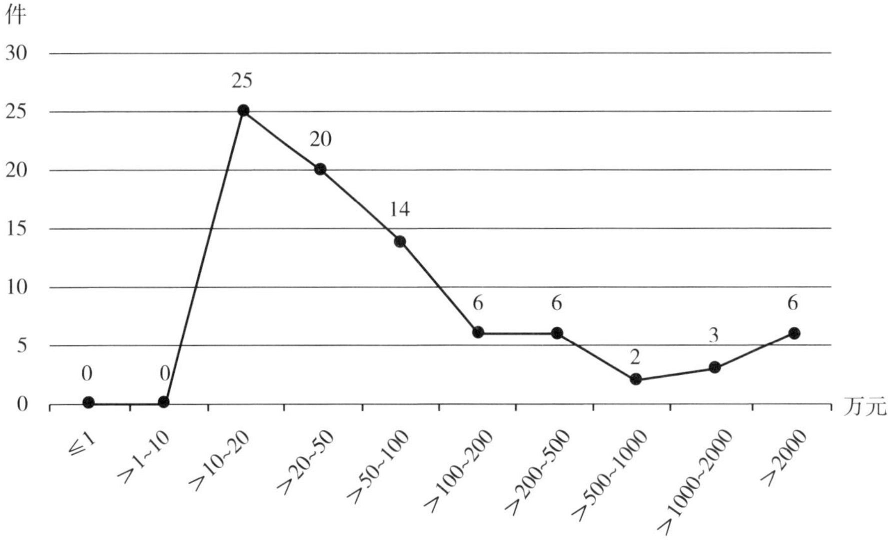

图 2－182　仪器仪表等其他制造业上市公司诉讼标的额分布情况

区分上述案件中上市公司的不同诉讼地位来看：仪器仪表等其他制造业上市公司作为原告涉及的案件中，诉讼标的额数量分布情况如图 2－183 所示。这部分案件的诉讼标的额总额为 66,705,390.43 元，平均诉讼标的额为 1,307,948.83 元。

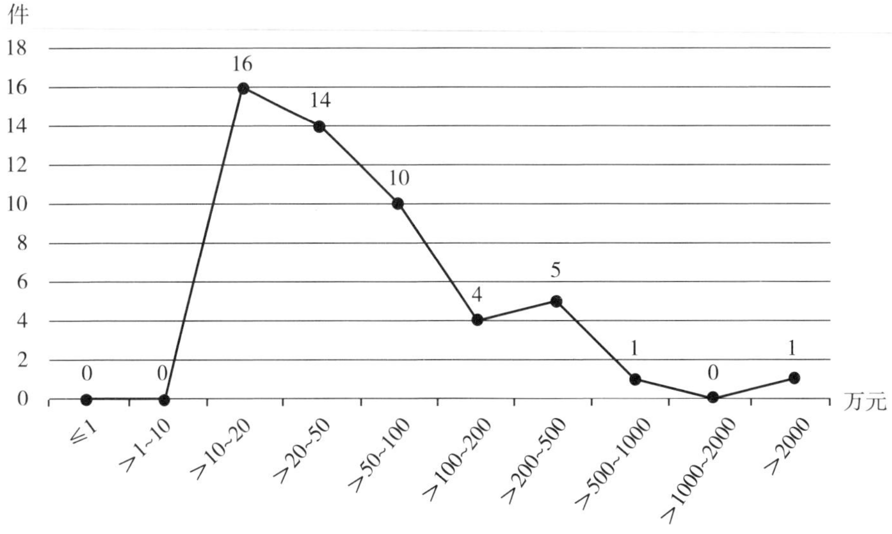

图 2－183　仪器仪表等其他制造业上市公司作为原告诉讼标的额分布情况

仪器仪表等其他制造业上市公司作为被告涉及的案件中,诉讼标的额数量分布情况如图 2 - 184 所示。这部分案件的诉讼标的额总额为 991,856,204.22 元,平均诉讼标的额为 33,061,873.47 元。

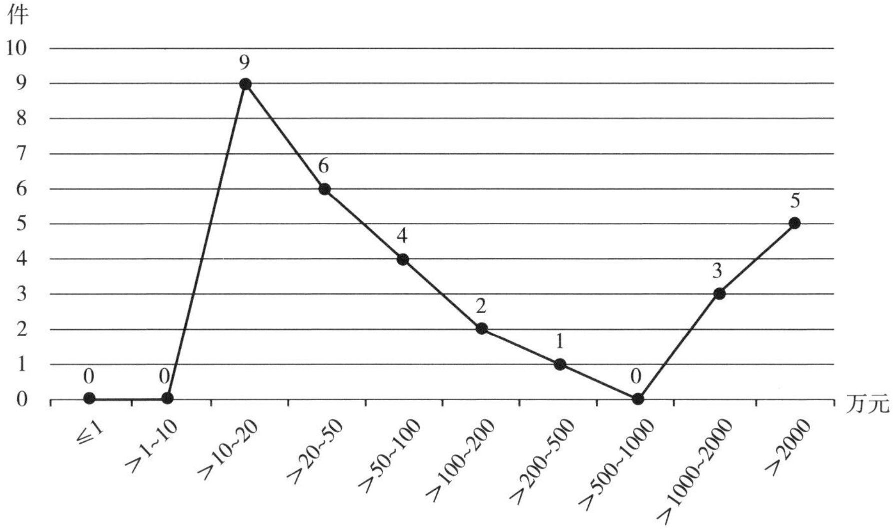

图 2 - 184　仪器仪表等其他制造业上市公司作为被告诉讼标的额分布情况

(五)诉讼结果和胜诉率

从总体上看,如图 2 - 185 所示,2021 年仪器仪表等其他制造业上市公司涉及的所有案件中,胜诉的案件有 55 件、败诉的案件有 108 件、撤回起诉的案件有 1 件、撤回上诉的案件有 2 件、驳回起诉的案件有 3 件、驳回上诉的案件有 1 件。该行业上市公司胜诉的案件数量在全部案件中占比约 51.4%,如果排除撤诉等特殊情形,则该行业上市公司的总体胜诉率约为 33.74%。

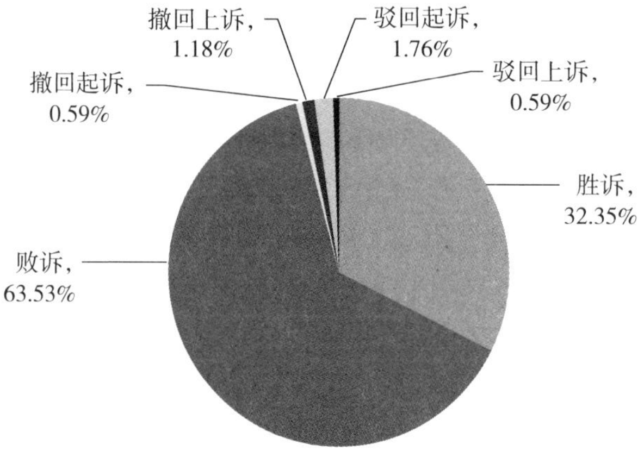

图 2－185　仪器仪表等其他制造业上市公司诉讼结果占比情况

如图 2－186 所示，具体到不同的诉讼地位，当仪器仪表等其他制造业上市公司为原告时，其胜诉的案件有 24 件，败诉的案件 87 件，胜诉率约为 21.62%，低于总体胜诉率；当仪器仪表等其他制造业上市公司为被告时，其胜诉的案件有 30 件，败诉的案件有 21 件，胜诉率约为 58.82%，高于总体胜诉率；当仪器仪表等其他制造业上市公司为第三人时，其胜诉的案件有 1 件，败诉的案件有 0 件，胜诉率为 100.00%。

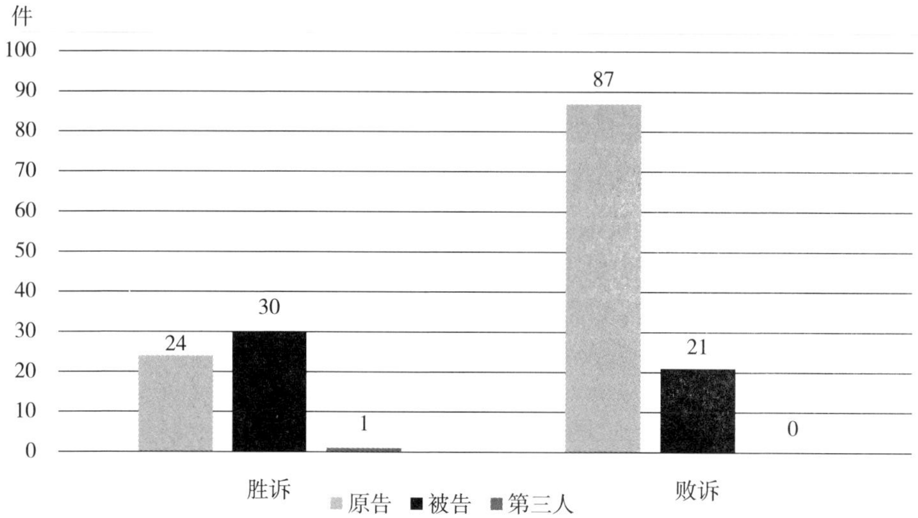

图 2－186　仪器仪表等其他制造业上市公司胜诉情况与诉讼地位交叉分布情况

如图 2－187 所示，具体到不同的诉讼阶段，一审阶段，仪器仪表等其他制造业上市公司胜诉的案件有 39 件，败诉的案件有 90 件，胜诉率约为 33.23%，基本等同总体胜诉率；二审阶段，上市公司胜诉的案件有 13 件，败诉的案件有 16 件，胜诉率约为 44.83%；再审阶段，上市公司胜诉的案件有 3 件，败诉的案件有 2 件，胜诉率为 60.00%。

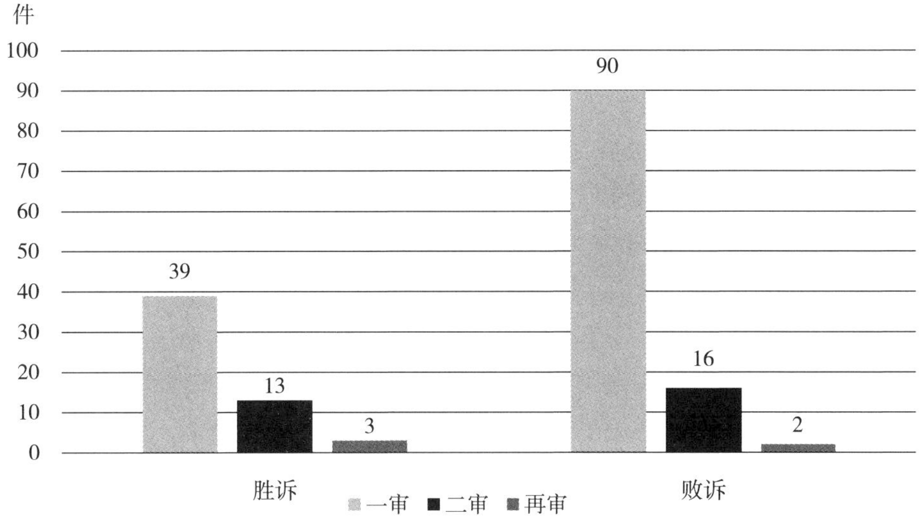

图 2－187　仪器仪表等其他制造业上市公司胜诉情况与诉讼阶段交叉分布情况

第十八节　电力、热力、燃气及水生产和供应业

一、电力、热力、燃气及水生产和供应业上市公司概况

电力、热力、燃气及水生产和供应业是国民生活之必需。根据我国国民经济行业分类，电力、热力、燃气及水生产和供应业包括电力、热力生产和供应业，燃气生产和供应业，水的生产和供应业三部分。

截至 2021 年第四季度，我国电力、热力、燃气及水生产和供应业上市公司共计 129 家，从行业小类看，电力、热力生产和供应业上市公司 81 家、燃气生产和供应业上市公司 31 家、水的生产和供应业 17 家。电力、热力生产和供应业上市公司在电力、热力、燃气及水生产和供应业上市公司中占据主流。从市场规模来看，我国上市公司中电力、热力、燃气及水生产和供应业的整体规模较小，其数量占全部上市公司的约2.75%。

二、电力、热力、燃气及水生产和供应业行业政策和法律风险新动向

（一）电力、热力、燃气及水生产和供应业行业政策新动向

1.《电力并网运行管理规定》和《电力辅助服务管理办法》

2021年12月21日，国家能源局发布《电力并网运行管理规定》和《电力辅助服务管理办法》，正式明确将电化学储能、压缩空气储能、飞轮等新型储能纳入并网主体管理。并且鼓励新型储能、可调节负荷等并网主体参与电力辅助服务。《电力辅助服务管理办法》扩大电力辅助服务新主体。由发电厂扩大到包括新型储能、传统高载能工业负荷、工商业可中断负荷、电动汽车充电网络、聚合商、虚拟电厂等主体，新增了对新能源、新型储能、负荷侧并网主体等并网技术指导及管理要求。《电力并网运行管理规定》重点对包括新能源在内的发电侧并网主体、新型储能、用户可调节负荷等并网管理内容进行了修订完善。新增明确二次调频、调压、新能源场站、新型储能和用户侧可调节负荷的技术指导和管理内容。此外，一次调频和黑启动定义中都明确为储能等主体提供的服务。

2.《电力业务许可证注销管理办法》

2021年6月20日，为进一步规范电力业务许可管理，国家能源局对原国家电力监管委员会《电力业务许可证注销管理办法》进行了修订。本次主要在三个方面进行了修订：(1)将实施主体由国家电力监管委员会、电力监管机构等修改为国家能源局、国家能源局各派出机构。(2)明确国家能源局与各派出机构在电力业务许可的撤回、撤销及电力业务许可证注销方面的职责界面，即国家能源局派出机构可以做出撤回电力业务许可的决定，国家能源局及其派出机构根据不同条件均可以做出撤销电力业务许可、吊销电力业务许可证的决定，同时，明确了国家能源局派出机构是电力业务许可证注销的实施主体。(3)对原办法中不符合“放管服”改革、“证明事项清理”等要求的内容进行了删除或修改，如企业提出注销申请时无须再提供其他证明材料、注销手续办理时限由20日进一步压减至10个工作日等。

（二）电力、热力、燃气及水生产和供应业法律风险新动向

1.《供水、供气、供热等公共企事业单位信息公开实施办法》

2021年12月31日，住房和城乡建设部印发《供水、供气、供热等公共企事业单位信息公开实施办法》，该办法共18条，依次明确了信息公开的依据、适用范围、类型、内容、时限要求、法律责任等。其中第1～5条是该办法制定的总体原则。公共

企事业单位在提供社会公共服务过程中制作、获取的，以一定形式记录、保存的信息需要公开。第 6 ~ 8 条是公开信息的内容。第 9 ~ 13 条是信息公开的方式。第 14 ~ 17 条是信息公开的监督管理。

2.《城镇供水价格管理办法》

2021 年 8 月 3 日，国家发改委、住房和城乡建设部联合发布《城镇供水价格管理办法》，建立健全以"准许成本加合理收益"为核心的定价机制，制定城镇供水价格，以成本监审为基础，通过核定准许成本、监管准许收益确定准许收入，根据核定供水量确定供水价格，并统筹考虑当地供水事业发展需要、促进节约用水、社会承受能力、服务质量等因素。该办法还规定，城镇供水定价成本包括固定资产折旧费、无形资产摊销和运行维护费，并对固定资产折旧年限、人工费、修理费等主要参数取值做了具体规定，对供水企业职工人数定员、管网漏损率控制等实行激励约束机制，能够激励供水企业精简人员，降低管网漏损率，挖掘潜力，提高管理效率。因此，相关企业应当按照要求对居民生活用水价格水平或定价机制开展听证，并进行信息公开。

三、电力、热力、燃气及水生产和供应业上市公司诉讼情况统计

本书以电力、热力、燃气及水生产和供应业的 129 家上市公司为当事人检索案件，共收集 2021 年全国法院判决的各类司法判决书 847 份，作为统计分析的样本。

（一）案件类型分布

1. 案件诉讼类型

从案件诉讼类型看，2021 年电力、热力、燃气及水生产和供应业上市公司涉及的 847 件案件，以民事诉讼为主，行政诉讼仅有 1 件，无刑事诉讼。

2. 案件案由种类

首先，从诉讼案件案由的基本类型看，2021 年电力、热力、燃气及水生产和供应业上市公司涉及的 847 件案件主要集中在合同类纠纷中，具体分布情况如表 2 – 35 所示。

表 2 – 35　电力、热力、燃气及水生产和供应业上市公司案件案由基本类型分布

案由基本类型	案件数量/件
物权纠纷	81
合同类纠纷	666

续表

案由基本类型	案件数量/件
侵权责任纠纷	15
知识产权纠纷	1
竞争法纠纷	0
公司法纠纷	26
金融法纠纷	13
劳动法纠纷	34
其他民事纠纷	10
行政诉讼	1
刑事诉讼	0
合计	847

其中，如图2－188所示，合同类纠纷案件共有666件，约占全部案件总量的78.63%；其余案由数量不多，占比较小。

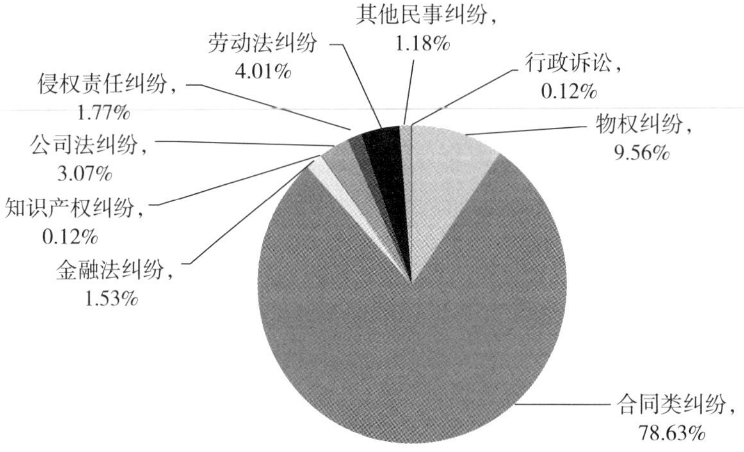

图2－188 电力、热力、燃气及水生产和供应业上市公司案由基本类型分布情况

其次，从案件的具体案由看，2021年电力、热力、燃气及水生产和供应业上市公司涉及的847件案件以供用热力合同纠纷、综合合同纠纷案件数量最多，其他种类案由呈分散化分布状态，其分布情况如表2－36所示。

表 2－36　电力、热力、燃气及水生产和供应业上市公司案件具体案由分布

具体案由	案件数量/件
供用热力合同纠纷	326
综合合同纠纷	224
财产损害赔偿纠纷	65
劳动合同纠纷	34
建设工程合同纠纷	33
买卖合同纠纷	31
破产债权确认纠纷	12
借款合同纠纷	10
生命权、身体权、健康权纠纷	9
股权转让纠纷	8
劳务合同纠纷	6
证券欺诈责任纠纷	6
票据追索权纠纷	6
其他侵权责任纠纷	6
排除妨害纠纷	5
房屋买卖合同纠纷	5
保证合同纠纷	5
物业服务合同纠纷	5
运输合同纠纷	4
相邻关系纠纷	3
租赁合同纠纷	3
承揽合同纠纷	3
委托合同纠纷	3
不当得利纠纷	3
机动车交通事故责任纠纷	3
触电人身损害责任纠纷	3
其他物权纠纷	3

续表

具体案由	案件数量/件
物权确认纠纷	2
返还原物纠纷	2
融资租赁合同纠纷	2
损害公司债权人利益责任纠纷	2
名誉权纠纷	1
债权人代位权纠纷	1
债权转让合同纠纷	1
著作权权属、侵权纠纷	1
股东出资纠纷	1
公司盈余分配纠纷	1
人身保险合同纠纷	1
提供劳务者受害责任纠纷	1
环境污染责任纠纷	1
建筑物和物件损害责任纠纷	1
其他合同纠纷	1
物权保护纠纷	1
其他与公司有关的纠纷	1
其他与破产有关的纠纷	1
行政许可	1

3. 案件地域分布

从案件地域分布看，2021 年电力、热力、燃气及水生产和供应业上市公司涉及的 847 件案件中，除了 8 件由最高人民法院审理之外，其他案件主要分布在辽宁省、北京市等地。其中，北京市案件最多，共 503 件；其次是辽宁省，共 95 件。具体分布情况如图 2－189 所示。

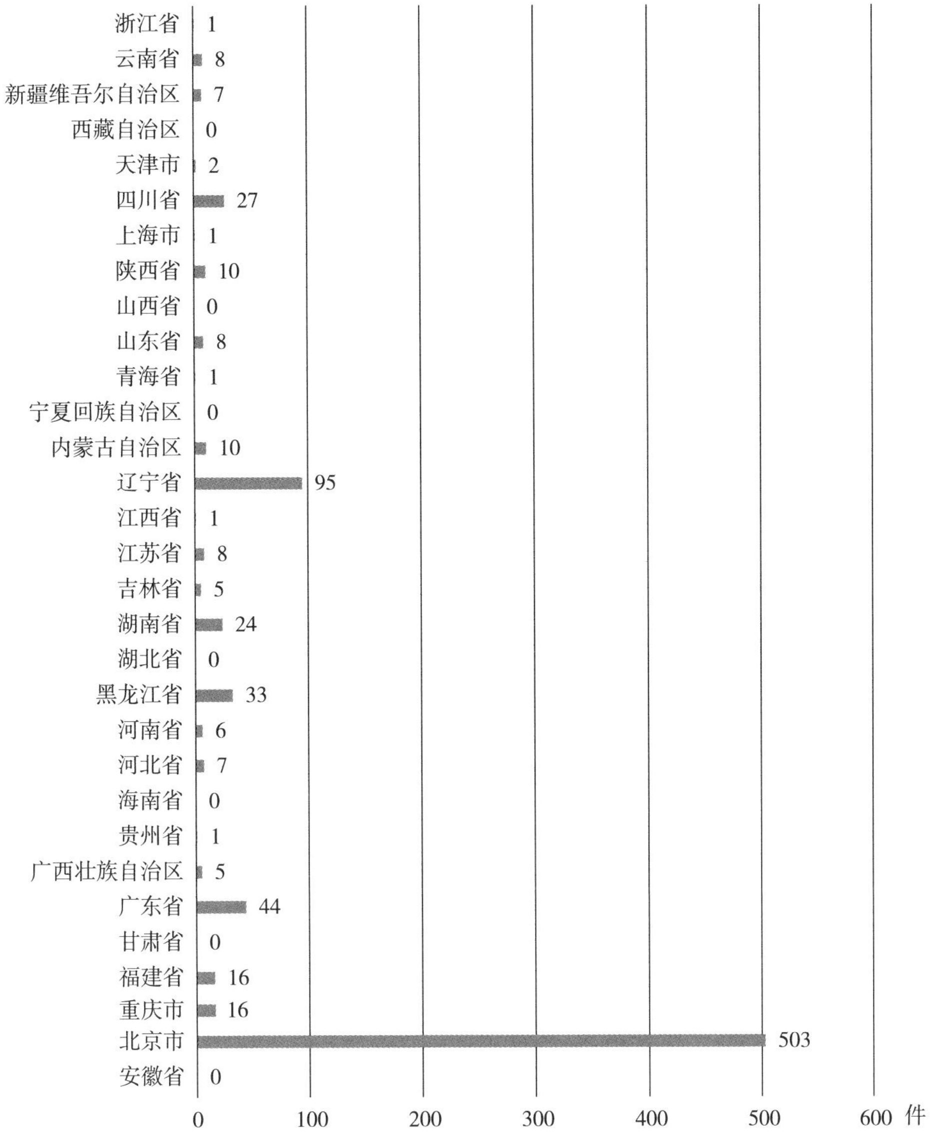

图 2－189　电力、热力、燃气及水生产和供应业上市公司案件地域分布情况

(二)案件审理程序

1. 诉讼阶段

如图 2－190 所示，从诉讼阶段看，2021 年电力、热力、燃气及水生产和供应业上市公司涉及的 847 件案件中，一审案件 628 件，占比约 74.14%；二审案件 183 件，占比约 21.61%；再审案件 36 件，占比约 4.25%。

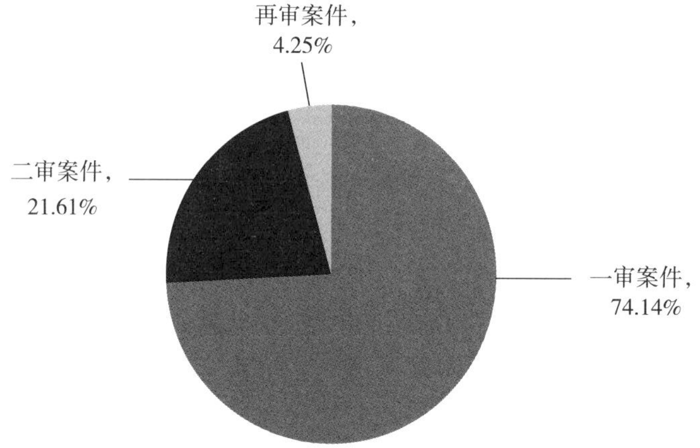

图 2－190　电力、热力、燃气及水生产和供应业上市公司案件诉讼阶段分布情况

2. 法院层级

如图 2－191 所示，从法院层级看，2021 年电力、热力、燃气及水生产和供应业上市公司涉及的 847 件案件中，基层人民法院审结的案件 627 件，占比约 74.03%；中级人民法院审结的案件 184 件，占比约 21.72%；高级人民法院审结的案件 28 件，占比约3.31%；最高人民法院审结的案例 8 件，占比约 0.94%。

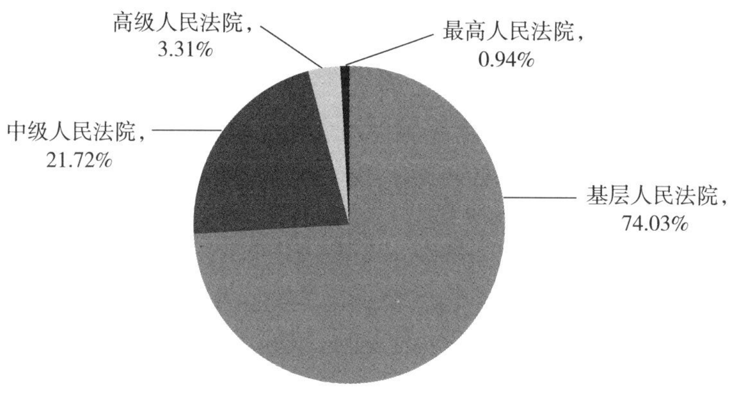

图 2－191　电力、热力、燃气及水生产和供应业上市公司案件审理法院层级分布情况

（三）上市公司诉讼地位

如图 2－192 所示，从上市公司的诉讼地位看，2021 年电力、热力、燃气及水生产和供应业上市公司涉及的 847 件案件中，上市公司作为原告的案件有 512 件，占比约 60.45%；上市公司作为被告的案件有 308 件，占比约 36.36%；除此之外，还有 27 件案件中上市公司以第三人的身份参与了诉讼，占比约 3.19%。

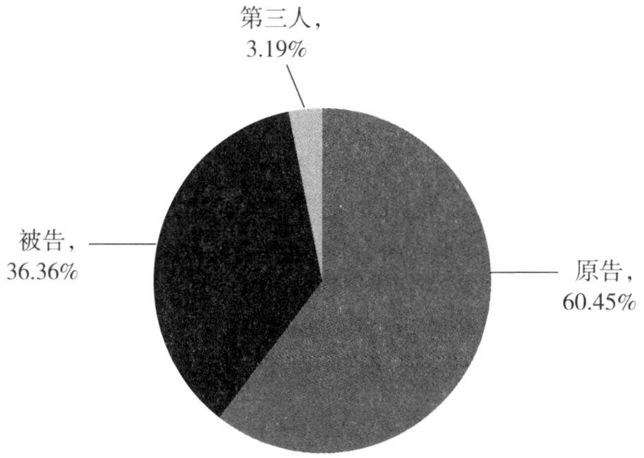

图 2－192　电力、热力、燃气及水生产和供应业上市公司一审程序诉讼地位分布情况

（四）诉讼标的额

从诉讼案件的标的额看，2021 年电力、热力、燃气及水生产和供应业上市公司涉及的有标的额可查的案件中，诉讼标的额数量分布情况如图 2－193 所示。总体来看，本行业诉讼标的额总额为 981,541,311.6 元，诉讼标的额最大为 155,149,800 元，行业平均诉讼标的额为 5,483,471.01 元。

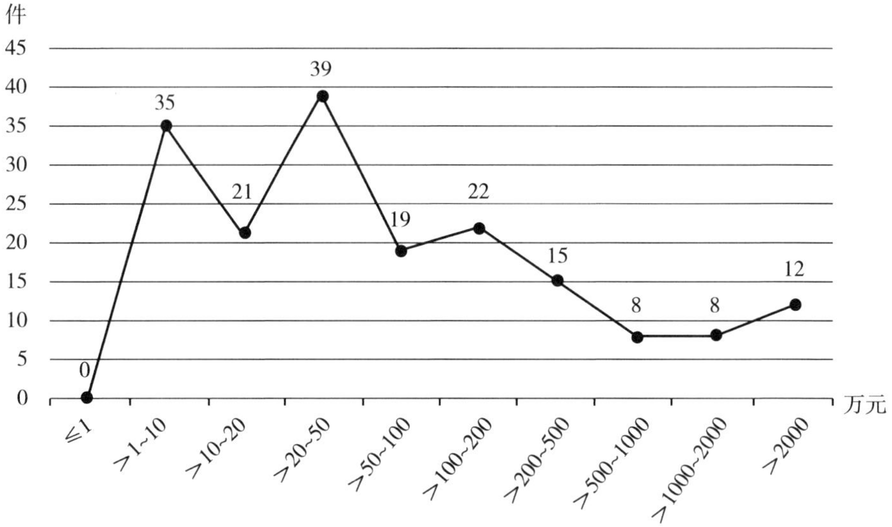

图 2－193　电力、热力、燃气及水生产和供应业上市公司诉讼标的额分布情况

区分上述案件中上市公司的不同诉讼地位来看：电力、热力、燃气及水生产和供应业上市公司作为原告涉及的案件中，诉讼标的额数量分布情况如图 2－194 所示。这部分案件的诉讼标的额总额为 613,252,895.59 元，平均诉讼标的额为 11,356,535.1 元。

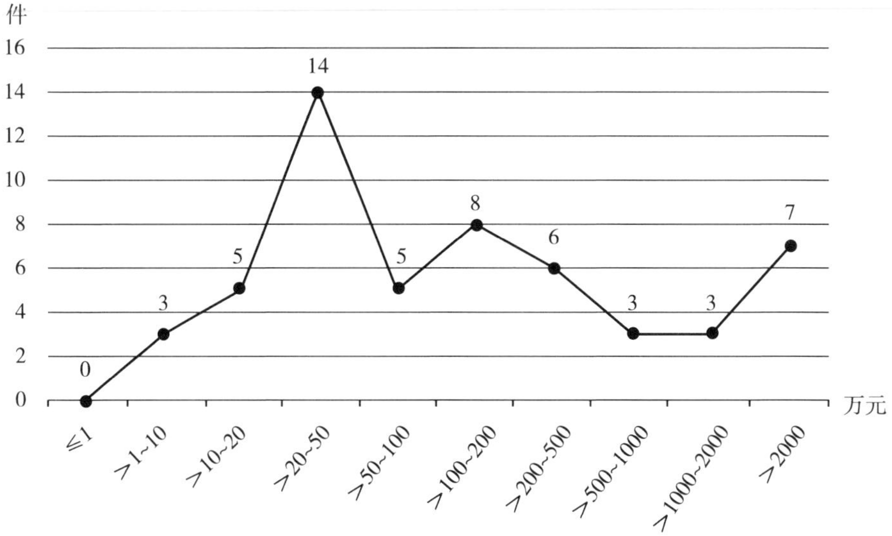

图 2－194　电力、热力、燃气及水生产和供应业上市公司作为原告诉讼标的额分布情况

电力、热力、燃气及水生产和供应业上市公司作为被告涉及的案件中，诉讼标的额数量分布情况如图 2－195 所示。这部分案件的诉讼标的额总额为 321,556,952.3 元，平均诉讼标的额为 2,845,636.75 元。

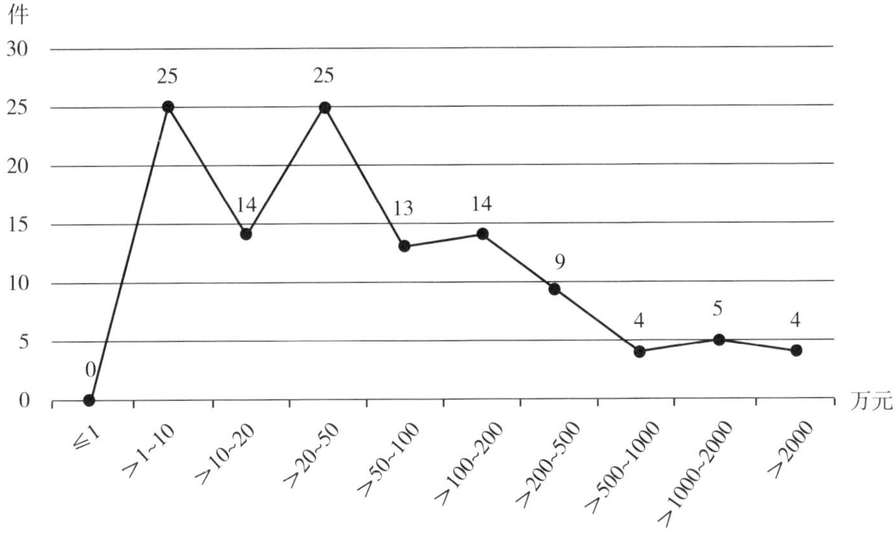

图 2－195 电力、热力、燃气及水生产和供应业上市公司作为被告诉讼标的额分布情况

（五）诉讼结果和胜诉率

从总体上看，如图 2－196 所示，2021 年电力、热力、燃气及水生产和供应业上市公司涉及的所有案件中，胜诉的案件有 362 件、败诉的案件有 456 件、撤回起诉的案件有 3 件、撤回上诉的案件有 12 件、撤回再审申请的案件有 2 件、驳回起诉的案件有 8 件、驳回上诉的案件有 4 件。该行业上市公司胜诉的案件数量在全部案件中占比约 42.74%，如果排除撤诉等特殊情形，则该行业上市公司的总体胜诉率约为 44.25%。

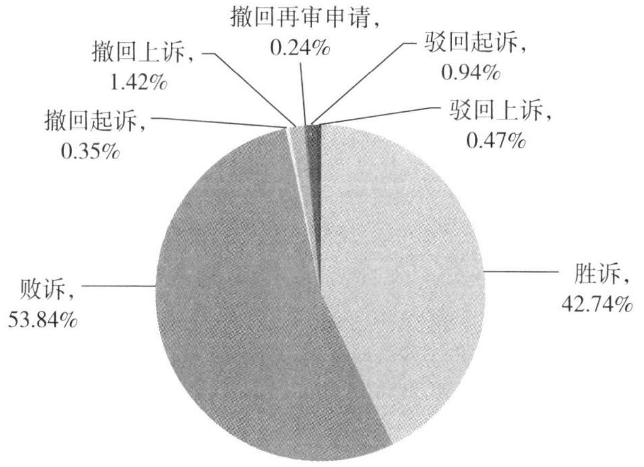

图 2－196　电力、热力、燃气及水生产和供应业上市公司诉讼结果占比情况

如图 2－197 所示，具体到不同的诉讼地位，当电力、热力、燃气及水生产和供应业上市公司为原告时，其胜诉的案件有 154 件，败诉的案件 352 件，胜诉率约为 30.43%，低于总体胜诉率；当电力、热力、燃气及水生产和供应业上市公司为被告时，其胜诉的案件有 200 件，败诉的案件有 96 件，胜诉率约为 67.57%，高于总体胜诉率；当电力、热力、燃气及水生产和供应业上市公司为第三人时，其胜诉的案件有 8 件，败诉的案件有 8 件，胜诉率为 50.00%。

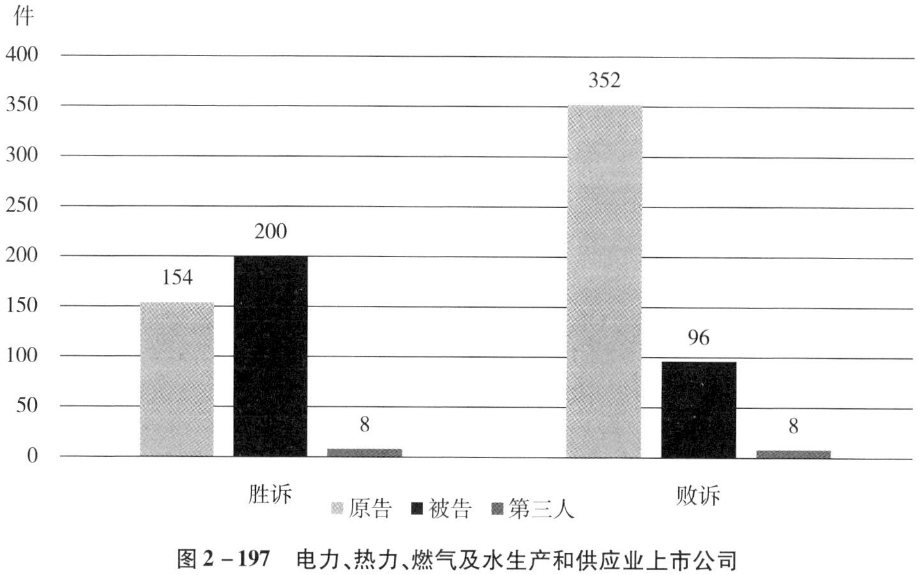

图 2－197　电力、热力、燃气及水生产和供应业上市公司胜诉情况与诉讼地位交叉分布情况

如图2-198所示，具体到不同的诉讼阶段，一审阶段，电力、热力、燃气及水生产和供应业上市公司胜诉的案件有260件，败诉的案件有357件，胜诉率约为42.14%，基本等同总体胜诉率；二审阶段，上市公司胜诉的案件有82件，败诉的案件有85件，胜诉率约为49.10%。再审阶段，上市公司胜诉的案件有20件，败诉的案件有14件，胜诉率约为58.82%。

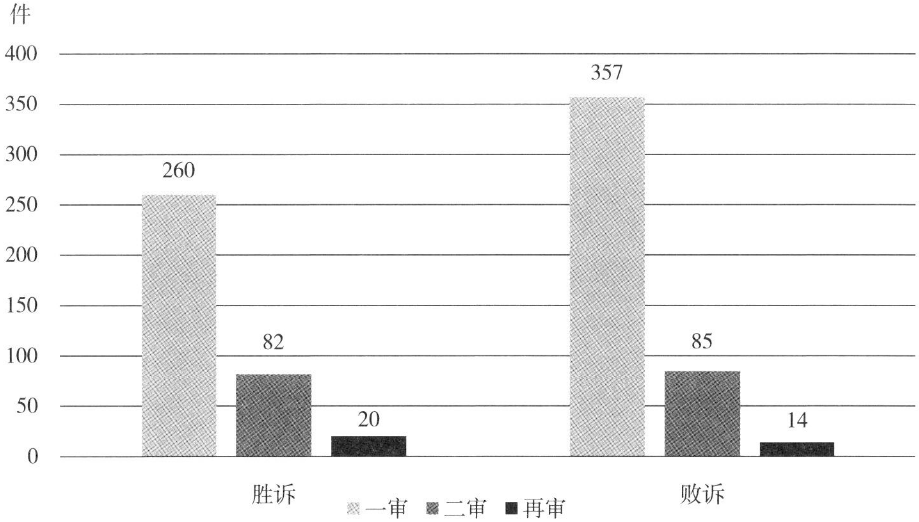

图2-198 电力、热力、燃气及水生产和供应业上市公司胜诉情况与诉讼阶段交叉分布情况

第十九节 建 筑 业

一、建筑业上市公司概况

建筑业，指国民经济中从事建筑安装工程的勘察、设计、施工以及对原有建筑物进行维修活动的物质生产部门。按照国民经济行业分类目录，作为国民经济十三门之一的建筑业，由以下三个大类组成：土木工程建筑业，线路、管道，设备安装业、勘察设计业。建筑业的职能主要是对各种建筑材料和构件、机器设备等进行建筑安装活动，为国民经济建造生产性与非生产性固定资产。

截至2021年第四季度，我国建筑业上市公司共计109家，从行业小类看，房屋建筑业上市公司2家、土木工程建筑业上市公司74家、建筑安装业上市公司2家、建筑装饰和其他建筑业上市公司31家。土木工程建筑业上市公司在建筑业上市公司中占据主流。从市场规模来看,我国上市公司建筑业的整体规模较小,其数量占全部上市公司的约2.32%。

二、建筑业行业政策和法律风险新动向

(一)建筑业行业政策新动向

2022年1月19日,住房和城乡建设部发布了《"十四五"建筑业发展规划》,阐明"十四五"时期建筑业发展的战略方向,提出2035年远景目标以及"十四五"时期发展目标,明确加快智能建造与新型建筑工业化协同发展、健全建筑市场运行机制、完善工程建设组织模式、完善工程质量安全保障体系、加快建筑业"走出去"步伐等七大主要任务,是行业发展的指导性文件。该规划提出7项主要任务:一是加快智能建造与新型建筑工业化协同发展;二是健全建筑市场运行机制;三是完善工程建设组织模式;四是培育建筑产业工人队伍;五是完善工程质量安全保障体系;六是稳步提升工程抗震防灾能力;七是加快建筑业"走出去"步伐。

(二)建筑业法律风险新动向

1.《高层民用建筑消防安全管理规定》

2021年6月21日,应急管理部制定了《高层民用建筑消防安全管理规定》,自2021年8月1日起施行。随着我国经济社会的快速发展,高层民用建筑数量剧增,据不完全统计,全国目前已有高层民用建筑75.6万幢,随之而来的消防安全问题日益突出,近年来火灾多发,造成大量人员伤亡和财产损失,消防安全形势十分严峻。该规定对高层民用建筑的消防安全职责、消防安全管理、消防宣传教育和灭火疏散预案、法律责任等方面作出了系统性规定。该规定的出台,进一步完善了我国消防法律法规体系,对防范化解高层民用建筑重大安全风险、落实各方消防安全责任、提升消防安全管理水平、预防火灾和减少火灾危害、最大限度地保护人民群众生命财产安全具有重要意义。

2.《关于加强超高层建筑规划建设管理的通知》

2021年10月22日,住房和城乡建设部、应急管理部联合发布《关于加强超高层建筑规划建设管理的通知》,通知明确:第一,从严控制建筑高度:各地要严格控制新建超高层建筑,一般不得新建超高层住宅。城区常住人口300万人以下城市严格限制新建150米以上超高层建筑,不得新建250米以上超高层建筑。城区常住人口300万人以上城市严格限制新建250米以上超高层建筑,不得新建500米以上超

高层建筑。各地相关部门审批 80 米以上住宅建筑、100 米以上公共建筑建设项目时，应征求同级消防救援机构意见，以确保与当地消防救援能力相匹配。第二，压紧夯实决策责任：城区常住人口 300 万人以下城市新建 150 米以上超高层建筑，城区常住人口 300 万人以上城市新建 250 米以上超高层建筑，作为重大公共建设项目报城市党委政府审定，实行责任终身追究。第三，深化细化评估论证：超高层建筑防灾避难场地应集中就近布置，人均面积不低于 1.5 平方米。加强超高层建筑节能管理，标准层平面利用率一般不低于 80%，绿色建筑水平不得低于三星级标准。第四，强化公共投资管理：严格控制城区常住人口 300 万人以下城市国有企事业单位投资建设 150 米以上超高层建筑，严格控制城区常住人口 300 万人以上城市国有企事业单位投资建设 250 米以上超高层建筑。

三、建筑业上市公司诉讼情况统计

本书以建筑业的 109 家上市公司为当事人检索案件，共收集 2021 年全国法院判决的各类司法判决书 1678 份，作为统计分析的样本。

（一）案件类型分布

1. 案件诉讼类型

从案件诉讼类型看，2021 年建筑业上市公司涉及的 1678 件案件，以民事诉讼为主，行政诉讼仅有 7 件，无刑事诉讼。

2. 案件案由种类

首先，诉讼案件案由的基本类型看，2021 年建筑业上市公司涉及的 1678 件案件主要集中在合同类纠纷中，具体分布情况如表 2－37 所示。

表 2－37　建筑业上市公司案件案由基本类型分布

案由基本类型	案件数量/件
物权纠纷	48
合同类纠纷	1322
侵权责任纠纷	86
知识产权纠纷	2
竞争法纠纷	8
公司法纠纷	29

续表

案由基本类型	案件数量/件
金融法纠纷	43
劳动法纠纷	124
其他民事纠纷	9
行政诉讼	7
刑事诉讼	0
合计	1678

其中，如图 2－199 所示，合同类纠纷案件共有 1322 件，约占全部案件总量的 78.78%；其余案由数量不多，占比较小。

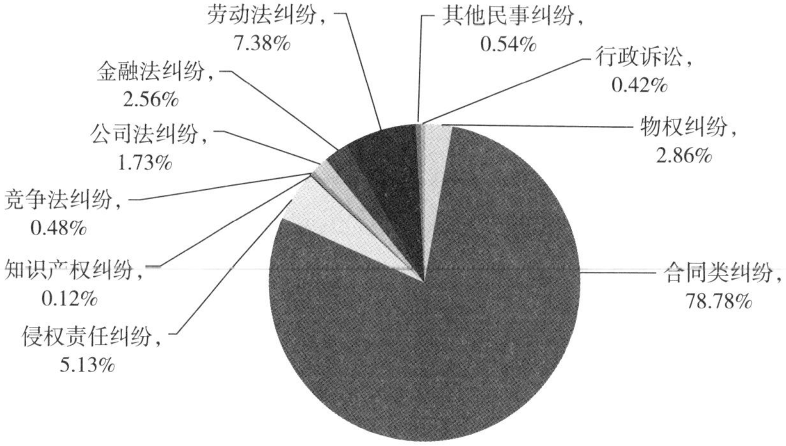

图 2－199　建筑业上市公司案由基本类型分布情况

其次，从案件的具体案由看，2021 年建筑业上市公司涉及的 1678 件案件以建设工程合同纠纷、买卖合同纠纷案件数量最多，其他种类案由呈分散化分布状态，其分布情况如表 2－38 所示。

表 2－38　建筑业上市公司案件具体案由分布

具体案由	案件数量/件
建设工程合同纠纷	561
买卖合同纠纷	340

续表

具体案由	案件数量/件
劳务合同纠纷	141
劳动合同纠纷	115
租赁合同纠纷	86
综合合同纠纷	57
承揽合同纠纷	52
提供劳务者受害责任纠纷	41
财产损害赔偿纠纷	33
借款合同纠纷	24
其他侵权责任纠纷	21
证券欺诈责任纠纷	15
票据追索权纠纷	14
高度危险责任纠纷	13
运输合同纠纷	12
股权转让纠纷	12
社会保险纠纷	8
其他不正当竞争纠纷	8
生命权、身体权、健康权纠纷	6
房屋买卖合同纠纷	6
建筑物和物件损害责任纠纷	6
其他合同纠纷	6
确认合同效力纠纷	5
排除妨害纠纷	4
债权人代位权纠纷	4
服务合同纠纷	4
追偿权纠纷	4

续表

具体案由	案件数量/件
独立保函欺诈纠纷	4
票据纠纷	4
修理、重作、更换纠纷	3
债权转让合同纠纷	3
不当得利纠纷	3
损害公司利益责任纠纷	3
破产债权确认纠纷	3
机动车交通事故责任纠纷	3
物权保护纠纷	3
名誉权纠纷	2
恢复原状纠纷	2
债务转移合同纠纷	2
保证合同纠纷	2
委托合同纠纷	2
物业服务合同纠纷	2
专利权权属、侵权纠纷	2
请求变更公司登记纠纷	2
损害公司债权人利益责任纠纷	2
人身保险合同纠纷	2
其他物权纠纷	2
行政确认	2
行政赔偿	2
商标行政管理	2
姓名权纠纷	1
返还原物纠纷	1

续表

具体案由	案件数量/件
临时用地合同纠纷	1
民事主体间房屋拆迁补偿合同纠纷	1
中介合同纠纷	1
牧业承包合同纠纷	1
离退休人员返聘合同纠纷	1
无因管理纠纷	1
挂靠经营合同纠纷	1
新增资本认购纠纷	1
公司决议纠纷	1
公司关联交易损害责任纠纷	1
清算责任纠纷	1
管理人责任纠纷	1
证券权利确认纠纷	1
财产保险合同纠纷	1
票据付款请求权纠纷	1
违反安全保障义务责任纠纷	1
非机动车交通事故责任纠纷	1
其他与公司有关的纠纷	1
独立保函纠纷	1
其他劳动争议、人事争议	1
其他行政管理	1

3. 案件地域分布

从案件地域分布看，2021 年建筑业上市公司涉及的 1678 件案件中，除了 15 件由最高人民法院审理之外，其他案件主要分布在广东省、北京市等地。其中，广东省案件最多，共 282 件；其次是北京市，共 140 件。具体分布情况如图 2 - 200 所示。

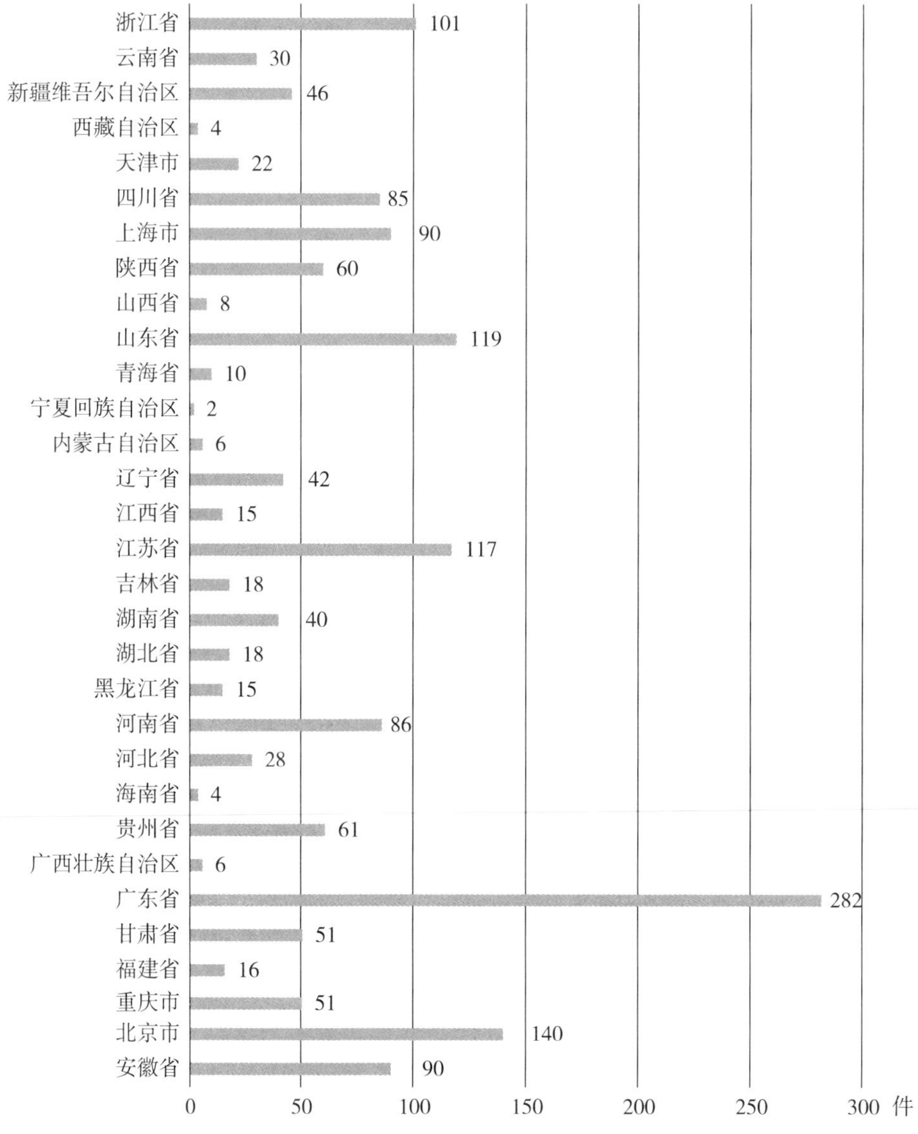

图 2－200 建筑业上市公司案件地域分布情况

（二）案件审理程序

1. 诉讼阶段

如图 2－201 所示，从诉讼阶段看，2021 年建筑业上市公司涉及的 1678 件案件中，一审案件 1079 件，占比约 64.30%；二审案件 549 件，占比约 32.72%；再审案件 50 件，占比约 2.98%。

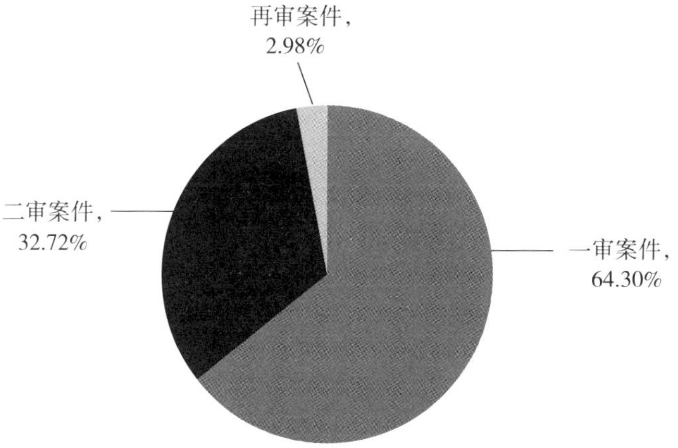

图 2 - 201　建筑业上市公司案件诉讼阶段分布情况

2. 法院层级

如图 2 - 202 所示，从法院层级看，2021 年建筑业上市公司涉及的 1678 件案件中，基层人民法院审结的案件 1051 件，占比约 62.63%；中级人民法院审结的案件 555 件，占比约 33.08%；高级人民法院审结的案件 57 件，占比约 3.40%；最高人民法院审结的案件 15 件，占比约 0.89%。

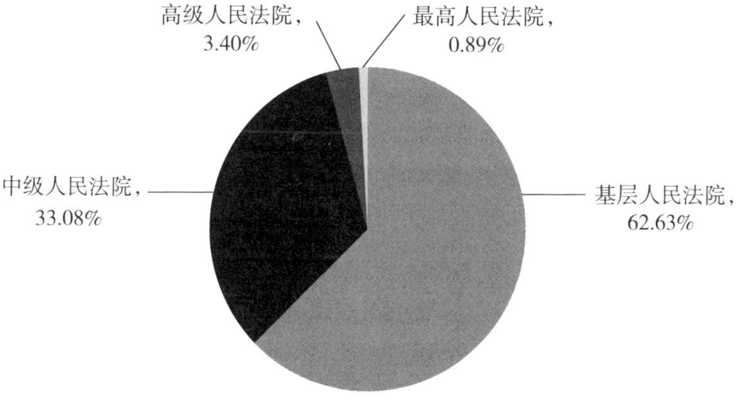

图 2 - 202　建筑业上市公司案件审理法院层级分布情况

（三）上市公司诉讼地位

如图 2 - 203 所示，从上市公司的诉讼地位看，2021 年建筑业上市公司涉及的 1678 件案件中，上市公司作为原告的案件有 464 件，占比约 27.65%；上市公司作为被告的案件有 1166 件，占比约 69.49%；除此之外，还有 48 件案件中上市公司以第三人的身份参与了诉讼,占比约 2.86% 。

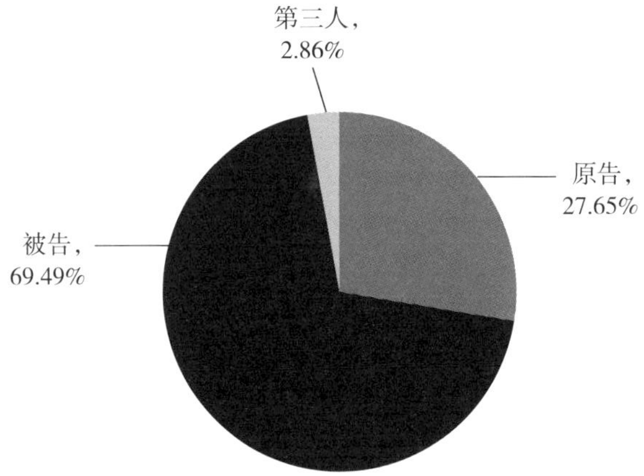

图 2－203　建筑业上市公司一审程序诉讼地位分布情况

(四)诉讼标的额

从诉讼案件的标的额看,2021 年建筑业上市公司涉及的有标的额可查的案件中,诉讼标的额数量分布情况如图 2－204 所示。总体来看,本行业诉讼标的额总额为 4,645,747,147.38 元,诉讼标的额最大为 592,440,400 元,行业平均诉讼标的额为 5,122,102.7 元。

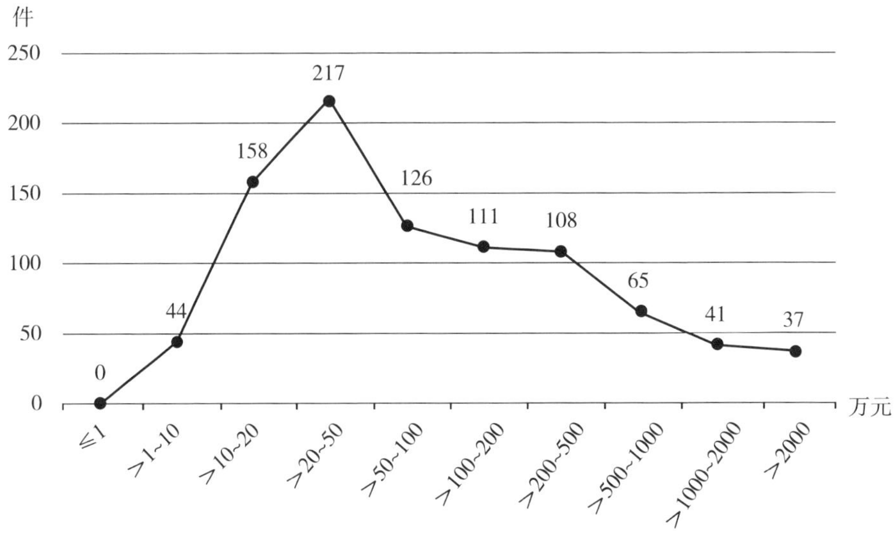

图 2－204　建筑业上市公司诉讼标的额分布情况

区分上述案件中上市公司的不同诉讼地位来看：建筑业上市公司作为原告涉及的案件中，诉讼标的额数量分布情况如图 2－205 所示。这部分案件的诉讼标的额总额为 2,581,531,845.52 元，平均诉讼标的额为 8,354,471.99 元。

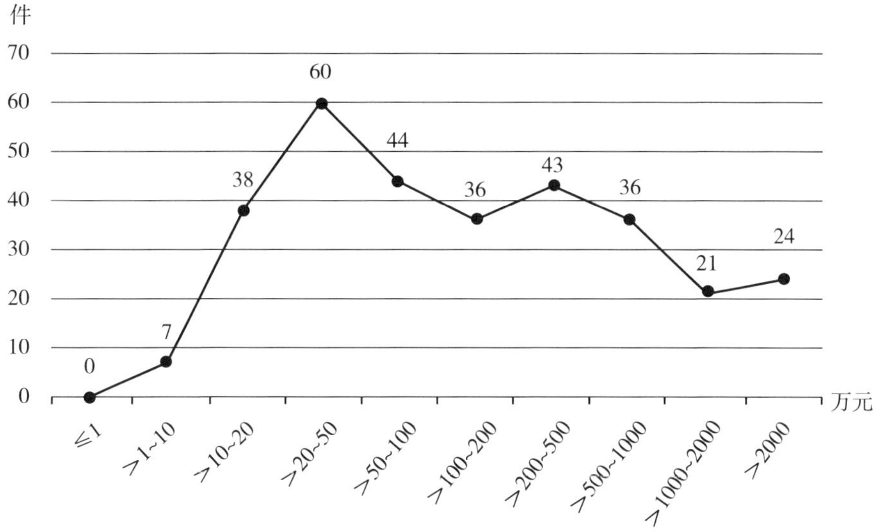

图 2－205　建筑业上市公司作为原告诉讼标的额分布情况

建筑业上市公司作为被告所涉及的案件中，诉讼标的额数量分布情况如图 2－206 所示。这部分案件的诉讼标的额总额为 1,909,133,897.82 元，平均诉讼标的额为 3,308,724.26 元。

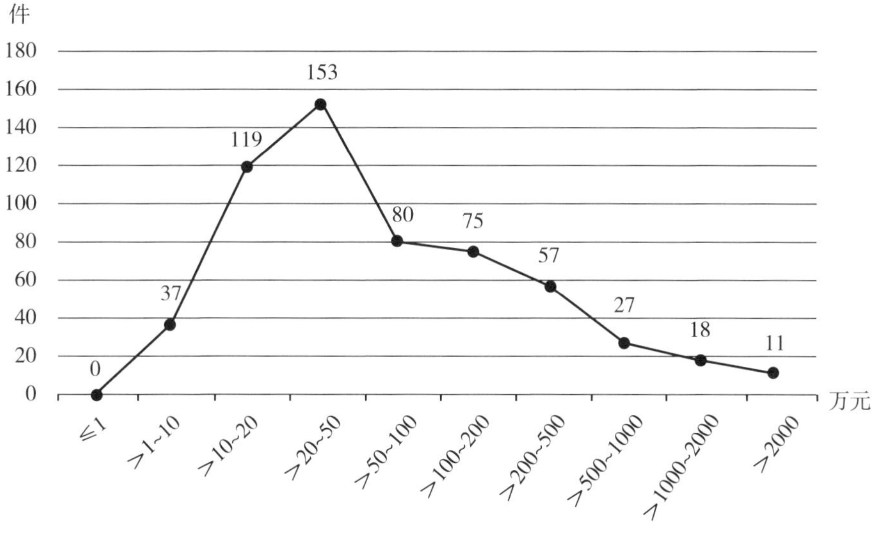

图 2－206　建筑业上市公司作为被告诉讼标的额分布情况

（五）诉讼结果和胜诉率

从总体上看，如图 2－207 所示，2021 年建筑业上市公司涉及的所有案件中，胜诉的案件有 1071 件、败诉的案件有 543 件、撤回起诉的案件有 2 件、撤回上诉的案件有 28 件、撤回再审申请的案件有 5 件、驳回起诉的案件有 13 件、驳回上诉的案件有 16 件。该行业上市公司胜诉的案件数量在全部案例中占比约 63.83%，如果排除撤诉等特殊情形，则该行业上市公司的总体胜诉率约为 66.36%。

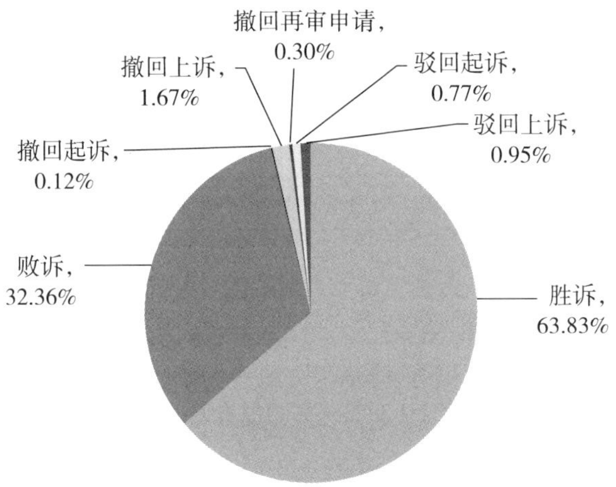

图 2－207　建筑业上市公司诉讼结果占比情况

如图 2－208 所示，具体到不同的诉讼地位，当建筑业上市公司为原告时，其胜诉的案件有 157 件，败诉的案件 289 件，胜诉率约为 35.20%，低于总体胜诉率；当建筑业上市公司为被告时，其胜诉的案件有 897 件，败诉的案件有 240 件，胜诉率约为 78.89%，高于总体胜诉率；当建筑业上市公司为第三人时，其胜诉的案件有 17 件，败诉的案件有 14 件，胜诉率约为 54.84%，低于总体胜诉率。

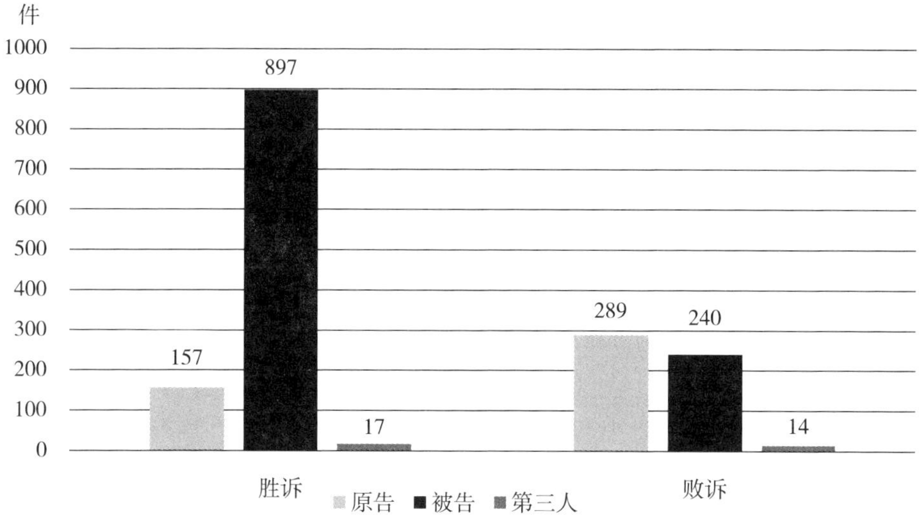

图 2－208 建筑业上市公司胜诉情况与诉讼地位交叉分布情况

如图 2－209 所示，具体到不同的诉讼阶段，一审阶段，建筑业上市公司胜诉的案件有 793 件，败诉的案件有 270 件，胜诉率约为 74.6%，基本等同总体胜诉率；二审阶段，上市公司胜诉的案件有 258 件，败诉的案件有 248 件，胜诉率为 50.99%；再审阶段，上市公司胜诉的案件有 20 件，败诉的案件有 25 件，胜诉率约为 44.44%。

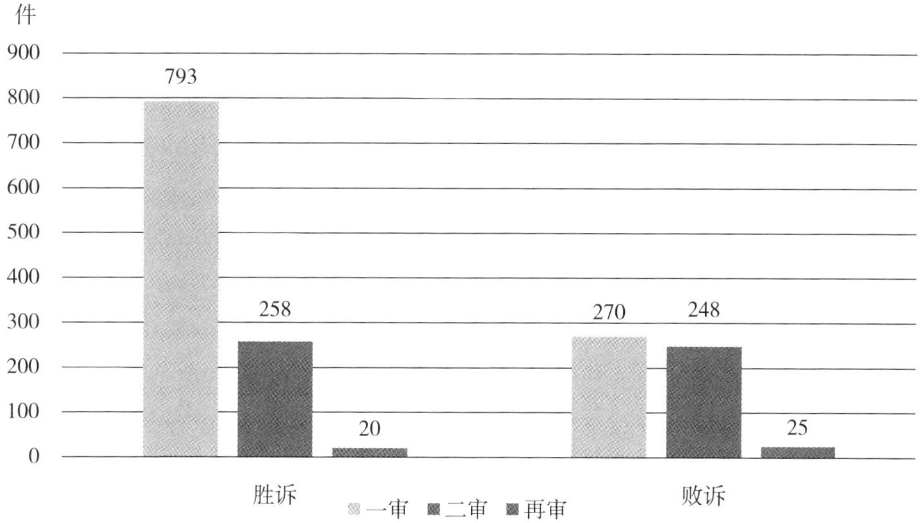

图 2－209 建筑业上市公司胜诉情况与诉讼阶段交叉分布情况

第二十节　批　发　业

一、批发业上市公司概况

批发业，是指向其他批发或零售单位（含个体经营者）及其他企事业单位、机关团体等批量销售生活用品、生产资料以及从事进出口贸易和贸易经纪与代理的活动，包括拥有货物所有权，并以本单位（公司）的名义进行交易活动，也包括不拥有货物的所有权，收取佣金的商品代理、商品代售活动；本类还包括各类商品批发市场中固定摊位的批发活动，以及以销售为目的的收购活动。

截至 2021 年第四季度，我国批发业上市公司共计 86 家。从市场规模看，我国上市公司中批发业的整体规模很小，其数量占全部上市公司的约 1.83%，可见在全国范围内具有较大市场影响力的批发业企业数量很少。

二、批发业行业政策和法律风险新动向

（一）批发业行业政策新动向

我国传统批发市场经过一代代的变革，发展至今，从第一代“马路市场”演变至如今的商城式市场，虽然在不断进步，但是面对如今“互联网＋”时代的到来，批发业的发展面临诸多压力。首先，传统批发业信息化程度很低，销售协同性差。传统批发行业在信息化销售管理上投入力度低，导致销售的协同性变差，从而小至客户流失，大则账目混乱，面临倒闭。其次，“线上＋线下”融合缓慢，导致流量转化难度大，造成了批发商的流量转化难度在逐步增大的困局。最后，批发链条过长，流通成本居高不下。我国的批发行业流通链条冗长是一直以来存在的问题，商品流通要经过数级经销商、代理商后最终流入终端，这中间的流通成本、物流成本层层加码，导致商品价格居高不下，也遏制了批发行业发展的空间。

从批发行业面临的现状和痛点来看，线下实体批发的销售已经逐步下降，批发行业的转型升级势在必行，“降本增效”将是批发行业的迫切需求。批发行业面临新挑战应当从以下角度尝试破局。第一，线下市场线上化。打造批发市场线上官方商城，将批发市场直接搬到网上，所有交易在线，可管、可控、可溯源，物流仓储信息化，产品、价格透明化，从实体渠道向全渠道进行转型。第二，缩短流通链条。通过搭建公开透明的线上批发平台，直面各地区小批发商、零售门店，为小批发商剔除传统流通环节中的上级层层代理商、大批发商，减少中间环节流通成本。第三，重塑

交易场景。批发也需要多元化、现代化的采购场景，才能带动交易。传统的批发市场大而全、多而杂，可以尝试开设精品批发展示店。第四，产品标准化。建立产品标准统一的批发集采平台，对各品类商品的品质进行统一标准制定和把控，这样既节省了采购商从参差不齐的各类批发商中选货的难题，也有利于带动行业的高质量发展。

（二）批发业法律风险新动向

2021 年 1 月 19 日，国家市场监督管理总局发布《关于进一步落实食用农产品批发市场食品安全查验要求的通知》，该通知要求，要严格落实冷链食品疫情防控要求，入场销售者采购、经营进口冷冻冷藏肉类（含水产品，下同）要严查“三证”，即检疫合格证明、核酸检测合格证明以及消毒单位出具的消毒证明。对进口冷冻冷藏肉类实施“三专”管理，即专用通道进货、专区存放、专区售卖，禁止与其他食品混放贮存和销售。做到“四个不得”，即没有检疫合格证明、核酸检测合格证明、消毒证明、追溯信息的均不得上市销售。相关企业亦应严格落实进口冷链食品疫情防控责任要求，严格遵守食用农产品批发市场食品安全查验的相关要求。

三、批发业上市公司诉讼情况统计

本书以批发业的 86 家上市公司为当事人检索案件，共收集 2021 年全国法院判决的各类司法判决书 109 份，作为统计分析的样本。

（一）案件类型分布

1. 案件诉讼类型

从案件诉讼类型看，2021 年批发业上市公司涉及的 109 件案件，以民事诉讼为主，行政诉讼仅有 4 件，无刑事诉讼。

2. 案件案由种类

首先，从诉讼案件案由的基本类型看，2021 年批发业上市公司涉及的 109 件案件主要集中在合同类纠纷中，具体分布情况如表 2－39 所示。

表 2－39 批发业上市公司案件案由基本类型分布

案由基本类型	案件数量/件
物权纠纷	4
合同类纠纷	81

续表

案由基本类型	案件数量/件
侵权责任纠纷	0
知识产权纠纷	0
竞争法纠纷	0
公司法纠纷	5
金融法纠纷	1
劳动法纠纷	13
其他民事纠纷	1
行政诉讼	4
刑事诉讼	0
合计	109

其中，如图2－210所示，合同类纠纷案件共有81件，约占全部案件总量的74.31%；其余案由数量不多，占比较小。

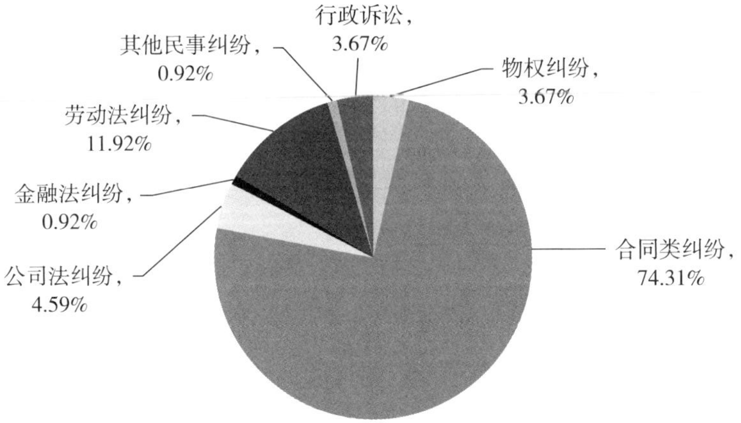

图2－210　批发业上市公司案由基本类型分布情况

其次，从案件的具体案由看，2021年批发业上市公司涉及的109件案件以买卖合同纠纷案件数量最多，其他种类案由呈分散化分布状态，其分布情况如表2－40所示。

表 2-40 批发业上市公司案件具体案由分布

具体案由	案件数量/件
买卖合同纠纷	37
借款合同纠纷	13
劳动合同纠纷	13
租赁合同纠纷	9
综合合同纠纷	8
委托合同纠纷	4
承揽合同纠纷	3
债权转让合同纠纷	2
房屋买卖合同纠纷	2
其他行政管理	2
法定继承纠纷	1
排除妨害纠纷	1
财产损害赔偿纠纷	1
土地承包经营权纠纷	1
民事主体间房屋拆迁补偿合同纠纷	1
建设工程合同纠纷	1
中介合同纠纷	1
股东资格确认纠纷	1
股权转让纠纷	1
损害公司债权人利益责任纠纷	1
公司解散纠纷	1
破产债权确认纠纷	1
票据付款请求权纠纷	1
物权保护纠纷	1
行政裁决	1
商标行政管理	1

3. 案件地域分布

从案件地域分布看，2021 年批发业上市公司涉及的 109 件案件地域分布较为分散。其中，山东省案件最多，共 14 件；其次是上海市，共 13 件。具体分布情况如图 2－211 所示。

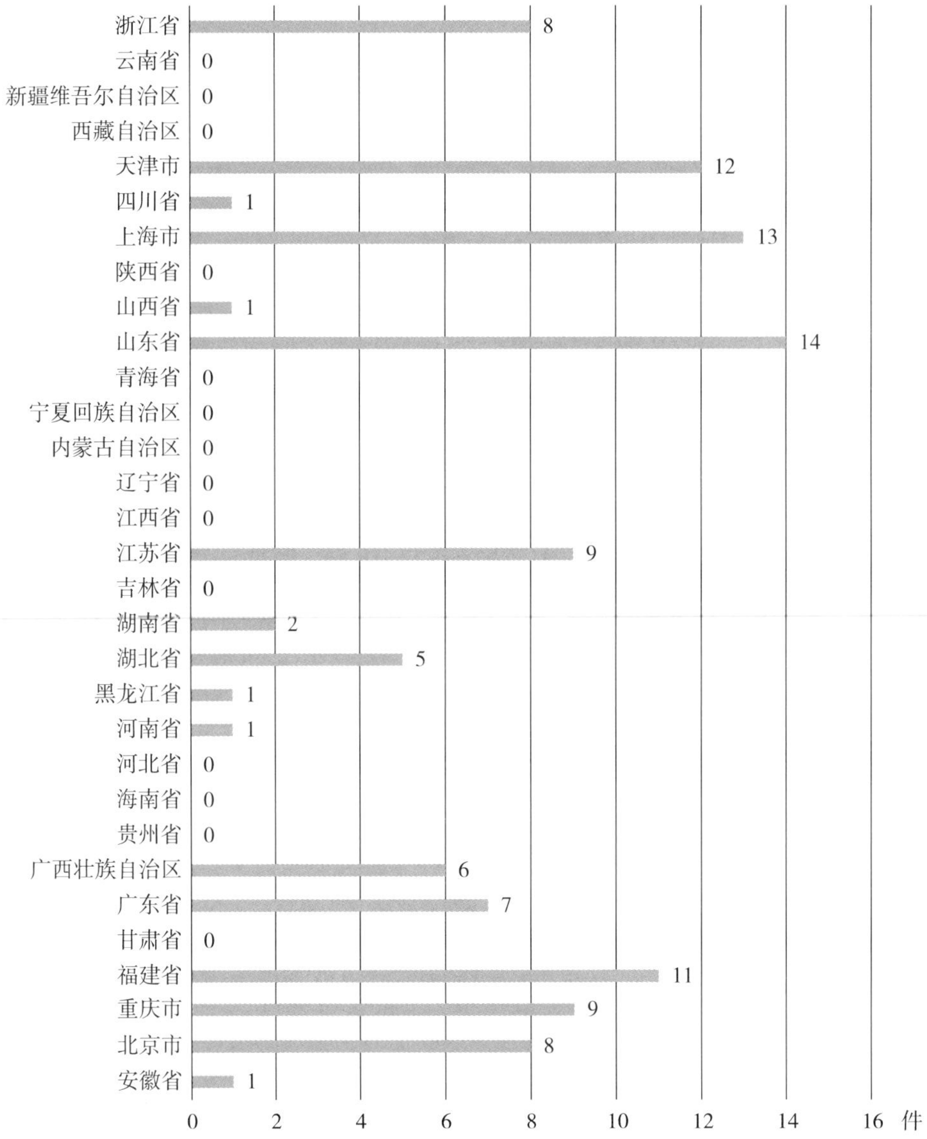

图 2－211 批发业上市公司案件地域分布情况

(二)案件审理程序

1. 诉讼阶段

如图 2－212 所示,从诉讼阶段看,2021 年批发业上市公司涉及的 109 件案件中,一审案件 62 件,占比约 56.88%;二审案件 37 件,占比约 33.94%;再审案件 10 件,占比约 9.18%。

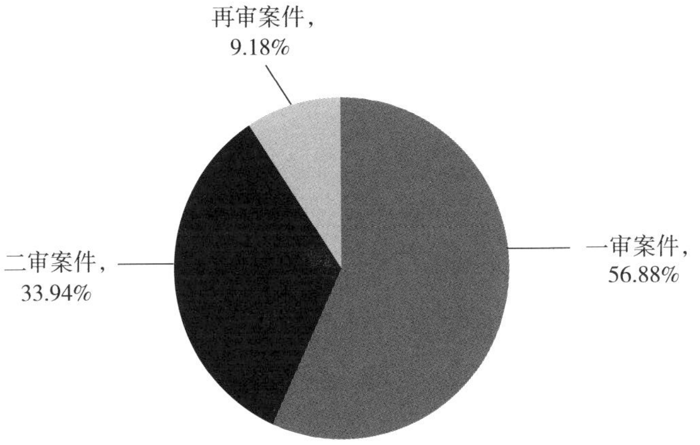

图 2－212 批发业上市公司案件诉讼阶段分布情况

2. 法院层级

如图 2－213 所示,从法院层级看,2021 年批发业上市公司涉及的 109 件案件中,基层人民法院审结的案件 55 件,占比约 50.46%;中级人民法院审结的案件 39 件,占比约 35.78%;高级人民法院审结的案件 15 件,占比约 13.76%;无最高人民法院审结的案件。

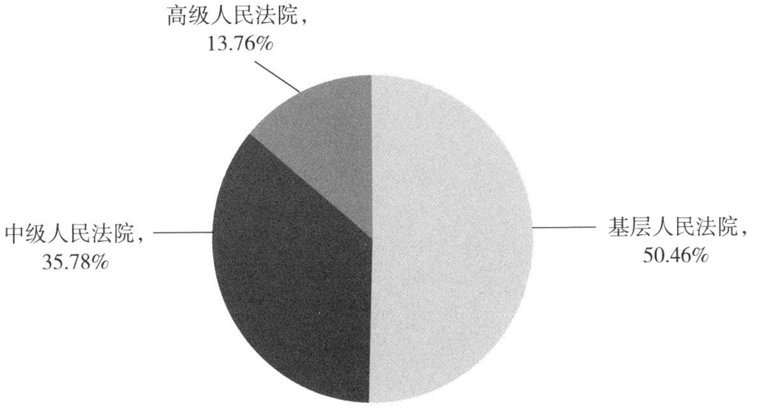

图 2－213 批发业上市公司案件审理法院层级分布情况

（三）上市公司诉讼地位

如图 2－214 所示，从上市公司的诉讼地位看，2021 年批发业上市公司涉及的 109 件案件中，上市公司作为原告的案件有 43 件，占比约 39.45%；上市公司作为被告的案件有 56 件，占比约 51.38%；除此之外，还有 10 件案件中上市公司以第三人的身份参与了诉讼，占比约 9.17%。

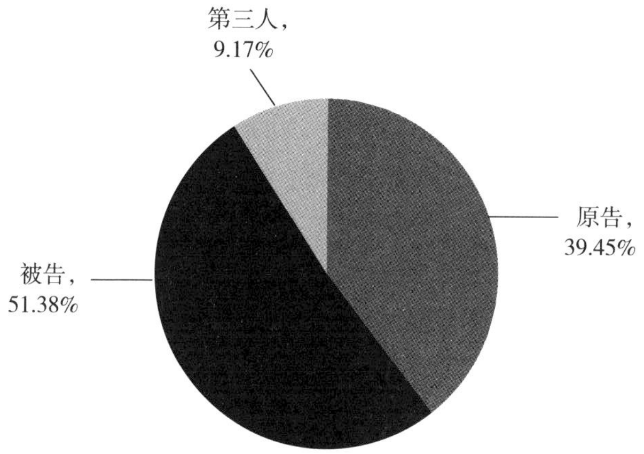

图 2－214　批发业上市公司一审程序诉讼地位分布情况

（四）诉讼标的额

从诉讼案件的标的额看，2021 年批发业上市公司涉及的有标的额可查的案件中，诉讼标的额数量分布情况如图 2－215 所示。总体来看，本行业诉讼标的额总额为 3,273,502,233.18 元，诉讼标的额最大为 2,590,222,000 元，行业平均诉讼标的额为 55,483,088.7 元。

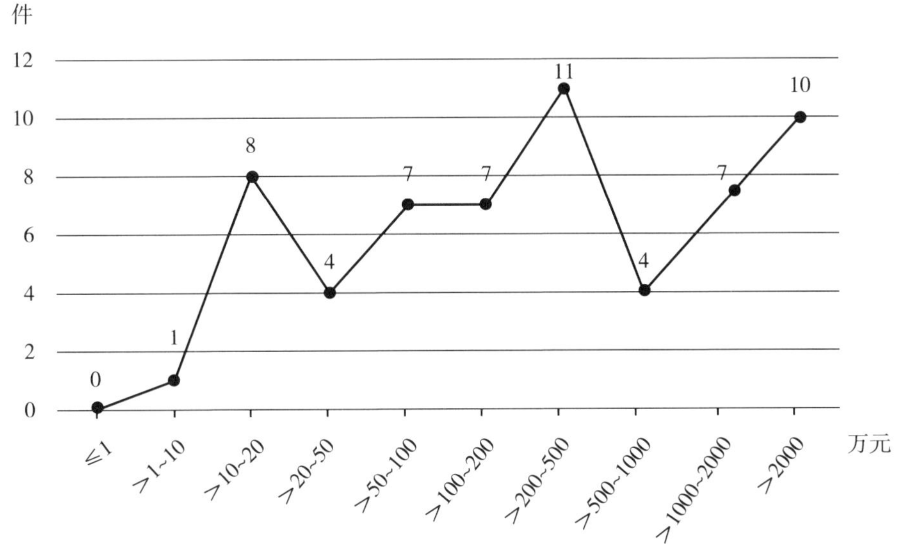

图 2－215　批发业上市公司诉讼标的额分布情况

区分上述案件中上市公司的不同诉讼地位来看：批发业上市公司作为原告涉及的案件中，诉讼标的额数量分布情况如图 2－216 所示。这部分案件的诉讼标的额总额为 269,015,936.16 元，平均诉讼标的额为 9,276,411.59 元。

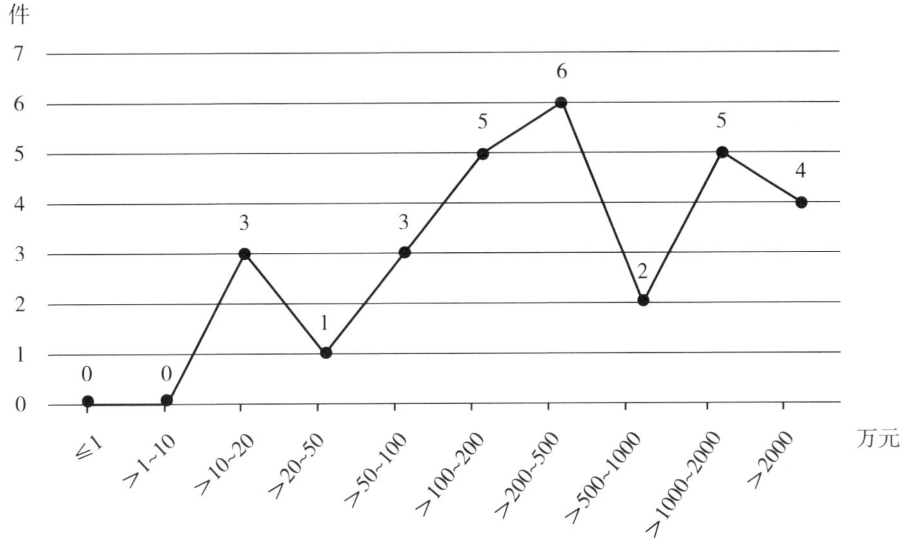

图 2－216　批发业上市公司作为原告诉讼标的额分布情况

批发业上市公司作为被告涉及的案件中，诉讼标的额数量分布情况如图2－217所示。这部分案件的诉讼标的额总额为2,971,621,987.5元，平均诉讼标的额为118,864,879.5元。

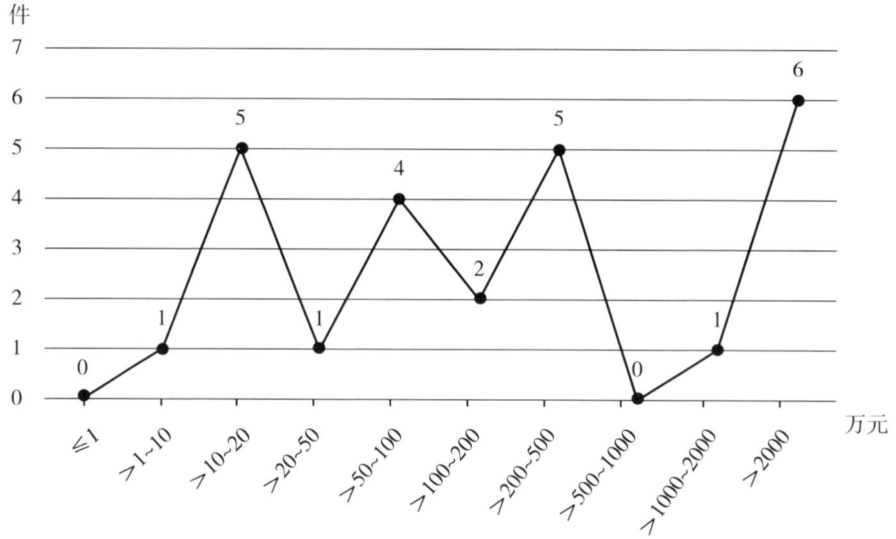

图2－217 批发业上市公司作为被告诉讼标的额分布情况

（五）诉讼结果和胜诉率

从总体上看，如图2－218所示，2021年批发业上市公司涉及的所有案件中，胜诉的案件有49件、败诉的案件有52件、撤回起诉的案件有2件、撤回上诉的案件有3件、驳回起诉的案件有2件、驳回上诉的案件有1件。该行业上市公司胜诉的案件数量在全部案件中占比约44.95%，如果排除撤诉等特殊情形，则该行业上市公司的总体胜诉率约为48.51%。

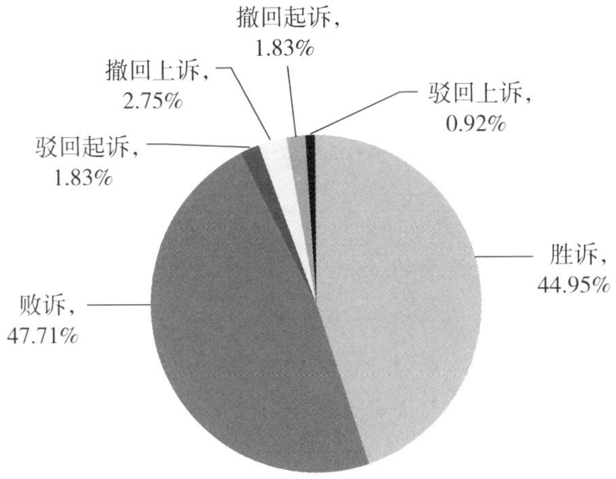

图 2－218　批发业上市公司诉讼结果占比情况

如图 2－219 所示，具体到不同的诉讼地位，当批发业上市公司为原告时，其胜诉的案件有 13 件，败诉的案件 29 件，胜诉率约为 30.95%，低于总体胜诉率；当批发业上市公司为被告时，其胜诉的案件有 34 件，败诉的案件有 20 件，胜诉率约为 62.92%，高于总体胜诉率；当批发业上市公司为第三人时，其胜诉的案件有 2 件，败诉的案件有 3 件，胜诉率为 40.00%，低于总体胜诉率。

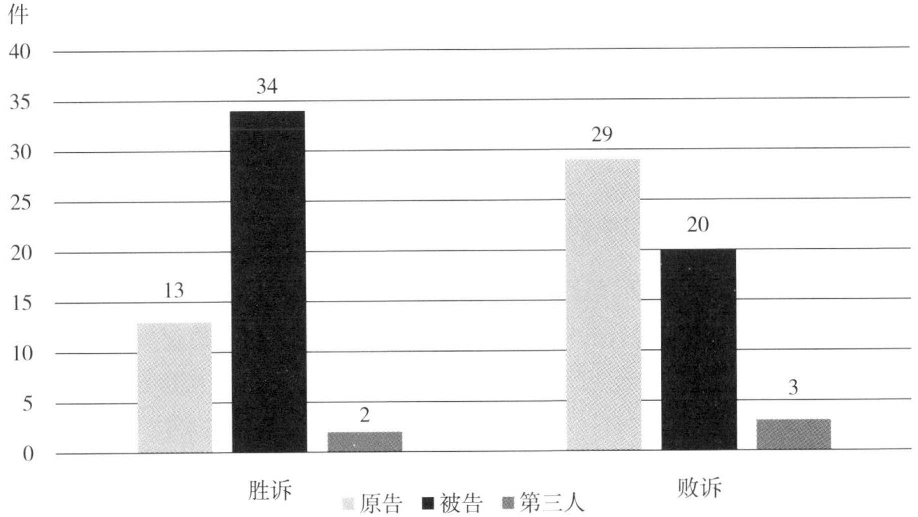

图 2－219　批发业上市公司胜诉情况与诉讼地位交叉分布情况

如图 2－220 所示，具体到不同的诉讼阶段，一审阶段，批发业上市公司胜诉的案件有 27 件，败诉的案件有 30 件，胜诉率约为 47.37%，基本等同总体胜诉率；二审阶段，上市公司胜诉的案件有 17 件，败诉的案件有 17 件，胜诉率为 50.00%。再审阶段，上市公司胜诉的案件有 5 件，败诉的案件有 5 件，胜诉率为 50.00%。

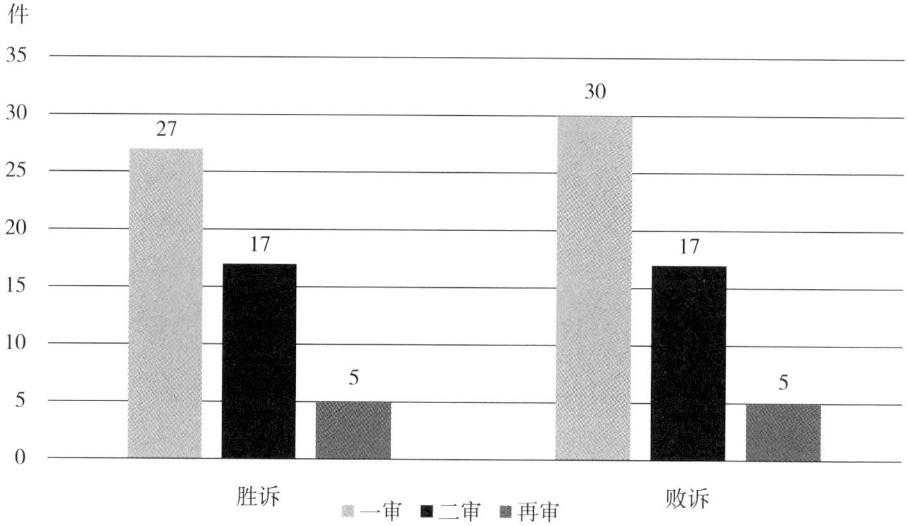

图 2－220　批发业上市公司胜诉情况与诉讼阶段交叉分布情况

第二十一节　零　售　业

一、零售业上市公司概况

零售业，是指百货商店、超级市场、专门零售商店、品牌专卖店、售货摊等主要面向最终消费者（如居民等）开展销售活动，以互联网、邮政、电话、售货机等方式开展销售活动，以及在同一地点，后面加工生产，前面销售形式进行销售活动（如面包房）的行业。谷物、种子、饲料、牲畜、矿产品、生产用原料、化工原料、农用化工产品、机械设备（乘用车、计算机及通信设备除外）等生产资料的销售不属于零售活动。多数零售商对其销售的货物拥有所有权，有些则是充当委托人的代理人，进行委托销售或以收取佣金的方式进行销售。

截至 2021 年第四季度，我国零售业上市公司共计 101 家。从市场规模看，我国上市公司中零售业的整体规模很小，其数量占全部上市公司的约 2.15%。

二、零售业行业政策和法律风险新动向

(一)零售业行业政策新动向

根据国务院 2022 年 5 月 24 日下发的《关于印发扎实稳住经济一揽子政策措施的通知》,国家将进一步加大增值税留抵退税政策力度。在已出台的制造业、科学研究和技术服务业、电力热力燃气及水生产和供应业、软件和信息技术服务业、生态保护和环境治理业、民航交通运输仓储和邮政业 6 个行业企业的存量留抵税额全额退还、增量留抵税额按月全额退还基础上,研究将批发和零售业,农、林、牧、渔业,住宿和餐饮业,居民服务、修理和其他服务业,教育,卫生和社会工作,文化、体育和娱乐业 7 个行业企业纳入按月全额退还增量留抵税额、一次性全额退还存量留抵税额政策范围,并抓紧办理小微企业、个体工商户留抵退税并加大帮扶力度。

(二)零售业法律风险新动向

在新型冠状肺炎疫情的影响下,传统接触式线下零售模式受到影响,但是,以网络购物、移动支付、线上线下融合等新业态新模式为特征的新型零售业态却迅速发展。为应对零售行业新业态带来的监管短板,2020 年 9 月 16 日,国务院办公厅出台《关于以新业态新模式引领新型消费加快发展的意见》,指出要完善跨部门协同监管机制,实现线上线下协调互补、市场监管与行业监管联结互动,加大对销售假冒伪劣商品、侵犯知识产权、虚假宣传、价格欺诈、泄露隐私等行为的打击力度。零售行业上市公司应格外注重上述风险,加强内控和合规,避免因此导致的纠纷。

三、零售业上市公司诉讼情况统计

本书以零售业的 101 家上市公司为当事人检索案例,共收集 2021 年全国法院判决的各类司法判决书 929 份,作为统计分析的样本。

(一)案件类型分布

1. 案件诉讼类型

从案件诉讼类型看,2021 年零售业上市公司涉及的 929 件案件,以民事诉讼为主,行政诉讼有 20 件,刑事诉讼有 1 件。

2. 案件案由种类

首先,从诉讼案件案由的基本类型看,2021 年零售业上市公司涉及的 929 件案件主要集中在合同类纠纷、知识产权纠纷、劳动法纠纷三类中,具体分布情况如表

2－41 所示。

表 2－41　零售业上市公司案件案由基本类型分布

案由基本类型	案件数量/件
物权纠纷	43
合同类纠纷	446
侵权责任纠纷	41
知识产权纠纷	150
竞争法纠纷	84
公司法纠纷	8
金融法纠纷	3
劳动法纠纷	122
其他民事纠纷	11
行政诉讼	20
刑事诉讼	1
合计	929

其中，如图 2－221 所示，合同类纠纷案件共有 446 件，约占全部案件总量的 48.01%；知识产权纠纷有 150 件，约占全部案件总量的 16.15%；劳动法纠纷共有 122 件，约占全部案件总量的 13.13%；其他类型的纠纷数量不多，占比较小。

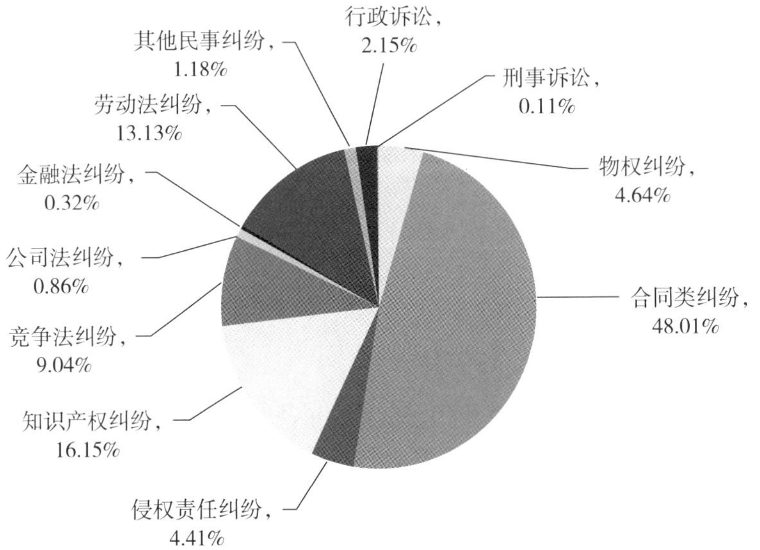

图 2－221　零售业上市公司案由基本类型分布情况

其次，从案件的具体案由看，2021年零售业上市公司所涉及的929件案件以租赁合同纠纷和劳动合同纠纷案件数量最多，其他种类案由呈分散化分布状态，其分布情况如表2-42所示。

表2-42　零售业上市公司案件具体案由分布

具体案由	案件数量/件
租赁合同纠纷	205
劳动合同纠纷	120
买卖合同纠纷	93
商标权权属、侵权纠纷	92
其他不正当竞争纠纷	83
综合合同纠纷	49
著作权权属、侵权纠纷	39
财产损害赔偿纠纷	37
服务合同纠纷	33
产品责任纠纷	25
借款合同纠纷	19
专利权权属、侵权纠纷	16
建设工程合同纠纷	15
商标行政管理	14
生命权、身体权、健康权纠纷	7
融资租赁合同纠纷	5
名誉权纠纷	4
不当得利纠纷	4
提供劳务者受害责任纠纷	4
违反安全保障义务责任纠纷	4
其他侵权责任纠纷	4
其他合同纠纷	4
返还原物纠纷	3
物业服务合同纠纷	3
股权转让纠纷	3
其他行政管理	3
房屋买卖合同纠纷	2

续表

具体案由	案件数量/件
抵押合同纠纷	2
承揽合同纠纷	2
特许经营合同纠纷	2
联营合同纠纷	2
网络侵权责任纠纷	2
机动车交通事故责任纠纷	2
物权保护纠纷	2
其他劳动争议、人事争议	2
行政复议	2
物权确认纠纷	1
确认合同效力纠纷	1
债权人代位权纠纷	1
民事主体间房屋拆迁补偿合同纠纷	1
供用热力合同纠纷	1
保证合同纠纷	1
委托合同纠纷	1
演出合同纠纷	1
劳务合同纠纷	1
广告合同纠纷	1
追偿权纠纷	1
仿冒纠纷	1
股东资格确认纠纷	1
公司盈余分配纠纷	1
管理人责任纠纷	1
证券欺诈责任纠纷	1
财产保险合同纠纷	1
票据纠纷	1
其他知识产权纠纷	1
行政处罚	1
放火罪	1

3. 案件地域分布

从案件地域分布看,2021 年零售业上市公司涉及的 929 件案件中,除了 15 件由最高人民法院审理之外,其他案件主要分布在辽宁省、山东省、广东省等地。其中,辽宁省案件最多,共 205 件;其次是山东省,共 122 件。具体分布情况如图 2 - 222 所示。

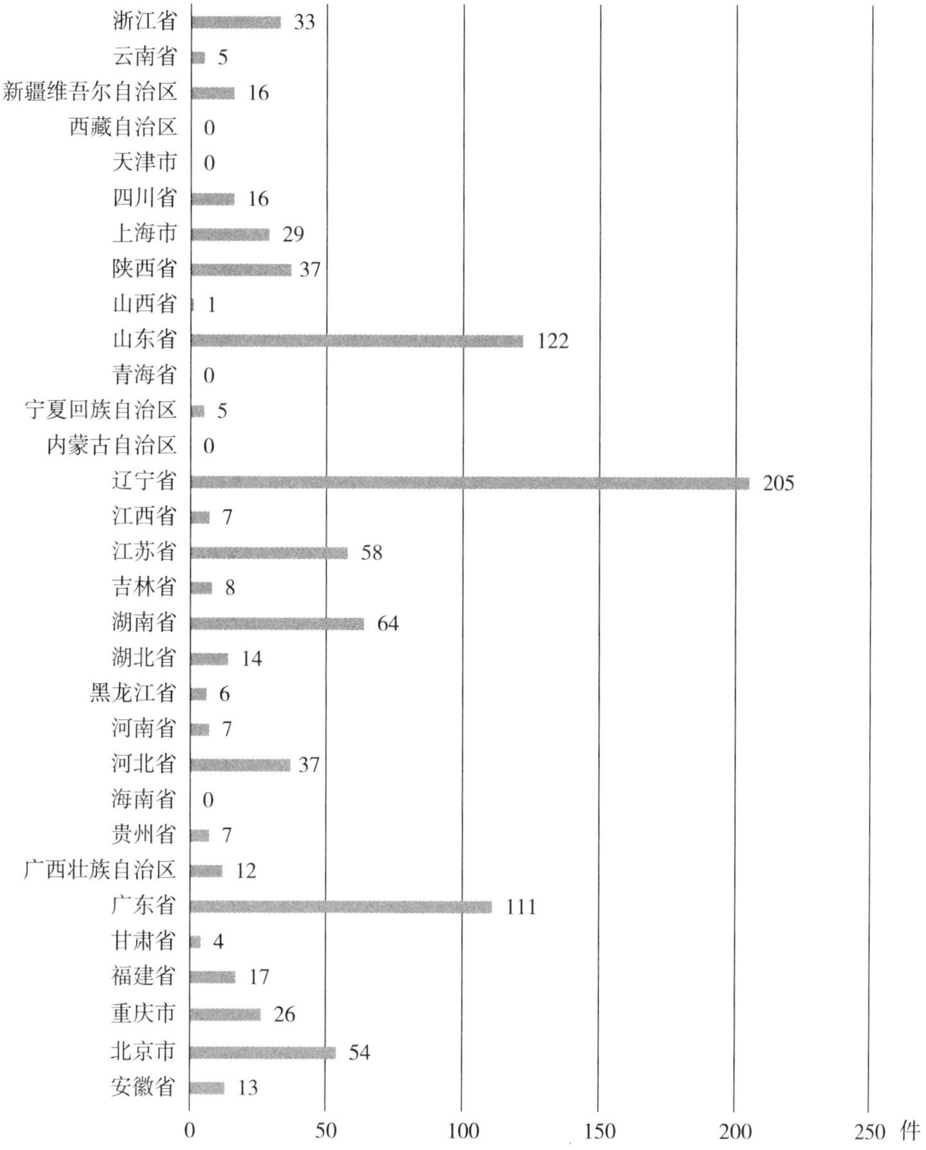

图 2 - 222 零售业上市公司案件地域分布情况

（二）案件审理程序

1. 诉讼阶段

如图 2－223 所示，从诉讼阶段看，2021 年零售业上市公司涉及的 929 件案件中，一审案件 507 件，占比约 54.57%；二审案件 373 件，占比约 40.15%；再审案件 49 件，占比约 5.28%。

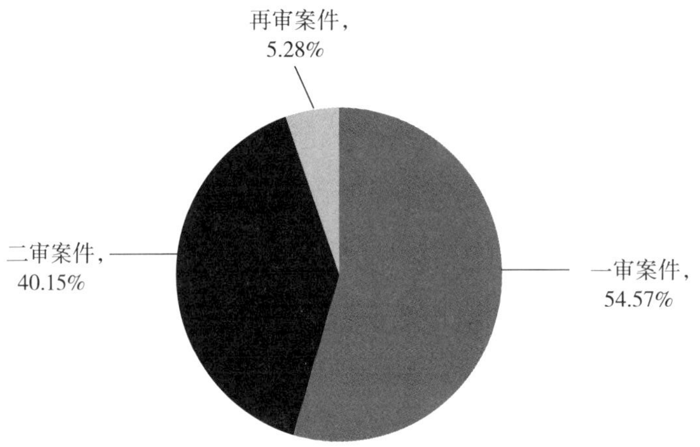

图 2－223 零售业上市公司案件诉讼阶段分布情况

2. 法院层级

如图 2－224 所示，从法院层级看，2021 年零售业上市公司涉及的 929 件案件中，基层人民法院审结的案件 410 件，占比约 44.13%；中级人民法院审结的案件 439 件，占比约 47.26%；高级人民法院审结的案件 65 件，占比约 7.00%；最高人民法院审结的案件 15 件，占比约 1.61%。

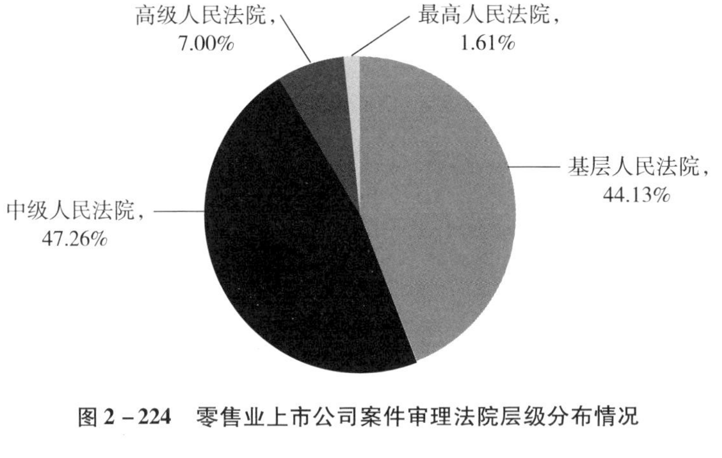

图 2－224 零售业上市公司案件审理法院层级分布情况

（三）上市公司诉讼地位

如图 2－225 所示，从上市公司的诉讼地位看，2021 年零售业上市公司涉及的 929 件案件中，上市公司作为原告的案件有 476 件，占比约 51.24%；上市公司作为被告的案件有 429 件，占比约 46.18%；除此之外，还有 24 件案件中上市公司以第三人的身份参与了诉讼，占比约 2.58%。

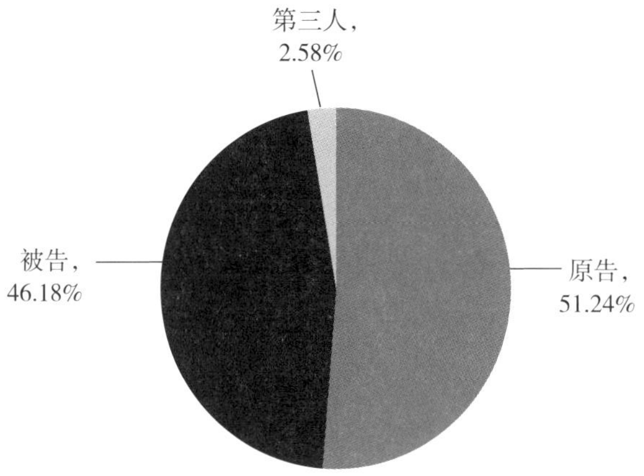

图 2－225　零售业上市公司一审程序诉讼地位分布情况

（四）诉讼标的额

从诉讼案件的标的额看，2021 年零售业上市公司涉及的有标的额可查的案件中，诉讼标的额数量分布情况如图 2－226 所示。总体来看，本行业诉讼标的额总额为 1,864,489,582.15 元，诉讼标的额最大为 510,976,840 元，行业平均诉讼标的额约为 5,164,791.08 元。

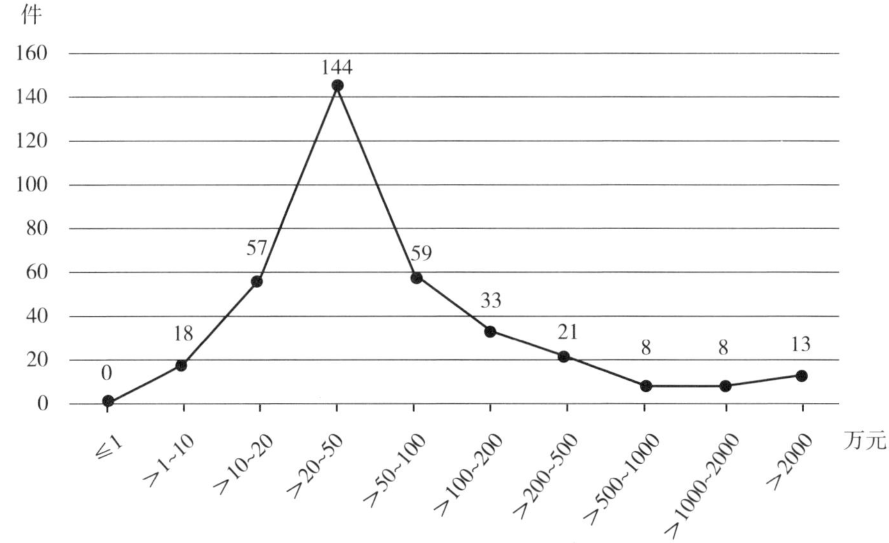

图 2 - 226　零售业上市公司诉讼标的额分布情况

区分上述案件中上市公司的不同诉讼地位来看:零售业上市公司作为原告涉及的案件中,诉讼标的额数量分布情况如图 2 - 227 所示。这部分案件的诉讼标的额总额为 286,782,017.49 元,平均诉讼标的额为 1,315,513.84 元。

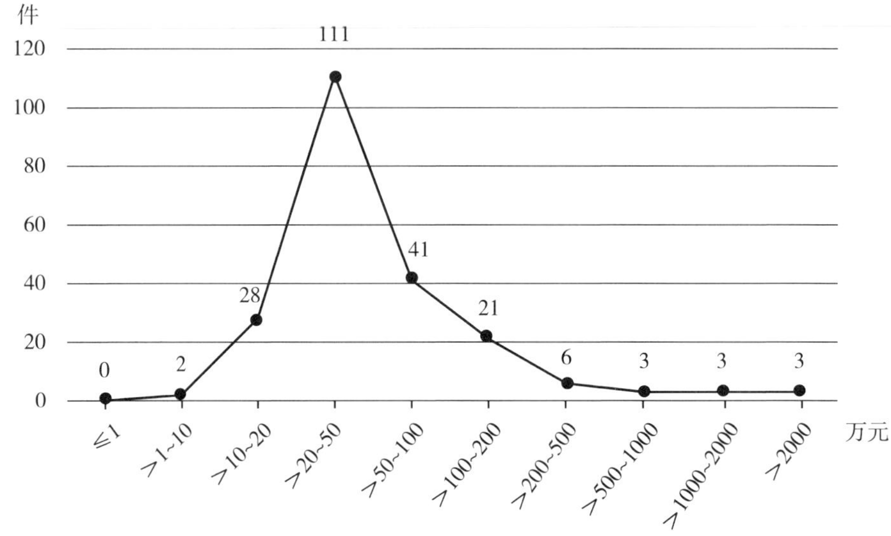

图 2 - 227　零售业上市公司作为原告诉讼标的额分布情况

零售业上市公司作为被告涉及的案件中，诉讼标的额数量分布情况如图 2－228 所示。这部分案件的诉讼标的额总额为 1,297,344,401.33 元，平均诉讼标的额为 9,754,469.18 元。

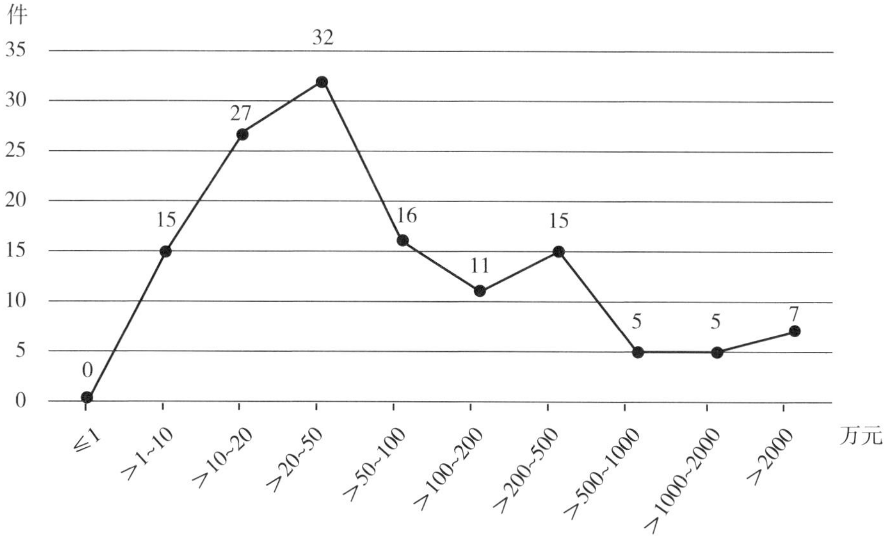

图 2－228 零售业上市公司作为被告诉讼标的额分布情况

（五）诉讼结果和胜诉率

从总体上看，如图 2－229 所示，2021 年零售业上市公司涉及的所有案件中，胜诉的案件有 504 件、败诉的案件有 391 件、撤回起诉的案件有 1 件、撤回上诉的案件有 12 件、撤回再审申请的案件有 1 件、驳回起诉的案件有 8 件、驳回上诉的案件有 11 件、发回重审的案件有 1 件。该行业上市公司胜诉的案件数量在全部案件中占比约 54.25%，如果排除撤诉等特殊情形，则该行业上市公司的总体胜诉率约为 56.31%。

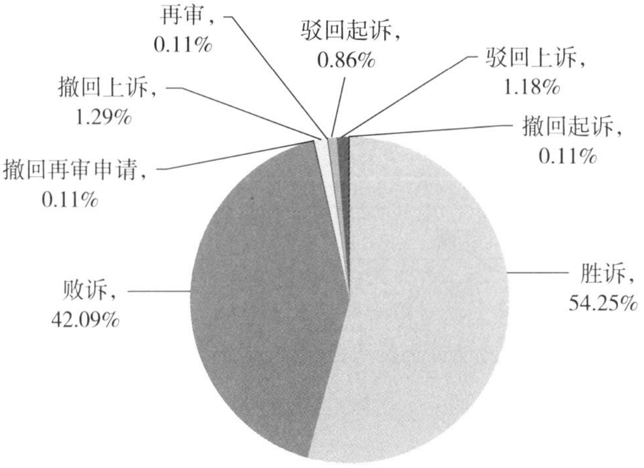

图 2－229　零售业上市公司诉讼结果占比情况

如图 2－230 所示，具体到不同的诉讼地位，当零售业上市公司为原告时，其胜诉的案件有 171 件，败诉的案件 299 件，胜诉率约为 36.38%，低于总体胜诉率；当零售业上市公司为被告时，其胜诉的案件有 331 件，败诉的案件有 83 件，胜诉率约为 79.95%，远高于总体胜诉率；当零售业上市公司为第三人时，其胜诉的案件有 2 件，败诉的案件有 9 件，胜诉率约为 18.18%，大大低于总体胜诉率。

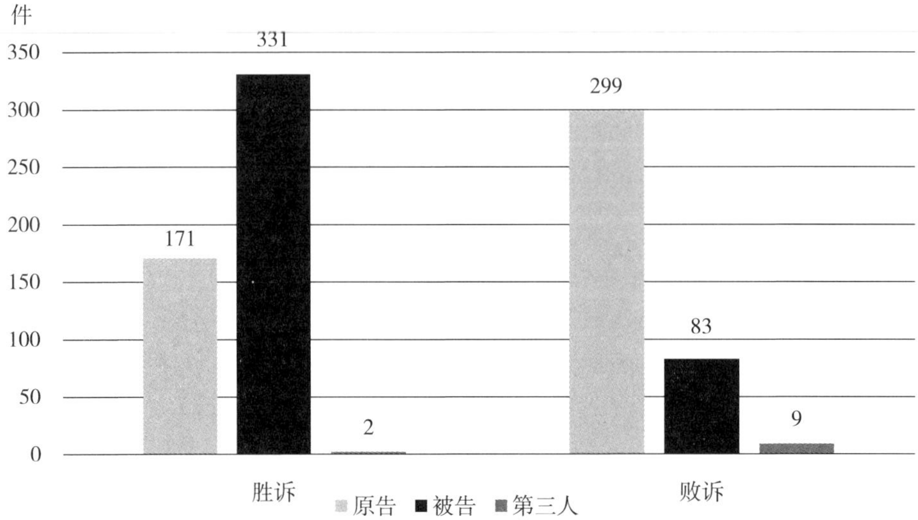

图 2－230　零售业上市公司胜诉情况与诉讼地位交叉分布情况

如图 2－231 所示，具体到不同的诉讼阶段，一审阶段，零售业上市公司胜诉的案件有 302 件，败诉的案件有 195 件，胜诉率约为 60.76%，高于总体胜诉率；二审阶段，上市公司胜诉的案件有 178 件，败诉的案件有 172 件，胜诉率约为 50.86%，略低于总体胜诉率；再审阶段，上市公司胜诉和败诉的案件各有 24 件，胜诉率为 50.00%。

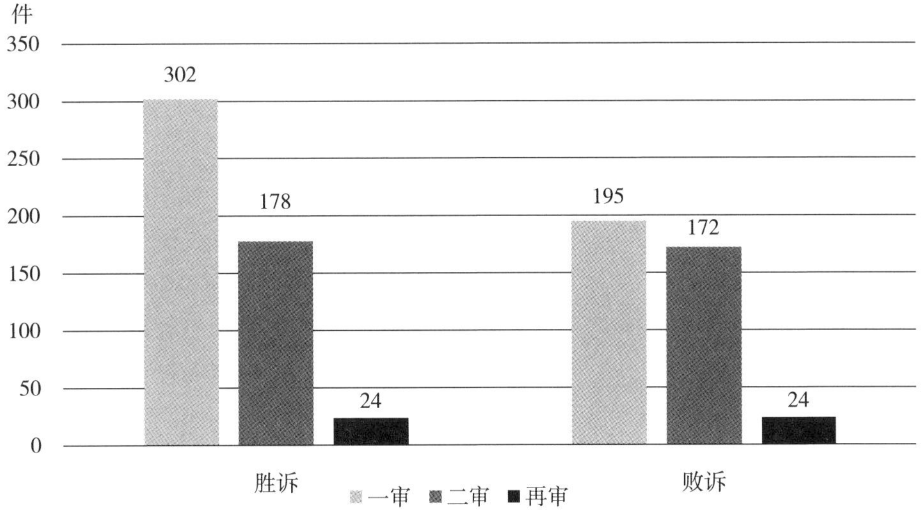

图 2－231　零售业上市公司胜诉情况与诉讼阶段交叉分布情况

第二十二节　交通运输、仓储、邮政、住宿和餐饮业

一、交通运输、仓储、邮政、住宿和餐饮业上市公司概况

交通运输、仓储、邮政、住宿和餐饮业属于服务业。交通运输、仓储、邮政业又细分为交通运输业、道路运输业、水上运输业、航空运输业、管道运输业、多式联运和运输代理业、专业搬运和仓储业、邮政业；住宿和餐饮业又细分为住宿业与餐饮业。住宿业，指为旅行者提供短期留宿场所活动的行业，有些单位只提供住宿，也有些单位提供集住宿、饮食、商务、娱乐于一体的服务，本类不包括主要按月或按年长期出租房屋住所的活动。餐饮业，指通过即时制作加工、商业销售和服务性劳动等活动，向消费者提供食品和消费场所及设施的服务。

截至 2021 年第四季度，我国交通运输、仓储、邮政、住宿和餐饮业上市公司共计 118 家，从行业小类看，铁路运输业上市公司 6 家、道路运输业上市公司 35 家、水上运输业上市公司 30 家、航空运输业上市公司 14 家、装卸搬运和其他运输代理业上市公司 10 家、仓储业上市公司 9 家、邮政业上市公司 5 家、住宿业上市公司 6 家、餐饮业上市公司 3 家。道路运输业上市公司在交通运输、仓储、邮政、住宿和餐饮业上市公司中占据主流地位。从市场规模看，我国上市公司中交通运输、仓储、邮政、住宿和餐饮业的整体规模较小，其数量占上市公司的约 2.51%。

二、交通运输、仓储、邮政、住宿和餐饮业行业政策和法律风险新动向

（一）交通运输、仓储、邮政、住宿和餐饮业行业政策新动向

根据国务院 2021 年 2 月 2 日发布的《关于加快建立健全绿色低碳循环发展经济体系的指导意见》，国家提倡提高服务业绿色发展水平，促进商贸企业绿色升级，培育一批绿色流通主体。具体而言，在交通运输、仓储、邮政、住宿和餐饮业行业领域，鼓励有序发展出行、住宿等领域共享经济，规范发展闲置资源交易。加快信息服务业绿色转型，做好大中型数据中心、网络机房绿色建设和改造，建立绿色运营维护体系。推进会展业绿色发展，指导制定行业相关绿色标准，推动办展设施循环使用。推动汽修、装修装饰等行业使用低挥发性有机物含量原辅材料。倡导酒店、餐饮等行业不主动提供一次性用品。

（二）交通运输、仓储、邮政、住宿和餐饮业法律风险新动向

在交通运输、仓储、邮政、住宿和餐饮业领域，2021 年 1 月 6 日，国家铁路局发布了修订的《铁路运输企业准入许可实施细则》，此次修订的目的在于深化铁路行业改革和推进铁路市场化改革有关要求，促进铁路运输业务市场主体多元化发展。根据该实施细则的规定，申请铁路运输许可的企业应当具备下列条件：(1)拥有符合规划和国家标准的铁路基础设施的所有权或者使用权；(2)拥有符合国家标准、行业标准以及满足运输规模需要数量的机车车辆的所有权或者使用权；(3)生产作业和管理人员符合铁路运输岗位标准、具备相应从业资格，且其数量满足运输规模需要；(4)具有符合法律法规规定的安全生产管理机构或者安全管理人员，以及安全生产管理制度和应急预案；(5)具有铁路运输相关的组织管理办法、服务质量标准、生产作业规范。公民、法人或者其他组织未经行政许可，擅自从事铁路运输营业的，铁路监管部门应当依法采取措施予以制止。

三、交通运输、仓储、邮政、住宿和餐饮业上市公司诉讼情况统计

本书以交通运输、仓储、邮政、住宿和餐饮业的 118 家上市公司为当事人检索案

件,共收集 2021 年全国法院判决的各类司法判决书 554 份,作为统计分析的样本。

(一)案件类型分布

1. 案件诉讼类型

从案件诉讼类型看,2021 年交通运输、仓储、邮政、住宿和餐饮业上市公司涉及的 554 件案件,以民事诉讼为主,行政诉讼有 1 件,无刑事诉讼。

2. 案件案由种类

首先,从诉讼案件案由的基本类型看,2021 年交通运输、仓储、邮政、住宿和餐饮业上市公司涉及的 554 件案件主要集中在合同类纠纷、劳动法纠纷两类中,具体分布情况如表 2 - 43 所示。

表 2 - 43 交通运输、仓储、邮政、住宿和餐饮业上市公司案件案由基本类型分布

案由基本类型	案件数量/件
物权纠纷	26
合同类纠纷	187
侵权责任纠纷	85
知识产权纠纷	12
竞争法纠纷	3
公司法纠纷	18
金融法纠纷	83
劳动法纠纷	105
其他民事纠纷	34
行政诉讼	1
刑事诉讼	0
合计	554

其中,如图 2 - 232 所示,合同类纠纷案件共有 187 件,约占全部案件总量的 33.75%;劳动法纠纷共有 105 件,约占全部案件总量的 18.95%;其他类型的纠纷数量不多,占比较小。

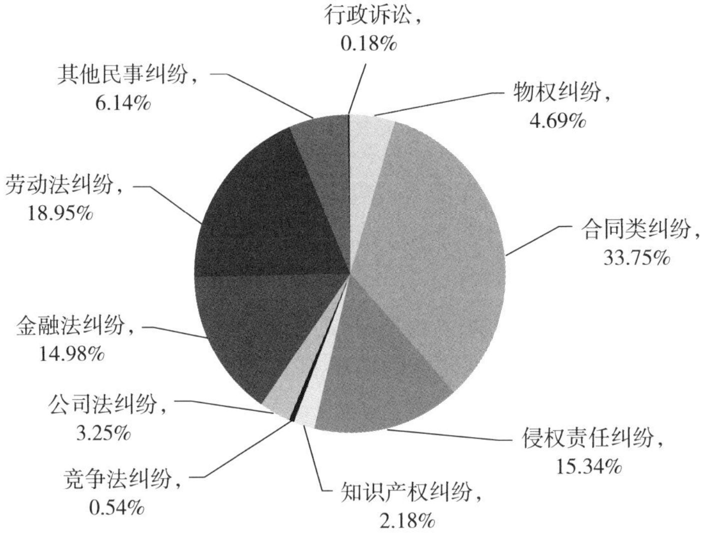

图2-232　交通运输、仓储、邮政、住宿和餐饮业上市公司案由基本类型分布情况

其次，从案件的具体案由看，2021年交通运输、仓储、邮政、住宿和餐饮业上市公司涉及的554件案件以运输合同纠纷和劳动合同纠纷案件数量最多，其他种类案由呈分散化分布状态，其分布情况如表2-44所示。

表2-44　交通运输、仓储、邮政、住宿和餐饮业上市公司案件具体案由分布

具体案由	案件数量/件
运输合同纠纷	97
劳动合同纠纷	84
证券欺诈责任纠纷	70
机动车交通事故责任纠纷	50
财产损害赔偿纠纷	26
福利待遇纠纷	20
海上、通海水域货物运输合同纠纷	15
综合合同纠纷	15
租赁合同纠纷	12
服务合同纠纷	11

续表

具体案由	案件数量/件
股东资格确认纠纷	11
买卖合同纠纷	10
财产保险合同纠纷	10
其他侵权责任纠纷	10
建设工程合同纠纷	9
著作权权属、侵权纠纷	9
环境污染责任纠纷	7
生命权、身体权、健康权纠纷	6
委托合同纠纷	6
船舶租用合同纠纷	6
违反安全保障义务责任纠纷	5
借款合同纠纷	4
承揽合同纠纷	4
不当得利纠纷	4
仓储合同纠纷	3
追偿权纠纷	3
港口作业纠纷	3
提供劳务者受害责任纠纷	3
产品责任纠纷	3
铁路运输损害责任纠纷	3
其他不正当竞争纠纷	3
商标权权属、侵权纠纷	2
企业承包经营合同纠纷	2
损害公司利益责任纠纷	2
清算责任纠纷	2
保险经纪合同纠纷	2
高度危险责任纠纷	2
其他合同纠纷	2

续表

具体案由	案件数量/件
准合同纠纷	2
一般人格权纠纷	1
房屋买卖合同纠纷	1
保证合同纠纷	1
融资租赁合同纠纷	1
保管合同纠纷	1
劳务合同纠纷	1
特许经营合同纠纷	1
社会保险纠纷	1
港口货物保管合同纠纷	1
海上、通海水域货运代理合同纠纷	1
对外追收债权纠纷	1
票据追索权纠纷	1
网络侵权责任纠纷	1
建筑物和物件损害责任纠纷	1
其他海事海商纠纷	1
行政确认	1

3.案件地域分布

从案件地域分布看，2021年交通运输、仓储、邮政、住宿和餐饮业上市公司涉及的554件案件中，除了5件由最高人民法院审理之外，其他案件主要分布在上海市、山西省、广东省、北京市等地。其中，上海市案件最多，共116件；其次是山西省，共91件。具体分布情况如图2－233所示。

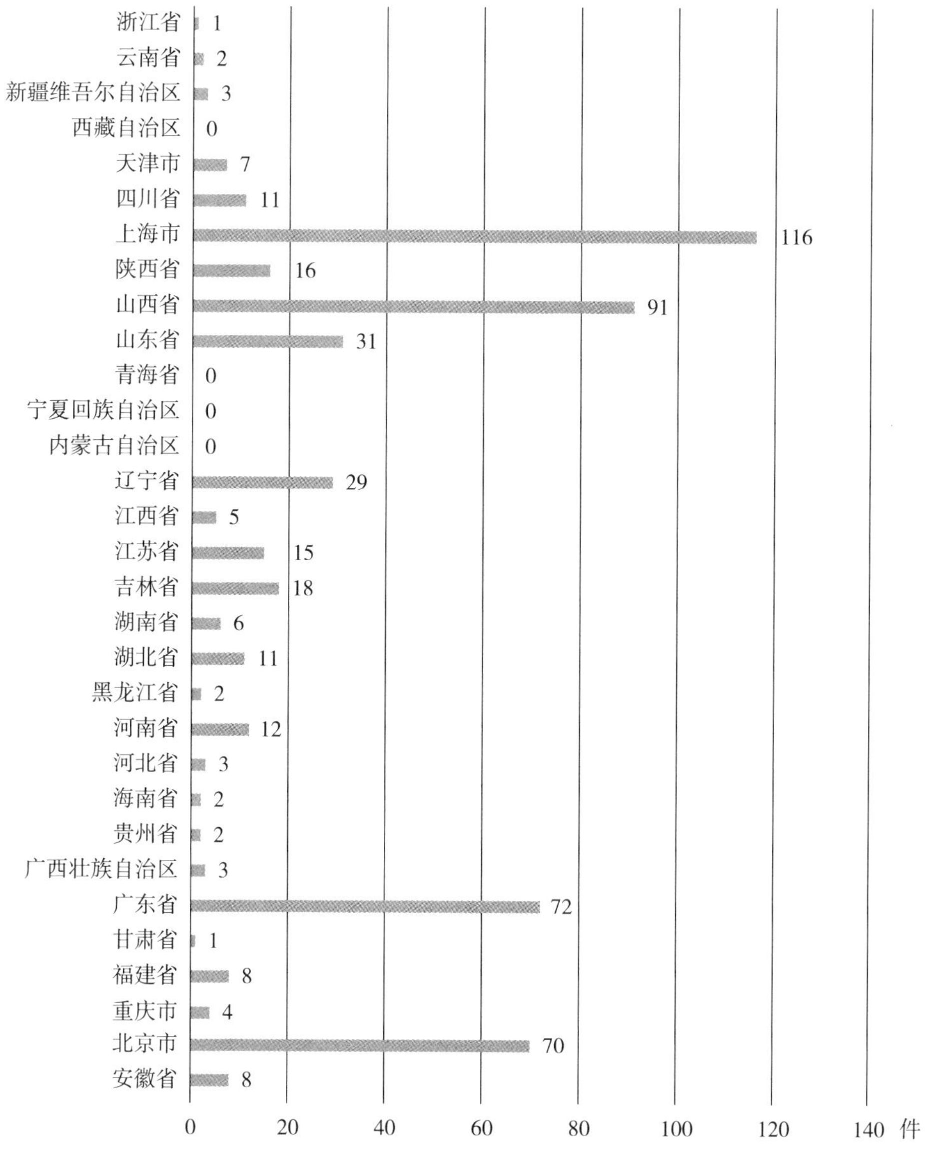

图 2－233　交通运输、仓储、邮政、住宿和餐饮业上市公司案件地域分布情况

(二)案件审理程序

1. 诉讼阶段

如图 2－234 所示，从诉讼阶段看，2021 年交通运输、仓储、邮政、住宿和餐饮业上市公司涉及的 554 件案件中，一审案件 381 件，占比约 68.77%；二审案件 146 件，占比约26.35%；再审案件27件，占比约4.87%。

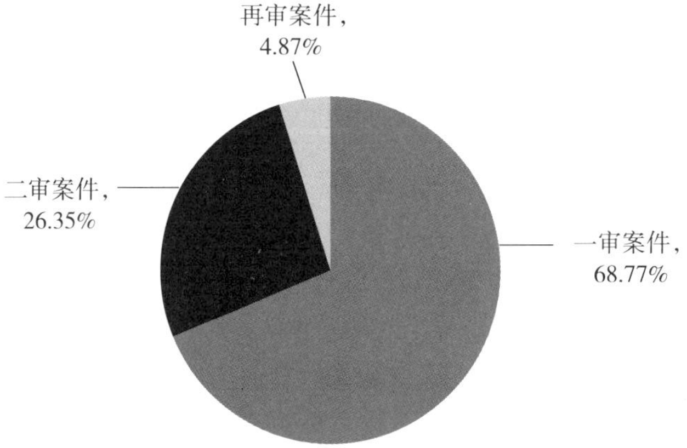

图2－234　交通运输、仓储、邮政、住宿和餐饮业上市公司案件诉讼阶段分布情况

2. 法院层级

如图2－235所示，从法院层级看，2021年交通运输、仓储、邮政、住宿和餐饮业上市公司涉及的554件案件中，基层人民法院审结的案件392件，占比约52.71%；中级人民法院审结的案件236件，占比约42.60%；高级人民法院审结的案件21件，占比约3.79%；最高人民法院审结的案件5件，占比约0.90%。

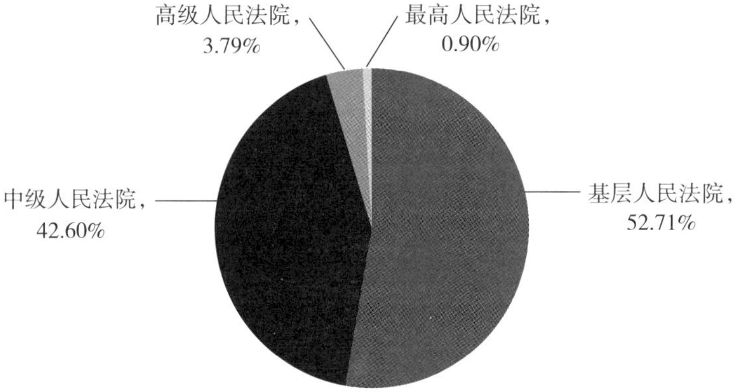

图2－235　交通运输、仓储、邮政、住宿和餐饮业上市公司案件审理法院层级分布情况

（三）上市公司诉讼地位

如图 2－236 所示，从上市公司的诉讼地位看，2021 年交通运输、仓储、邮政、住宿和餐饮业上市公司涉及的 554 件案件中，上市公司作为原告的案件有 138 件，占比约 24.91%；上市公司作为被告的案件有 404 件，占比约 72.92%；除此之外，还有 12 件案件中上市公司以第三人的身份参与了诉讼，占比约 2.17%。

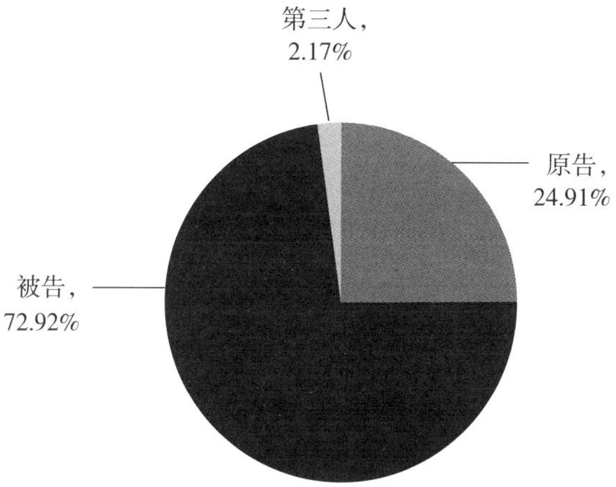

图 2－236　交通运输、仓储、邮政、住宿和餐饮业上市公司一审程序诉讼地位分布情况

（四）诉讼标的额

从诉讼案件的标的额看，2021 年交通运输、仓储、邮政、住宿和餐饮业上市公司涉及的有标的额可查的案件中，诉讼标的额数量分布情况如图 2－237 所示。总体来看，本行业诉讼标的额总额为 584,277,251.96 元，诉讼标的额最大为 174,695,200 元，行业平均诉讼标的额约为 2,936,066.59 元。

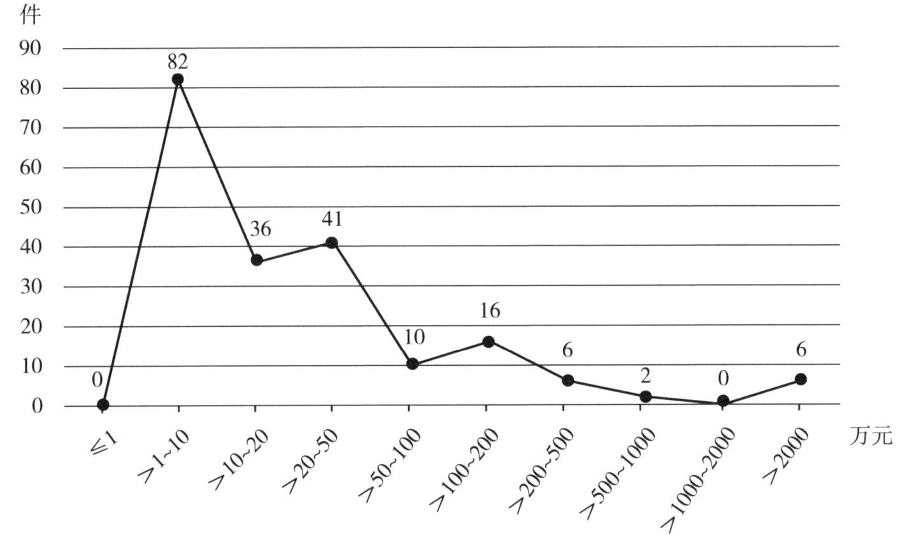

图2－237　交通运输、仓储、邮政、住宿和餐饮业上市公司诉讼标的额分布情况

区分上述案件中上市公司的不同诉讼地位来看：交通运输、仓储、邮政、住宿和餐饮业上市公司作为原告涉及的案件中，诉讼标的额数量分布情况如图2－238所示。这部分案件的诉讼标的额总额为73,630,771.66元，平均诉讼标的额为73,630,771.66元。

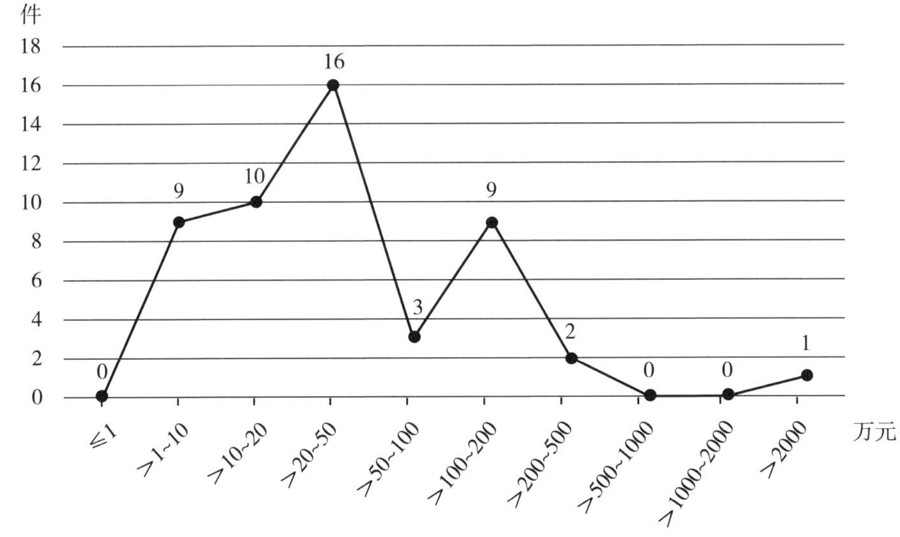

图2－238　交通运输、仓储、邮政、住宿和餐饮业上市公司作为原告诉讼标的额分布情况

交通运输、仓储、邮政、住宿和餐饮业上市公司作为被告涉及的案件中，诉讼标的额数量分布情况如图2-239所示。这部分案件的诉讼标的额总额为332,944,335.85元，平均诉讼标的额为2,312,113.44元。

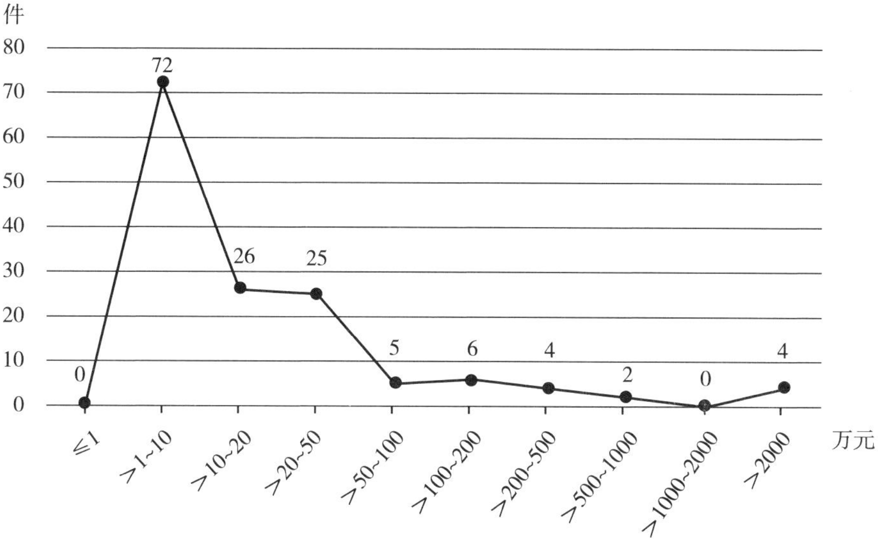

图2-239　交通运输、仓储、邮政、住宿和餐饮业上市公司作为被告诉讼标的额分布情况

（五）诉讼结果和胜诉率

从总体上看，如图2-240所示，2021年交通运输、仓储、邮政、住宿和餐饮业上市公司涉及的所有案件中，胜诉的案件有321件、败诉的案件有216件、撤回起诉的案件有2件、撤回上诉的案件有4件、撤回再审申请的案件有1件、驳回起诉的案件有3件、驳回上诉的案件有6件、发回重审的案件有1件。该行业上市公司胜诉的案件数量在全部案件中占比约57.94%，如果排除撤诉等特殊情形，则该行业上市公司的总体胜诉率约为59.78%。

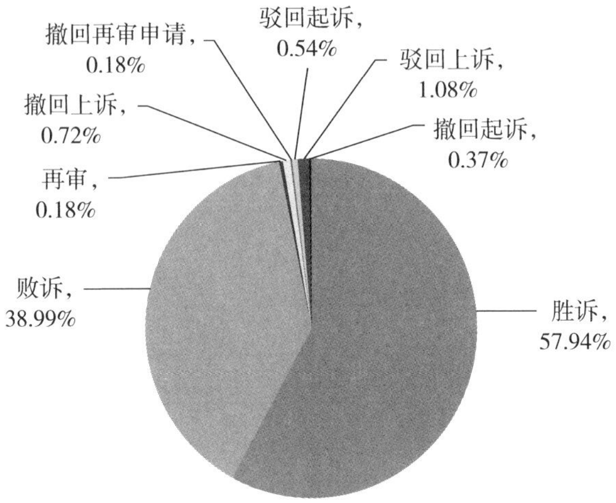

图 2－240　交通运输、仓储、邮政、住宿和餐饮业上市公司诉讼结果占比情况

如图 2－241 所示，具体到不同的诉讼地位，当交通运输、仓储、邮政、住宿和餐饮业上市公司为原告时，其胜诉的案件有 51 件，败诉的案件 81 件，胜诉率约为 38.64%，低于总体胜诉率；当交通运输、仓储、邮政、住宿和餐饮业上市公司为被告时，其胜诉的案件有 266 件，败诉的案件有 132 件，胜诉率约为 66.83%，高于总体胜诉率；当交通运输、仓储、邮政、住宿和餐饮业上市公司为第三人时，其胜诉的案件有 4 件，败诉的案件有 3 件，胜诉率约为 57.14%，略低于总体胜诉率。

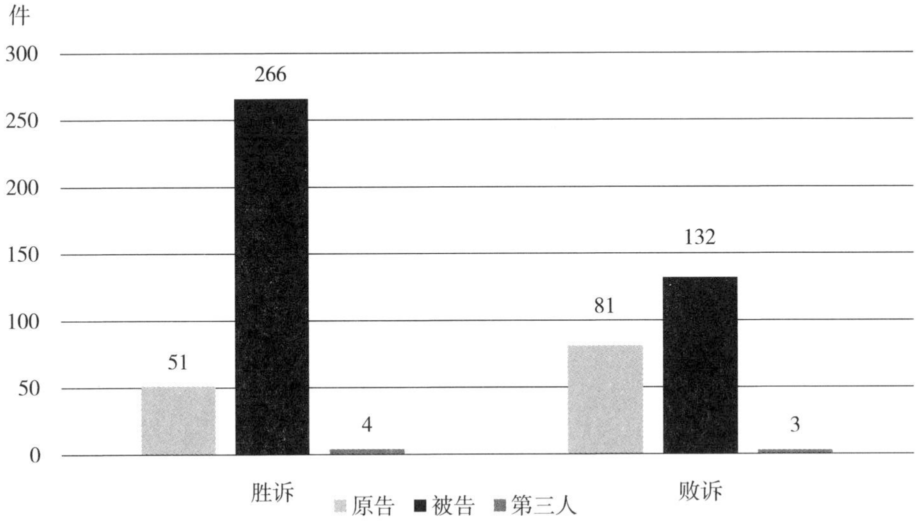

图 2－241　交通运输、仓储、邮政、住宿和餐饮业上市公司

胜诉情况与诉讼地位交叉分布情况

如图2－242所示，具体到不同的诉讼阶段，一审阶段，交通运输、仓储、邮政、住宿和餐饮业上市公司胜诉的案件有237件，败诉的案件有139件，胜诉率约为63.03%，高于总体胜诉率；二审阶段，上市公司胜诉的案件有70件，败诉的案件有65件，胜诉率约为51.85%，低于总体胜诉率；再审阶段，上市公司胜诉的案件有14件，败诉的案件有12件，胜诉率约为53.85%，低于总体胜诉率。

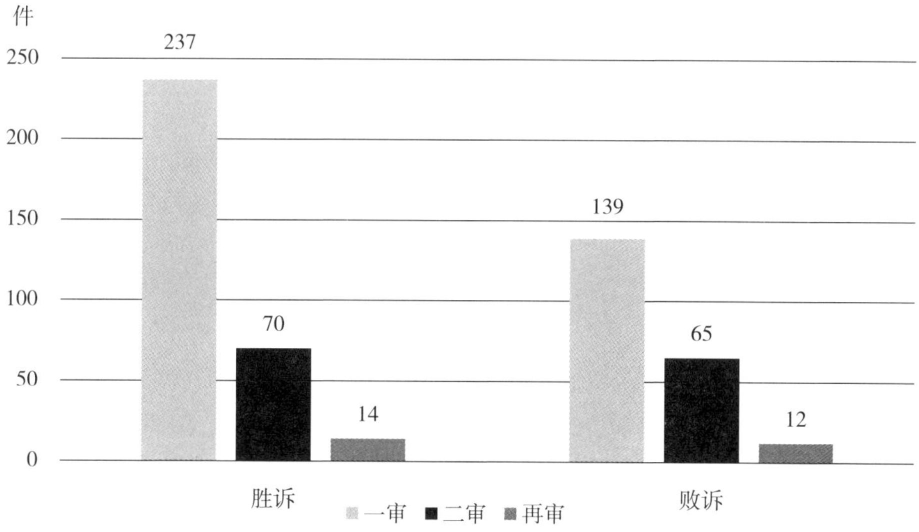

图2－242 交通运输、仓储、邮政、住宿和餐饮业上市公司胜诉情况与诉讼阶段交叉分布情况

第二十三节 电信和互联网相关服务业

一、电信和互联网相关服务业上市公司概况

电信和互联网相关服务业包括电信服务业和互联网服务业。电信，是指利用有线、无线的电磁系统或者光电系统，传送、发射或接受信息的活动。互联网是网络与网络串联而成的庞大网络，这些网络以一组通用的协议相连，形成逻辑上的单一巨大国际网络。互联网服务行业是随着互联网发展起来的新兴行业，并呈现出与电信服务日益融合的趋势，具有极大的发展潜力。互联网服务业主要有应用网络服务和基础网络服务两大类。应用网络服务是在应用层面上的网络服务业表现形式，如网络游戏、网上交易、网络广告、网络教育、网络短信等，其中最主要的代表是

网络游戏业和网上交易(电子商务)。基础网络服务是为网络应用服务业提供网络基础平台及数据通信保障的专业性服务提供商,其中很重要的是企业网络服务,如ICP(互联网数据中心)、IDC(互联网内容提供商)等。

截至2021年第四季度,我国电信和互联网相关服务业上市公司共计91家,从行业小类看,电信、广播电视和卫星传输服务业上市公司18家、互联网和相关服务业上市公司73家、互联网和相关服务业上市公司在电信和互联网相关服务业上市公司中占据主流。从市场规模看,我国上市公司中电信和互联网相关服务业的整体规模不大,其数量占全部上市公司的约1.94%。

二、电信和互联网相关服务业行业政策和法律风险新动向

(一)电信和互联网相关服务业行业政策新动向

1.《关于同意在北京市暂时调整实施有关行政法规和经国务院批准的部门规章规定的批复》

2021年10月8日,国务院发布《关于同意在北京市暂时调整实施有关行政法规和经国务院批准的部门规章规定的批复》,在北京市暂时调整了《外商投资电信企业管理规定》第2条("外商投资电信企业,是指外国投资者同中国投资者在中华人民共和国境内依法以中外合资经营形式,共同投资设立的经营电信业务的企业。")和第6条第2款["经营增值电信业务(包括基础电信业务中的无线寻呼业务)的外商投资电信企业的外方投资者在企业中的出资比例,最终不得超过50%。"]此两条在北京市的适用体现在如下两点:一是在中关村国家自主创新示范区海淀园,取消信息服务业务(仅限应用商店)外资股比限制;二是在北京市服务业扩大开放综合试点示范区和示范园区,取消互联网接入服务业务(仅限为用户提供互联网接入服务)等增值电信业务外资股比限制。

2.《"十四五"市场监管现代化规划》

2021年12月14日,国务院印发了《"十四五"市场监管现代化规划》,针对与互联网相关的服务业,国家提出了加强新产业新业态新模式市场秩序监管的要求:(1)研究制定新型不正当竞争行为的认定条件、判定标准、处罚梯度,出台相关执法指南;(2)及时跟进新产业新业态新模式竞争行为监管,强化对电子数据的取证固证,有效防范和解决虚假宣传、侵权假冒、误导消费等问题;(3)密切监测"互联网+服务业"市场竞争秩序,及时查处相关违法行为,有助于该行业领域的市场监管实现创新和现代化。

（二）电信和互联网相关服务业法律风险新动向

2021 年在电信和互联网领域连续颁行了两部重量级的法律，即《数据安全法》和《个人信息保护法》。

随着信息技术和人类生产生活交汇融合，各类数据迅猛增长、海量聚集，对经济发展、社会治理、人民生活都产生了重大而深刻的影响。数据安全已成为事关国家安全与经济社会发展的重大问题。《数据安全法》的颁行起到了至关重要的作用：（1）数据是国家基础性战略资源，没有数据安全就没有国家安全。因此，应当按照总体国家安全观的要求，通过立法加强数据安全保护，提升国家数据安全保障能力，有效应对数据这一非传统领域的国家安全风险与挑战，切实维护国家主权、安全和发展利益。（2）各类数据的拥有主体多样，处理活动复杂，安全风险加大，必须通过立法建立健全各项制度措施，切实加强数据安全保护，维护公民、组织的合法权益。（3）发挥数据的基础资源作用和创新引擎作用，加快形成以创新为主要引领和支撑的数字经济，更好服务我国经济社会发展，必须通过立法规范数据活动，完善数据安全治理体系，以安全保发展、以发展促安全。（4）为适应电子政务发展的需要，提升政府决策、管理、服务的科学性和效率，应当通过立法明确政务数据安全管理制度和开放利用规则，大力推进政务数据资源开放和开发利用。

《个人信息保护法》颁行的背景与《数据安全法》一致，在信息化时代，个人信息保护已成为广大人民群众最关心且最直接、最现实的利益问题之一。《个人信息保护法》坚持和贯彻以人民为中心的法治理念，牢牢把握保护人民群众个人信息权益的立法定位，聚焦个人信息保护领域的突出问题和人民群众的重大关切。《个人信息保护法》在有关法律的基础上，进一步细化、完善个人信息保护应遵循的原则和个人信息处理规则，明确个人信息处理活动中的权利义务边界，健全个人信息保护工作体制机制。

三、电信和互联网相关服务业上市公司诉讼情况统计

本书以电信和互联网相关服务业的 91 家上市公司为当事人检索案件，共收集 2021 年全国法院判决的各类司法判决书 1026 份，作为统计分析的样本。

（一）案件类型分布

1. 案件诉讼类型

从案件诉讼类型看，2021 年电信和互联网相关服务业上市公司涉及的 1026 件

案件,以民事诉讼为主,行政诉讼有10件,无刑事诉讼。

2. 案件案由种类

首先,从诉讼案件案由的基本类型看,2021年电信和互联网相关服务业上市公司涉及的1026件案件主要集中在合同类纠纷、知识产权纠纷和金融法纠纷三类中,具体分布情况如表2－45所示。

表2－45 电信和互联网相关服务业上市公司案件案由基本类型分布

案由基本类型	案件数量/件
物权纠纷	39
合同类纠纷	417
侵权责任纠纷	78
知识产权纠纷	254
竞争法纠纷	9
公司法纠纷	24
金融法纠纷	124
劳动法纠纷	47
其他民事纠纷	24
行政诉讼	10
刑事诉讼	0
合计	1026

其中,如图2－243所示,合同类纠纷案件共有417件,约占全部案件总量的40.64%;知识产权纠纷共有254件,约占全部案件总量的24.76%;金融法纠纷共有124件,约占全部案件总量的12.09%;其他类型的纠纷数量不多,占比较小。

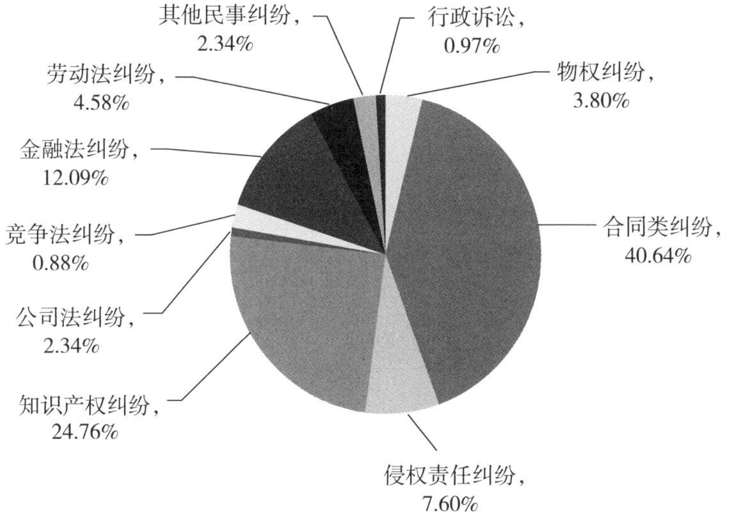

图 2－243　电信和互联网相关服务业上市公司案由基本类型分布情况

其次，从案件的具体案由看，2021 年电信和互联网相关服务业上市公司涉及的 1026 件案件以著作权权属、侵权纠纷，服务合同纠纷和证券欺诈责任纠纷案件数量最多，其他种类案由呈分散化分布状态，其分布情况如表 2－46 所示。

表 2－46　电信和互联网相关服务业上市公司案件具体案由分布

具体案由	案件数量/件
著作权权属、侵权纠纷	245
服务合同纠纷	225
证券欺诈责任纠纷	114
建设工程合同纠纷	57
劳动合同纠纷	47
综合合同纠纷	44
机动车交通事故责任纠纷	43
财产损害赔偿纠纷	22
生命权、身体权、健康权纠纷	20
破产债权确认纠纷	15
买卖合同纠纷	14

续表

具体案由	案件数量/件
广告合同纠纷	14
其他侵权责任纠纷	14
劳务合同纠纷	13
借款合同纠纷	9
承揽合同纠纷	8
其他不正当竞争纠纷	8
租赁合同纠纷	7
建筑物和物件损害责任纠纷	7
排除妨害纠纷	6
票据追索权纠纷	6
物权保护纠纷	6
商标行政管理	6
房屋买卖合同纠纷	4
委托合同纠纷	4
著作权合同纠纷	4
股权转让纠纷	4
触电人身损害责任纠纷	4
名誉权纠纷	3
储蓄存款合同纠纷	3
追偿权纠纷	3
商标权权属、侵权纠纷	3
提供劳务者受害责任纠纷	3
网络侵权责任纠纷	3
其他合同纠纷	3
消除危险纠纷	2
合伙合同纠纷	2
不当得利纠纷	2
专利权权属、侵权纠纷	2

续表

具体案由	案件数量/件
损害公司债权人利益责任纠纷	2
违反安全保障义务责任纠纷	2
政府信息公开	2
法定继承纠纷	1
返还原物纠纷	1
恢复原状纠纷	1
相邻关系纠纷	1
确认合同效力纠纷	1
房地产开发经营合同纠纷	1
质押合同纠纷	1
物业服务合同纠纷	1
中介合同纠纷	1
滥用市场支配地位纠纷	1
公司决议纠纷	1
合伙企业财产份额转让纠纷	1
管理人责任纠纷	1
财产保险合同纠纷	1
人身保险合同纠纷	1
票据付款请求权纠纷	1
产品责任纠纷	1
非机动车交通事故责任纠纷	1
票据纠纷	1
行政复议	1
其他行政管理	1

3. 案件地域分布

从案件地域分布看,2021 年电信和互联网相关服务业上市公司涉及的 1026 件案件中,除了 5 件由最高人民法院审理之外,其他案件主要分布在北京市和上海市等地。其中,北京市案件最多,共 258 件;其次是上海市,共 252 件。具体分布情况如图 2 - 244 所示。

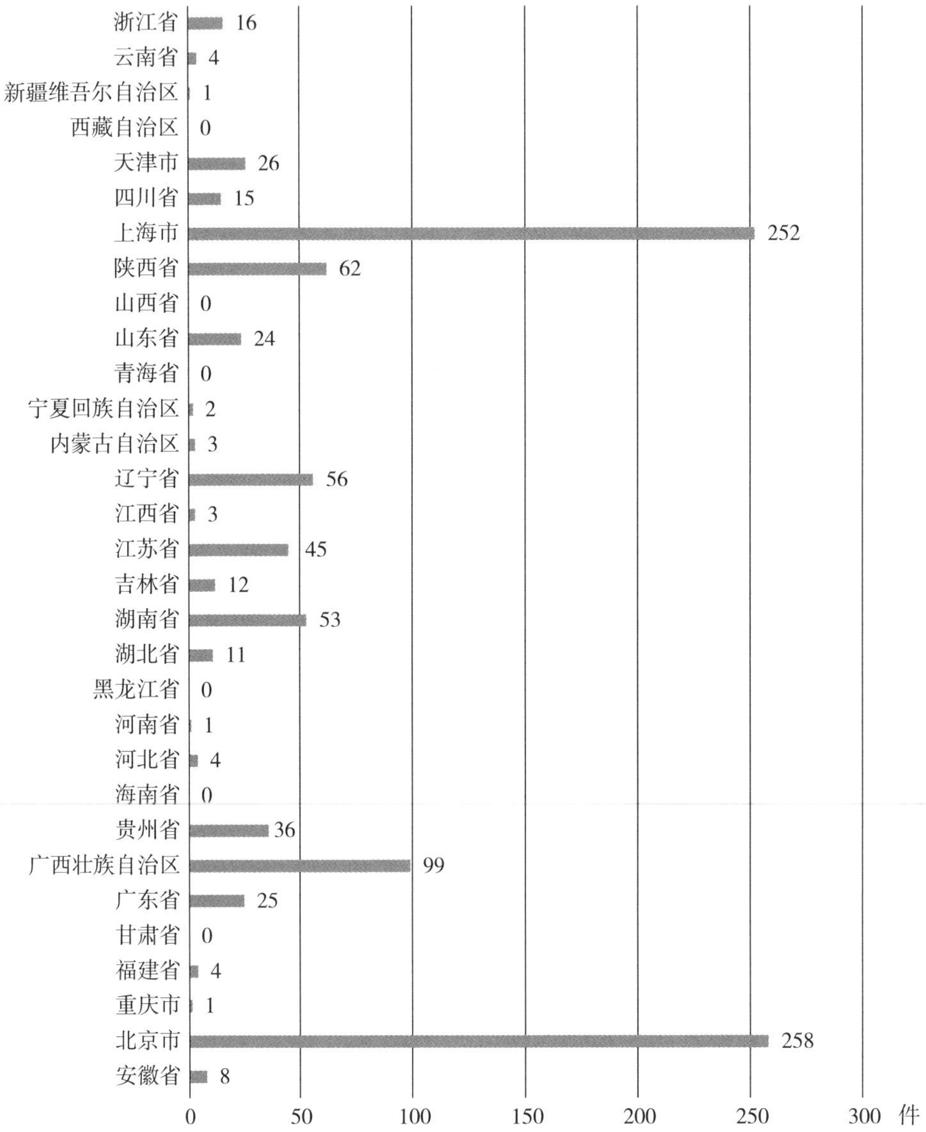

图 2－244　电信和互联网相关服务业上市公司案件地域分布情况

(二)案件审理程序

1. 诉讼阶段

如图 2－245 所示,从诉讼阶段看,2021 年电信和互联网相关服务业上市公司涉及的 1026 件案件中,一审案件 696 件,占比约 67.84%;二审案件 325 件,占比约

31.67%；再审案件 5 件，占比约 0.49%。

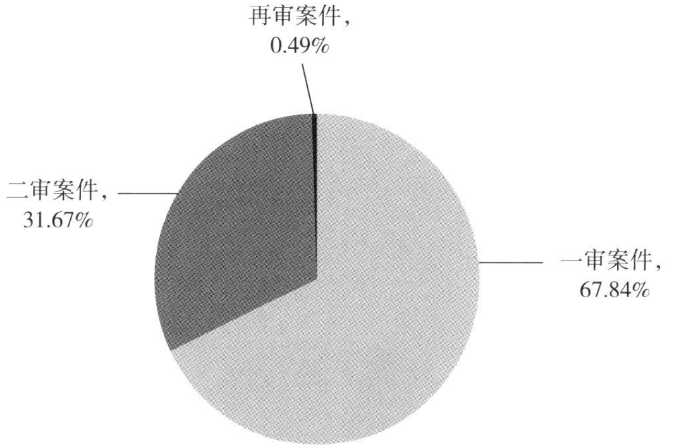

图 2－245　电信和互联网相关服务业上市公司案件诉讼阶段分布情况

2. 法院层级

如图 2－246 所示，从法院层级看，2021 年电信和互联网相关服务业上市公司涉及的 1026 件案件中，基层人民法院审结的案件 623 件，占比约 60.72%；中级人民法院审结的案件 314 件，占比约 30.60%；高级人民法院审结的案件 84 件，占比约 8.19%；最高人民法院审结的案件 5 件，占比约 0.49%。

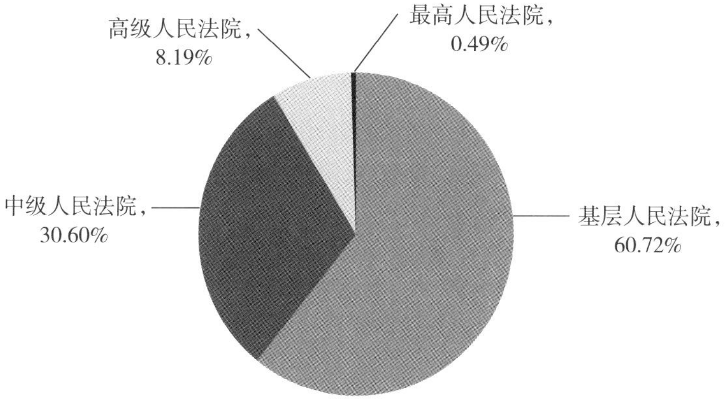

图 2－246　电信和互联网相关服务业上市公司案件审理法院层级分布情况

（三）上市公司诉讼地位

如图 2－247 所示，从上市公司的诉讼地位看，2021 年电信和互联网相关服务业上市公司涉及的 1026 件案件中，上市公司作为原告的案件有 452 件，占比约 44.05%；上市公司作为被告的案件有 533 件，占比约 51.95%；除此之外，还有 41 件案件中上市公司以第三人的身份参与了诉讼，占比约 4.00%。

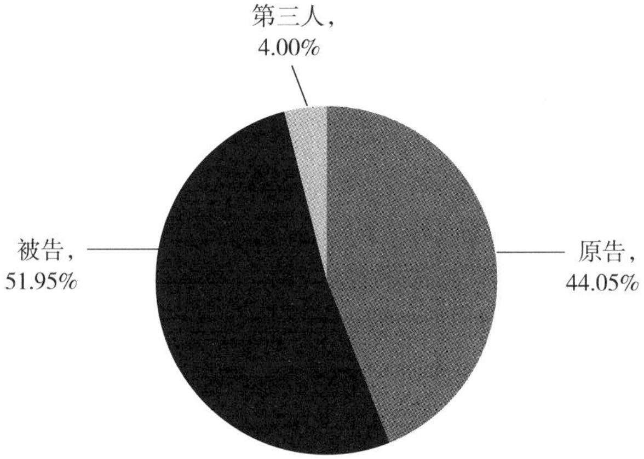

图 2－247　电信和互联网相关服务业上市公司一审程序诉讼地位分布情况

（四）诉讼标的额

从诉讼案件的标的额看，2021 年电信和互联网相关服务业上市公司涉及的有标的额可查的案件中，诉讼标的额数量分布情况如图 2－248 所示。总体来看，本行业诉讼标的额总额为 9,090,203,551.88 元，诉讼标的额最大为 6,595,426,000 元，行业平均诉讼标的额约为 23,610,918.31 元。

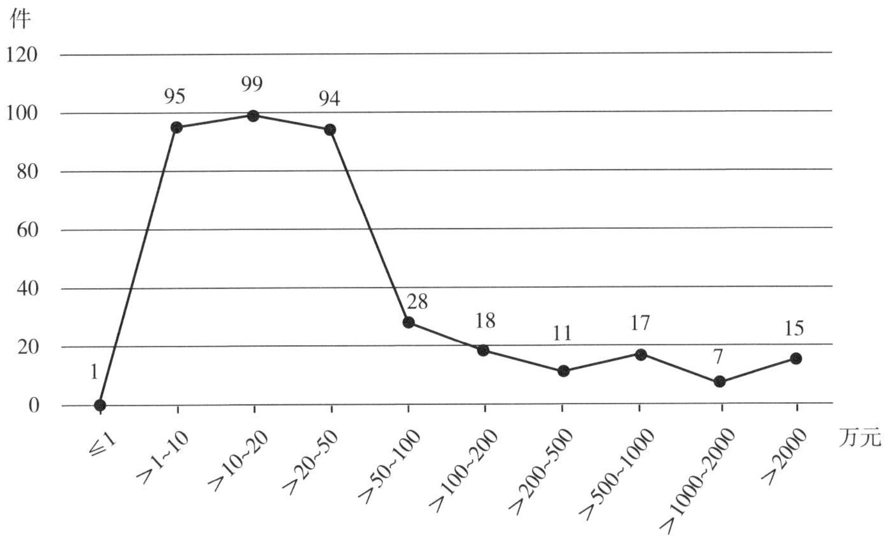

图 2 -248　电信和互联网相关服务业上市公司诉讼标的额分布情况

区分上述案件中上市公司的不同诉讼地位来看:电信和互联网相关服务业上市公司作为原告涉及的案件中,诉讼标的额数量分布情况如图 2 -249 所示。这部分案件的诉讼标的额总额为 2,024,244,749.07 元,平均诉讼标的额为 14,356,345.73 元。

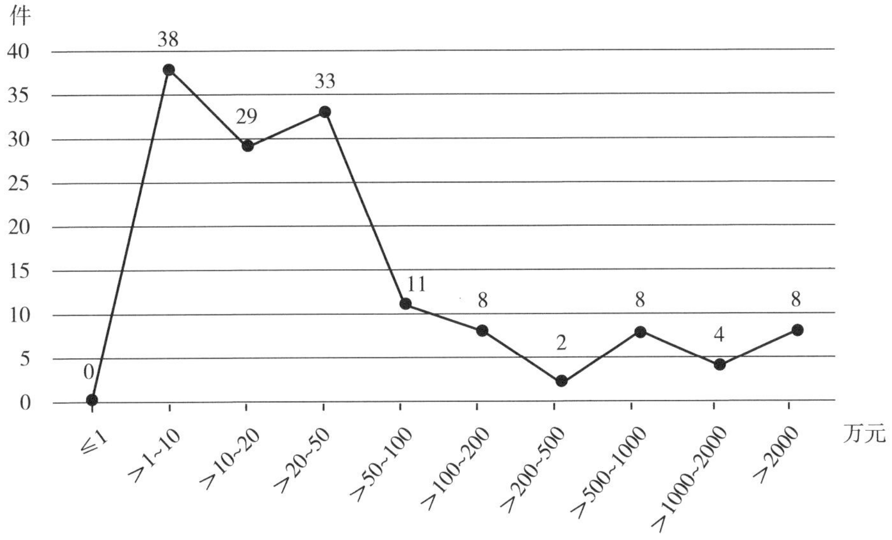

图 2 -249　电信和互联网相关服务业上市公司作为原告诉讼标的额分布情况

电信和互联网相关服务业上市公司作为被告涉及的案件中，诉讼标的额数量分布情况如图 2－250 所示。这部分案件的诉讼标的额总额为 7，007，789，216.14 元，平均诉讼标的额为 31，145，729.84 元。

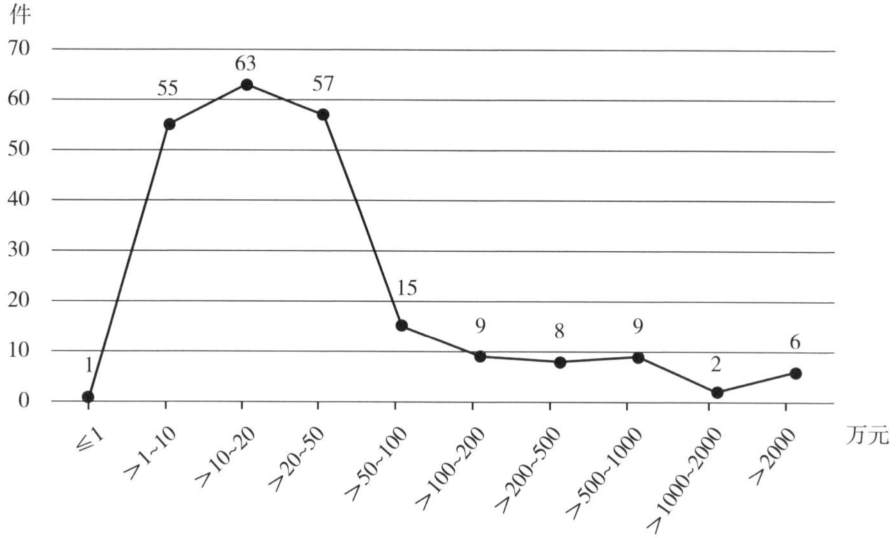

图 2－250　电信和互联网相关服务业上市公司作为被告诉讼标的额分布情况

（五）诉讼结果和胜诉率

从总体上看，如图 2－251 所示，2021 年电信和互联网相关服务业上市公司涉及的所有案件中，胜诉的案件有 548 件、败诉的案件有 438 件、撤回起诉的案件有 1 件、撤回上诉的案件有 14 件、驳回起诉的案件有 12 件、驳回上诉的案件有 13 件。该行业上市公司胜诉的案件数量在全部案件中占比约 53.41%，如果排除撤诉等特殊情形，则该行业上市公司的总体胜诉率约为 55.58%。

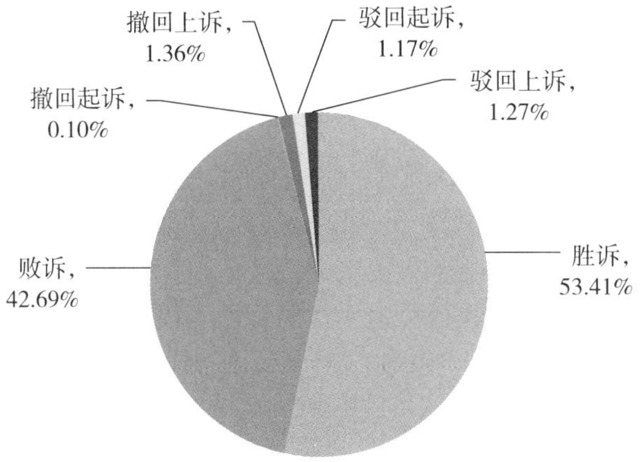

图 2－251 电信和互联网相关服务业上市公司诉讼结果占比情况

如图 2－252 所示，具体到不同的诉讼地位，当电信和互联网相关服务业上市公司为原告时，其胜诉的案件有 121 件，败诉的案件 316 件，胜诉率约为 27.69%，远低于总体胜诉率；当电信和互联网相关服务业上市公司为被告时，其胜诉的案件有 410 件，败诉的案件有 111 件，胜诉率约为 78.69%，高于总体胜诉率；当电信和互联网相关服务业上市公司为第三人时，其胜诉的案件有 17 件，败诉的案件有 11 件，胜诉率约为 60.71%，略高于总体胜诉率。

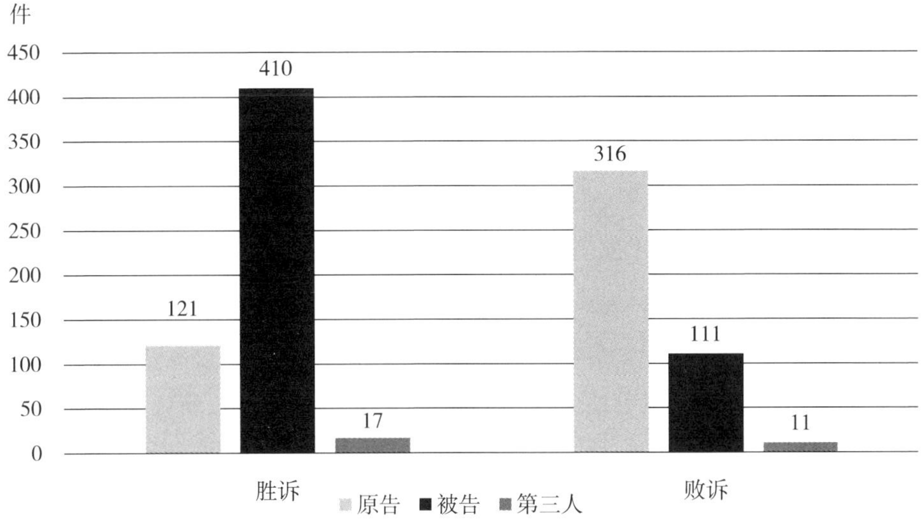

图 2－252 电信和互联网相关服务业上市公司胜诉情况与诉讼地位交叉分布情况

如图2－253所示，具体到不同的诉讼阶段，一审阶段，电信和互联网相关服务业上市公司胜诉的案件有390件，败诉的案件有293件，胜诉率约为57.10%，稍高于总体胜诉率；二审阶段，上市公司胜诉的案件有155件，败诉的案件有143件，胜诉率约为52.01%，略低于一审胜诉率；再审阶段，上市公司胜诉的案件有3件，败诉的案件有2件，胜诉率为60.00%。

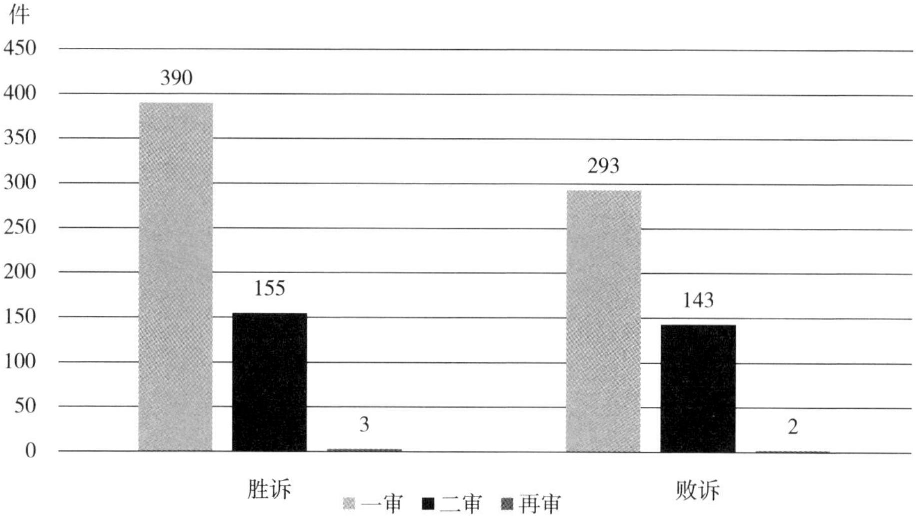

图2－253 电信和互联网相关服务业上市公司胜诉情况与诉讼阶段交叉分布情况

第二十四节 软件和信息技术服务业

一、软件和信息技术服务业上市公司概况

软件和信息技术服务，是指对信息传输、信息制作、信息提供和信息接收过程中产生的技术问题或技术需求所提供的服务。软件和信息技术服务业是关系国民经济和社会发展全局的基础性、战略性、先导性产业，具有技术更新快、产品附加值高、应用领域广、渗透能力强、资源消耗低、人力资源利用充分等突出特点，对经济社会发展具有重要的支撑和引领作用。发展和提升软件和信息技术服务业，对于推动信息化和工业化深度融合，培育和发展战略性新兴产业，建设创新型国家，加快经济发展方式转变和产业结构调整，提高国家信息安全保障能力和国际竞争力具有重要意义。

截至 2021 年第四季度，我国软件和信息技术服务业上市公司共计 292 家。从市场规模看，我国上市公司中软件和信息技术服务业的整体规模很大，其数量占全部上市公司的约 6.22%，在全国范围内具有较大市场影响力的企业数量比较多。

二、软件和信息技术服务业行业政策和法律风险新动向

（一）软件和信息技术服务业行业政策新动向

2021 年 12 月 12 日，国务院印发了《“十四五”数字经济发展规划》，在软件和信息技术服务业领域，提出了增强关键技术创新能力的要求，包括：瞄准传感器、量子信息、网络通信、集成电路、关键软件、大数据、人工智能、区块链、新材料等战略性前瞻性领域，发挥我国社会主义制度优势、新型举国体制优势、超大规模市场优势，提高数字技术基础研发能力。以数字技术与各领域融合应用为导向，推动行业企业、平台企业和数字技术服务企业跨界创新，优化创新成果快速转化机制，加快创新技术的工程化、产业化。鼓励发展新型研发机构、企业创新联合体等新型创新主体，打造多元化参与、网络化协同、市场化运作的创新生态体系。支持具有自主核心技术的开源社区、开源平台、开源项目发展，推动创新资源共建共享，促进创新模式开放化演进。

此外，对软件和信息技术服务业，国家还提出了继续提升核心产业竞争力的政策：着力提升基础软硬件、核心电子元器件、关键基础材料和生产装备的供给水平，强化关键产品自给保障能力。实施产业链强链补链行动，加强面向多元化应用场景的技术融合和产品创新，提升产业链关键环节竞争力，完善 5G、集成电路、新能源汽车、人工智能、工业互联网等重点产业供应链体系。深化新一代信息技术集成创新和融合应用，加快平台化、定制化、轻量化服务模式创新，打造新兴数字产业新优势。协同推进信息技术软硬件产品产业化、规模化应用，加快集成适配和迭代优化，推动软件产业做大做强，提升关键软硬件技术创新和供给能力。

（二）软件和信息技术服务业法律风险新动向

2021 年 12 月，国家互联网信息办公室联合 12 部委发布了《网络安全审查办法》，就关键信息基础设施运营者采购网络产品和服务、网络平台运营者开展数据处理活动提出进行网络安全审查，尤其是对于影响或者可能影响国家安全的软件或信息技术产品，提出了较高的要求。根据该法的规定，关键信息基础设施运营者采购网络产品和服务的，应当预判该产品和服务投入使用后可能带来的国家安全风险。影响或者可能影响国家安全的，应当向网络安全审查办公室申报网络安全

审查。因此,软件和信息技术服务业在从事与关键信息基础设施有关的经营活动时,应当满足《网络安全审查办法》的合规要求。

三、软件和信息技术服务业上市公司诉讼情况统计

本书以软件和信息技术服务业的 292 家上市公司为当事人检索案件,共收集 2021 年全国法院判决的各类司法判决书 1180 份,作为统计分析的样本。

(一)案件类型分布

1. 案件诉讼类型

从案件诉讼类型看,2021 年软件和信息技术服务业上市公司涉及的 1180 件案件,以民事诉讼为主,行政诉讼有 11 件,无刑事诉讼。

2. 案件案由种类

首先,从诉讼案件案由的基本类型看,2021 年软件和信息技术服务业上市公司涉及的 1180 件案件主要集中在金融法纠纷和合同类纠纷两类中,具体分布情况如表 2－47 所示。

表 2－47　软件和信息技术服务业上市公司案件案由基本类型分布

案由基本类型	案件数量/件
物权纠纷	5
合同类纠纷	375
侵权责任纠纷	15
知识产权纠纷	28
竞争法纠纷	3
公司法纠纷	16
金融法纠纷	655
劳动法纠纷	65
其他民事纠纷	7
行政诉讼	11
刑事诉讼	0
合计	1180

其中,如图 2－254 所示,金融法纠纷案件共有 655 件,约占全部案件总量的 55.51%;合同类纠纷共有 375 件,约占全部案件总量的 31.78%;其他类型的纠纷数量不多,占比较小。

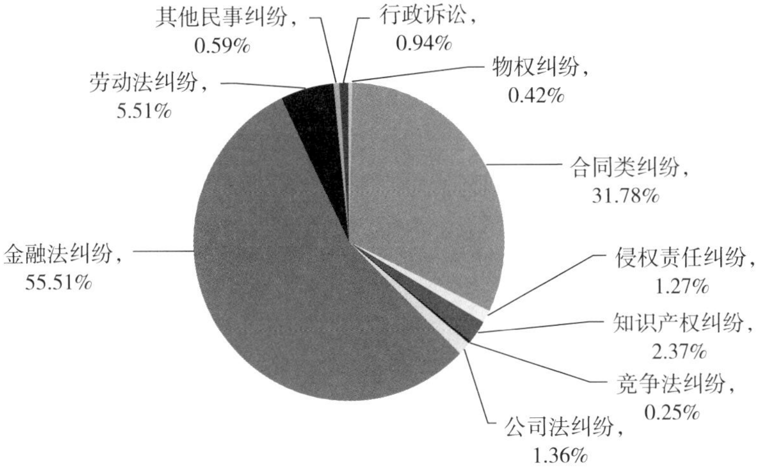

图 2－254　软件和信息技术服务业上市公司案由基本类型分布情况

其次,从案件的具体案由看,2021 年软件和信息技术服务业上市公司涉及的 1180 件案件以证券欺诈责任纠纷和买卖合同纠纷案件数量最多,其他种类案由呈分散化分布状态,其分布情况如表 2－48 所示。

表 2－48　软件和信息技术服务业上市公司案件具体案由分布

具体案由	案件数量/件
证券欺诈责任纠纷	644
买卖合同纠纷	146
综合合同纠纷	67
劳动合同纠纷	65
建设工程合同纠纷	54
借款合同纠纷	26
服务合同纠纷	24
承揽合同纠纷	20

续表

具体案由	案件数量/件
租赁合同纠纷	15
著作权合同纠纷	15
机动车交通事故责任纠纷	10
劳务合同纠纷	7
著作权权属、侵权纠纷	7
票据追索权纠纷	5
生命权、身体权、健康权纠纷	4
技术合同纠纷	4
商标行政管理	4
隐私权、个人信息保护纠纷	3
追偿权纠纷	3
请求变更公司登记纠纷	3
股权转让纠纷	3
票据付款请求权纠纷	3
提供劳务者受害责任纠纷	3
其他与公司有关的纠纷	3
其他物权纠纷	3
专利行政管理	3
其他行政管理	3
财产损害赔偿纠纷	2
债权人代位权纠纷	2
不当得利纠纷	2
专利权权属、侵权纠纷	2
公司解散纠纷	2
其他不正当竞争纠纷	2

续表

具体案由	案件数量/件
其他合同纠纷	2
债权人撤销权纠纷	1
债权转让合同纠纷	1
保证合同纠纷	1
运输合同纠纷	1
委托合同纠纷	1
合伙合同纠纷	1
广告合同纠纷	1
侵害商业秘密纠纷	1
股东资格确认纠纷	1
公司决议纠纷	1
公司证照返还纠纷	1
损害公司债权人利益责任纠纷	1
公司增资纠纷	1
证券交易合同纠纷	1
网络侵权责任纠纷	1
其他侵权责任纠纷	1
票据纠纷	1
独立保函纠纷	1
行政复议	1

3. 案件地域分布

从案件地域分布看，2021 年软件和信息技术服务业上市公司涉及的 1180 件案件中，除了 14 件由最高人民法院审理之外，其他案件在上海市分布最多，共 687 件，超过一半。具体分布情况如图 2－255 所示。

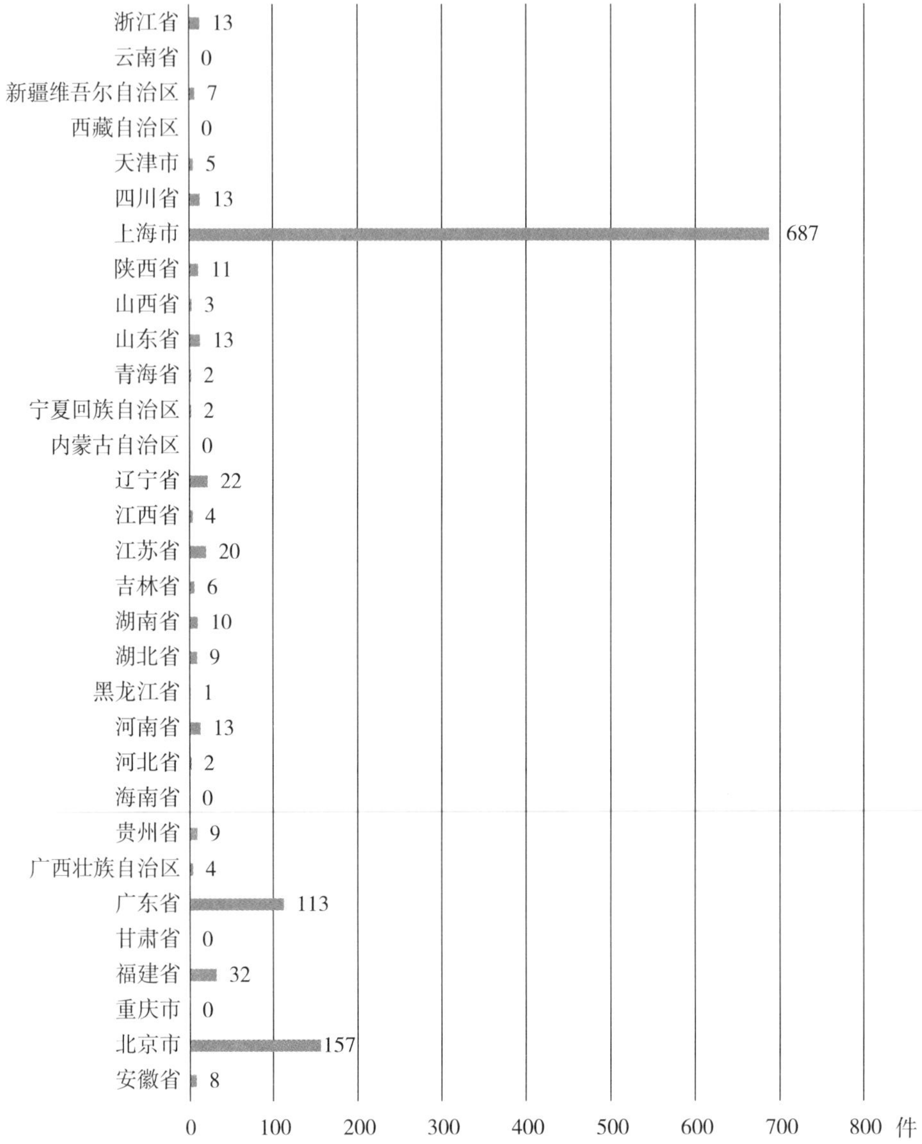

图 2－255　软件和信息技术服务业上市公司案件地域分布情况

（二）案件审理程序

1. 诉讼阶段

如图 2－256 所示，从诉讼阶段看，2021 年软件和信息技术服务业上市公司涉及的 1180 件案件中，一审案件 956 件，占比约 81.02%；二审案件 210 件，占比约

17.80%；再审案件 14 件，占比约 1.18%。

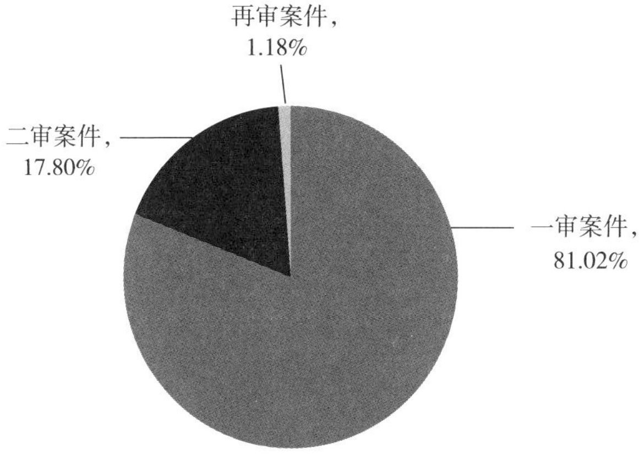

图 2－256　软件和信息技术服务业上市公司案件诉讼阶段分布情况

2. 法院层级

如图 2－257 所示，从法院层级看，2021 年软件和信息技术服务业上市公司涉及的 1180 件案件中，基层人民法院审结的案件 292 件，占比约 24.75%；中级人民法院审结的案件 849 件，占比约 71.95%；高级人民法院审结的案件 25 件，占比约 2.12%；最高人民法院审结的案例 14 件，占比约 1.18%。

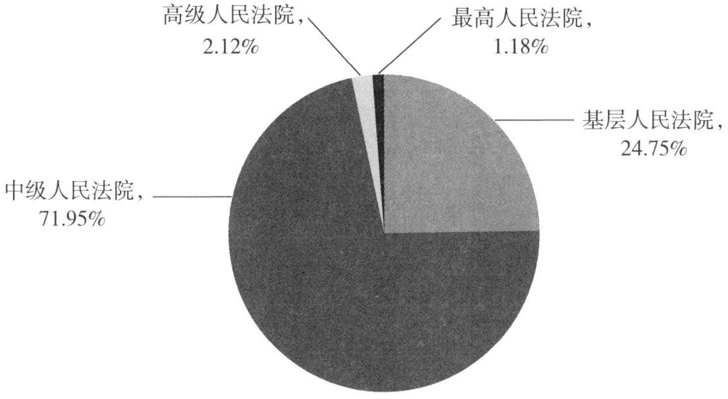

图 2－257　软件和信息技术服务业上市公司案件审理法院层级分布情况

（三）上市公司诉讼地位

如图 2－258 所示，从上市公司的诉讼地位看，2021 年软件和信息技术服务业上市公司涉及的 1180 件案件中，上市公司作为原告的案件有 263 件，占比约 22.29%；上市公司作为被告的案件有 888 件，占比约 75.25%；除此之外，还有 29 件案件中上市公司以第三人的身份参与了诉讼，占比约 2.46%。

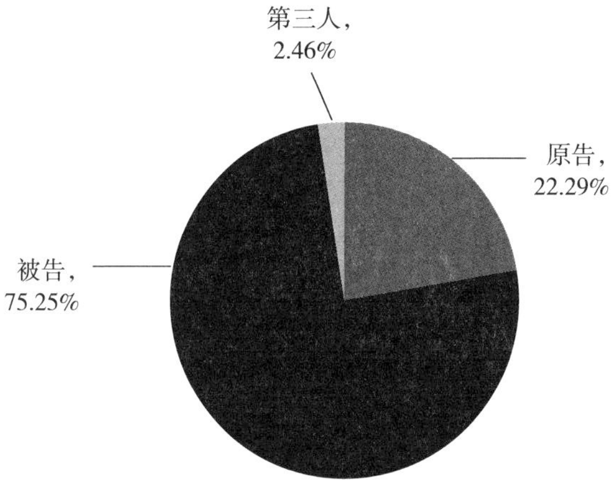

图 2－258　软件和信息技术服务业上市公司一审程序诉讼地位分布情况

（四）诉讼标的额

从诉讼案件的标的额看，2021 年软件和信息技术服务业上市公司涉及的有标的额可查的案件中，诉讼标的额数量分布情况如图 2－259 所示。总体来看，本行业诉讼标的额总额为 1,609,896,301.86 元，诉讼标的额最大为 308,663,000 元，行业平均诉讼标的额约为 3,101,919.65 元。

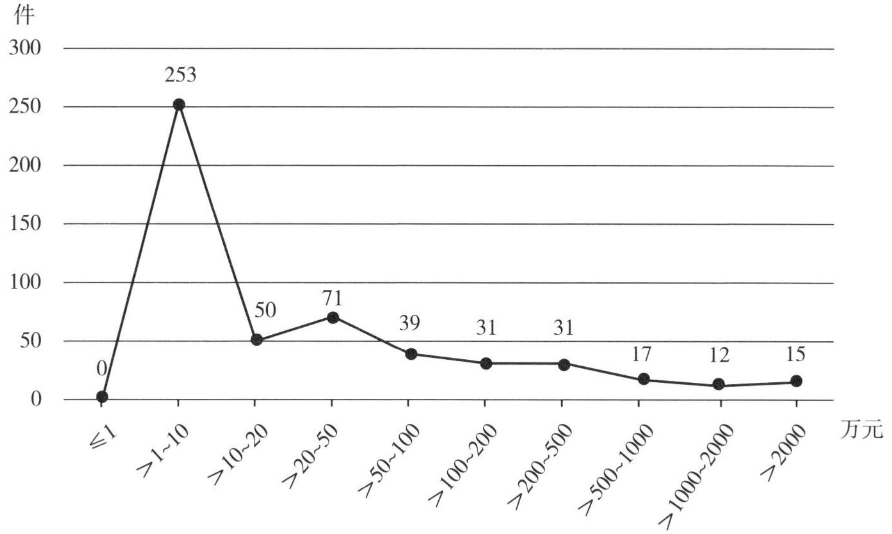

图 2 -259　软件和信息技术服务业上市公司诉讼标的额分布情况

区分上述案件中上市公司的不同诉讼地位来看:软件和信息技术服务业上市公司作为原告涉及的案件中,诉讼标的额数量分布情况如图 2 -260 所示。这部分案件的诉讼标的额总额为 628,842,553.86 元,平均诉讼标的额为 4,623,842.31 元。

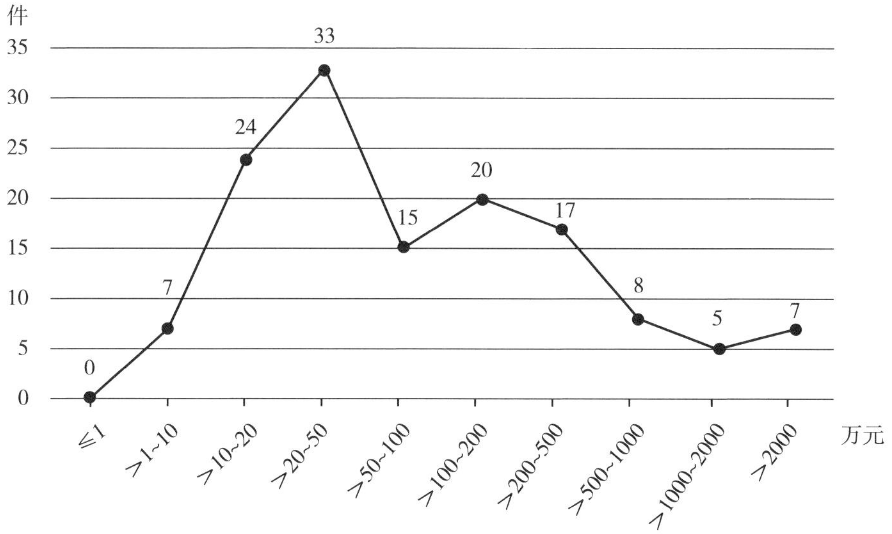

图 2 -260　软件和信息技术服务业上市公司作为原告诉讼标的额分布情况

软件和信息技术服务业上市公司作为被告涉及的案件中,诉讼标的额数量分布情况如图2－261所示。这部分案件的诉讼标的额总额为957,716,019.43元,平均诉讼标的额为2,595,436.36元。

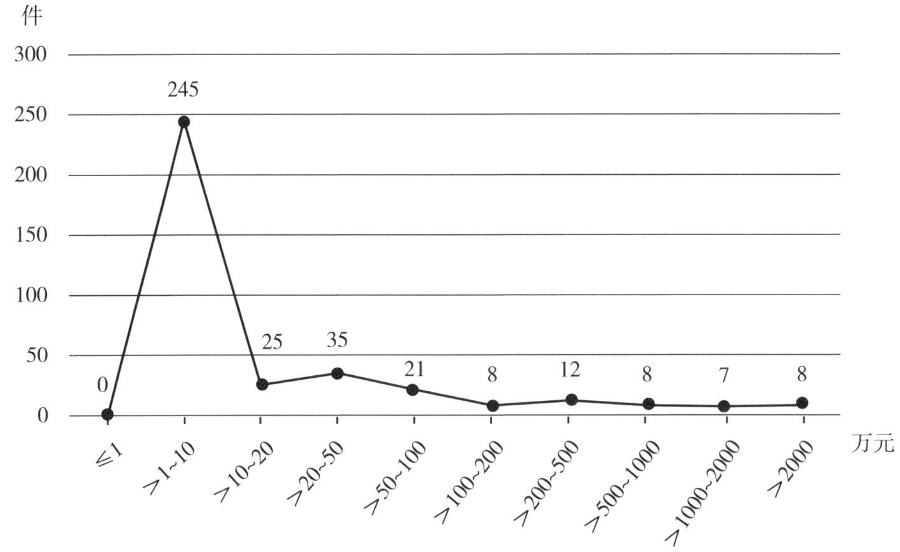

图2－261 软件和信息技术服务业上市公司作为被告诉讼标的额分布情况

(五)诉讼结果和胜诉率

从总体上看,如图2－262所示,2021年软件和信息技术服务业上市公司涉及的所有案件中,胜诉的案件有875件、败诉的案件有276件、撤回起诉的案件有2件、撤回上诉的案件有11件、驳回起诉的案件有10件、驳回上诉的案件有6件。该行业上市公司胜诉的案件数量在全部案件中占比约74.15%,如果排除撤诉等特殊情形,则该行业上市公司的总体胜诉率约为76.02%。

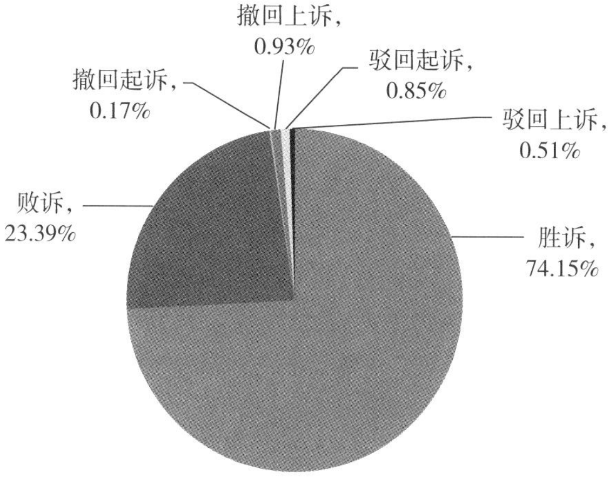

图 2－262　软件和信息技术服务业上市公司诉讼结果占比情况

如图 2－263 所示，具体到不同的诉讼地位，当软件和信息技术服务业上市公司为原告时，其胜诉的案件有 89 件，败诉的案件 167 件，胜诉率约为 34.77%，远低于总体胜诉率；当软件和信息技术服务业上市公司为被告时，其胜诉的案件有 778 件，败诉的案件有 100 件，胜诉率约为 88.61%，高于总体胜诉率；当软件和信息技术服务业上市公司为第三人时，其胜诉的案件有 8 件，败诉的案件有 9 件，胜诉率约为 47.06%，低于总体胜诉率。

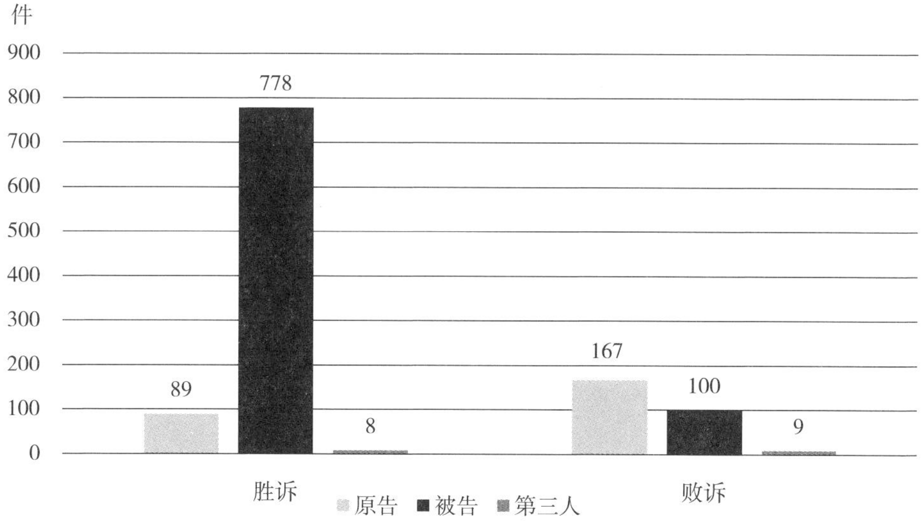

图 2－263　软件和信息技术服务业上市公司胜诉情况与诉讼地位交叉分布情况

如图 2-264 所示，具体到不同的诉讼阶段，一审阶段，软件和信息技术服务业上市公司胜诉的案件有 763 件，败诉的案件有 180 件，胜诉率约为 80.91%，高于总体胜诉率；二审阶段，上市公司胜诉的案件有 102 件，败诉的案件有 92 件，胜诉率约为 52.58%，低于总体胜诉率；再审阶段，上市公司胜诉的案件有 10 件，败诉的案件有 4 件，胜诉率约为 71.43%，略低于总体胜诉率。

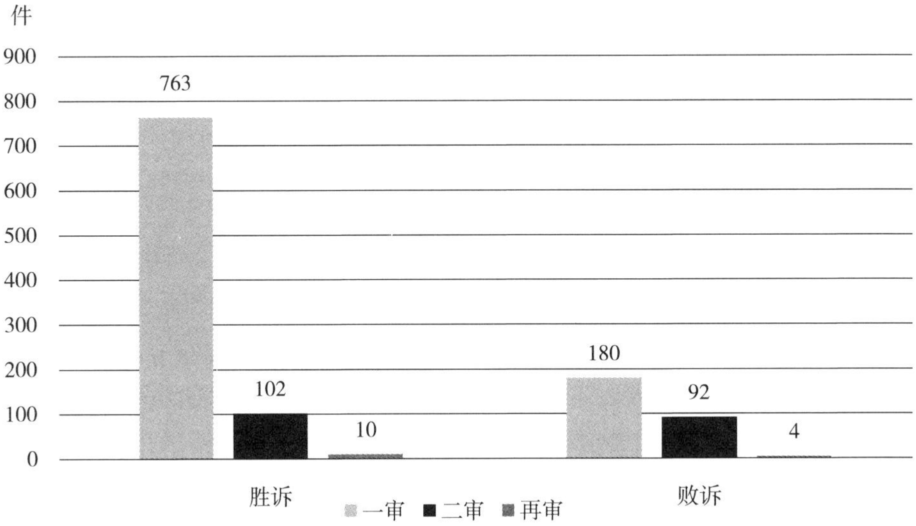

图 2-264 软件和信息技术服务业上市公司胜诉情况与诉讼阶段交叉分布情况

第二十五节 金 融 业

一、金融业上市公司概况

金融业指的是银行与相关资金合作社，还有保险业，除了工业性的经济行为外，其他的与经济相关的都是金融业，它包括银行业、保险业、信托业、证券业和租赁业。

截至 2021 年第四季度，我国金融业上市公司共计 127 家，从行业小类看，货币金融服务业上市公司 43 家、资本市场服务业上市公司 57 家、保险业上市公司 7 家、其他金融业上市公司 20 家。资本市场服务业上市公司在金融业上市公司中占据主流。从市场规模看，我国上市公司中金融业的整体规模不大，其数量占全部上市公司的约 2.70%。

二、金融业行业政策和法律风险新动向

（一）金融业行业政策新动向

为实施国家金融战略，维护金融安全，健全金融审判体系，加大金融司法保护力度，营造良好金融法治环境，全国人民代表大会常务委员会发布了《关于设立北京金融法院的决定》，正式成立北京金融法院。北京是国家金融管理中心，高起点高标准设立金融法院，有助于对金融案件实行集中管辖，推进金融审判体制机制改革，提高金融审判专业化水平。这也是中国成立的第二家金融专门法院。

（二）金融业法律风险新动向

1.《期货法（草案）》

2021 年 4 月，全国人大常委会公布了《期货法（草案）》并征求意见，草案重点围绕期货交易、结算与交割基本制度，期货交易者保护制度，期货经营机构和期货服务机构的监管，期货交易场所和期货结算机构的运行，期货市场监督管理，法律责任等作了规定，具体而言：一是明确了期货法的立法宗旨、调整适用范围；规定了期货交易和其他衍生品交易公开、公平、公正的原则；明确了期货市场和其他衍生品市场的监督管理体制（第一章）。二是系统规定期货交易、结算和交割制度。确立期货品种和期权品种上市注册制度，明确期货交易实行集中交易、保证金交易、持仓限额等制度，并规范程序化交易，禁止内幕交易、操纵市场、编造传播虚假信息或者误导性信息等违法行为（第二章）；规定期货交易的结算实行当日无负债结算、保证金不足强行平仓等制度，明确违约处置程序，确立保证金及相关财产破产保护的原则，规定了期货的交割规则（第四章）。三是规定其他衍生品交易的基本制度。结合其他衍生品交易的特殊性，对单一协议、履约担保、交易终止净额结算、交易报告等基本制度作出规定，并授权国务院依法制定具体管理规则（第三章）。四是确立期货交易者权益保护制度。规定交易者适当性原则，将交易者分为专业交易者与普通交易者；构建多元化期货纠纷解决机制，引入调解制度和集体诉讼制度；设立交易者保障基金（第五章）。五是规范期货经营机构、期货交易场所、期货结算机构和期货服务机构运行。规定期货经营机构业务范围和业务规范，强化期货经营机构的公司治理（第六章）；规定期货交易场所和期货结算机构的组织形式和主要职责，明确期货结算机构的中央对手方法律地位（第七章、第八章）；对期货服务机构进行备案管理，明确其基本行为规范（第九章）。六是明确期货市场的监督管理。

规定国务院期货监督管理机构的职责（第十一章）；对跨境管辖与协作作出原则性规定（第十二章）；对期货市场各类违法行为明确法律责任（第十三章）。

立法者认为，有必要通过制定期货法来进一步完善风险控制制度，健全期货市场的风险识别、预防和处置制度体系，依法加强监督管理，加大对违法违规行为的惩处，夯实市场稳定运行的基础，维护国家金融安全。可见，未来《期货法》的正式颁行将对行业规范化提出更高的要求。

2.《证券期货行政执法当事人承诺制度实施办法》

2021 年 10 月 26 日，国务院发布了《证券期货行政执法当事人承诺制度实施办法》，根据该办法的规定，行政执法当事人承诺，是指国务院证券监督管理机构（证监会）对涉嫌证券期货违法的单位或者个人进行调查期间，被调查的当事人承诺纠正涉嫌违法行为、赔偿有关投资者损失、消除损害或者不良影响并经国务院证券监督管理机构认可，当事人履行承诺后国务院证券监督管理机构终止案件调查的行政执法方式。行政执法当事人承诺实际上构成了行政和解的一种形式，这种方式一方面为投资者提供了及时有效救济的新途径，更加有利于保护投资者尤其是中小投资者的合法权益；另一方面有效提高执法效能，化解资本市场执法面临的“查处难”与市场要求“查处快”之间的矛盾，对行政处罚形成有效补充，更好适应复杂的监管形势。对于证券期货的上市公司而言，也提供了妥善应对行政处罚风险的一种可行途径。

3.《防范和处置非法集资条例》

2021 年 1 月 26 日，国务院颁布《防范和处置非法集资条例》，为了防范和处置非法集资、保护社会公众合法权益、防范化解金融风险提供了明确的规范依据。根据该条例的规定，国家禁止任何形式的非法集资，对非法集资坚持防范为主、打早打小、综合治理、稳妥处置的原则。市场监督管理部门应当加强企业、个体工商户名称和经营范围等商事登记管理。除法律、行政法规和国家另有规定外，企业、个体工商户名称和经营范围中不得包含“金融”“交易所”“交易中心”“理财”“财富管理”“股权众筹”等字样或者内容。对于非法集资人、非法集资协助人，条例要求这些违法行为人除了承担应有的行政刑事责任外，还应当向集资参与人清退集资资金，清退过程应当接受处置非法集资牵头部门监督，充分体现了对普通金融参与者的保护。

三、金融业上市公司诉讼情况统计

本书以金融业的 127 家上市公司为当事人检索案件，共收集 2021 年全国法院判决的各类司法判决书 4218 份，作为统计分析的样本。

（一）案件类型分布

1. 案件诉讼类型

从案件诉讼类型看，2021 年金融业上市公司涉及的 4218 件案件，以民事诉讼为主，行政诉讼有 64 件，无刑事诉讼。

2. 案件案由种类

首先，从诉讼案件案由的基本类型看，2021 年金融业上市公司涉及的 4218 个案件主要集中在合同类纠纷和金融法纠纷两类中，具体分布情况如表 2－49 所示。

表 2－49 金融业上市公司案件案由基本类型分布

案由基本类型	案件数量/件
物权纠纷	22
合同类纠纷	2498
侵权责任纠纷	79
知识产权纠纷	14
竞争法纠纷	18
公司法纠纷	22
金融法纠纷	1360
劳动法纠纷	119
其他民事纠纷	22
行政诉讼	64
刑事诉讼	0
合计	4218

其中，如图 2－265 所示，合同类纠纷案件共有 2498 件，约占全部案件总量的 59.22%；金融法纠纷共有 1360 件，约占全部案件总量的 32.24%；其他类型的纠纷数量不多，占比较小。

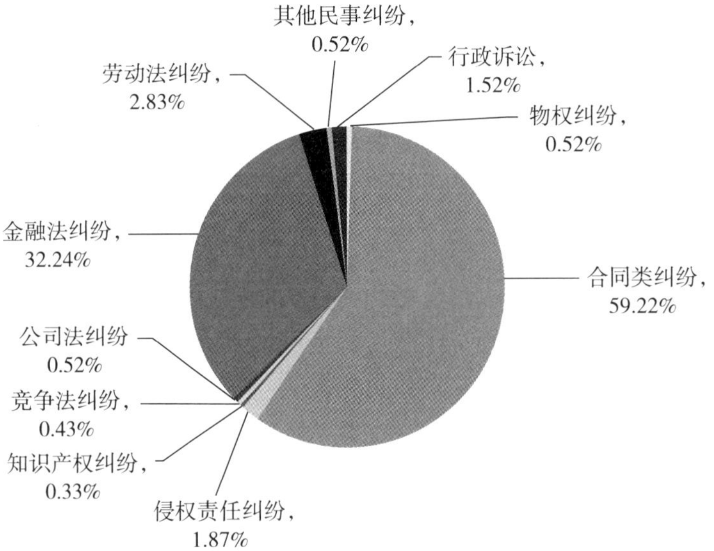

图 2－265　金融业上市公司案由基本类型分布情况

其次，从案件的具体案由看，2021 年金融业上市公司涉及的 4218 件案件以借款合同纠纷和证券欺诈责任纠纷案件数量最多，其他种类案由呈分散化分布状态，其分布情况如表 2－50 所示。

表 2－50　金融业上市公司案件具体案由分布

具体案由	案件数量/件
借款合同纠纷	1311
证券欺诈责任纠纷	643
银行卡纠纷	593
人身保险合同纠纷	377
服务合同纠纷	265
财产保险合同纠纷	200
劳动合同纠纷	114
综合合同纠纷	104
融资融券交易纠纷	51
证券回购合同纠纷	46
行政登记	42

续表

具体案由	案件数量/件
委托理财合同纠纷	33
融资租赁合同纠纷	27
机动车交通事故责任纠纷	27
其他侵权责任纠纷	27
追偿权纠纷	24
不当得利纠纷	22
租赁合同纠纷	20
提供劳务者受害责任纠纷	20
房屋买卖合同纠纷	19
其他不正当竞争纠纷	16
买卖合同纠纷	14
证券交易合同纠纷	13
商标行政管理	13
财产损害赔偿纠纷	12
保证合同纠纷	12
著作权权属、侵权纠纷	11
确认合同效力纠纷	9
建设工程合同纠纷	9
生命权、身体权、健康权纠纷	8
债权人撤销权纠纷	8
票据利益返还请求权纠纷	7
其他合同纠纷	7
股权转让纠纷	6
证券交易代理合同纠纷	5
返还原物纠纷	4
储蓄存款合同纠纷	4
委托合同纠纷	4
破产债权确认纠纷	4

续表

具体案由	案件数量/件
民事信托纠纷	4
被继承人债务清偿纠纷	3
商标权权属、侵权纠纷	3
请求变更公司登记纠纷	3
其他证券纠纷	3
名誉权纠纷	2
一般人格权纠纷	2
离婚后财产纠纷	2
法定继承纠纷	2
占有物返还纠纷	2
债权人代位权纠纷	2
债权转让合同纠纷	2
劳务合同纠纷	2
仿冒纠纷	2
社会保险纠纷	2
取回权纠纷	2
营业信托纠纷	2
票据追索权纠纷	2
信用证欺诈纠纷	2
教育机构责任纠纷	2
其他劳动争议、人事争议	2
继承纠纷	2
政府信息公开	2
行政处理	2
专利行政管理	2
其他行政管理	2
隐私权、个人信息保护纠纷	1
物权确认纠纷	1

续表

具体案由	案件数量/件
恢复原状纠纷	1
抵押权纠纷	1
房地产开发经营合同纠纷	1
抵押合同纠纷	1
质押合同纠纷	1
承揽合同纠纷	1
运输合同纠纷	1
物业服务合同纠纷	1
中介合同纠纷	1
福利待遇纠纷	1
企业出资人权益确认纠纷	1
侵害企业出资人权益纠纷	1
股东资格确认纠纷	1
损害公司利益责任纠纷	1
损害公司债权人利益责任纠纷	1
公司增资纠纷	1
请求撤销个别清偿行为纠纷	1
金融衍生品种交易纠纷	1
证券承销合同纠纷	1
证券投资咨询纠纷	1
客户交易结算资金纠纷	1
期货强行平仓纠纷	1
网络侵权责任纠纷	1
非机动车交通事故责任纠纷	1
建筑物和物件损害责任纠纷	1
其他物权纠纷	1
行政复议	1

3. 案件地域分布

从案件地域分布看,2021 年金融业上市公司涉及的 4218 件案件中,除了 21 件由最高人民法院审理之外,其他案件主要分布在上海市、江苏省、广东省等地。其中,上海市案件最多,共 1085 件;其次是江苏省,共 647 件。具体分布情况如图 2－266 所示。

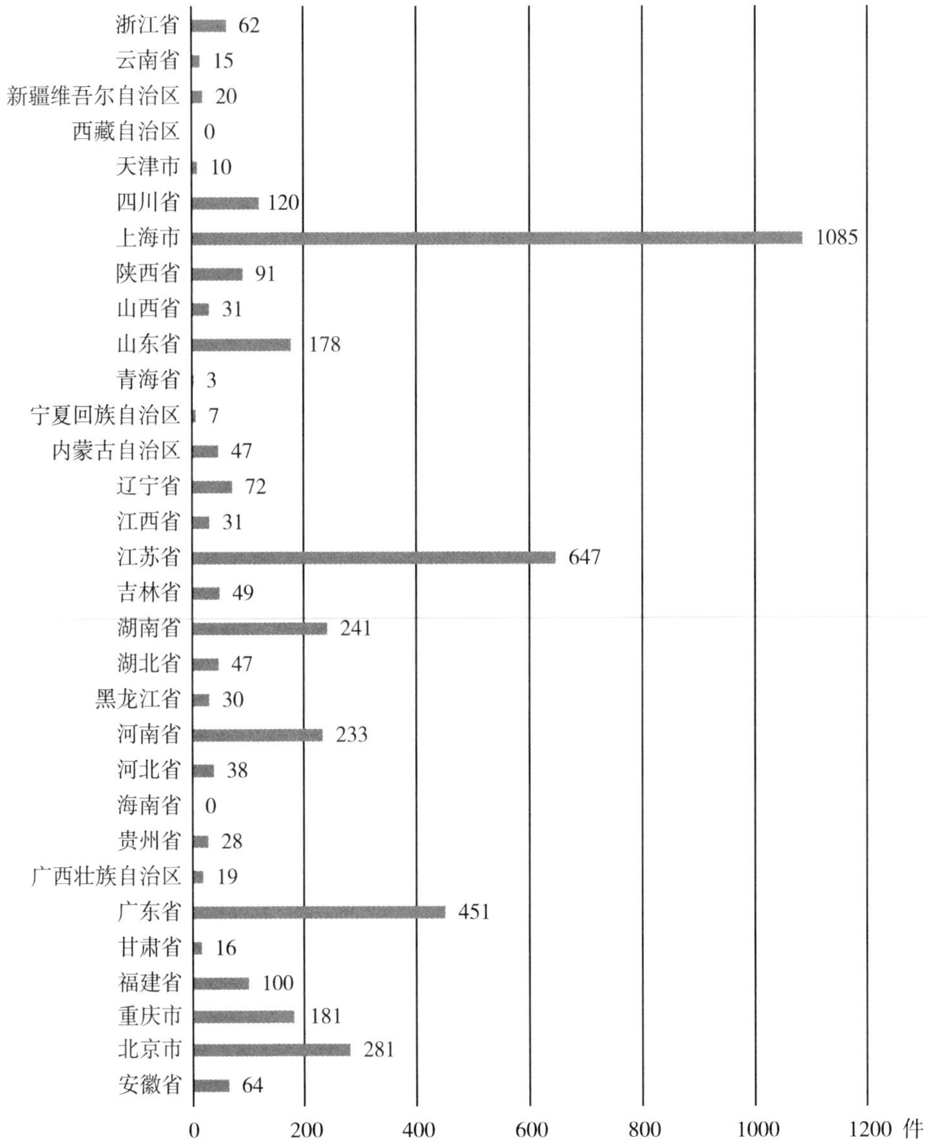

图 2－266　金融业上市公司案件地域分布情况

(二)案件审理程序

1. 诉讼阶段

如图 2－267 所示,从诉讼阶段看,2021 年金融业上市公司涉及的 4218 件案件中,一审案件 3632 件,占比约 86.11%;二审案件 508 件,占比约 12.04%;再审案件 78 件,占比约 1.85%。

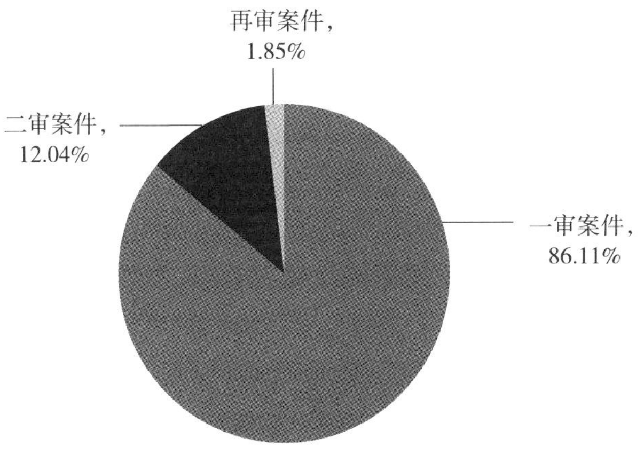

图 2－267 金融业上市公司案件诉讼阶段分布情况

2. 法院层级

如图 2－268 所示,从法院层级看,2021 年金融业上市公司涉及的 4218 件案件中,基层人民法院审结的案件 2961 件,占比约 70.20%;中级人民法院审结的案件 1130 件,占比约 26.79%;高级人民法院审结的案件 106 件,占比约 2.51%;最高人民法院审结的案件 21 件,占比约 0.50%。

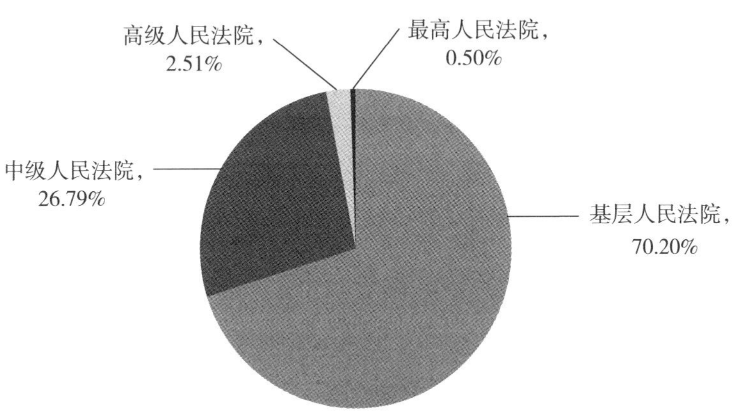

图 2－268 金融业上市公司案件审理法院层级分布情况

（三）上市公司诉讼地位

如图 2－269 所示，从上市公司的诉讼地位看，2021 年金融业上市公司涉及的 4218 件案件中，上市公司作为原告的案件有 2517 件，占比约 59.67%；上市公司作为被告的案件有 1600 件，占比约 37.94%；除此之外，还有 101 件案件中上市公司以第三人的身份参与了诉讼，占比约 2.39%。

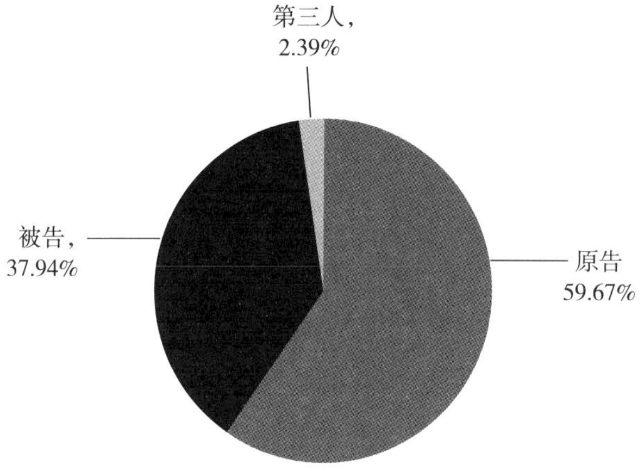

图 2－269　金融业上市公司一审程序诉讼地位分布情况

（四）诉讼标的额

从诉讼案件的标的额看，2021 年金融业上市公司涉及的有标的额可查的案件中，诉讼标的额数量分布情况如图 2－270 所示。总体来看，本行业诉讼标的额总额为 823,351,741,881.87 元，诉讼标的额最大为 808,802,648,000 元，行业平均诉讼标的额约为 379,950,042.40 元。

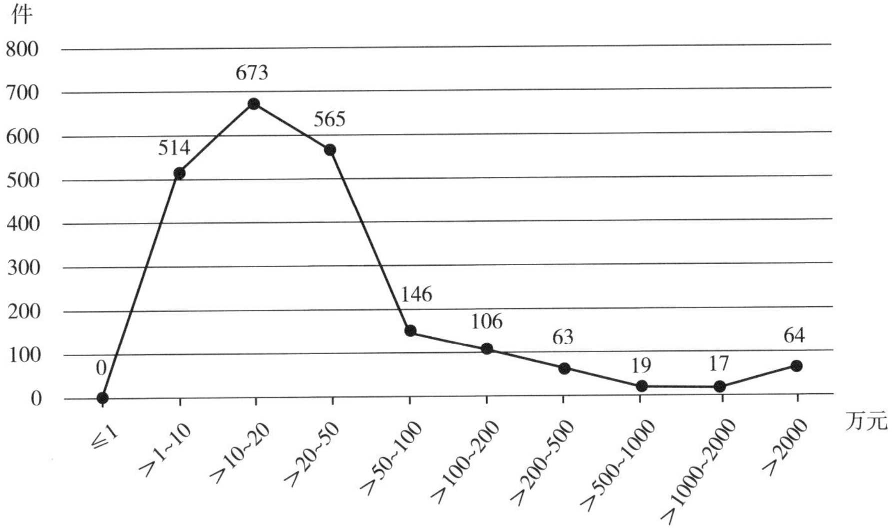

图 2－270　金融业上市公司诉讼标的额分布情况

区分上述案件中上市公司的不同诉讼地位来看：金融业上市公司作为原告涉及的案件中，诉讼标的额数量分布情况如图 2－271 所示。这部分案件的诉讼标的额总额为 9,114,997,240.84 元，平均诉讼标的额为 6,629,088.90 元。

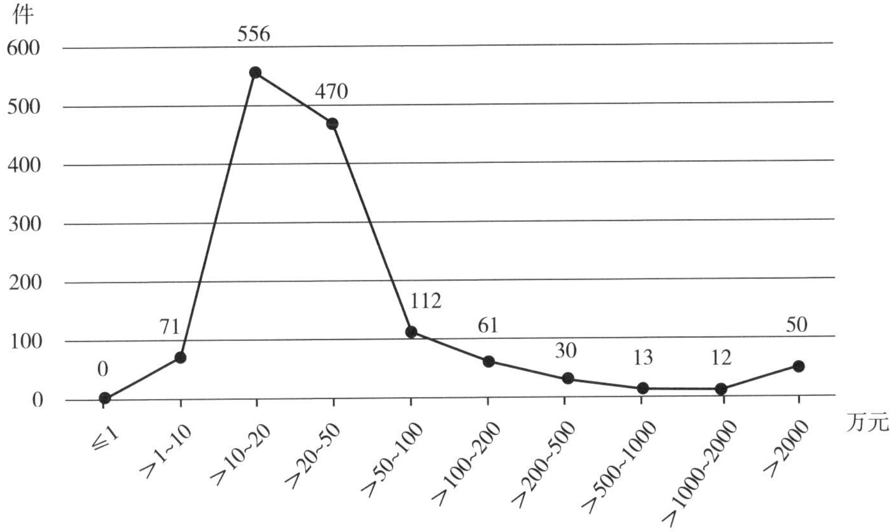

图 2－271　金融业上市公司作为原告诉讼标的额分布情况

金融业上市公司作为被告涉及的案件中，诉讼标的额数量分布情况如图2－272所示。这部分案件的诉讼标的额总额为814，113，269，390.76元，平均诉讼标的额为1，079，725，821.47元。

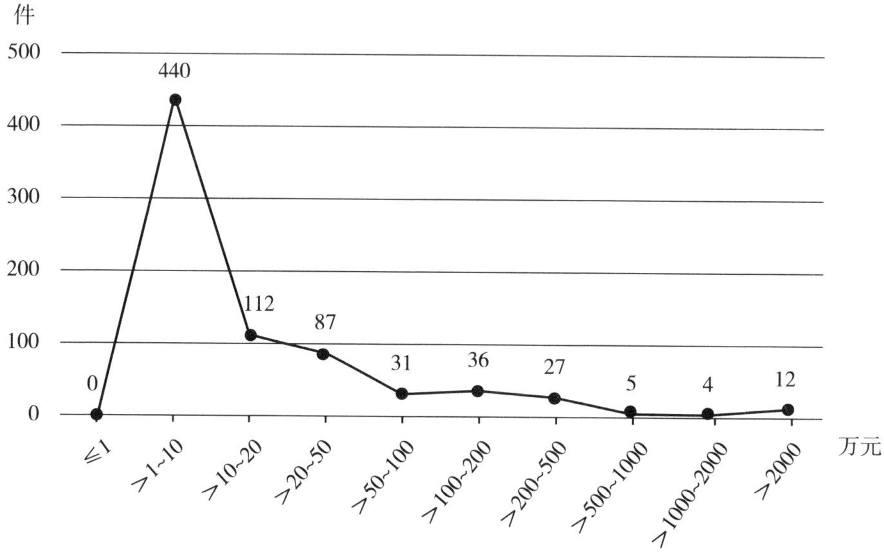

图2－272 金融业上市公司作为被告诉讼标的额分布情况

（五）诉讼结果和胜诉率

从总体上看，如图2－273所示，2021年金融业上市公司涉及的所有案件中，胜诉的案件有2047件、败诉的案件有2112件、撤回起诉的案件有6件、撤回上诉的案件有22件、撤回再审申请的案件有1件、驳回起诉的案件有19件、驳回上诉的案件有11件。该行业上市公司胜诉的案件数量在全部案件中占比约48.53%，如果排除撤诉等特殊情形，则该行业上市公司的总体胜诉率约为49.22%。

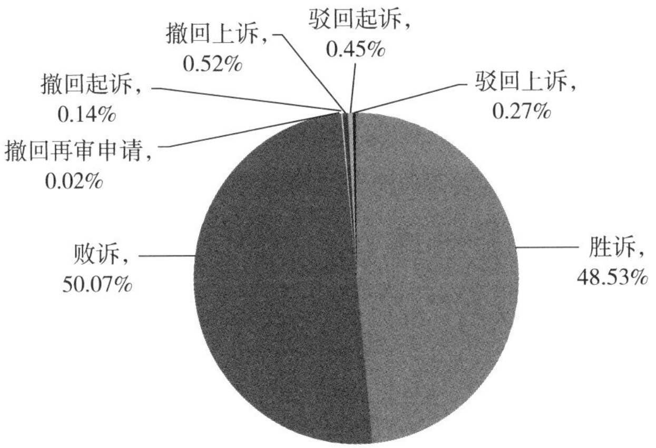

图 2－273 金融业上市公司诉讼结果占比情况

如图 2－274 所示，具体到不同的诉讼地位，当金融业上市公司为原告时，其胜诉的案件有 710 件，败诉的案件 1799 件，胜诉率约为 28.30%，远低于总体胜诉率；当金融业上市公司为被告时，其胜诉的案件有 1302 件，败诉的案件有 276 件，胜诉率约为 82.51%，远高于总体胜诉率；当金融业上市公司为第三人时，其胜诉的案件有 35 件，败诉的案件有 37 件，胜诉率约为 46.61%，略低于总体胜诉率。

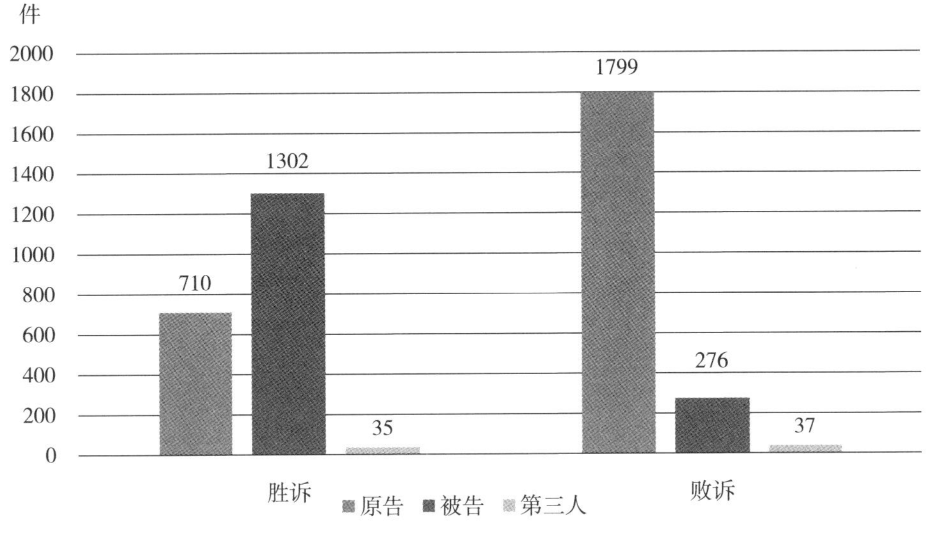

图 2－274 金融业上市公司胜诉情况与诉讼地位交叉分布情况

如图 2－275 所示，具体到不同的诉讼阶段，一审阶段，金融业上市公司胜诉的案件有 1764 件，败诉的案件有 1843 件，胜诉率约为 48.90%，稍低于总体胜诉率；二审阶段，上市公司胜诉的案件有 245 件，败诉的案件有 230 件，胜诉率约为 51.58%，略高于一审胜诉率；再审阶段，上市公司胜诉的案件有 38 件，败诉的案件有 39 件，胜诉率约为 49.35%，与总体胜诉率基本持平。

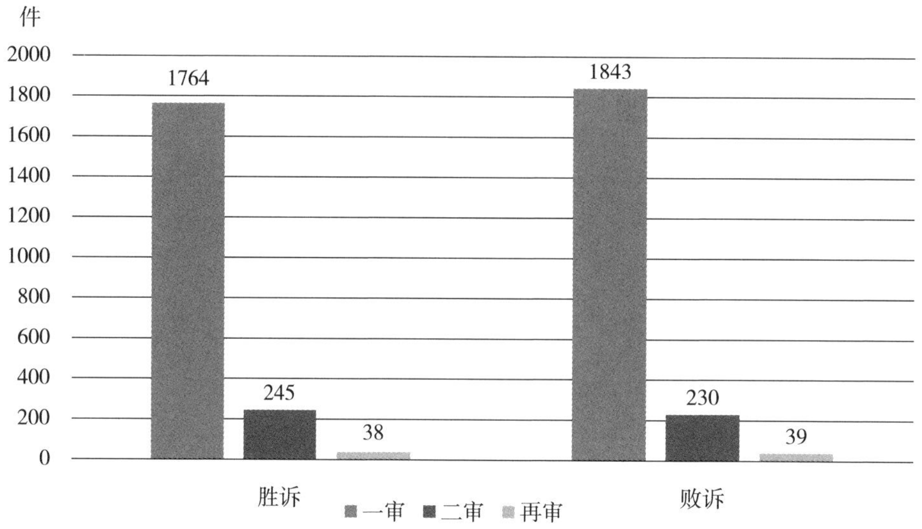

图 2－275　金融业上市公司胜诉情况与诉讼阶段交叉分布情况

第二十六节　房 地 产 业

一、房地产业上市公司概况

房地产业，是指以土地和建筑物为经营对象，从事房地产开发、建设、经营、管理以及维修、装饰和服务的集多种经济活动为一体的综合性产业，是具有先导性、基础性、带动性和风险性的产业。房地产业主要包括土地开发，房屋的建设、维修、管理，土地使用权的有偿划拨、转让，房屋所有权的买卖、租赁，房地产的抵押贷款以及由此形成的房地产市场。在实际生活中，人们习惯于将从事房地产开发和经营的行业称为房地产业。

截至 2021 年第四季度，我国房地产业上市公司共计 117 家。从市场规模看，我国房地产业上市公司数量占全部上市公司的约 2.49%，可见房地产业在全国范围内具有较大市场影响力的企业数量相对较多。

二、房地产业行业政策和法律风险新动向

(一)房地产业行业政策新动向

1.《关于授权国务院在部分地区开展房地产税改革试点工作的决定》

2021年10月23日,全国人民代表大会常务委员会发布《关于授权国务院在部分地区开展房地产税改革试点工作的决定》,为积极稳妥推进房地产税立法与改革,引导住房合理消费和土地资源节约集约利用,促进房地产市场平稳健康发展,第十三届全国人民代表大会常务委员会第三十一次会议决定:授权国务院在部分地区开展房地产税改革试点工作。本决定授权的试点期限为五年,自国务院试点办法印发之日起算。试点过程中,国务院应当及时总结试点经验,在授权期限届满的六个月以前,向全国人民代表大会常务委员会报告试点情况,需要继续授权的,可以提出相关意见,由全国人民代表大会常务委员会决定。条件成熟时,及时制定法律。

2.《关于持续整治规范房地产市场秩序的通知》

2021年7月13日,住房和城乡建设部、国家发改委等8个部门联合发布了《关于持续整治规范房地产市场秩序的通知》,对房地产行业四个方面的重点问题发起整治:(1)房地产开发方面,整治房地产开发企业违法违规开工建设;未按施工图设计文件开发建设;未按房屋买卖合同约定如期交付;房屋渗漏、开裂、空鼓等质量问题突出;未按完整居住社区建设标准建设配套设施等行为。(2)房屋买卖方面,整治发布虚假违法房地产广告,发布虚假房源信息;捂盘惜售,囤积房源;挪用交易监管资金;套取或协助套取"经营贷""消费贷"等非个人住房贷款用于购房;协助购房人非法规避房屋交易税费;违规收取预付款、"茶水费"等费用,变相涨价;利用不公平格式条款侵害消费者权益;捆绑销售车位、储藏室;捏造、散布不实信息,扰乱市场秩序等行为。(3)住房租赁方面,整治未提交开业报告即开展经营;未按规定如实完整报送相关租赁信息;网络信息平台未履行信息发布主体资格核验责任;克扣租金押金;采取暴力、威胁等手段强制驱赶租户;违规开展住房租赁消费贷款业务;存在"高进低出""长收短付"等高风险经营行为;未按规定办理租金监管等行为。(4)物业服务方面,整治未按照物业服务合同约定内容和标准提供服务;未按规定公示物业服务收费项目标准、业主共有部分的经营与收益情况、维修资金使用情况等相关信息;超出合同约定或公示收费项目标准收取费用;擅自利用业主共有部分开展经营活动,侵占、挪用业主共有部分经营收益;物业服务合同依法解除或者终止后,无正当理由拒不退出物业服务项目等行为。

（二）房地产业法律风险新动向

1.《高层民用建筑消防安全管理规定》

2021 年 8 月 1 日，应急管理部制定的《高层民用建筑消防安全管理规定》正式实施，该规定的立法目的主要在于加强高层民用建筑消防安全管理，预防火灾和减少火灾危害。一方面，高层民用建筑的业主、使用人是高层民用建筑消防安全责任主体，对高层民用建筑的消防安全负责，高层民用建筑的业主、使用人是单位的，其法定代表人或者主要负责人是本单位的消防安全责任人；另一方面，接受委托的高层住宅建筑的物业服务企业也应当依法履行相应的消防安全职责，这一点需要房地产企业在经营物业服务的活动中予以注意。

2.《关于修改〈房地产开发企业资质管理规定〉的决定（征求意见稿）》

2021 年 11 月 2 日，住房和城乡建设部发布了《关于修改〈房地产开发企业资质管理规定〉的决定（征求意见稿）》，其中，对有关房地产企业超越资质经营活动的法律后果做了修订，修改为"企业超越资质等级从事房地产开发经营的，由县级以上地方人民政府房地产开发主管部门责令限期改正，处 5 万元以上 10 万元以下的罚款；逾期不改正的，由原资质审批部门提请市场监督管理部门吊销营业执照，并依法注销资质证书"。

3.《关于完善住房租赁有关税收政策的公告》

2021 年 7 月 15 日，财政部、国家税务总局、住房和城乡建设部联合发布了《关于完善住房租赁有关税收政策的公告》，为进一步支持住房租赁市场发展，规定住房租赁企业中的增值税一般纳税人向个人出租住房取得的全部出租收入，可以选择适用简易计税方法，按照 5% 的征收率减按 1.5% 计算缴纳增值税，或适用一般计税方法计算缴纳增值税。住房租赁企业中的增值税小规模纳税人向个人出租住房，按照 5% 的征收率减按 1.5% 计算缴纳增值税。对利用非居住存量土地和非居住存量房屋（含商业办公用房、工业厂房改造后出租用于居住的房屋）建设的保障性租赁住房，取得保障性租赁住房项目认定书后，同样比照适用前述规定的税收政策。

三、房地产业上市公司诉讼情况统计

本书以房地产业的 117 家上市公司为当事人检索案件，共收集 2021 年全国法院判决的各类司法判决书 303 份，作为统计分析的样本。

(一)案件类型分布

1. 案件诉讼类型

从案件诉讼类型看,2021 年房地产业上市公司涉及的 303 件案件,以民事诉讼为主,行政诉讼有 6 件,无刑事诉讼。

2. 案件案由种类

首先,从诉讼案件案由的基本类型看,2021 年房地产业上市公司涉及的 303 件案件主要集中在合同类纠纷和金融法纠纷两类中,具体分布情况如表 2－51 所示。

表 2－51　房地产业上市公司案件案由基本类型分布

案由基本类型	案件数量/件
物权纠纷	8
合同类纠纷	150
侵权责任纠纷	6
知识产权纠纷	14
竞争法纠纷	3
公司法纠纷	7
金融法纠纷	96
劳动法纠纷	10
其他民事纠纷	3
行政诉讼	6
刑事诉讼	0
合计	303

其中,如图 2－276 所示,合同类纠纷案件共有 150 件,约占全部案件总量的 49.50%;金融法纠纷共有 96 件,约占全部案件总量的 31.68%;其他类型的纠纷数量不多,占比较小。

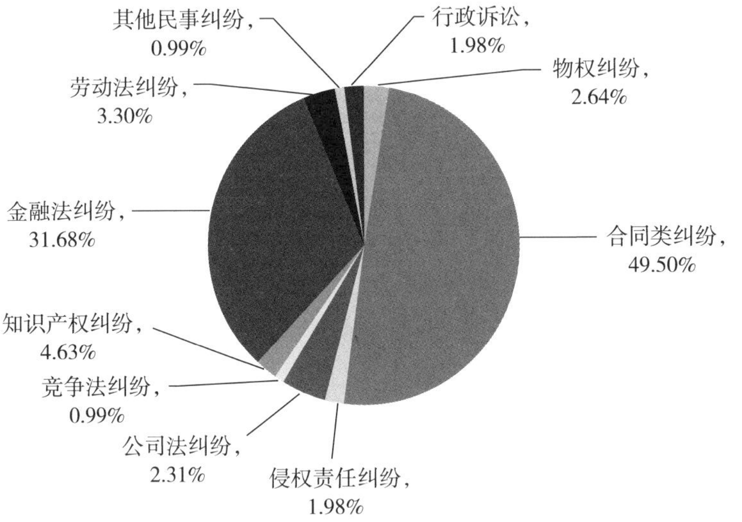

图2－276　房地产业上市公司案由基本类型分布情况

其次，从案件的具体案由看，2021年房地产业上市公司涉及的303件案件以证券欺诈责任纠纷、房屋买卖合同纠纷和物业服务合同纠纷案件数量最多，其他种类案由呈分散化分布状态，其分布情况如表2－52所示。

表2－52　房地产业上市公司案件具体案由分布

具体案由	案件数量/件
证券欺诈责任纠纷	90
房屋买卖合同纠纷	37
物业服务合同纠纷	34
建设工程合同纠纷	15
租赁合同纠纷	12
不当得利纠纷	10
劳动合同纠纷	10
综合合同纠纷	10
买卖合同纠纷	7
民事主体间房屋拆迁补偿合同纠纷	7
著作权权属、侵权纠纷	7
商标权权属、侵权纠纷	7

续表

具体案由	案件数量/件
确认合同效力纠纷	6
票据追索权纠纷	6
借款合同纠纷	5
服务合同纠纷	5
其他侵权责任纠纷	5
财产损害赔偿纠纷	3
股权转让纠纷	3
其他不正当竞争纠纷	3
商标行政管理	3
生命权、身体权、健康权纠纷	2
股东资格确认纠纷	2
名誉权纠纷	1
排除妨害纠纷	1
建筑物区分所有权纠纷	1
业主知情权纠纷	1
合伙合同纠纷	1
追偿权纠纷	1
股东知情权纠纷	1
清算责任纠纷	1
违反安全保障义务责任纠纷	1
物权保护纠纷	1
其他物权纠纷	1
行政登记	1
行政处理	1
其他行政管理	1

3. 案件地域分布

从案件地域分布看，2021 年房地产业上市公司涉及的 303 件案件中，除了 8 件由最高人民法院审理之外，其他案件主要分布在山东省、广东省等地。其中，山东省案件最多，共 91 件；其次是广东省，共 42 件。具体分布情况如图 2－277 所示。

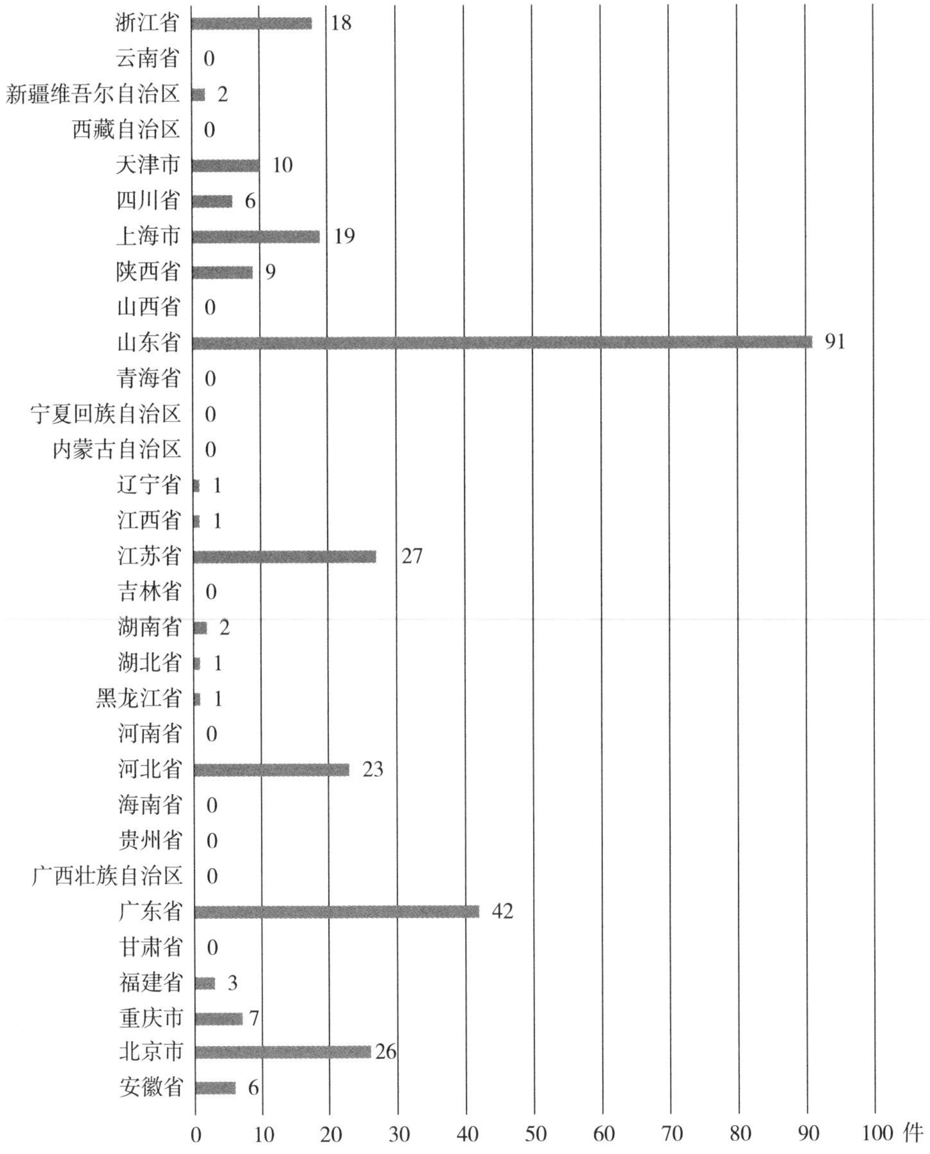

图 2－277　房地产业上市公司案件地域分布情况

（二）案件审理程序

1. 诉讼阶段

如图2－278所示，从诉讼阶段看，2021年房地产业上市公司涉及的303件案件中，一审案件233件，占比约76.90%；二审案件36件，占比约11.88%；再审案件34件，占比约11.22%。

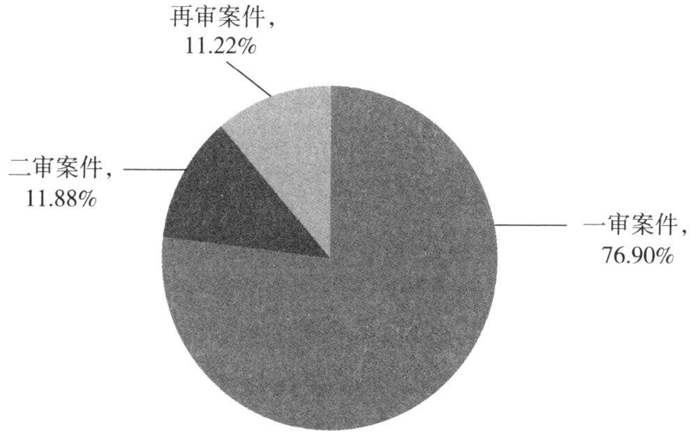

图2－278　房地产业上市公司案件诉讼阶段分布情况

2. 法院层级

如图2－279所示，从法院层级看，2021年房地产业上市公司涉及的303件案件中，基层人民法院审结的案件138件，占比约45.54%；中级人民法院审结的案件131件，占比约43.24%；高级人民法院审结的案件26件，占比约8.58%；最高人民法院审结的案件8件，占比约2.64%。

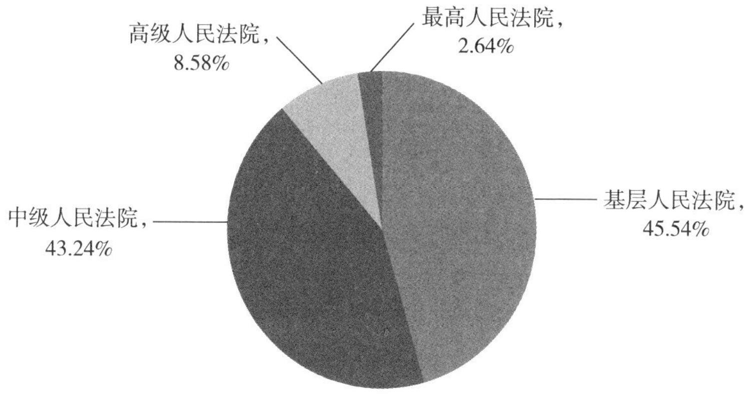

图2－279　房地产业上市公司案件审理法院层级分布情况

(三)上市公司诉讼地位

如图2－280所示,从上市公司的诉讼地位看,2021年房地产业上市公司涉及的303件案件中,上市公司作为原告的案件有70件,占比约23.10%;上市公司作为被告的案件有221件,占比约72.94%;除此之外,还有12件案件中上市公司以第三人的身份参与了诉讼,占比约3.96%。

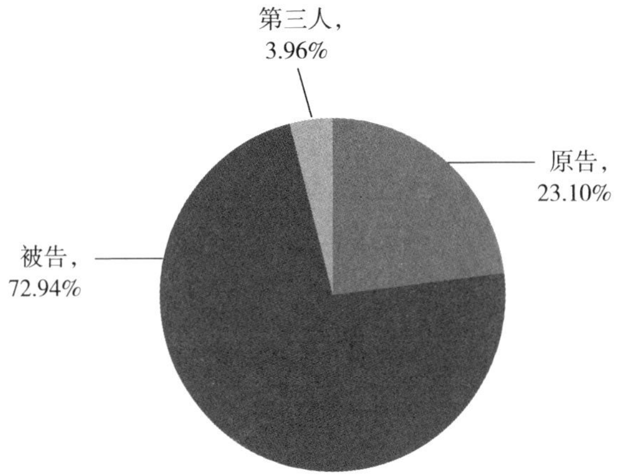

图2－280　房地产业上市公司一审程序诉讼地位分布情况

(四)诉讼标的额

从诉讼案件的标的额看,2021年房地产业上市公司涉及的有标的额可查的案件中,诉讼标的额数量分布情况如图2－281所示。总体来看,本行业诉讼标的额总额为1,058,613,280.26元,诉讼标的额最大为395,066,800元,行业平均诉讼标的额约为8,895,909.91元。

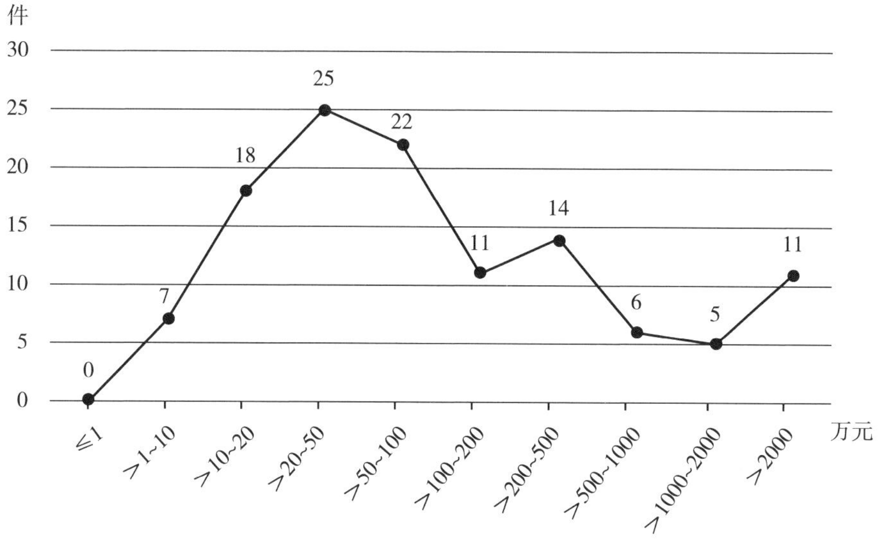

图 2－281　房地产业上市公司诉讼标的额分布情况

区分上述案件中上市公司的不同诉讼地位来看：房地产业上市公司作为原告涉及的案件中，诉讼标的额数量分布情况如图 2－282 所示。这部分案件的诉讼标的额总额为 531,525,919.44 元，平均诉讼标的额为 23,109,822.58 元。

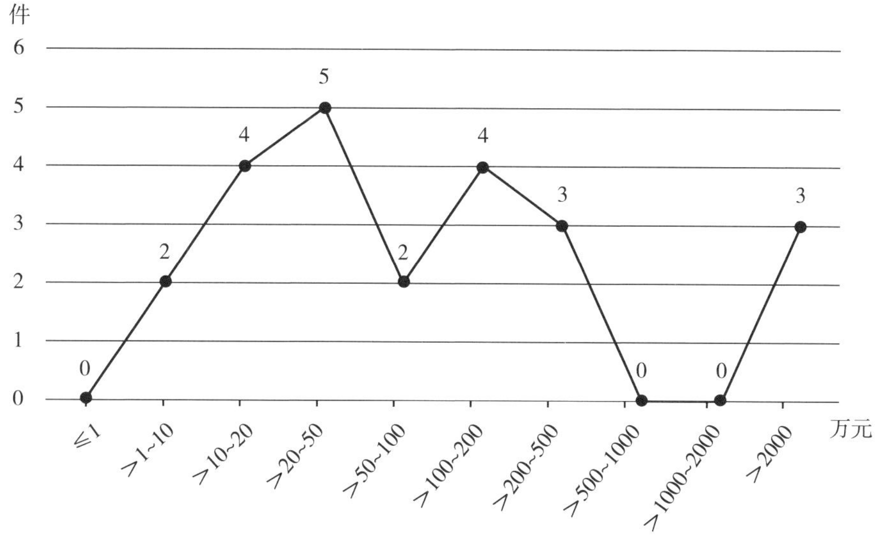

图 2－282　房地产业上市公司作为原告诉讼标的额分布情况

房地产业上市公司作为被告涉及的案件中，诉讼标的额数量分布情况如图 2－283所示。这部分案件的诉讼标的额总额为 524，633，027. 49 元，平均诉讼标的额为 5，702，532. 91 元。

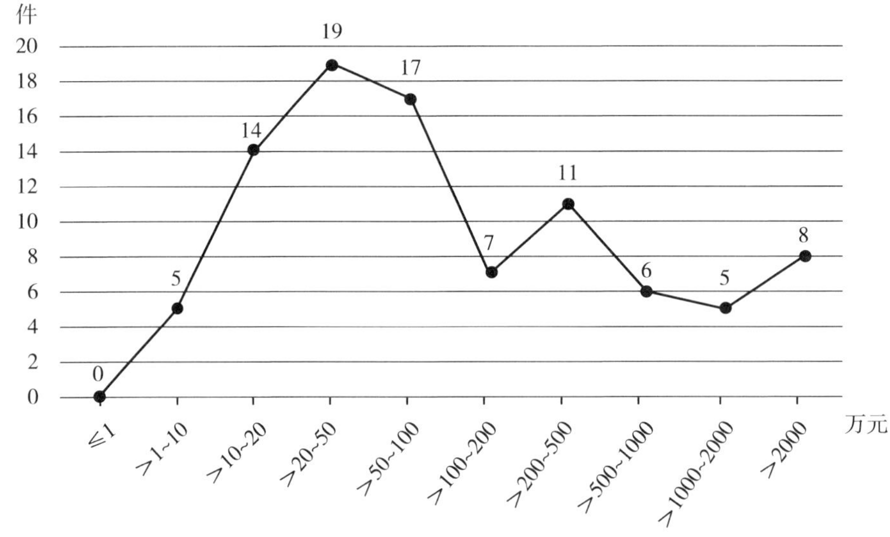

图 2－283　房地产业上市公司作为被告诉讼标的额分布情况

（五）诉讼结果和胜诉率

从总体上看，如图 2－284 所示，2021 年房地产业上市公司涉及的所有案件中，胜诉的案件有 183 件、败诉的案件有 111 件、撤回起诉的案件有 1 件、撤回上诉的案件有 2 件、撤回再审申请的案件有 1 件、驳回上诉的案件有 2 件、驳回再审申请的案件有 2 件、发回重审的案件有 1 件。该行业上市公司胜诉的案件数量在全部案件中占比约 60. 40%，如果排除撤诉等特殊情形，则该行业上市公司的总体胜诉率约为 62. 24%。

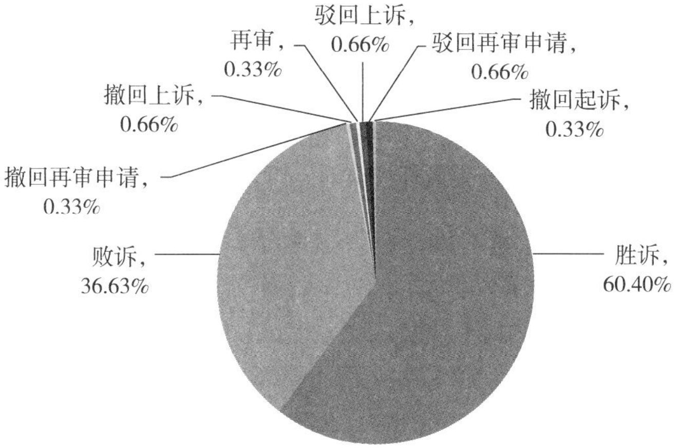

图 2－284　房地产业上市公司诉讼结果占比情况

如图 2－285 所示，具体到不同的诉讼地位，当房地产业上市公司为原告时，其胜诉的案件有 17 件，败诉的案件 50 件，胜诉率约为 25.37%，远低于总体胜诉率；当房地产业上市公司为被告时，其胜诉的案件有 161 件，败诉的案件有 55 件，胜诉率约为 74.54%，高于总体胜诉率；当房地产业上市公司为第三人时，其胜诉的案件有 5 件，败诉的案件有 6 件，胜诉率约为 45.45%，低于总体胜诉率。

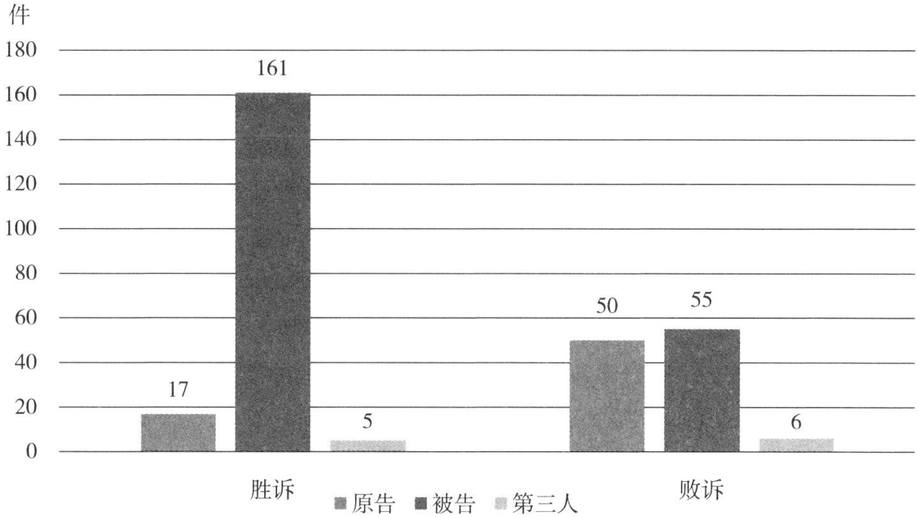

图 2－285　房地产业上市公司胜诉情况与诉讼地位交叉分布情况

如图2－286所示，具体到不同的诉讼阶段，一审阶段，房地产业上市公司胜诉的案件有153件，败诉的案件有79件，胜诉率约为65.95%，高于总体胜诉率；二审阶段，上市公司胜诉的案件有11件，败诉的案件有20件，胜诉率约为35.48%，低于总体胜诉率；再审阶段，上市公司胜诉的案件有19件，败诉的案件有12件，胜诉率约为61.29%，略低于总体胜诉率。

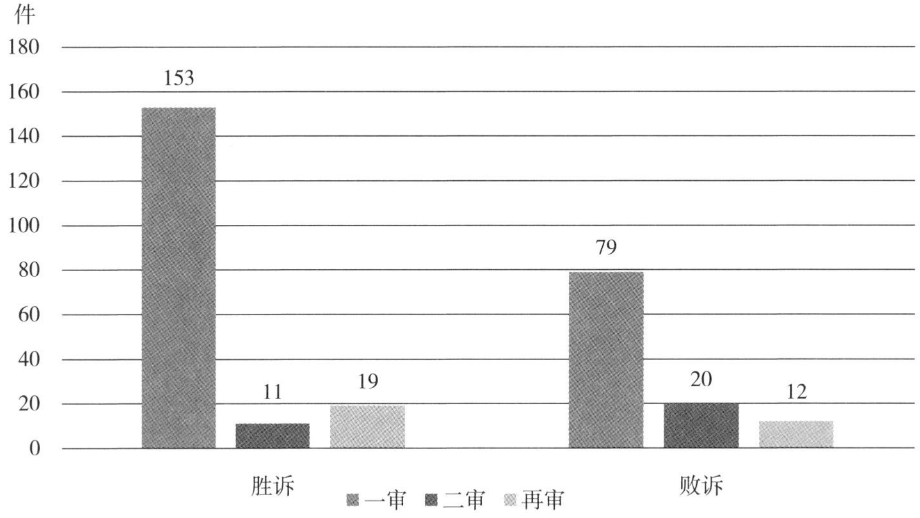

图2－286 房地产业上市公司胜诉情况与诉讼阶段交叉分布情况

第二十七节 租赁和商务服务业

一、租赁和商务服务业上市公司概况

租赁和商务服务业包括租赁业和商业服务业。租赁业，是以金融信贷和物资信贷相结合的方式提供信贷服务的经营业。一般的租赁活动，是出租人将自己拥有的物质资料按一定条件出租给他人使用，承租人在使用过程中按照规定交纳租金。商业服务业属于现代服务业的范畴，包括企业管理服务、法律服务、咨询与调查、广告业、职业中介服务等行业，是符合现代服务业要求的人力资本密集行业，也是高附加值行业。

截至2021年第四季度，我国租赁和商务服务业上市公司共计67家，从行业小类看，租赁业上市公司3家、商业服务业上市公司64家。商业服务业上市公司在租赁和商务服务业上市公司中占据主流。从市场规模看，我国上市公司中租赁和商务服务业的整体规模较小，其数量占全部上市公司的约 1.43%。

二、租赁和商务服务业行业政策和法律风险新动向

（一）租赁和商务服务业行业政策新动向

2021 年 2 月 9 日，商务部办公厅发布《商务领域促进汽车消费工作指引和部分地方经验做法》，梳理了当前商务领域促进汽车消费的主要工作任务和一些地方好的经验做法，形成了《商务领域促进汽车消费工作指引》和《地方促进汽车消费经验做法》两份文件。其中关于汽车的租赁，文件指出：要加大新能源汽车推广力度，发展汽车租赁共享，培育更多细分市场，促进电动化、共享化发展。坚持创新引领，适应汽车产业重心向后市场转移发展新趋势，鼓励新业态、新模式发展，提升供需适配性。同时，还明确提出要壮大汽车租赁市场，包括：推进完善机场、火车站等交通枢纽以及客流集散地停车站点设施，吸引企业发展汽车租赁业务。鼓励汽车租赁企业扩大网点覆盖面，优化经营网点布局，提供“一点租多点还”“一城租多城还”等服务；发展长租、短租、分时租赁等多种租赁模式；运用信息化手段集成车辆预订、取还车、电子支付和保险“一站式”服务，规范收费和服务标准，满足消费者多样化、高品质租车消费需求。

（二）租赁和商务服务业法律风险新动向

2021 年 8 月 11 日，交通运输部制定的《小微型客车租赁经营服务管理办法》正式施行，明确了小微型客车租赁管理职责、建立小微型客车租赁经营备案管理制度、规范小微型客车租赁经营服务活动、强化对小微型客车租赁经营活动的监管、对租赁车辆使用性质予以规范、明确不得随车提供驾驶劳务、合理规范平台公司的活动等。相关企业应当合法合规进行小微型客车租赁经营服务行为，保护经营者和承租人合法权益。

三、租赁和商务服务业上市公司诉讼情况统计

本书以租赁和商务服务业的 67 家上市公司为当事人检索案件，共收集 2021 年全国法院判决的各类司法判决书 260 份，作为统计分析的样本。

（一）案件类型分布

1. 案件诉讼类型

从案件诉讼类型看，2021 年租赁和商务服务业上市公司涉及的 260 件案件，以民事诉讼为主，行政诉讼有 26 件，无刑事诉讼。

2. 案件案由种类

首先，从诉讼案件案由的基本类型看，2021 年租赁和商务服务业上市公司涉及的 260 件案件主要集中在合同类纠纷中，具体分布情况如表 2－53 所示。

表 2－53 租赁和商务服务业上市公司案件案由基本类型分布

案由基本类型	案件数量/件
物权纠纷	2
合同类纠纷	165
侵权责任纠纷	5
知识产权纠纷	9
竞争法纠纷	20
公司法纠纷	12
金融法纠纷	5
劳动法纠纷	13
其他民事纠纷	3
行政诉讼	26
刑事诉讼	0
合计	260

其中，如图 2－287 所示，合同类纠纷案件共有 165 件，约占全部案件总量的 63.46%；其他类型的纠纷数量不多，占比较小。

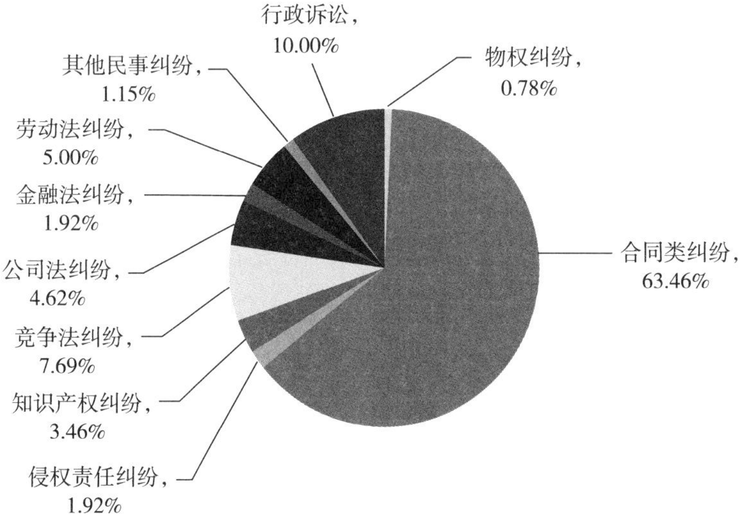

图 2－287 租赁和商务服务业上市公司案由基本类型分布情况

其次，从案件的具体案由看，2021年租赁和商务服务业上市公司涉及的260件案件以租赁合同纠纷、买卖合同纠纷和商标行政管理的案件数量最多，其他种类案由呈分散化分布状态，其分布情况如表2-54所示。

表2-54 租赁和商务服务业上市公司案件具体案由分布

具体案由	案件数量/件
租赁合同纠纷	28
买卖合同纠纷	25
商标行政管理	25
综合合同纠纷	23
其他不正当竞争纠纷	20
承揽合同纠纷	18
服务合同纠纷	18
追偿权纠纷	15
借款合同纠纷	14
劳动合同纠纷	13
建设工程合同纠纷	8
股权转让纠纷	5
商标权权属、侵权纠纷	4
证券权利确认纠纷	4
委托合同纠纷	3
广告合同纠纷	3
生命权、身体权、健康权纠纷	2
排除妨害纠纷	2
保证合同纠纷	2
运输合同纠纷	2
专利权权属、侵权纠纷	2
股东出资纠纷	2
机动车交通事故责任纠纷	2
肖像权纠纷	1

续表

具体案由	案件数量/件
确认合同效力纠纷	1
债权人代位权纠纷	1
房屋买卖合同纠纷	1
劳务合同纠纷	1
展览合同纠纷	1
著作权合同纠纷	1
商标合同纠纷	1
著作权权属、侵权纠纷	1
股东知情权纠纷	1
公司决议纠纷	1
损害公司债权人利益责任纠纷	1
公司增资纠纷	1
网络侵权责任纠纷	1
违反安全保障义务责任纠纷	1
其他侵权责任纠纷	1
其他合同纠纷	1
票据纠纷	1
其他与公司有关的纠纷	1
其他行政管理	1

3. 案件地域分布

从案件地域分布看,2021 年租赁和商务服务业上市公司涉及的 260 件案件中,除了 5 件由最高人民法院审理之外,其他案件主要分布在广东省、北京市、浙江省等地。其中,广东省案件最多,共 90 件;其次是北京市,共 71 件。具体分布情况如图 2-288所示。

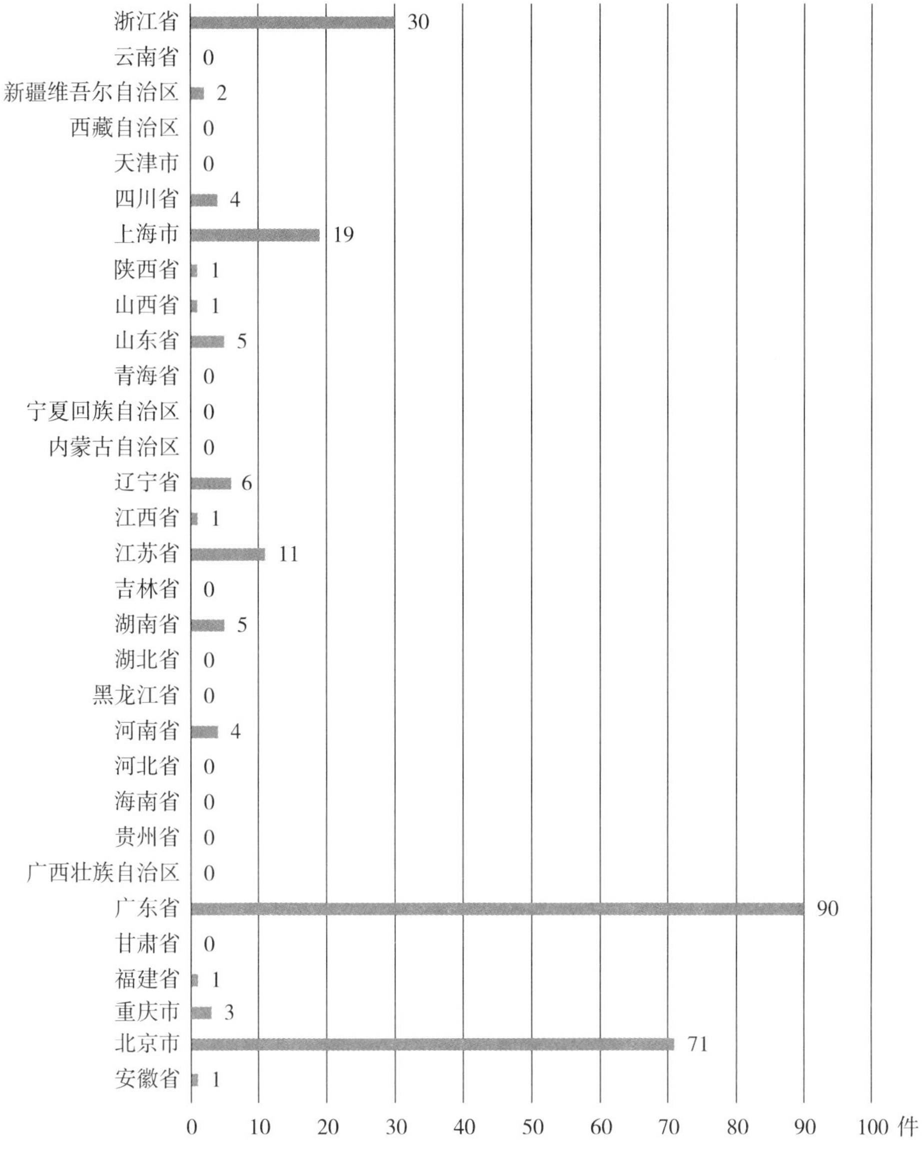

图 2－288　租赁和商务服务业上市公司案件地域分布情况

(二)案件审理程序

1. 诉讼阶段

如图 2－289 所示,从诉讼阶段看,2021 年租赁和商务服务业上市公司涉及的 260 件案件中,一审案件 166 件,占比约 63.85%;二审案件 83 件,占比约 31.92%;

再审案件 11 件，占比约 4.23%。

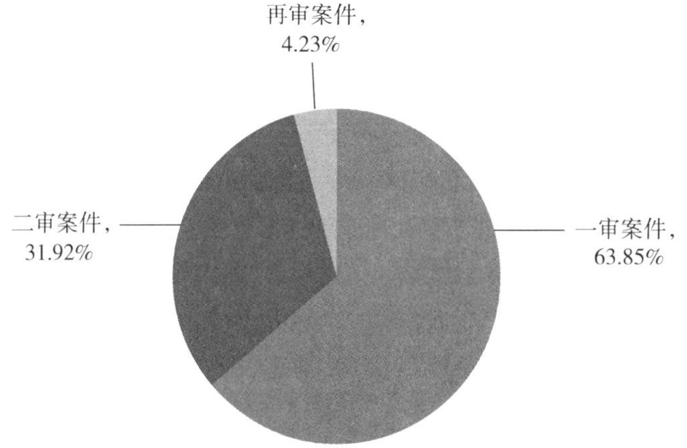

图 2-289　租赁和商务服务业上市公司案件诉讼阶段分布情况

2. 法院层级

如图 2-290 所示，从法院层级看，2021 年租赁和商务服务业上市公司涉及的 260 件案件中，基层人民法院审结的案件 145 件，占比约 55.77%；中级人民法院审结的案件 71 件，占比约 27.31%；高级人民法院审结的案件 39 件，占比为 15.00%；最高人民法院审结的案件 5 件，占比约 1.92%。

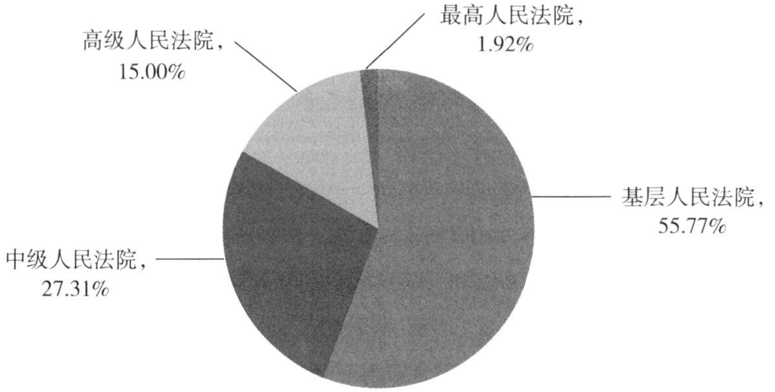

图 2-290　租赁和商务服务业上市公司案件审理法院层级分布情况

（三）上市公司诉讼地位

如图 2－291 所示，从上市公司的诉讼地位看，2021 年租赁和商务服务业上市公司涉及的 260 件案件中，上市公司作为原告的案件有 124 件，占比约 47.69%；上市公司作为被告的案件有 120 件，占比约 46.15%；除此之外，还有 16 件案件中上市公司以第三人的身份参与了诉讼，占比约 6.16%。

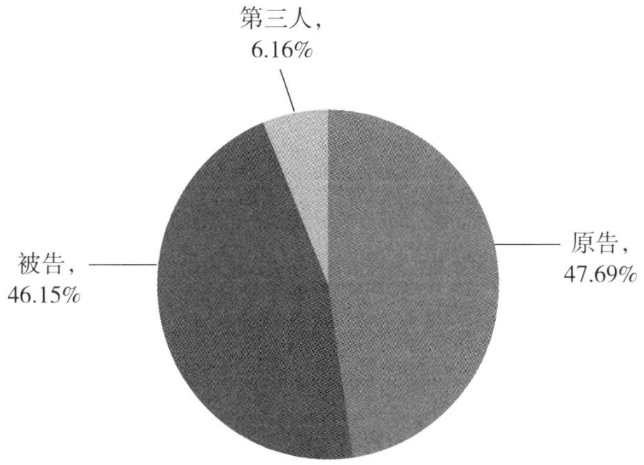

图 2－291 租赁和商务服务业上市公司一审程序诉讼地位分布情况

（四）诉讼标的额

从诉讼案件的标的额看，2021 年租赁和商务服务业上市公司涉及的有标的额可查的案件中，诉讼标的额数量分布情况如图 2－292 所示。总体来看，本行业诉讼标的额总额为 1,194,918,491.17 元，诉讼标的额最大为 235,075,800 元，行业平均诉讼标的额约为 10,126,427.89 元。

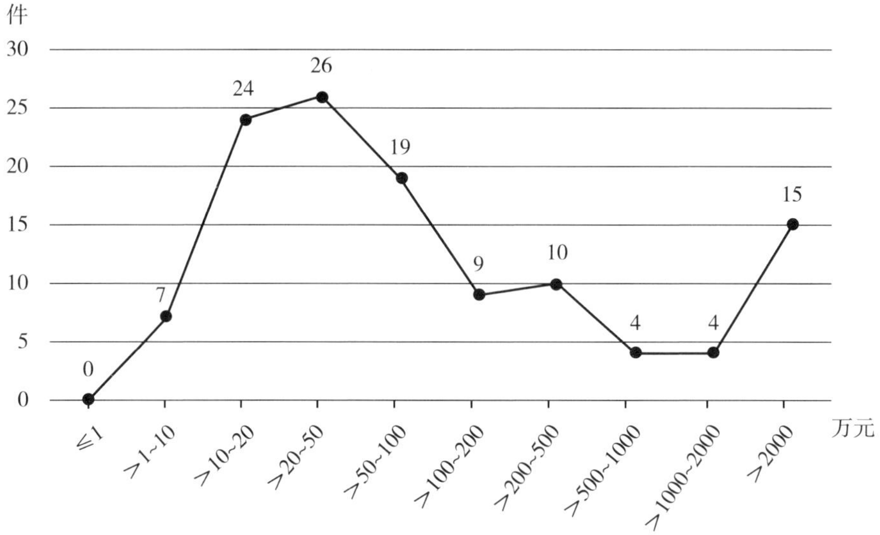

图 2 - 292　租赁和商务服务业上市公司诉讼标的额分布情况

区分上述案件中上市公司的不同诉讼地位来看:租赁和商务服务业上市公司作为原告涉及的案件中,诉讼标的额数量分布情况如图 2 - 293 所示。这部分案件的诉讼标的额总额为 442,505,224.56 元,平均诉讼标的额为 8,045,549.53 元。

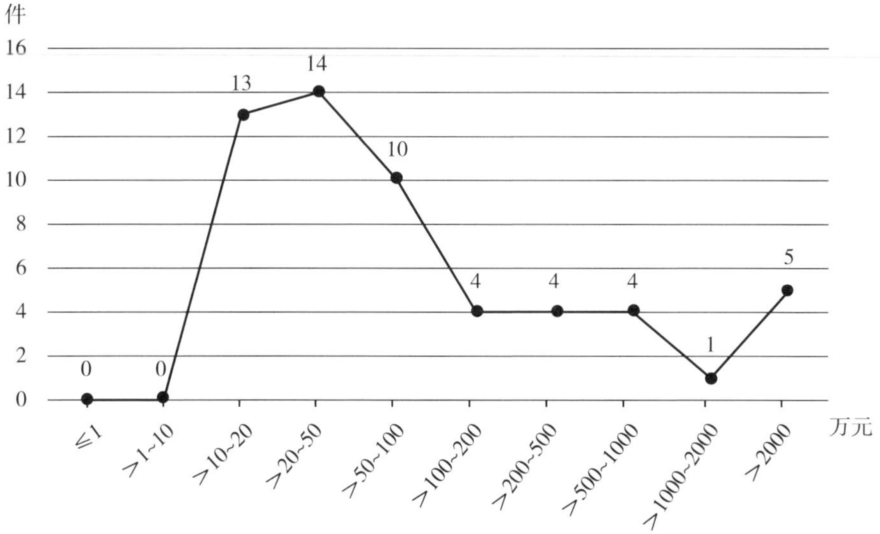

图 2 - 293　租赁和商务服务业上市公司作为原告诉讼标的额分布情况

租赁和商务服务业上市公司作为被告涉及的案件中,诉讼标的额数量分布情况如图 2 - 294 所示。这部分案件的诉讼标的额总额为 711,289,408.83 元,平均诉讼标的额为 12,263,610.49 元。

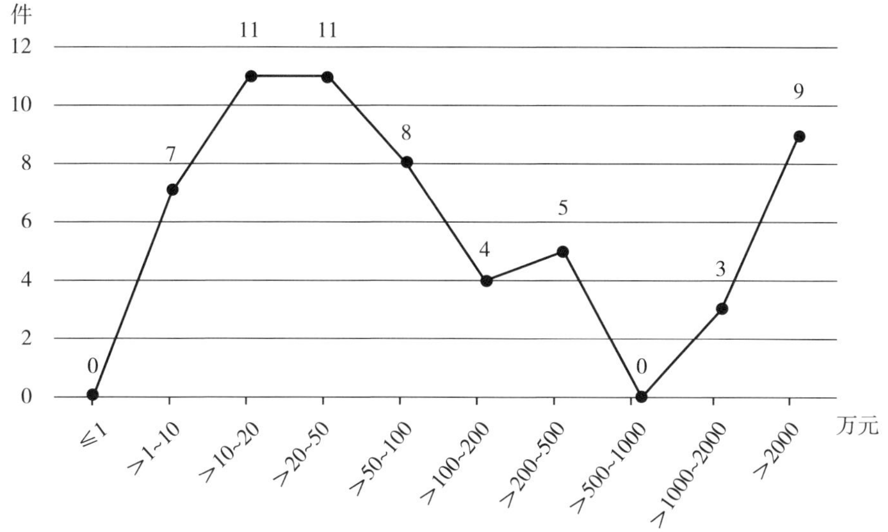

图 2 - 294　租赁和商务服务业上市公司作为被告诉讼标的额分布情况

(五)诉讼结果和胜诉率

从总体上看,如图 2 - 295 所示,2021 年租赁和商务服务业上市公司涉及的所有案件中,胜诉的案件有 125 件、败诉的案件有 130 件、撤回上诉的案件有 2 件、驳回起诉的案件有 2 件、驳回上诉的案件有 1 件。该行业上市公司胜诉的案件数量在全部案件中占比约 48.08%,如果排除撤诉等特殊情形,则该行业上市公司的总体胜诉率约为 49.02%。

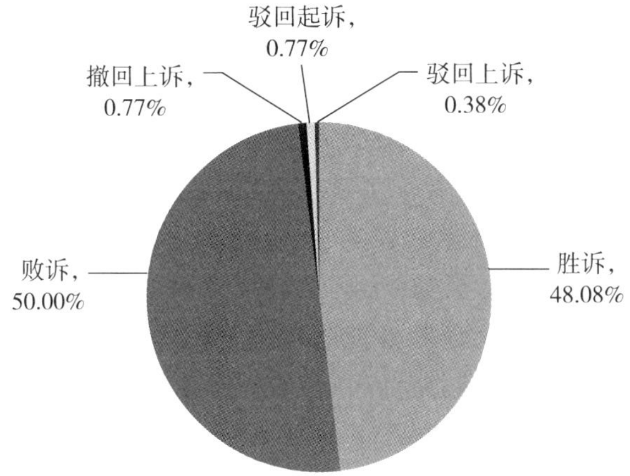

图2-295 租赁和商务服务业上市公司诉讼结果占比情况

如图2-296所示，具体到不同的诉讼地位，当租赁和商务服务业上市公司为原告时，其胜诉的案件有31件，败诉的案件91件，胜诉率约为25.41%，远低于总体胜诉率；当租赁和商务服务业上市公司为被告时，其胜诉的案件有87件，败诉的案件有32件，胜诉率约为73.11%，远高于总体胜诉率；当租赁和商务服务业上市公司为第三人时，其胜诉的案件有7件，败诉的案件有7件，胜诉率为50%，略高于总体胜诉率。

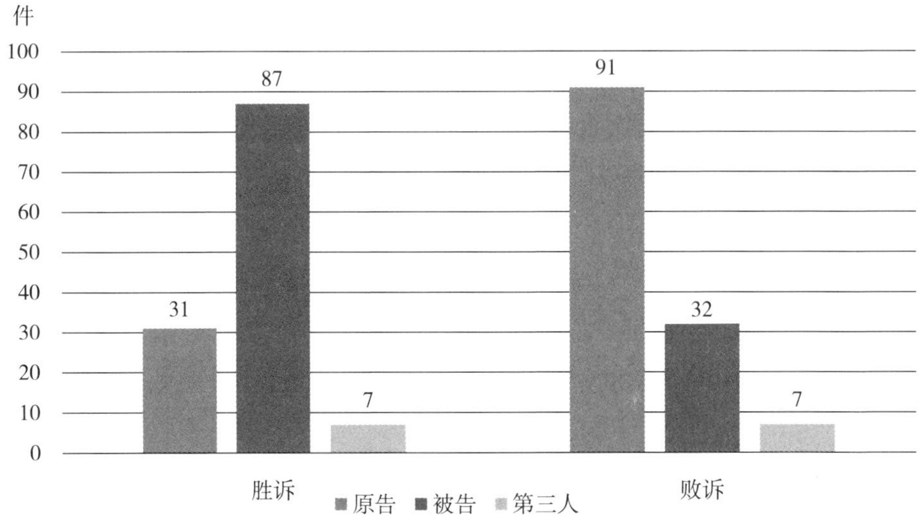

图2-296 租赁和商务服务业上市公司胜诉情况与诉讼地位交叉分布情况

如图 2 - 297 所示，具体到不同的诉讼阶段，一审阶段，租赁和商务服务业上市公司胜诉的案件有 77 件，败诉的案件有 87 件，胜诉率约为 46.95%，低于总体胜诉率；二审阶段，上市公司胜诉的案件有 39 件，败诉的案件有 41 件，胜诉率约为 48.75%，略高于一审胜诉率；再审阶段，上市公司胜诉的案件有 9 件，败诉的案件有 2 件，胜诉率约为 81.81%，高于总体胜诉率。

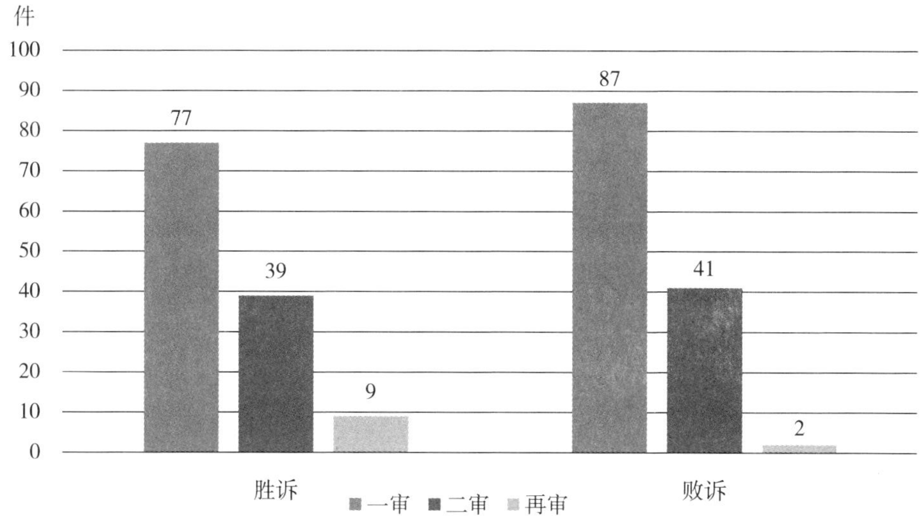

图 2 - 297　租赁和商务服务业上市公司胜诉情况与诉讼阶段交叉分布情况

第二十八节　科学研究和技术服务业

一、科学研究和技术服务业上市公司概况

科学研究和技术服务业包括研究和试验发展业、专业技术服务业及科学推广和应用服务业。研究和试验发展，是指为了增加知识（包括有关自然、工程、人类、文化和社会的知识），以及运用这些知识创造新的应用，所进行的系统的、创造性的活动；该活动仅限于对新发现、新理论的研究，新技术、新产品、新工艺的研制研究与试验发展，包括基础研究、应用研究和试验发展。专业技术服务业，是指由专门为客户或社会提供职业化和科技服务活动的机构所组成的现代服务行业，这些活动要求有高度的专业技能和培训。从市场准入的角度来看，专业技术服务业可以分为两类：第一类是需要由政府授予执业资格的；第二类则无须政府批准即可执业。在我国，专业技术服务业包括：气象服务、地震服务、海洋服务、测绘服务、技术检测、环

境监测、工程技术与规划管理、工程管理服务、工程勘察设计、规划管理、其他专业技术服务等。科学推广和应用服务业，是指将新技术、新产品、新工艺等运用现代科技知识和技术方法向社会提供治理服务的新兴产业。

截至2021年第四季度，我国科学研究和技术服务业上市公司共计90家，从行业小类看，研究和试验发展业上市公司19家、专业技术服务业上市公司68家、科技推广和应用服务业上市公司3家。专业技术服务业上市公司在科学研究和技术服务业上市公司中占据主流。从市场规模看，我国上市公司中科学研究和技术服务业的整体规模较小，其数量占全部上市公司的约1.92%，可见科学研究和技术服务业在全国范围内具有较大市场影响力的企业数量不多。

二、科学研究和技术服务业行业政策和法律风险新动向

（一）科学研究和技术服务业行业政策新动向

2021年5月31日，中央农村工作领导小组办公室、农业农村部联合发布了《关于深入开展向袁隆平同志学习的通知》，袁隆平同志是中华人民共和国培养的第一代优秀农业科技工作者，是中国知识分子的光辉楷模，是农业科技界的一面旗帜，他开创的杂交水稻事业是农业科学研究的一座丰碑，通知要求各级部门特别是各农业科教单位，要通过多种方式开展向袁隆平同志学习的活动，大力弘扬、努力营造向袁隆平同志学习的浓厚氛围，促进农业科学研究事业的发展。

（二）科学研究和技术服务业法律风险新动向

1.《科学技术进步法》

2021年12月24日，全国人大常委会修订了《科学技术进步法》。根据该法规定，地方各级人民政府应当鼓励和引导农业科学技术服务机构、科技特派员和农村群众性科学技术组织为种植业、林业、畜牧业、渔业等的发展提供科学技术服务，为农民提供科学技术培训和指导。对于科学技术研究开发机构或企业而言，可以通过与其他科学技术研究开发机构、高等学校和企业联合开展科学技术研究开发、技术咨询、技术服务等活动参与科学研究和科技服务业。该法的规定体现了国家对推动科技进步的科技服务业等企业的重视和支持。

2.《著作权法》

2021年6月1日，修订后的《著作权法》正式施行，针对与技术措施相关的技术服务相关问题作出了新增的规定：为保护著作权和与著作权有关的权利，权利人可以采取技术措施。未经权利人许可，任何组织或者个人不得故意避开或者破坏技

术措施,不得以避开或者破坏技术措施为目的制造、进口或者向公众提供有关装置或者部件,不得故意为他人避开或者破坏技术措施提供技术服务。

3.《社会消防技术服务管理规定》

2021年9月13日,应急管理部发布《社会消防技术服务管理规定》,对社会消防这一特殊的技术服务领域作出了明确具体的规范,涵盖了从事消防设施维护保养检测、消防安全评估等社会消防技术服务活动的各类消防技术服务企业。根据该规定的内容,消防技术服务机构在从事社会消防技术服务活动中,不得有下列行为:(1)不具备从业条件,从事社会消防技术服务活动;(2)出具虚假、失实文件;(3)消防设施维护保养检测机构的项目负责人或者消防设施操作员未到现场实地开展工作;(4)泄露委托人商业秘密;(5)指派无相应资格从业人员从事社会消防技术服务活动;(6)冒用其他消防技术服务机构名义从事社会消防技术服务活动。从事消防技术服务经营活动的企业应当注意不要触犯上述管理规定。

4.《职业卫生技术服务机构管理办法》

2021年2月1日,国家卫健委制定的《职业卫生技术服务机构管理办法》正式施行,为职业卫生技术领域的技术服务企业提出了更精细的规范要求。卫生技术服务机构包括为用人单位提供职业病危害因素检测、职业病危害现状评价、职业病防护设备设施与防护用品的效果评价等技术服务的企业。根据该办法的规定,职业卫生技术服务机构及其工作人员在从事职业卫生技术服务活动中,不得有下列行为:(1)超出资质认可范围从事技术服务活动;(2)出具虚假或者失实的职业卫生技术报告;(3)转包职业卫生技术服务项目;(4)擅自更改、简化职业卫生技术服务程序和相关内容。从事职业卫生技术服务经营活动的企业应当避免发生上述情形。

三、科学研究和技术服务业上市公司诉讼情况统计

本书以科学研究和技术服务业的90家上市公司为当事人检索案件,共收集2021年全国法院判决的各类司法判决书137份,作为统计分析的样本。

(一)案件类型分布

1.案件诉讼类型

从案件诉讼类型看,2021年科学研究和技术服务业上市公司涉及的137件案件,以民事诉讼为主,行政诉讼仅5件,无刑事诉讼。

2.案件案由种类

首先,从诉讼案件案由的基本类型看,2021年科学研究和技术服务业上市公司

涉及的137件案件主要集中在合同类纠纷中，具体分布情况如表2-55所示。

表2-55 科学研究和技术服务业上市公司案件案由基本类型分布

案由基本类型	案件数量/件
物权纠纷	4
合同类纠纷	104
侵权责任纠纷	4
知识产权纠纷	1
竞争法纠纷	1
公司法纠纷	4
金融法纠纷	1
劳动法纠纷	10
其他民事纠纷	3
行政诉讼	5
刑事诉讼	0
合计	137

其中，如图2-298所示，合同类纠纷案件共有104件，占全部案件总量的75.91%；其他各类诉讼数量与占比均较小。

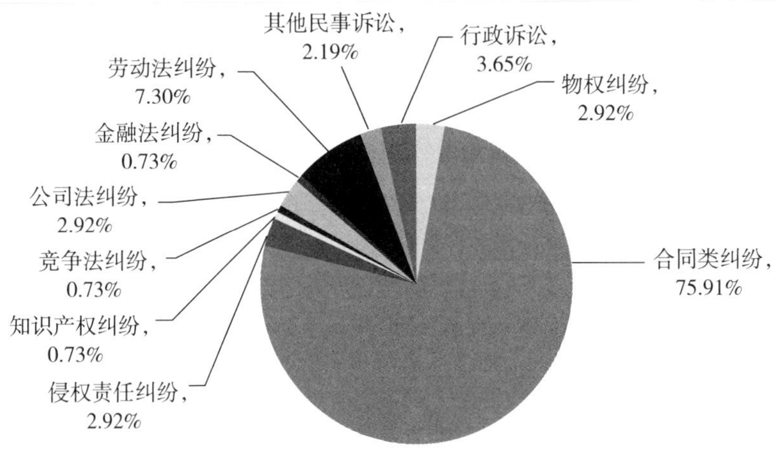

图2-298 科学研究和技术服务业上市公司案由基本类型分布情况

其次，从案件的具体案由看，2021年科学研究和技术服务业上市公司涉及的137件案件以劳务合同纠纷案件数量最多，其他种类案由呈分散化分布状态，其分布情况如表2-56所示。

表2-56　科学研究和技术服务业上市公司案件具体案由分布

具体案由	案件数量/件
劳务合同纠纷	48
建设工程合同纠纷	15
买卖合同纠纷	12
综合合同纠纷	11
劳动合同纠纷	9
服务合同纠纷	5
租赁合同纠纷	4
承揽合同纠纷	4
股权转让纠纷	4
财产损害赔偿纠纷	3
不当得利纠纷	2
机动车交通事故责任纠纷	2
专利行政管理	2
生命权、身体权、健康权纠纷	1
名称权纠纷	1
名誉权纠纷	1
借款合同纠纷	1
运输合同纠纷	1
著作权权属、侵权纠纷	1
社会保险纠纷	1
票据追索权纠纷	1
提供劳务者受害责任纠纷	1
违反安全保障义务责任纠纷	1
其他不正当竞争纠纷	1
其他合同纠纷	1
物权保护纠纷	1
行政处理	1
行政复议	1
商标行政管理	1

3. 案件地域分布

从案件地域分布看,2021 年科学研究和技术服务业上市公司涉及的 137 件案件中,除了 1 件由最高人民法院审理之外,其他案件主要分布在广东省、北京市等地。其中,广东省案件最多,共 69 件;北京市次之,案件数量为 19 件。具体分布情况如图 2-299 所示。

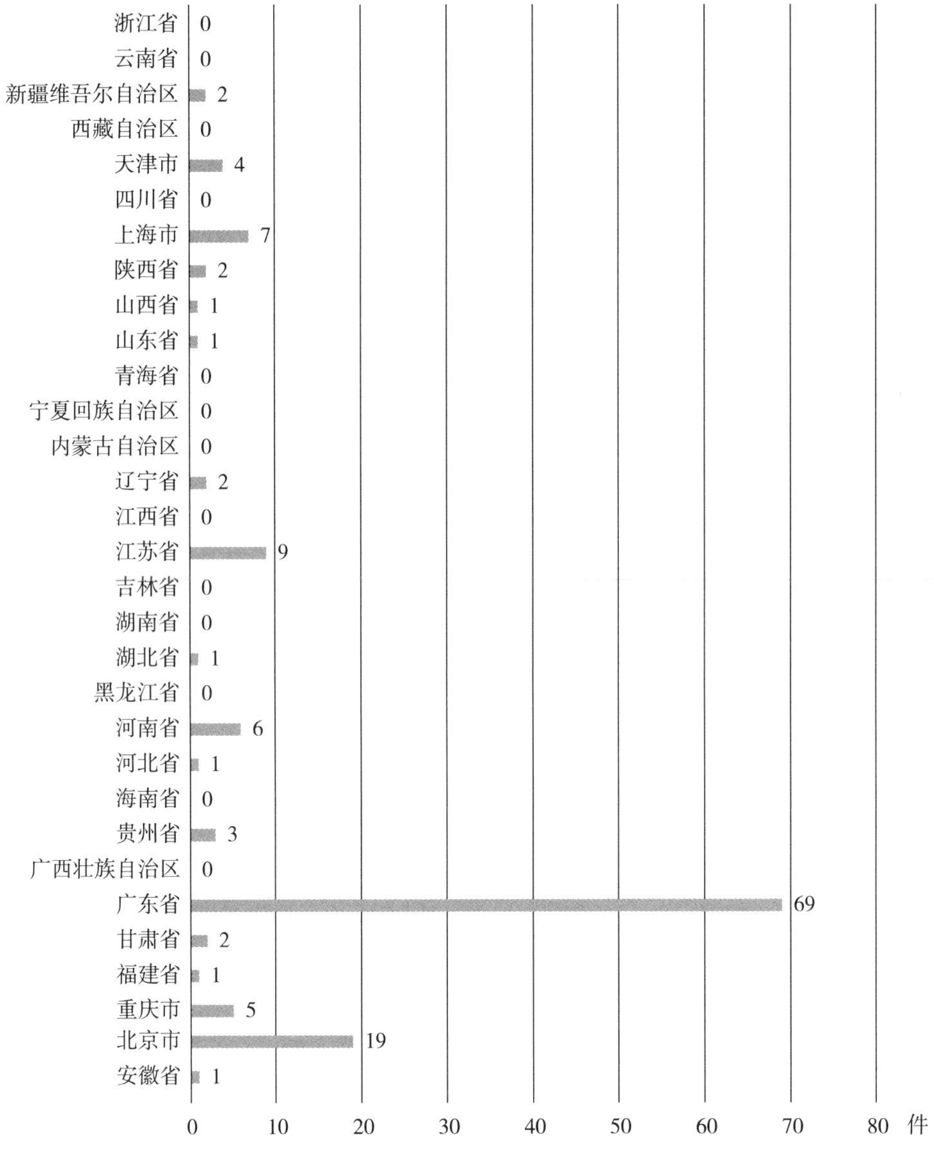

图 2-299　科学研究和技术服务业上市公司案件地域分布情况

(二)案件审理程序

1. 诉讼阶段

如图 2－300 所示,从诉讼阶段看,2021 年科学研究和技术服务业上市公司涉及的 137 件案件中,一审案件 62 件,占比约 45.26%;二审案件 69 件,占比约 50.36%;再审案件 6 件,占比约 4.38%。

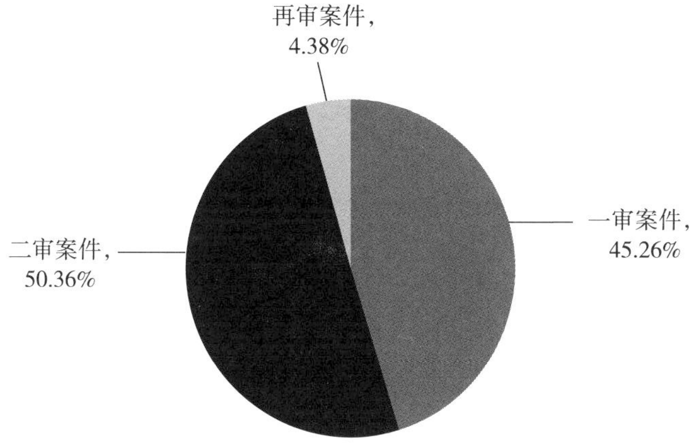

图 2－300　科学研究和技术服务业上市公司案件诉讼阶段分布情况

2. 法院层级

如图 2－301 所示,从法院层级看,2021 年科学研究和技术服务业上市公司涉及的 137 件案件中,基层人民法院审结的案件 57 件,占比约 41.61%;中级人民法院审结的案件 72 件,占比约 52.55%;高级人民法院审结的案件 7 件,占比约 5.11%;最高人民法院审结的案件 1 件,占比约 0.73%。

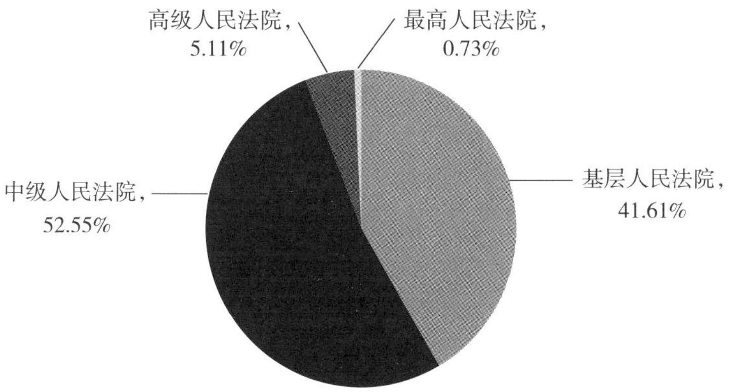

图 2－301　科学研究和技术服务业上市公司案件审理法院层级分布情况

(三)上市公司诉讼地位

如图 2－302 所示,从上市公司的诉讼地位看,2021 年科学研究和技术服务业上市公司涉及的 137 件案件中,上市公司作为原告的案件有 74 件,占比约为 54.01%;上市公司作为被告的案件有 58 件,占比约为 42.34%;除此之外,还有 5 件案件中上市公司以第三人的身份参与了诉讼,占比约为 3.65%。由此可见,2021 年科学研究和技术服务业上市公司诉讼中,上市公司主动发起诉讼的情况居多。

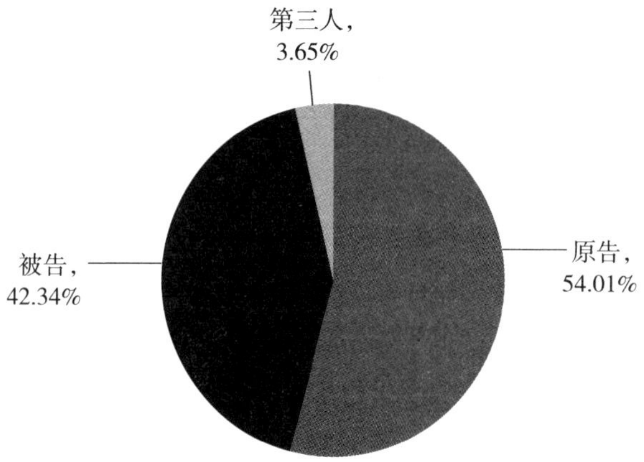

图 2－302　科学研究和技术服务业上市公司一审程序诉讼地位分布情况

(四)诉讼标的额

从诉讼案件的标的额看,2021 年科学研究和技术服务业上市公司涉及的有标的额可查的案件中,诉讼标的额数量分布情况如图 2－303 所示。总体来看,本行业诉讼标的额总额为 186,365,441.87 元,诉讼标的额最大为 101,140,000.00 元,行业平均诉讼标的额为 3,158,736.30 元。

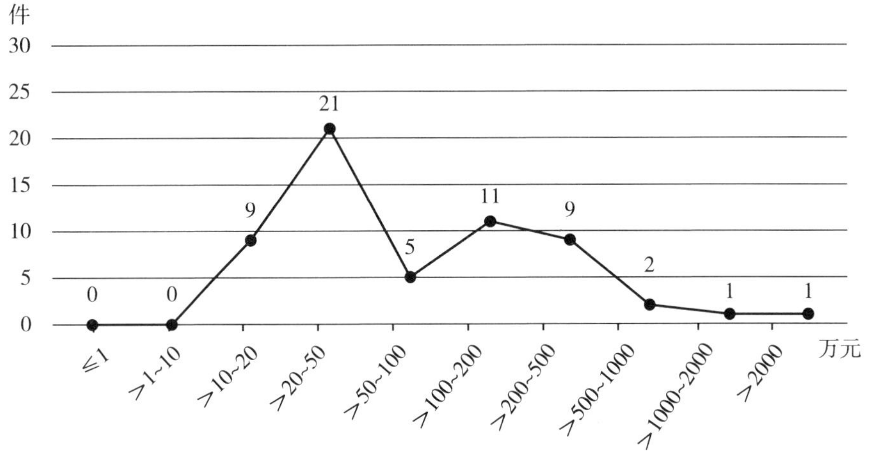

图 2－303　科学研究和技术服务业上市公司诉讼标的额分布情况

区分上述案件中上市公司的不同诉讼地位来看:科学研究和技术服务业上市公司作为原告涉及的案件中,诉讼标的额数量分布情况如图 2－304 所示。这部分案件的诉讼标的额总额为 59,742,619.64 元,平均诉讼标的额为 1,866,956.86 元。

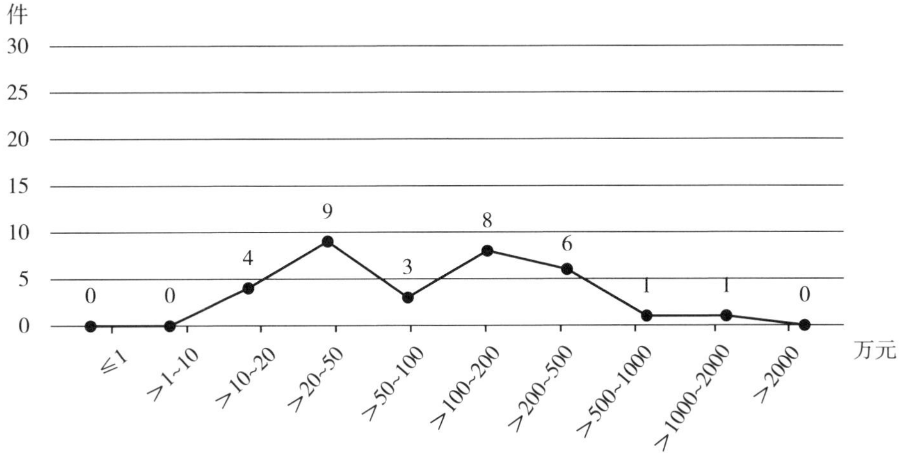

图 2－304　科学研究和技术服务业上市公司作为原告诉讼标的额分布情况

科学研究和技术服务业上市公司作为被告涉及的案件中,诉讼标的额数量分布情况如图 2－305 所示。这部分案件的诉讼标的额总额为 125,102,933.33 元,平均诉讼标的额为 5,004,117.33 元。

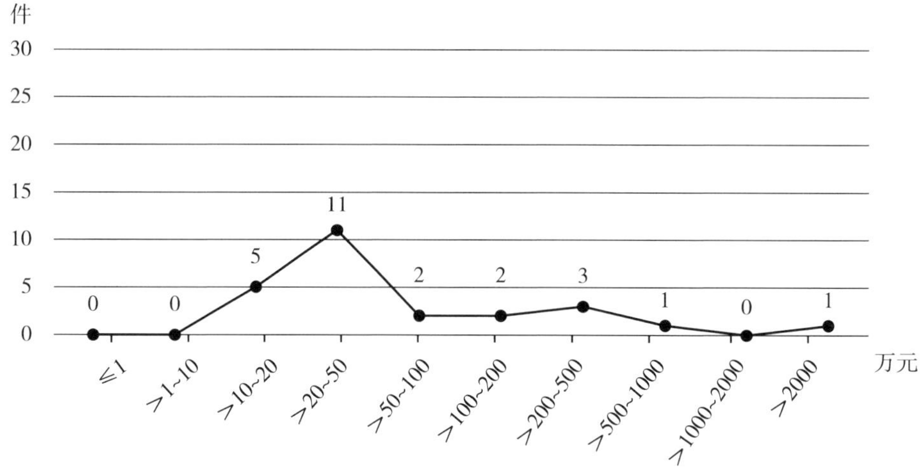

图 2－305　科学研究和技术服务业上市公司作为被告诉讼标的额分布情况

（五）诉讼结果和胜诉率

从总体上看，如图 2－306 所示，2021 年科学研究和技术服务业上市公司涉及的所有案件中，胜诉的案件有 78 件、败诉的案件有 51 件、撤回起诉的案件有 1 件、撤回上诉的案件有 2 件、驳回起诉的案件有 1 件、驳回上诉的案件有 3 件、驳回再审申请的案件有 1 件。该行业上市公司胜诉的案件数量在全部案件中占比约为 56.93%，如果排除撤诉等特殊情形，则该行业上市公司的总体胜诉率约为 60.47%。

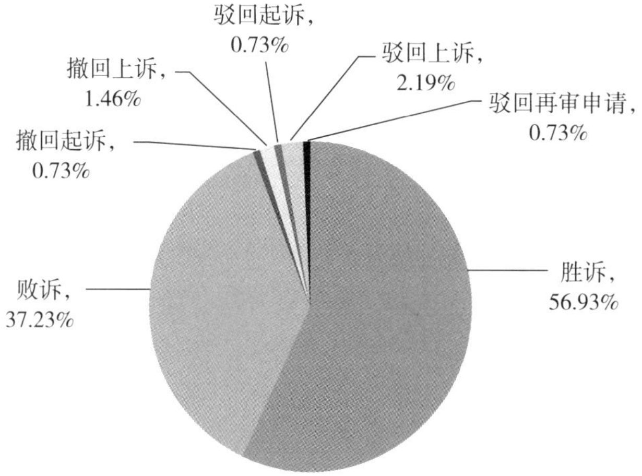

图 2－306　科学研究和技术服务业上市公司诉讼结果占比情况

如图 2－307 所示，具体到不同的诉讼地位，当科学研究和技术服务业上市公司作为原告时，其胜诉的案件有 35 件，败诉的案件有 36 件，胜诉率约为 49.30%，低于总体胜诉率；当科学研究和技术服务业上市公司作为被告时，其胜诉的案件有 43 件，败诉的案件有 13 件，胜诉率约为 76.79%，高于总体胜诉率；当科学研究和技术服务业上市公司为第三人时，其胜诉的案件有 0 件，败诉的案件有 2 件，胜诉率为 0。

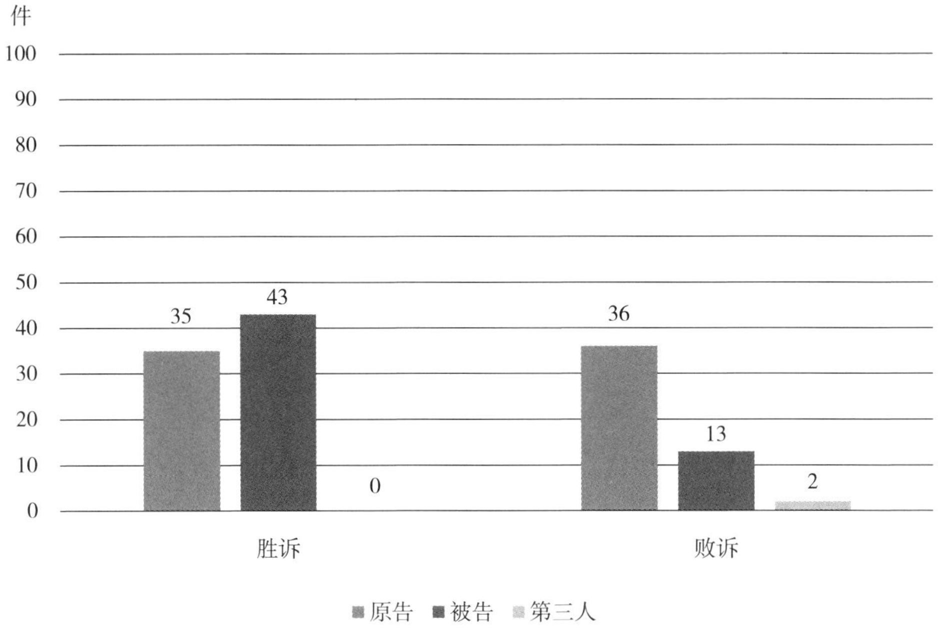

图 2－307　科学研究和技术服务业上市公司胜诉情况与诉讼地位交叉分布情况

如图 2－308 所示，具体到不同的诉讼阶段，一审阶段，科学研究和技术服务业上市公司胜诉的案件有 38 件，败诉的案件有 22 件，胜诉率约为 63.33%，高于总体胜诉率；二审阶段，上市公司胜诉的案件有 37 件，败诉的案件有 27 件，胜诉率约为 57.81%，低于一审胜诉率；再审阶段，上市公司胜诉的案件有 3 件，败诉的案件有 2 件，胜诉率为 60.00%。

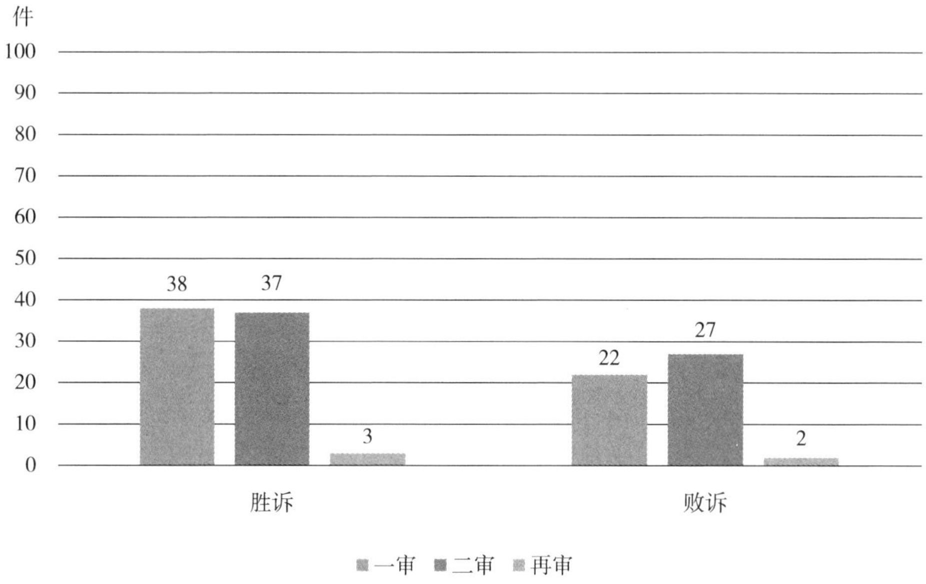

图 2－308　科学研究和技术服务业上市公司胜诉情况与诉讼阶段交叉分布情况

第二十九节　公共事业等其他服务业

一、公共事业等其他服务业上市公司概况

公共事业，是指具有各企业、事业单位和居民共享的基本特征的，服务于城市生产、流通和居民生活的负责维持公共服务基础设施的各类事业的总称。公共事业等其他服务业包括水利、环境和公共设施管理业，居民服务、修理和其他服务业，教育，卫生和社会工作。

截至 2021 年第四季度，我国公共事业等其他服务业上市公司共计 117 家，从行业小类看，生态保护和环境治理业上市公司 70 家，公共设施管理业上市公司 20 家，机动车、电子产品和日用产品修理业 1 家，教育业上市公司 12 家，卫生和社会工作业上市公司 12 家。生态保护和环境治理业上市公司在公共事业等其他服务业上市公司中占据主流。从市场规模看，我国上市公司中公共事业等其他服务业的整体规模较小，其数量占全部上市公司的约 2.49%。

二、公共事业等其他服务业行业政策和法律风险新动向

（一）公共事业等其他服务业行业政策新动向

1.《“十四五”公共服务规划》

2021年11月，国务院批准了国家发改委起草的《“十四五”公共服务规划》，对于公共服务行业，该规划要求紧跟民生问题，科学合理界定基本公共服务与非基本公共服务范围，正确处理政府和市场关系，持续推进基本公共服务均等化，多元扩大普惠性非基本公共服务供给，丰富多层次多样化生活服务供给，切实兜牢基本民生保障底线，稳步提升公共服务保障水平，不断满足人民群众美好生活需要，努力增进全体人民的获得感、幸福感、安全感，促进人的全面发展和社会全面进步，推动全体人民共同富裕迈出坚实步伐。

2.《关于鼓励和支持社会资本参与生态保护修复的意见》

2021年10月25日，国务院办公厅发布《关于鼓励和支持社会资本参与生态保护修复的意见》。生态保护修复是守住自然生态安全边界、促进自然生态系统质量整体改善的重要保障。长期以来，我国一些地区生态系统受损退化问题突出、历史欠账较多，生态保护修复任务量大面广，需要动员全社会力量参与。该意见鼓励和支持社会资本参与生态保护修复项目投资、设计、修复、管护等全过程，围绕生态保护修复开展生态产品开发、产业发展、科技创新、技术服务等活动，对区域生态保护修复进行全生命周期运营管护。还重点鼓励和支持社会资本参与以政府支出责任为主（包括责任人灭失、自然灾害造成等）的生态保护修复。对于生态保护和环境治理业上市公司无疑是利好政策。

（二）公共事业等其他服务业法律风险新动向

家庭教育，是指父母或者其他监护人为促进未成年人全面健康成长，对其实施的道德品质、身体素质、生活技能、文化修养、行为习惯等方面的培育、引导和影响。2021年10月23日，全国人大常委会公布了《家庭教育促进法》，以国家立法的形式重申了发扬中华民族重视家庭教育的优良传统，引导全社会注重家庭、家教、家风，增进家庭幸福与社会和谐，培养德智体美劳全面发展的社会主义建设者和接班人的国家政策。对于上市公司而言，该法明确了国家鼓励和支持企业事业单位、社会组织及个人依法开展公益性家庭教育服务活动的导向，为企业扩展教育形式提供了规范保障。

三、公共事业等其他服务业上市公司诉讼情况统计

本书以公共事业等其他服务业的 117 家上市公司为当事人检索案件，共收集 2021 年全国法院判决的各类司法判决书 910 份，作为统计分析的样本。

（一）案件类型分布

1. 案件诉讼类型

从案件诉讼类型看，2021 年公共事业等其他服务业上市公司涉及的 910 件案件，以民事诉讼为主，行政诉讼仅 1 件，无刑事诉讼。

2. 案件案由种类

首先，从诉讼案件案由的基本类型看，2021 年公共事业等其他服务业上市公司涉及的 910 件案件主要集中在合同类纠纷和劳动法纠纷中，具体分布情况如表 2 - 57 所示。

表 2 - 57　公共事业等其他服务业上市公司案件案由基本类型分布

案由基本类型	案件数量/件
物权纠纷	10
合同类纠纷	467
侵权责任纠纷	14
知识产权纠纷	3
竞争法纠纷	1
公司法纠纷	18
金融法纠纷	87
劳动法纠纷	298
其他民事纠纷	11
行政诉讼	1
刑事诉讼	0
合计	910

其中，如图 2－309 所示，合同类纠纷案件共有 467 件，约占全部案件总量的 51.32%；其次是劳动法纠纷共有 298 件，约占全部案件总量的 32.75%；金融法纠纷共有 87 件，占比约 9.56%；其他各类诉讼数量与占比均较小。

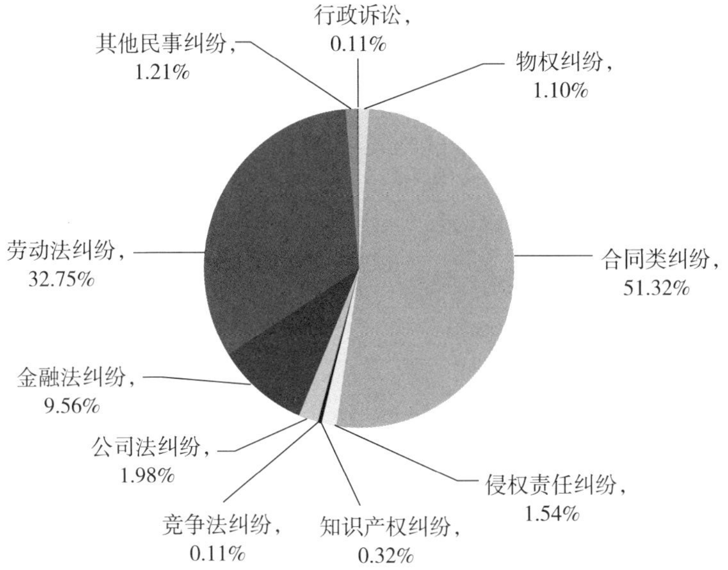

图 2－309　公共事业等其他服务业上市公司案由基本类型分布情况

其次，从案件的具体案由看，2021 年公共事业等其他服务业上市公司涉及的 910 件案件以劳动合同纠纷案件数量最多，建设工程合同纠纷次之，买卖合同纠纷也占据一定的比例，其他种类案由呈分散化分布状态，其分布情况如表 2－58 所示。

表 2－58　公共事业等其他服务业上市公司案件具体案由分布

具体案由	案件数量/件
劳动合同纠纷	296
建设工程合同纠纷	208
买卖合同纠纷	105
票据追索权纠纷	71
综合合同纠纷	52
借款合同纠纷	27
租赁合同纠纷	14

续表

具体案由	案件数量/件
承揽合同纠纷	13
服务合同纠纷	13
劳务合同纠纷	11
生命权、身体权、健康权纠纷	10
机动车交通事故责任纠纷	9
财产损害赔偿纠纷	8
票据付款请求权纠纷	7
公司决议纠纷	6
股权转让纠纷	5
不当得利纠纷	4
广告合同纠纷	3
公司盈余分配纠纷	3
财产保险合同纠纷	3
提供劳务者受害责任纠纷	3
票据纠纷	3
债权转让合同纠纷	2
保证合同纠纷	2
运输合同纠纷	2
追偿权纠纷	2
专利权权属、侵权纠纷	2
社会保险纠纷	2
股东知情权纠纷	2
证券回购合同纠纷	2
其他侵权责任纠纷	2
名誉权纠纷	1

续表

具体案由	案件数量/件
返还原物纠纷	1
排除妨害纠纷	1
确认合同效力纠纷	1
房屋买卖合同纠纷	1
定金合同纠纷	1
融资租赁合同纠纷	1
委托合同纠纷	1
中介合同纠纷	1
合伙合同纠纷	1
商标权权属、侵权纠纷	1
损害股东利益责任纠纷	1
票据利益返还请求权纠纷	1
其他不正当竞争纠纷	1
其他合同纠纷	1
其他与公司有关的纠纷	1
准合同纠纷	1
政府信息公开	1

3. 案件地域分布

从案件地域分布看，2021 年公共事业等其他服务业上市公司涉及的 910 件案件中，除了 3 件由最高人民法院审理之外，其他案件主要分布在北京市、山东省、江苏省等地。其中，北京市案件最多，共 411 件；山东省、江苏省次之，案件数量分别为 68 件、59 件。具体分布情况如图 2 - 310 所示。

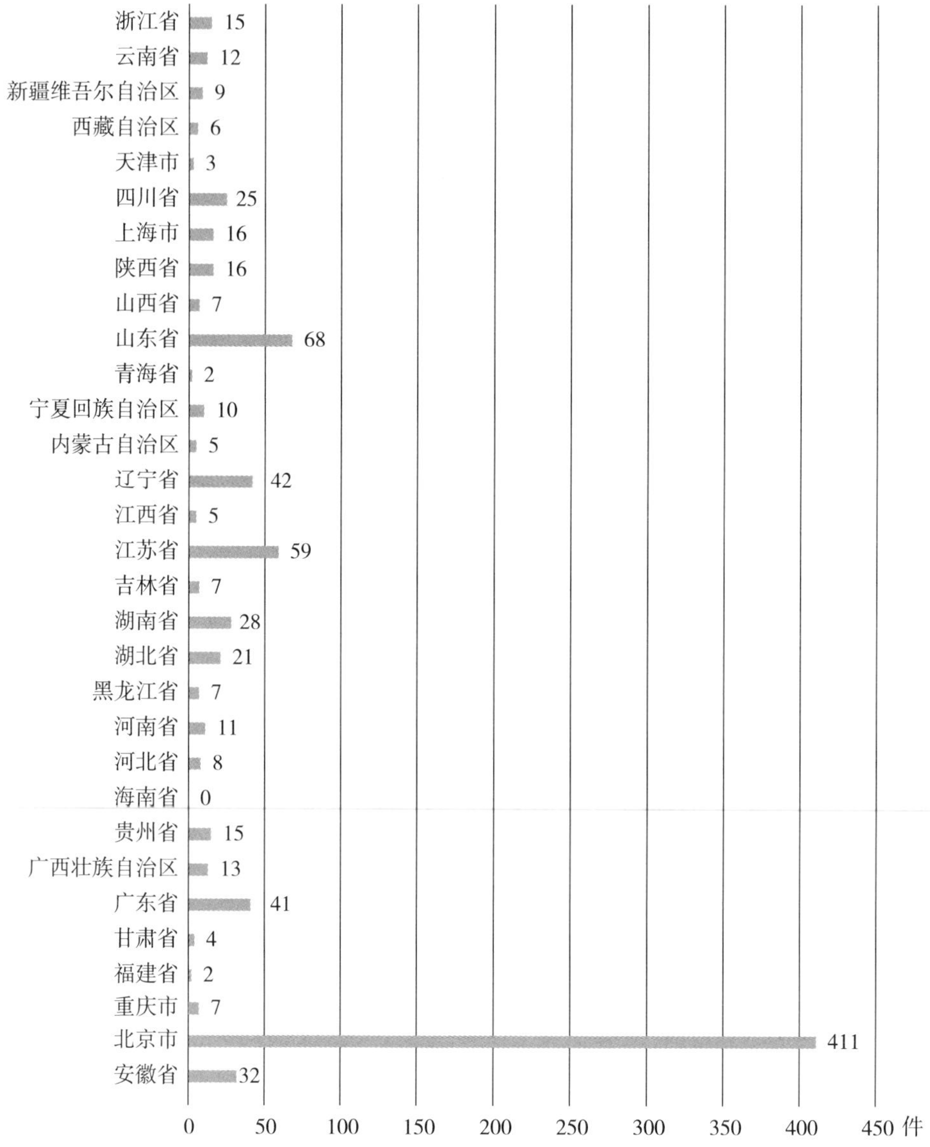

图 2－310 公共事业等其他服务业上市公司案件地域分布情况

(二)案件审理程序

1. 诉讼阶段

如图 2－311 所示,从诉讼阶段看,2021 年公共事业等其他服务业上市公司涉及的 910 件案件中,一审案件 566 件,占比约 62.20%;二审案件 323 件,占比约

35.49%；再审案件 21 件，占比约 2.31%。

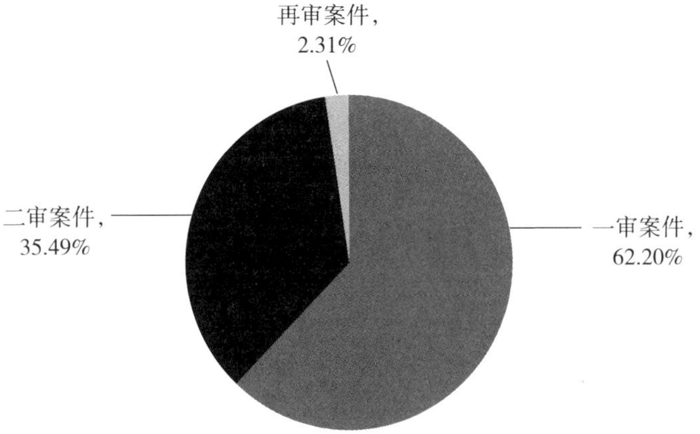

图 2－311 公共事业等其他服务业上市公司案件诉讼阶段分布情况

2. 法院层级

如图 2－312 所示，从法院层级看，2021 年公共事业等其他服务业上市公司涉及的 910 件案件中，基层人民法院审结的案件 557 件，占比约 61.21%；中级人民法院审结的案件 326 件，占比约 35.82%；高级人民法院审结的案件 24 件，占比约 2.64%；最高人民法院审结的案件 3 件，占比约 0.33%。

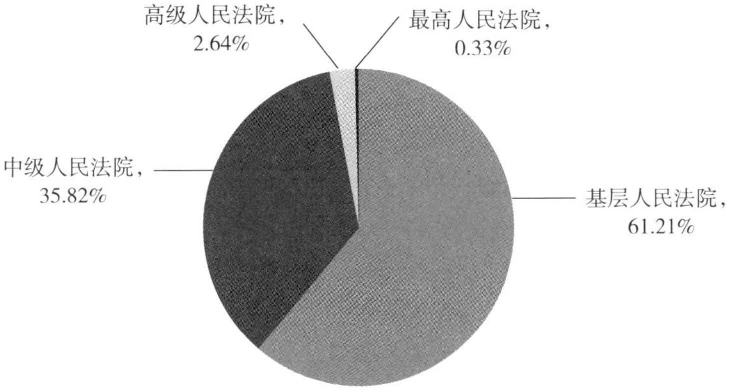

图 2－312 公共事业等其他服务业上市公司案件审理法院层级分布情况

（三）上市公司诉讼地位

如图 2－313 所示，从上市公司的诉讼地位看，2021 年公共事业等其他服务业上市公司涉及的 910 件案件中，上市公司作为原告的案件有 258 件，占比约为 28.35%；上市公司作为被告的案件有 643 件，占比约为 70.66%；除此之外，还有 9 件案件中上市公司以第三人的身份参与了诉讼，占比约为 0.99%。由此可见，2021 年公共事业等其他服务业上市公司诉讼中，上市公司被动应诉的情况居多。

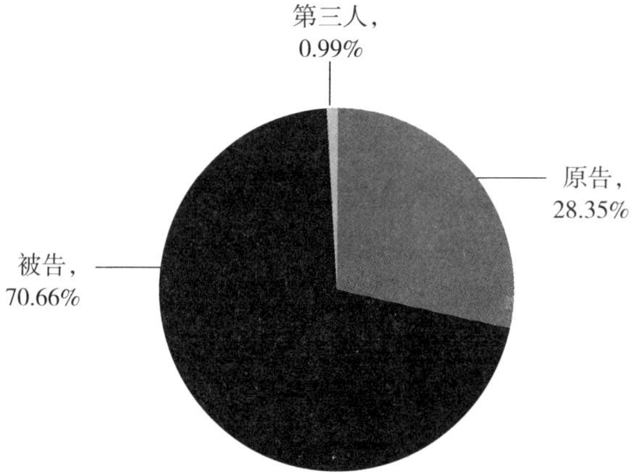

图 2－313 公共事业等其他服务业上市公司一审程序诉讼地位分布情况

（四）诉讼标的额

从诉讼案件的标的额看，2021 年公共事业等其他服务业上市公司涉及的有标的额可查的案件中，诉讼标的额数量分布情况如图 2－314 所示。总体来看，本行业诉讼标的额总额为 1,638,229,830.32 元，诉讼标的额最大为 200,000,000.00 元，行业平均诉讼标的额为 4,157,943.73 元。

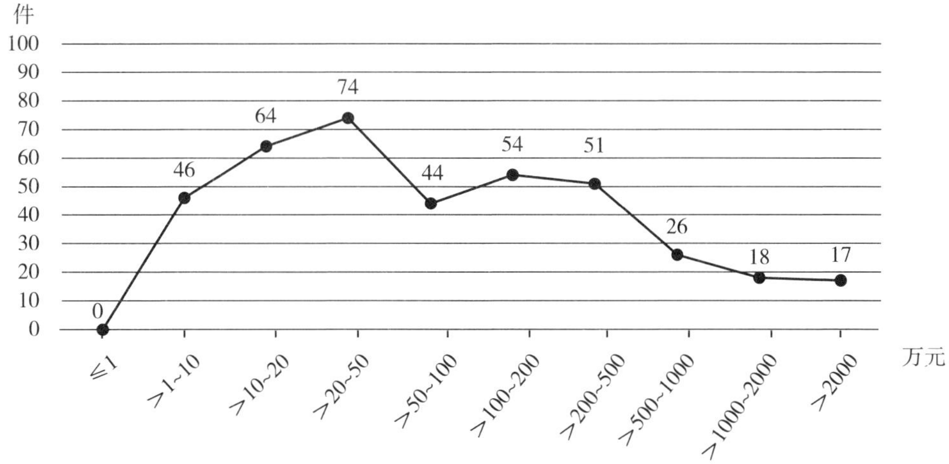

图2-314 公共事业等其他服务业上市公司诉讼标的额分布情况

区分上述案件中上市公司的不同诉讼地位来看:公共事业等其他服务业上市公司作为原告涉及的案件中,诉讼标的额数量分布情况如图2-315所示。这部分案件的诉讼标的额总额为578,328,338.89元,平均诉讼标的额为5,614,838.24元。

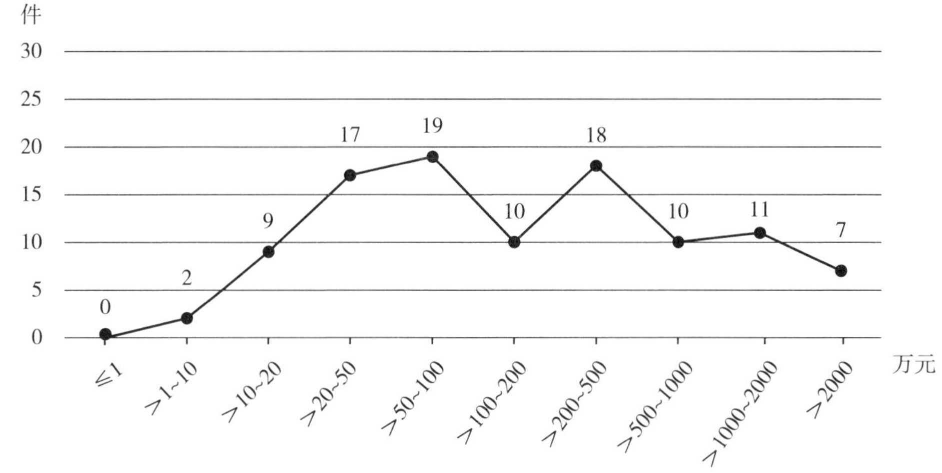

图2-315 公共事业等其他服务业上市公司作为原告诉讼标的额分布情况

公共事业等其他服务业上市公司作为被告涉及的案件中,诉讼标的额数量分布情况如图2-316所示。这部分案件的诉讼标的额总额为979,770,624.77元,平均诉讼标的额为3,437,791.67元。

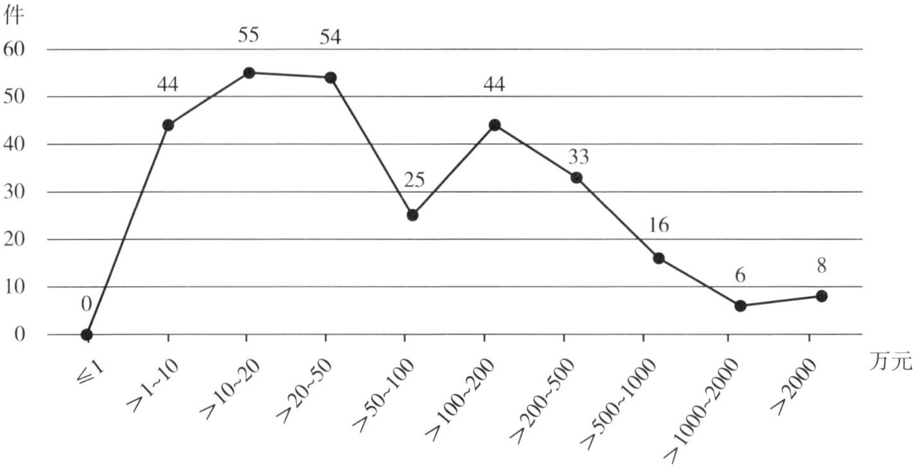

图 2－316　公共事业等其他服务业上市公司作为被告诉讼标的额分布情况

（五）诉讼结果和胜诉率

从总体上看，如图 2－317 所示，2021 年公共事业等其他服务业上市公司涉及的所有案件中，胜诉的案件有 543 件、败诉的案件有 344 件、撤回上诉的案件有 10 件、撤回再审申请的案件有 1 件、驳回起诉的案件有 1 件、驳回上诉的案件有 11 件。该行业上市公司胜诉的案件数量在全部案件中占比为 59.67%，如果排除撤诉等特殊情形，则该行业上市公司的总体胜诉率约为 61.22%。

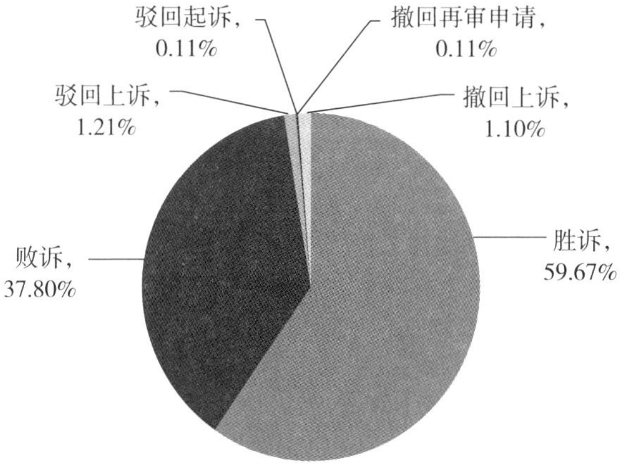

图 2－317　公共事业等其他服务业上市公司诉讼结果占比情况

如图 2－318 所示，具体到不同的诉讼地位，当公共事业等其他服务业上市公司为原告时，其胜诉的案件有 93 件，败诉的案件有 154 件，胜诉率约为 37.65%，低于总体胜诉率；当公共事业等其他服务业上市公司为被告时，其胜诉的案件有 448 件，败诉的案件有 185 件，胜诉率约为 70.77%，高于总体胜诉率；当公共事业等其他服务业上市公司为第三人时，其胜诉的案件有 2 件，败诉的案件有 5 件，胜诉率约为 28.57%，低于总体胜诉率。

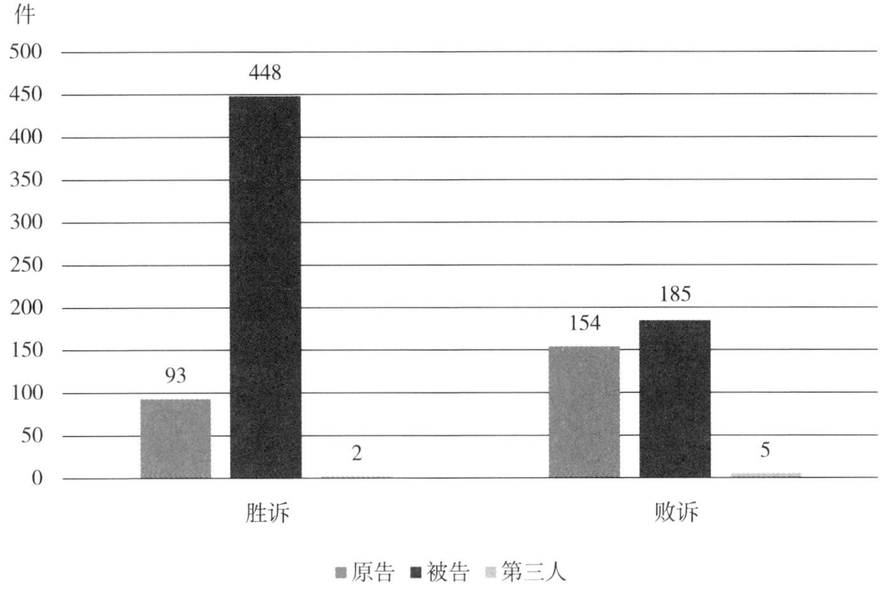

图 2－318　公共事业等其他服务业上市公司胜诉情况与诉讼地位交叉分布情况

如图 2－319 所示，具体到不同的诉讼阶段，一审阶段，公共事业等其他服务业上市公司胜诉的案件有 376 件，败诉的案件有 189 件，胜诉率约为 66.55%，高于总体胜诉率；二审阶段，上市公司胜诉的案件有 156 件，败诉的案件有 146 件，胜诉率约为 51.66%，低于一审胜诉率；再审阶段，上市公司胜诉的案件有 11 件，败诉的案件有 9 件，胜诉率为 55.00%。

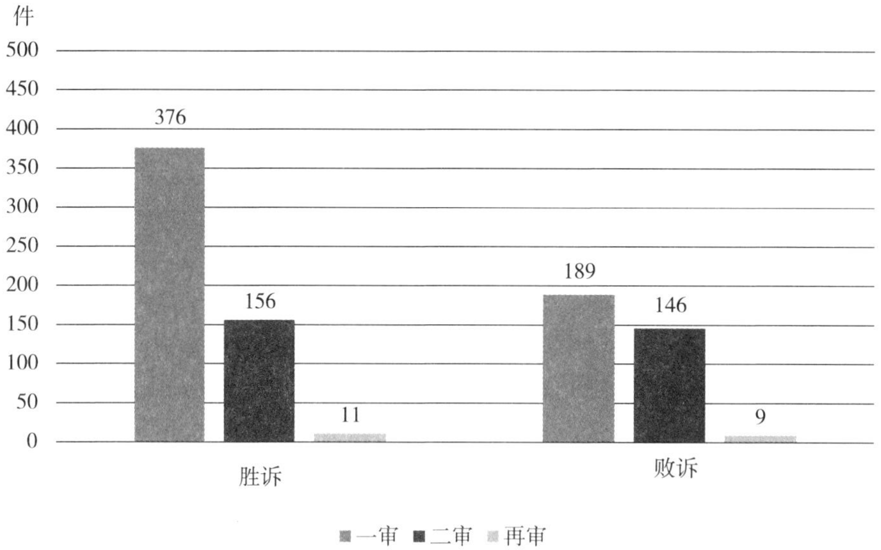

图 2－319　公共事业等其他服务业上市公司胜诉情况与诉讼阶段交叉分布情况

第三十节　文化、体育和娱乐业

一、文化、体育和娱乐业上市公司概况

文化、体育和娱乐业某些项目是存在交叉的。文化业，是指经营文化活动的业务。体育业，是指举办各种体育比赛和为体育比赛或活动提供场所的业务。娱乐业，是指为娱乐活动提供场所和服务的行业。

截至 2021 年第四季度，我国文化、体育和娱乐业上市公司共计 62 家，从行业小类看，新闻和出版业上市公司 28 家，广播、电视、电影和影视录音制作业上市公司 24 家，文化艺术业上市公司 8 家，体育业上市公司 2 家。广播、电视、电影和影视录音制作业上市公司在文化、体育和娱乐业上市公司中占据主流。从市场规模看，我国上市公司中文化、体育和娱乐业的整体规模较小，其数量占全部上市公司的约 1.32%。

二、文化、体育和娱乐业行业政策和法律风险新动向

（一）文化、体育和娱乐业行业政策新动向

2021 年 6 月 3 日，国务院办公厅发布《关于文化市场综合行政执法有关事项的

通知》,制定了《文化市场综合行政执法事项指导目录》,对落实统一实行文化市场综合行政执法要求、明确文化市场综合行政执法职能提出了明确要求。对列入《文化市场综合行政执法事项指导目录》的行政执法事项,要按照减少执法层级、推动执法力量下沉的要求,区分不同事项和不同管理体制,结合实际明晰第一责任主体,把查处违法行为的责任压实。坚持有权必有责、有责要担当、失责必追究,逐一厘清与行政执法权相对应的责任事项,明确责任主体、问责依据、追责情形和免责事由,健全问责机制。严禁以属地管理为名将执法责任转嫁给基层。对不按要求履职尽责的单位和个人,依纪依法追究责任。此次通知实际上为文化行业的企业提供了一份“负面清单”,有助于文化领域的经营者参考《文化市场综合行政执法事项指导目录》调整自己的行为、规避违法风险。

(二)文化、体育和娱乐业法律风险新动向

为规范和加强文化和旅游市场信用管理,保护各类市场主体、从业人员和消费者合法权益,维护文化和旅游市场秩序,促进文化和旅游市场高质量发展,2021 年 11 月 11 日,文化和旅游部发布了《文化和旅游市场信用管理规定》。一般而言,文化市场主体包括从事营业性演出、娱乐场所、艺术品、互联网上网服务、网络文化、社会艺术水平考级等经营活动的法人或者其他组织;从业人员包括上述市场主体的法定代表人、主要负责人、实际控制人等有关人员。根据该管理规定的内容,文化市场主体和从业人员有下列情形之一的,将会被认定为严重失信主体:(1)因欺骗、故意隐匿、伪造、变造材料等不正当手段取得许可证、批准文件的,或者伪造、变造许可证、批准文件的;(2)提供含有法律、行政法规、规章禁止的内容,造成严重后果的;(3)受到文化和旅游主管部门吊销许可证行政处罚的;(4)擅自从事营业性演出、娱乐场所、互联网上网服务等文化市场经营活动,特别是造成重大事故或者恶劣社会影响的。被纳入严重失信主体的企业会在此后的经营活动中受到一定程度的限制。此外,文化企业还可以进行信用承诺,将自己的承诺履约情况记入信用信息记录,作为监督管理的重要依据。

三、文化、体育和娱乐业上市公司诉讼情况统计

本书以文化、体育和娱乐业的 62 家上市公司为当事人检索案件,共收集 2021 年全国法院判决的各类司法判决书 310 份,作为统计分析的样本。

（一）案件类型分布

1. 案件诉讼类型

从案件诉讼类型看，2021年文化、体育和娱乐业上市公司涉及的310件案件，以民事诉讼为主，行政诉讼仅1件，无刑事诉讼。

2. 案件案由种类

首先，从诉讼案件案由的基本类型看，2021年文化、体育和娱乐业上市公司涉及的310件案件主要集中在知识产权纠纷中，具体分布情况如表2－59所示。

表2－59　文化、体育和娱乐业上市公司案件案由基本类型分布

案由基本类型	案件数量/件
物权纠纷	2
合同类纠纷	78
侵权责任纠纷	8
知识产权纠纷	118
竞争法纠纷	5
公司法纠纷	4
金融法纠纷	82
劳动法纠纷	10
其他民事纠纷	2
行政诉讼	1
刑事诉讼	0
合计	310

其中，如图2－320所示，知识产权纠纷案件共有118件，占全部案件总量的38.06%；其次是金融法纠纷共有82件，占全部案件总量的26.45%；合同法纠纷共有78件，占比约25.16%；其他各类诉讼数量与占比均较小。

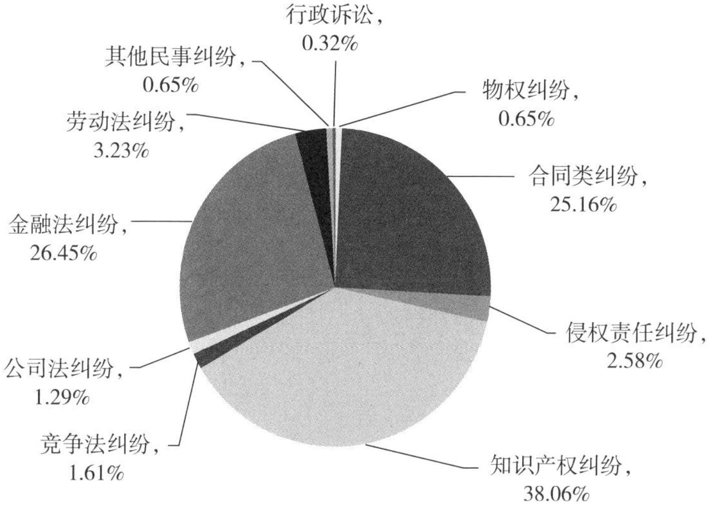

图2-320 文化、体育和娱乐业上市公司案由基本类型分布情况

其次，从案件的具体案由看，2021年文化、体育和娱乐业上市公司涉及的310件案件以证券欺诈责任纠纷案件数量最多，著作权权属、侵权纠纷和商标权权属、侵权纠纷次之，其他种类案由呈分散化分布状态，其分布情况如表2-60所示。

表2-60 文化、体育和娱乐业上市公司案件具体案由分布

具体案由	案件数量/件
证券欺诈责任纠纷	82
著作权权属、侵权纠纷	72
商标权权属、侵权纠纷	42
租赁合同纠纷	25
综合合同纠纷	15
借款合同纠纷	11
劳动合同纠纷	10
买卖合同纠纷	8
建设工程合同纠纷	5
服务合同纠纷	5
其他不正当竞争纠纷	5

续表

具体案由	案件数量/件
机动车交通事故责任纠纷	4
著作权合同纠纷	3
确认合同效力纠纷	2
承揽合同纠纷	2
其他侵权责任纠纷	2
物权保护纠纷	2
生命权、身体权、健康权纠纷	1
名誉权纠纷	1
债权人撤销权纠纷	1
房屋买卖合同纠纷	1
典当纠纷	1
劳务合同纠纷	1
追偿权纠纷	1
发现权纠纷	1
股东知情权纠纷	1
公司设立纠纷	1
损害公司债权人利益责任纠纷	1
破产债权确认纠纷	1
用人单位责任纠纷	1
建筑物和物件损害责任纠纷	1
商标行政管理	1

3. 案件地域分布

从案件地域分布看，2021 年文化、体育和娱乐业上市公司涉及的 310 件案件中，除了 5 件由最高人民法院审理之外，其他案件主要分布在浙江省、上海市、北京市等地。其中，浙江省案件最多，共有 83 件；上海市、北京市次之，案件数量分别为 56 件、47 件。具体分布情况如图 2－321 所示。

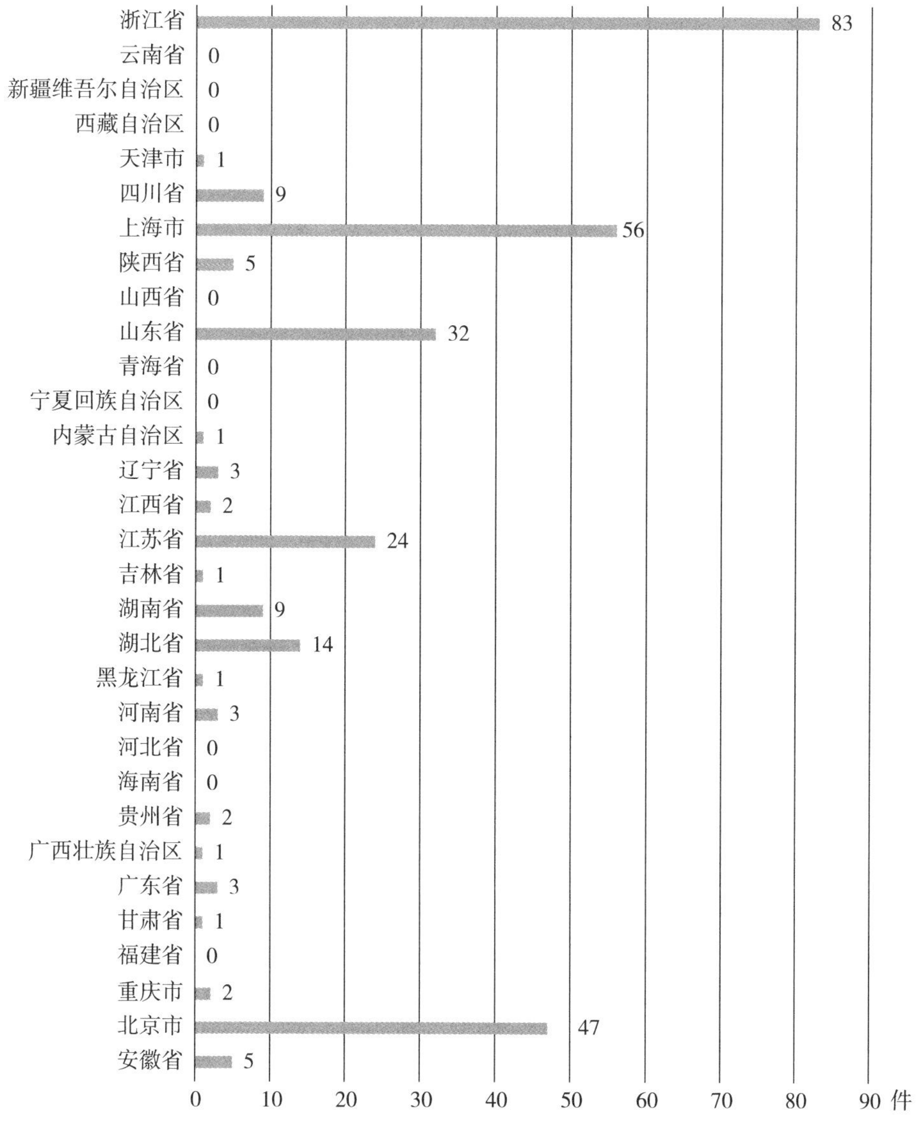

图 2－321　文化、体育和娱乐业上市公司案件地域分布情况

（二）案件审理程序

1. 诉讼阶段

如图 2－322 所示，从诉讼阶段看，2021 年文化、体育和娱乐业上市公司涉及的 310 件案件中，一审案件 192 件，占比约 61.94%；二审案件 105 件，占比约33.87%；

再审案件 13 件，占比约 4.19%。

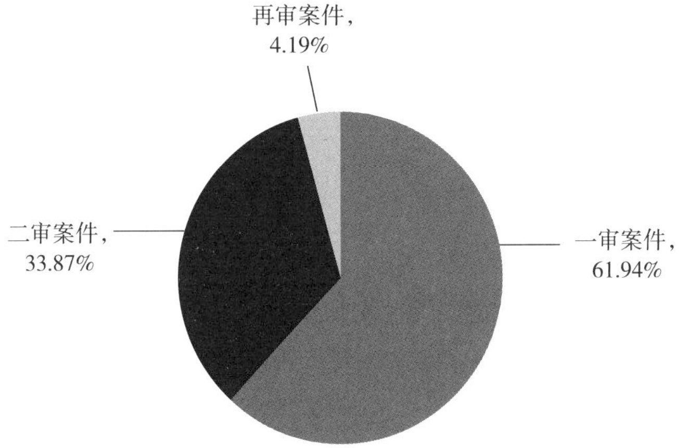

图 2－322　文化、体育和娱乐业上市公司案件诉讼阶段分布情况

2. 法院层级

如图 2－323 所示，从法院层级看，2021 年文化、体育和娱乐业上市公司涉及的 310 件案件中，基层人民法院审结的案件 149 件，占比约 48.06%；中级人民法院审结的案件 87 件，占比约 28.06%；高级人民法院审结的案件 69 件，占比约 22.26%；最高人民法院审结的案件 5 件，占比约 1.62%。

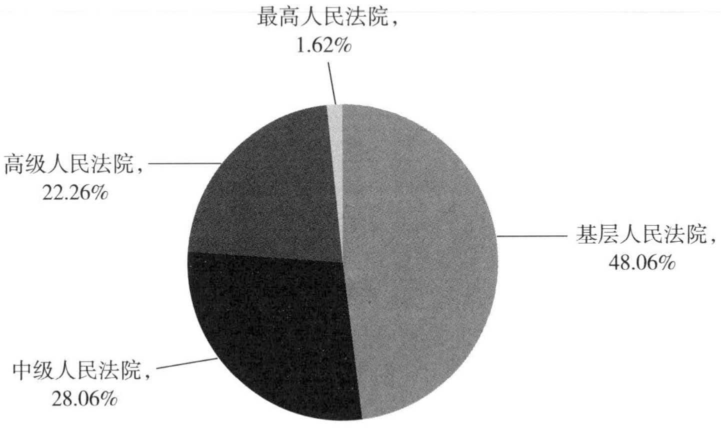

图 2－323　文化、体育和娱乐业上市公司案件审理法院层级分布情况

（三）上市公司诉讼地位

如图 2－324 所示，从上市公司的诉讼地位看，2021 年文化、体育和娱乐业上市公司涉及的 310 件案件中，上市公司作为原告的案件有 206 件，占比为66.45%；上市公司作为被告的案件有 96 件，占比为 30.97%；除此之外，还有 8 件案件中上市公司以第三人的身份参与了诉讼，占比为 2.58%。由此可见，2021 年文化、体育和娱乐业上市公司诉讼中，上市公司主动发起诉讼的情况居多。

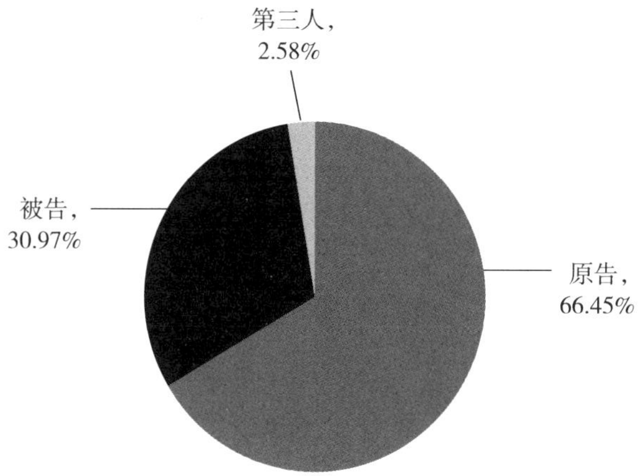

图 2－324　文化、体育和娱乐业上市公司一审程序诉讼地位分布情况

（四）诉讼标的额

从诉讼案件的标的额看，2021 年文化、体育和娱乐业上市公司涉及的案件中，诉讼标的额数量分布情况如图 2－325 所示。总体来看，本行业诉讼标的额总额为 1,079,053,105.85 元，诉讼标的额最大为 251,298,440.00 元，行业平均诉讼标的额为 8,300,408.51 元。

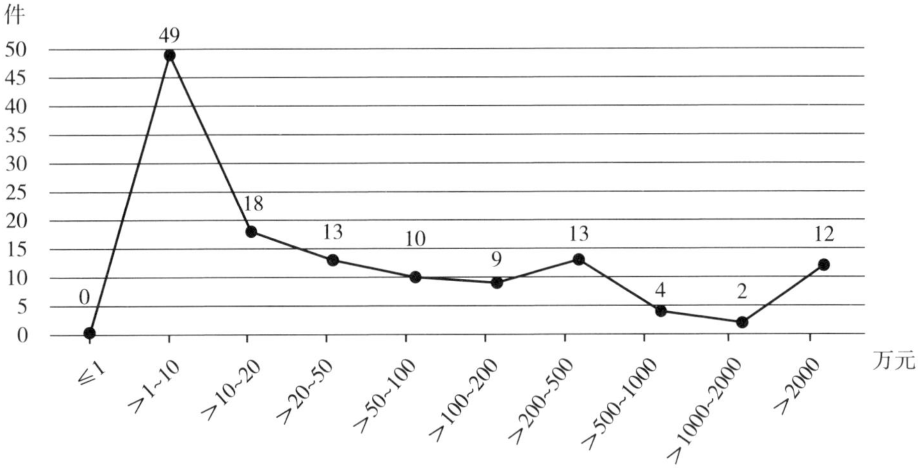

图 2－325　文化、体育和娱乐业上市公司诉讼标的额分布情况

区分上述案件中上市公司的不同诉讼地位来看：文化、体育和娱乐业上市公司作为原告涉及的案件中，诉讼标的额数量分布情况如图 2－326 所示。这部分案件的诉讼标的额总额为 240,808,197.09 元，平均诉讼标的额为 3,489,973.87 元。

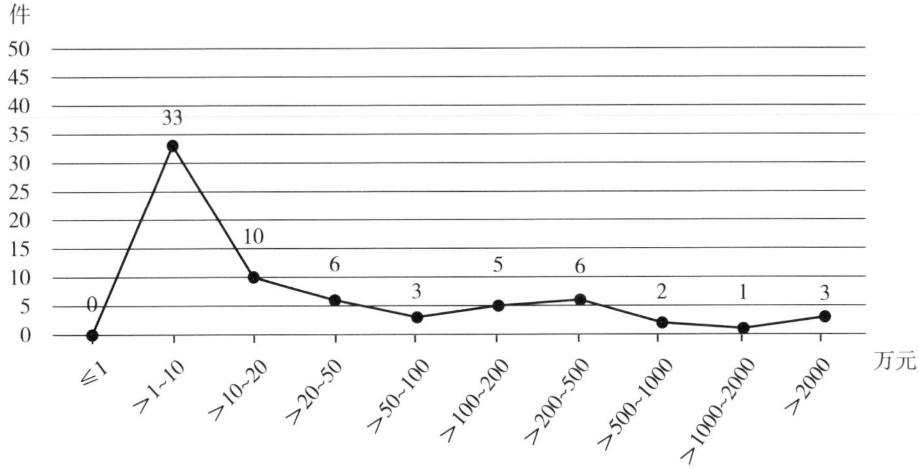

图 2－326　文化、体育和娱乐业上市公司作为原告诉讼标的额分布情况

文化、体育和娱乐业上市公司作为被告涉及的案件中，诉讼标的额数量分布情况如图 2－327 所示。这部分案件的诉讼标的额总额为 833,953,575.43 元，平均诉讼标的额为 14,892,028.13 元。

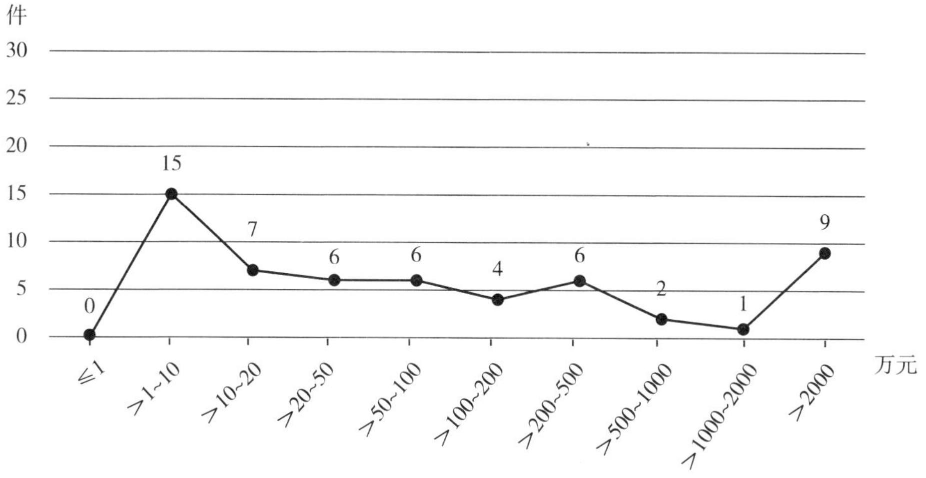

图 2－327　文化、体育和娱乐业上市公司作为被告诉讼标的额分布情况

(五)诉讼结果和胜诉率

从总体上看,如图 2－328 所示,2021 年文化、体育和娱乐业上市公司涉及的所有案件中,胜诉的案件有 106 件、败诉的案件有 191 件、撤回上诉的案件有 5 件、驳回起诉的案件有 3 件、驳回上诉的案件有 5 件。该行业上市公司胜诉的案件数量在全部案件中占比为 34.19%,如果排除撤诉等特殊情形,则该行业上市公司的总体胜诉率约为 35.69%。

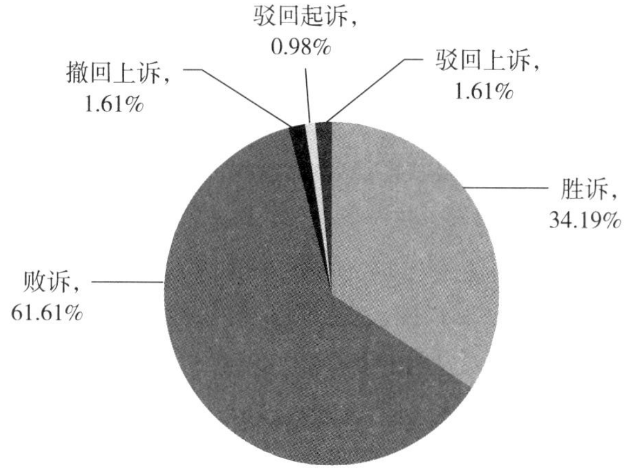

图 2－328　文化、体育和娱乐业上市公司诉讼结果占比情况

如图 2－329 所示，具体到不同的诉讼地位，当文化、体育和娱乐业上市公司为原告时，其胜诉的案件有 48 件，败诉的案件有 156 件，胜诉率约为 23.53%，低于总体胜诉率；当文化、体育和娱乐业上市公司为被告时，其胜诉的案件有 56 件，败诉的案件有 33 件，胜诉率约为 62.92%，高于总体胜诉率；当文化、体育和娱乐业上市公司为第三人时，其胜诉的案件有 2 件，败诉的案件有 2 件，胜诉率为 50.00%，同样高于总体胜诉率。

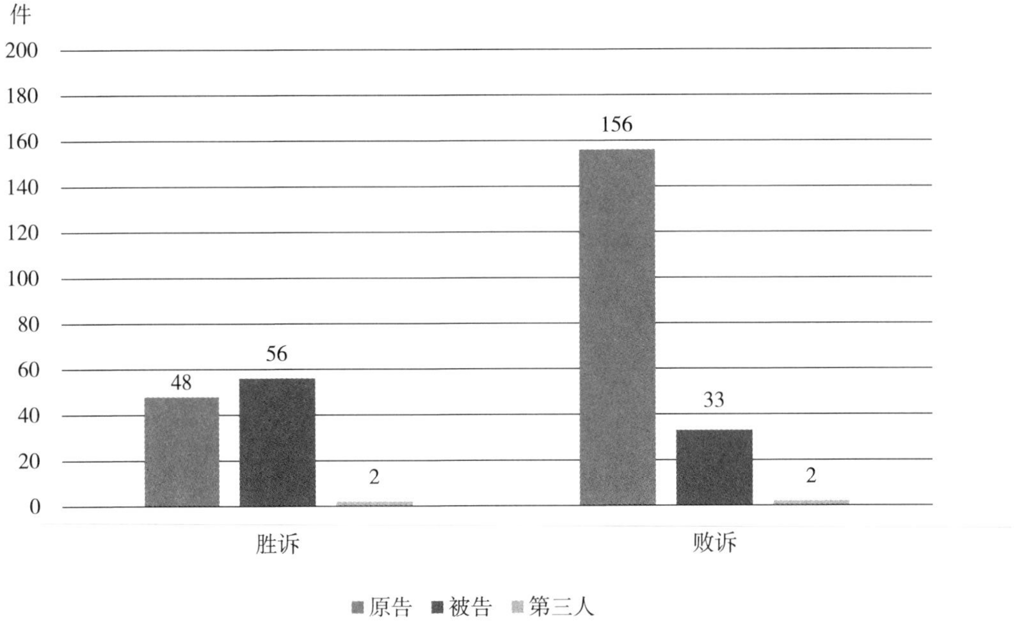

图 2－329　文化、体育和娱乐业上市公司胜诉情况与诉讼地位交叉分布情况

如图 2－330 所示，具体到不同的诉讼阶段，一审阶段，文化、体育和娱乐业上市公司胜诉的案件有 51 件，败诉的案件有 138 件，胜诉率约为 26.98%，低于总体胜诉率；二审阶段，上市公司胜诉的案件有 46 件，败诉的案件有 49 件，胜诉率约为 48.42%，高于一审胜诉率；再审阶段，上市公司胜诉的案件有 9 件，败诉的案件有 4 件，胜诉率约为 69.23%。

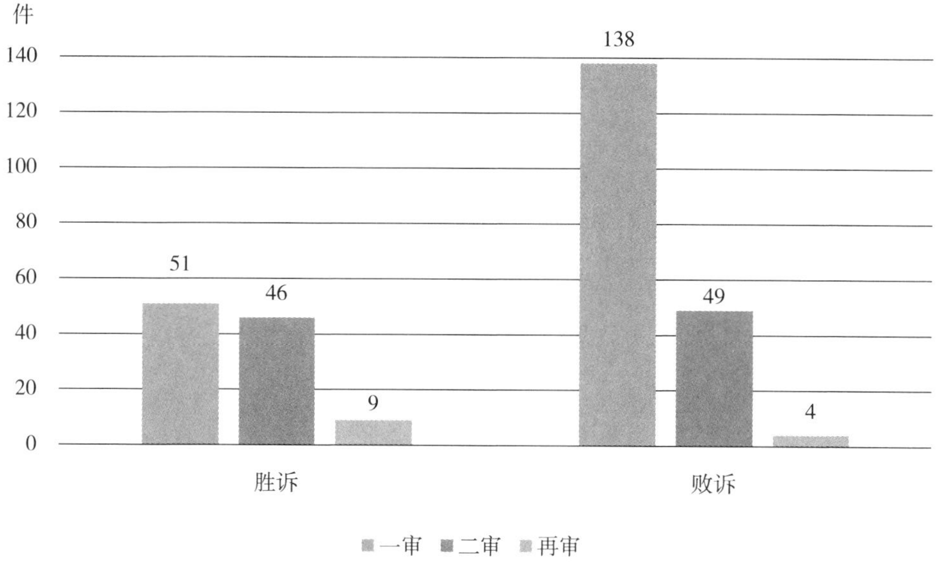

图 2－330 文化、体育和娱乐业上市公司胜诉情况与诉讼阶段交叉分布情况

第三十一节 综 合 行 业

一、综合行业上市公司概况

根据《上市公司分类指引》的规定，当上市公司没有一类业务的营业收入比重大于或等于 50%，但某些业务的收入和利润均在所有业务中最高，而且均占到公司总收入和总利润的 30% 以上（包含本数），则该公司归属该业务对应的行业类别。不能按照上述分类方法确定行业归属的，由上市公司行业分类专家委员会根据公司实际经营状况判断公司行业归属；归属不明的，划为综合类。可见，综合行业中上市公司的构成存在一定复杂性，不能一概而论。

截至 2021 年第四季度，我国综合行业上市公司共计 13 家。从市场规模看，我国上市公司中综合行业的整体规模相当小，其数量占全部上市公司的约 0.28%。

二、综合行业上市公司诉讼情况统计

本书以综合行业的 13 家上市公司为当事人检索案件，共收集 2021 年度全国法院判决的各类司法判决书 10 份，作为统计分析的样本。

（一）案件类型分布

1. 案件诉讼类型

从案件诉讼类型看，2021 年综合行业上市公司涉及的 10 件案件，全部为民事诉讼，行政诉讼和刑事诉讼均无。

2. 案件案由种类

首先，诉讼案件案由的基本类型看，2021 年综合行业上市公司涉及的 10 件案件主要集中在合同类纠纷、侵权责任纠纷等类型中，具体分布情况如表 2－61 所示。

表 2－61　综合行业上市公司案件案由基本类型分布

案由基本类型	案件数量/件
物权纠纷	0
合同类纠纷	2
侵权责任纠纷	3
知识产权纠纷	0
竞争法纠纷	0
公司法纠纷	2
金融法纠纷	1
劳动法纠纷	2
其他民事纠纷	0
行政诉讼	0
刑事诉讼	0
合计	10

其中，如图 2－331 所示，侵权责任纠纷案件共有 3 件，占全部案件总量的 30.00%；合同类法纠纷、劳动法纠纷和公司法纠纷各有 2 件，各占全部案件总量的 20.00%；金融法纠纷有 1 件，占比为 10.00%。

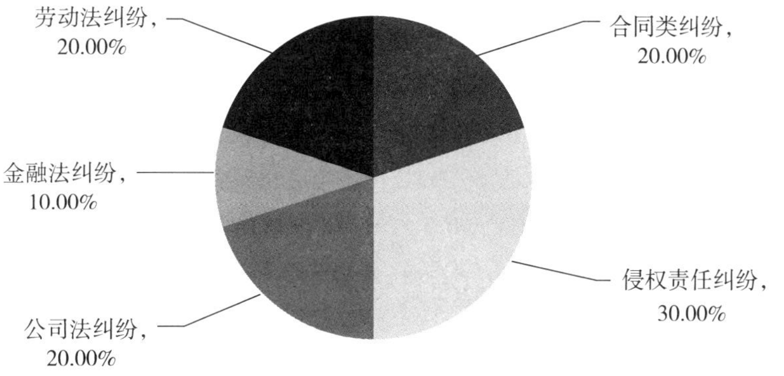

图 2－331 综合行业上市公司案由基本类型分布情况

其次,从案件的具体案由看,2021 年综合行业上市公司涉及的 10 件案件的案由呈分散化分布状态,其分布情况如表 2－62 所示。

表 2－62 综合行业上市公司案件具体案由分布

具体案由	案件数量/件
房屋买卖合同纠纷	2
劳动合同纠纷	2
其他侵权责任纠纷	2
损害公司利益责任纠纷	1
损害公司债权人利益责任纠纷	1
证券欺诈责任纠纷	1
铁路运输损害责任纠纷	1

3. 案件地域分布

从案件地域分布看,2021 年综合行业上市公司涉及的 10 件案件中,主要分布在广东省、山东省等地。具体分布情况如图 2－332 所示。

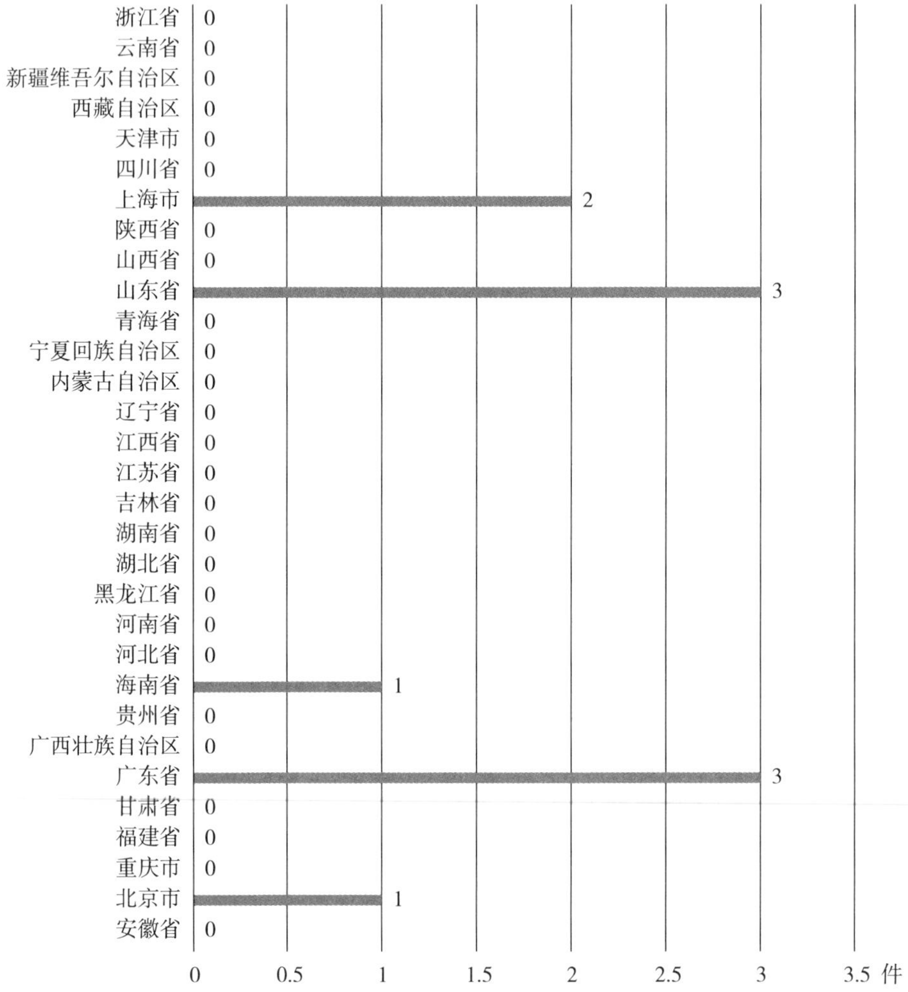

图 2-332 综合行业上市公司案件地域分布情况

(二)案件审理程序

1. 诉讼阶段

如图 2-333 所示,从诉讼阶段看,2021 年综合行业上市公司涉及的 10 件案件中,一审案件 4 件,占比为 40.00%;二审案件 5 件,占比为 50.00%;再审案件 1 件,占比为 10.00%。

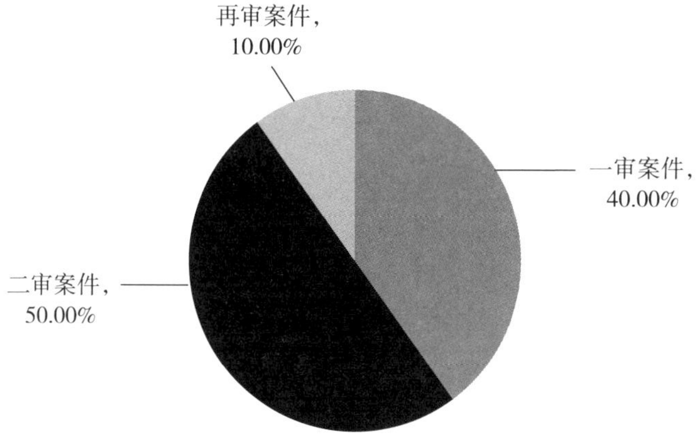

图 2－333　综合行业上市公司案件诉讼阶段分布情况

2. 法院层级

如图 2－334 所示，从法院层级看，2021 年综合行业上市公司涉及的 10 件案件中，基层人民法院审结的案件 4 件，占比为 40.00%；中级人民法院审结的案件 4 件，占比为40.00%；高级人民法院审结的案件 2 件，占比为 20.00%。

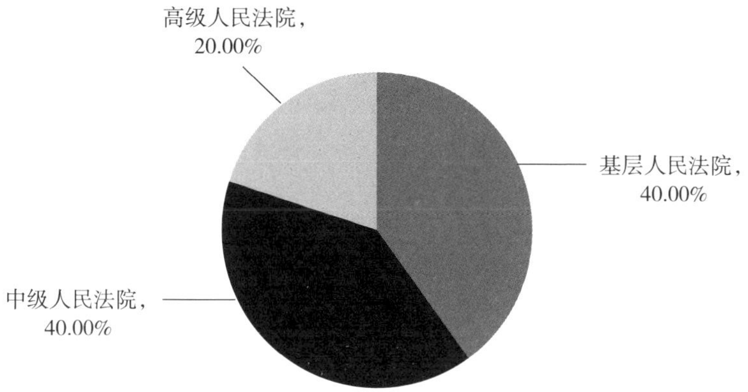

图 2－334　综合行业上市公司案件审理法院层级分布情况

（三）上市公司诉讼地位

如图 2－335 所示，从上市公司的诉讼地位看，2021 年综合行业上市公司涉及的 10 件案件中，上市公司作为原告的案件有 6 件，占比为 60.00%；上市公司作为被告的案件有 4 件，占比为 40.00%。可见，2021 年综合行业上市公司诉讼中，上市公司主要处于起诉方的角色，主动地参与诉讼。

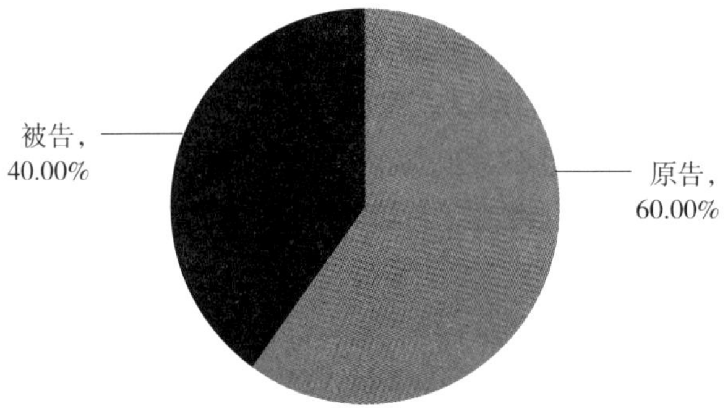

图 2-335　综合行业上市公司一审程序诉讼地位分布情况

(四)诉讼标的额

从诉讼案件的标的额看，2021 年综合行业上市公司涉及的有标的额可查的案件中，诉讼标的额数量分布情况如图 2-336 所示。总体来看，本行业诉讼标的额总额为 8,459,500 元，诉讼标的额最大为 3,000,000 元，行业平均诉讼标的额为 1,691,900元。

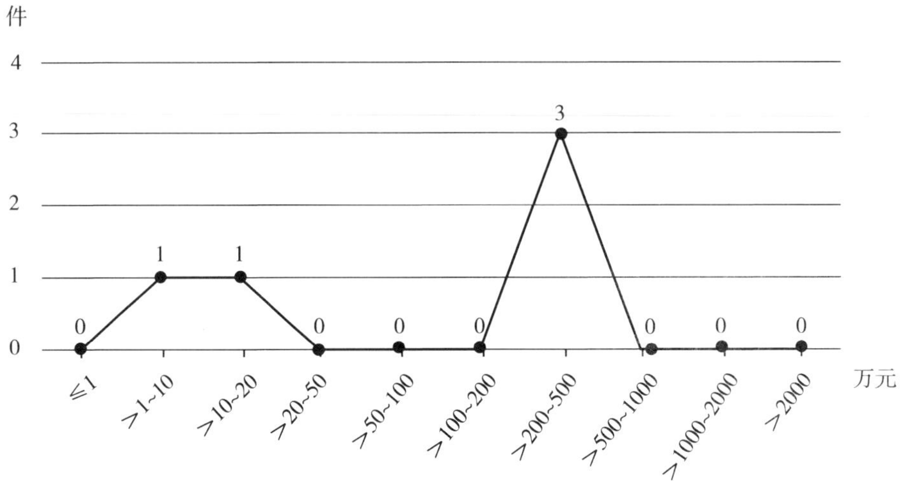

图 2-336　综合行业上市公司诉讼标的额分布情况

(五)诉讼结果和胜诉率

从总体上看，如图 2-337 所示，2021 年综合行业上市公司涉及的所有案件中，胜诉的案件有 8 件、败诉的案件有 2 件，无撤诉等特殊情形。总体来看，该行业上市公司的胜诉率为 80.00%。

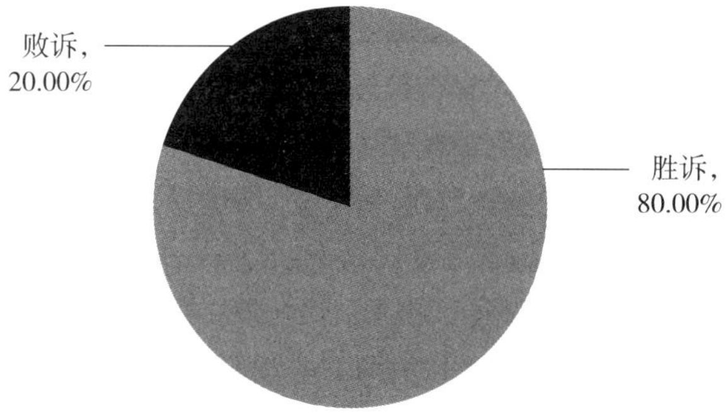

图 2－337　综合行业上市公司诉讼结果占比情况

如图 2－338 所示,具体到不同的诉讼地位,当综合行业上市公司为原告时,其胜诉的案件有 4 件,败诉的案件有 2 件,胜诉率约为 66.67%,低于总体胜诉率;当综合行业上市公司为被告时,其胜诉的案件有 4 件,无败诉案件,胜诉率为 100%,高于总体胜诉率。

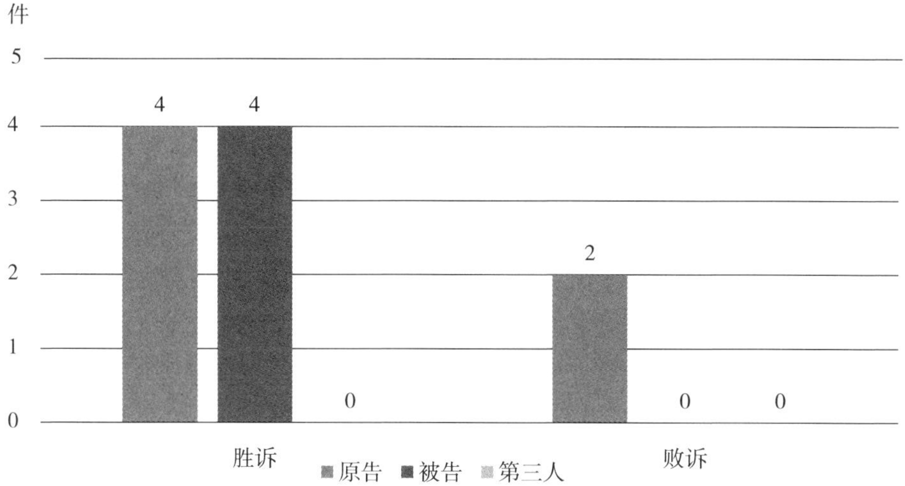

图 2－338　综合行业上市公司胜诉情况与诉讼地位交叉分布情况

如图 2－339 所示,具体到不同的诉讼阶段,一审阶段,综合行业上市公司胜诉的案件有 3 件,败诉的案件有 1 件,胜诉率为 75.00%,略低于总体胜诉率;二审阶段,上市公司胜诉的案件有 4 件,败诉的案件有 1 件,胜诉率为 80.00%,高于一审胜诉率;再审阶段,上市公司胜诉的案件有 1 件,无败诉案件,胜诉率达到 100%。

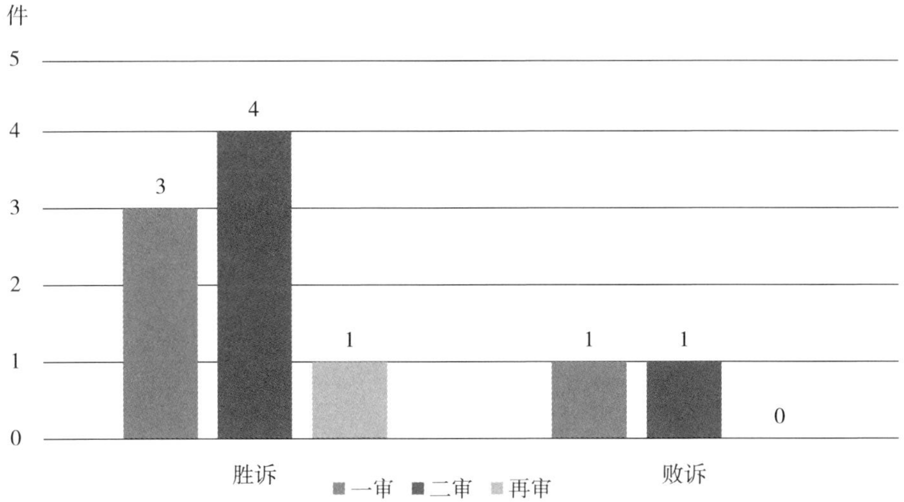

图 2－339　综合行业上市公司胜诉情况与诉讼阶段交叉分布情况

第三章

2021年上市公司典型诉讼案例分析

为尽可能在有限的篇幅范围内呈现2021～2022年已被终审审结的上市公司诉讼典型案例，本书根据既往经验和上市公司民事诉讼、行政诉讼和刑事诉讼的不同特点进行了如下选取工作。

首先，关于民事典型案例的选取。本书主要采取重大诉讼标准，即依据《上海证券交易所股票上市规则》（2020年修订）和《深圳证券交易所股票上市规则》（2020年修订）中关于上市公司重大诉讼的规定，[①]将上市公司涉诉的标的额定位为1000万元及以上。据此，我们结合2021～2022年上市公司在中国证监会指定信息披露网站“巨潮资讯网”披露的诉讼情况，以及市场和媒体对有关案件的关注程度，最终选取7例，囊括了上市公司常见的公司决议纠纷、借款合同纠纷、股利分配纠纷、对赌纠纷、专利侵权纠纷以及股权转让纠纷，并就对上市公司诉讼具有开拓意义的全国首例操纵市场民事赔偿胜诉案——“杨某辉与阙某彬、蝶彩资产管理（上海）有限公司、谢某荣操纵市场民事责任纠纷案”进行了详细解读。

同时，我们还选取了“最高人民法院2021年度全国法院十大商事案例”“北京金融法院2021年度十大典型案例”“上海金融法院2021年度十大典型案例”中涉及上市公司的3例案例，分别是全国首例证券纠纷普通代表人诉讼——“丁某春等诉上海飞乐音响股份有限公司证券虚假陈述责任纠纷案”、全国首例公司债券虚假陈述纠纷——“王某等487人诉五洋建设集团股份有限公司、陈某樟、德邦证券股份有限公司、大信会计师事务所、上海锦天城律师事务所、大公国际资信评估有限公司证券虚假陈述责任纠纷案”、全国首例特别代表人诉讼——“顾某骏、刘某君等55,376名投资者诉康美药业股份有限公司证券虚假陈述责任纠纷特别代表人诉讼案”，以反映2019年修订的《证券法》实施后上市公司诉讼的最新动向，特别是普通代表人诉讼和特别代表人诉讼的发展，以及上市公司虚假陈述中董监高和证券中介机构承担连带责任的情况。

其次，关于行政典型案例的选取。由于对上市公司行政诉讼的选取难以套用民事典型案件中的重大诉讼标准，同时考虑实践中行政处罚对上市公司影响最大，本书本年度聚焦于上市公司基于行政处罚的行政诉讼，共选取2例。分别是“蒋某伟等诉中国证监会厦门监管局、中国证监会没收违法所得、罚款

---

① 本部分未援引最新的沪深交易所股票上市规则，主要是因为本书聚焦的是2021年1月1日～2022年1月1日发生的，以上市公司为诉讼主体并已审结的民事案件。

及行政复议案”和“宁波中百股份有限公司与中国证监会行政纠纷案”。这也是近年来为数不多的上市公司起诉中国证监会的案例,因而极具代表性。

最后,关于刑事典型案件的选取。我们结合 2021 ~2022 年度上市公司在“巨潮资讯网”中披露的刑事风险,就近年来上市公司董事、控股股东、实际控制人指使实施犯罪,损害广大投资者利益的热点问题,选取了“西藏发展股份有限公司原董事长、法定代表人王某波背信损害上市公司利益案”和“金某科技股份有限公司、周某辉、花某国等欺诈发行股票、债券案”,以供读者参考。选取过程中,颇为遗憾的是,原本计划选取的“恺英网络股份有限公司控股股东、实际控制人王某操纵证券市场案”和“康美药业单位行贿罪及实际控制人马某田操纵证券市场罪、违规披露、不披露重要信息案”最终因难以找到相关裁判文书而不得不放弃。对上述案例感兴趣的读者也可自行了解相关资讯。

第一节 民事典型案例

一、恒泰艾普集团股份有限公司与北京硕晟科技信息咨询有限公司违规“举牌”案[①]

导读:遵守“举牌”和“慢走”规则是投资者在收购上市公司过程中必须履行的法定义务。那么,投资者违反相关义务进行股票交易,相关股票买卖行为是否有效?在违反相关义务情形下买入的股份又能否行使表决权?本案法院通过对《证券法》《上市公司收购管理办法》等法律规范中“举牌规则”及“慢走规则”进行解释,为我们提供了答案。

(一)当事人信息

原告1:北京硕晟科技信息咨询有限公司(以下简称硕晟公司)

原告2:李某萍

被告:恒泰艾普集团股份有限公司(以下简称恒泰公司)

(二)基本案情

恒泰公司系上市公司。该公司章程规定,股东大会决议分为普通决议和特别决议。[②] 其中明确规定,董事会和监事会成员的任免及其报酬和支付方法应当经股东大会普通决议通过。公司章程的修改应当经股东大会以特别决议通过。股东(包括股东代理人)以其有表决权的股份数额行使表决权,公司持有的本公司股份没有表决权。股东大会就选举董事、监事进行表决时,根据本章程的规定或者股东大会的决议,可以实行累积投票制。拟选举的董事、非职工监事在两人以上时,应实行累积投票制,其中拟选举的董事中包括独立董事的,独立董事应当与董事会其他成员分别选举。

2020年7月27日~8月5日,硕晟公司、李某萍数次增持恒泰公司股票。2020年8月6日,硕晟公司作为信息披露义务人签署了《简式权益变动报告书》,其上记

---

① 参见北京市第一中级人民法院民事判决书,(2021)京01民终7069号。

② 普通决议,应当由出席股东大会的股东(包括股东代理人)所持表决权的1/2以上通过。特别决议,应当由出席股东大会的股东(包括股东代理人)所持表决权的2/3以上通过。

载:2020 年 8 月 5 日,硕晟公司与李某萍签订《表决权委托协议》,李某萍将其持有的恒泰公司 3.68% 的股份对应的表决权、提名和提案权、参会权、监督建议权以及除收益权和股份转让权等财产性权利之外的其他权利委托硕晟公司行使。李某萍为信息披露一致行动人。硕晟公司及其一致行动人李某萍合计占上市公司总股本的 5%。2020 年 8 月 7 日,恒泰公司就上述收购发布《关于股东增持公司股份达到 5% 的提示性公告》。

2020 年 8 月 11～18 日,李某萍继续增持恒泰公司股票。2020 年 8 月 18 日,李某萍最后一笔交易成交数量 50 万股,超过 10% 持股比例 179,917 股。2020 年 8 月 19 日,硕晟公司作为信息披露义务人签署了《简式权益变动报告书》,其上记载:2020 年 8 月 18 日,李某萍通过证券交易所集中交易增持恒泰公司 50 万股股份,增持后硕晟公司、李某萍合计持有上市公司股份 71,391,243 股,占上市公司总股本的 10.03%。2020 年 8 月 20 日,恒泰公司就上述收购发布了《关于股东增持公司股份达到 5% 的提示性公告》。

2020 年 8 月 24 日,恒泰公司召开 2020 年第二次临时股东大会。恒泰公司《2020 年第二次临时股东大会会议决议公告》主要内容记载:

1. 会议召开和出席情况。该次股东大会通知于 2020 年 8 月 7 日在中国证监会指定信息披露网站以公告形式发出,该次股东大会采取现场投票及网络投票相结合的方式召开。出席该次股东大会的股东及股东委托代理人共 315 人,代表有表决权的股份 216,050,038 股,占有表决权的股份总数的 31.9446%。硕晟公司及其一致行动人在 2020 年 8 月 5 日增持公司已发行的有表决权股份达到 5% 时,未立即停止并履行信息披露义务,而是在当日继续通过证券交易所集中竞价方式增持,继而使其合计持有的公司股份比例超过 5%,违反了《证券法》第 63 条及《上市公司收购管理办法》第 13 条的规定。截至 2020 年 8 月 18 日,硕晟公司及其一致行动人合计持有公司 71,391,243 股股票,约占公司总股本的 10.02527%。因此,依照有关规定,硕晟公司及其一致行动人李某萍对超出公司股票 5% 后买入的股份在 36 个月内均不得行使表决权,即硕晟公司及其一致行动人仅对持有公司股票中的 35,785,580股股票不具有表决权。

2. 议案审议表决情况。(1)审议否决了《关于拟修订公司章程的议案》。(2)审议通过了《关于选举暨提名程华为第四届董事会独立董事候选人的议案》。(3)审议《关于选举暨提供第四届董事会非独立董事候选人的议案》。其中,张某青获得的选举票数为 165,493,813,占出席会议有效表决权股份总数的 94.9733%,成功当选。孔某丽获得的选举票数为 111,016,429,占出席会议有效表决权股份总数的 63.9980% ,成功当选。

硕晟公司、李某萍以现场方式出席涉案股东大会并投票。针对上述决议中的议案,硕晟公司、李某萍对议案 1《关于拟修订公司章程的议案》投反对票,对议案 2《关于选举暨提名程华为第四届董事会独立董事候选人的议案》投赞成票,对议案 3《关于选举暨提供第四届董事会非独立董事候选人的议案》中包含的两项议案均投 0 票。

2020 年 8 月 27 日起,李某萍继续增持恒泰公司股票。2020 年 9 月 2 日,李某萍成为硕晟公司股东,持股比例为 51% 。截至 2020 年 10 月 15 日,硕晟公司、李某萍合计持有恒泰公司总股本的 16% 。2020 年 10 月 22 日,中国证监会北京监管局作出《关于对硕晟公司、李某萍采取出具警示函行政监管措施的决定》,其上载明:硕晟公司、李某萍作为恒泰公司持股 5% 以上股东及一致行动人,在增持恒泰公司股份达到 10% 时未停止交易并履行报告和公告义务,而是增持至 10.03% 才进行公告。上述行为违反了《上市公司收购管理办法》第 13 条第 2 款的规定。根据《上市公司收购管理办法》第 75 条的规定,责令硕晟公司、李某萍改正违规行为,并对其采取出具警示函的行政监管措施。

针对恒泰公司限制其表决权的做法,两原告向法院提出诉讼请求:(1)请求判决撤销恒泰公司 2020 年第二次临时股东大会会议决议。(2)请求判决恒泰公司承担本案的全部诉讼费用。

一审法院判决:(1)确认恒泰公司于 2020 年 8 月 24 日作出的《2020 年第二次临时股东大会会议决议》中关于孔某丽当选为被告恒泰公司第六届董事会非独立董事的决议内容不成立;(2)驳回硕晟公司、李某萍的其他诉讼请求。

恒泰公司提起上诉,请求:(1)撤销一审民事判决,将本案发回重审或者改判驳回硕晟公司、李某萍的诉讼请求;(2)本案一审、二审诉讼费用由硕晟公司、李某萍负担。二审法院最终驳回上诉,维持原判。

本案中硕晟公司、李某萍增持及披露过程如图 3 - 1 所示。

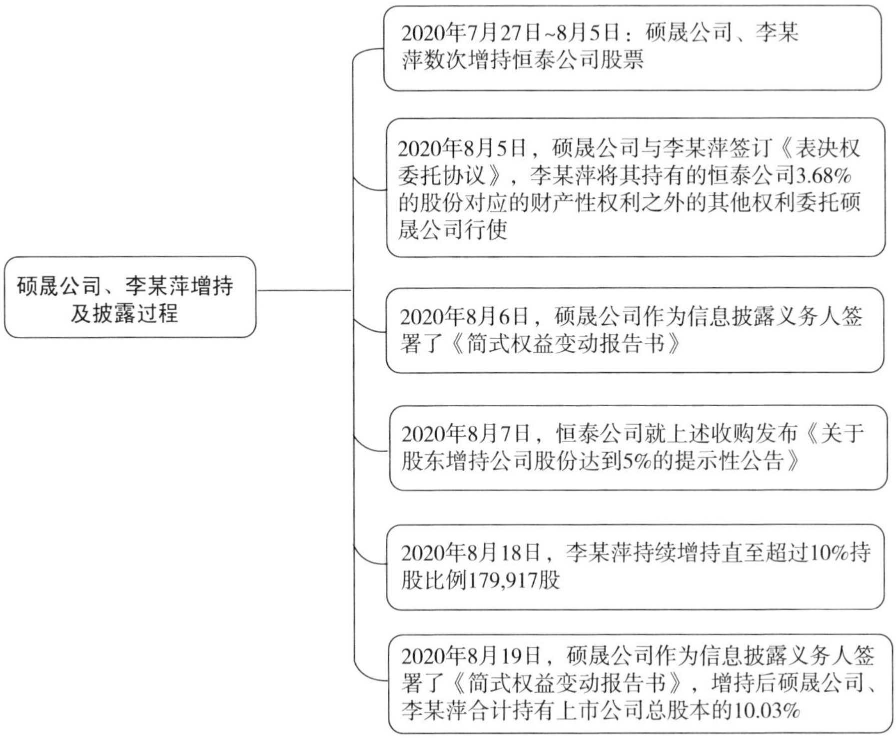

图 3－1　硕晟公司、李某萍增持及披露过程示意

（三）争议焦点及法院裁判说理

一审法院认为，本案主要争议焦点为：（1）恒泰公司是否有权限制硕晟公司、李某萍行使超出 5% 持股比例以上全部股份的表决权；（2）如恒泰公司无权限制硕晟公司、李某萍表决权的行使，涉案决议效力如何认定。

1. 恒泰公司是否有权限制硕晟公司、李某萍行使超过 5% 持股比例以上全部股份的表决权

恒泰公司主张，硕晟公司、李某萍对超过 5% 持股比例以上部分的股份一律不得行使表决权，并称其限制硕晟公司、李某萍表决权行使系基于《证券法》第 63 条和《上市公司收购管理办法》第 13 条的规定及上市公司的自我管理和决策权利。

对此，一审法院认为，首先，《证券法》第63条①规定了上市公司收购监管的权益披露规则，即“举牌规则”和“慢走规则”。“举牌规则”要求收购方按照法律规定进行披露，“慢走规则”要求收购方按法定节奏进行收购。上述规则的目的在于控制收购方买卖股票的节奏，让上市公司及收购方的有关信息通过公开披露以广泛传播和充分消化，使投资者有时间慎重考虑作出继续持有或立即售出的选择，从而避免出现操纵市场和内幕交易的情形，保护中小股东的合法投资权益。立法目的不在于限制收购方的股东权利，防止公司控制权发生变化。其次，从文义理解来看，《证券法》第63条第4款明确将限权范围确定为“超过规定比例部分的股份”，结合该条上下文来看，违反第1、2款的规定，既包括未依法履行报告、通知、公告义务的行为，也包括法定停止交易期间继续购买股票的行为，触发点均为5%。而在前述义务均履行完毕的情况下，再另行购买的股份，不属于违反第1、2款规定购买的股份，即不属于第4款规定的应限制表决权的股份。因此，“超过规定比例的部分”中的“规定比例”是权益披露触发点对应的5%的持股比例和权益增减披露点对应的每增持5%的持股比例，“超过部分的股份”是指超过上述5%持股比例至履行权益披露义务之前购买的全部股份。应理解为投资者在增持上市公司股份每达到5%持股比例之时，在履行权益披露义务之前购买的超过该比例的部分不得行使表决权。

本案中，硕晟公司、李某萍在增持达到5%后按照上述规定履行了报告通知义务，并等待了3个交易日才开始继续购买，故在硕晟公司、李某萍已履行上述义务的情况下，依据上述对《证券法》第63条的理解，其在持股5.00002%的基础上继续购买的股份，不属于“超过规定比例部分的股份”，表决权并不受到限制。恒泰公司关于硕晟公司、李某萍不得行使表决权的股份范围为超过5%以上的全部股份的抗辩理由明显与立法目的与法条原义不符，一审法院不予支持。

---

① 《证券法》第63条第1、2款规定：“通过证券交易所的证券交易，投资者持有或者通过协议、其他安排与他人共同持有一个上市公司已发行的有表决权股份达到百分之五时，应当在该事实发生之日起三日内，向国务院证券监督管理机构、证券交易所作出书面报告，通知该上市公司，并予公告，在上述期限内不得再行买卖该上市公司的股票，但国务院证券监督管理机构规定的情形除外。投资者持有或者通过协议、其他安排与他人共同持有一个上市公司已发行的有表决权股份达到百分之五后，其所持该上市公司已发行的有表决权股份比例每增加或者减少百分之五，应当依照前款规定进行报告和公告，在该事实发生之日起至公告后三日内，不得再行买卖该上市公司的股票，但国务院证券监督管理机构规定的情形除外。”第4款规定：“违反第一款、第二款规定买入上市公司有表决权的股份的，在买入后的三十六个月内，对该超过规定比例部分的股份不得行使表决权。”

《上市公司收购管理办法》第13条对证券法前述条款进行了细化，规定违反该条买入在上市公司中拥有权益的股份的，在买入后的36个月内，对该超过规定比例部分的股份不得行使表决权。

2. 如恒泰公司无权限制硕晟公司、李某萍表决权的行使，涉案决议效力如何认定

依据《公司法》的规定，表决方式违反法律、行政法规或公司章程属于公司决议的可撤销事由。股东大会表决方式通常包括有关提案投票、计票、表决结果的宣布、会议记录及签署等事项。本案中，虽然恒泰公司违反了《公司法》和公司章程的规定未将硕晟公司、李某萍有效表决权计入表决结果，侵害了其股东权益，但是涉案股东大会的召集程序不存在瑕疵，硕晟公司、李某萍实际参加了涉案股东大会，就各项议案均按其真实意思表示进行了表决，故违法限制硕晟公司、李某萍上述表决权导致的后果系程序瑕疵中的计票错误，可以通过重新计票的方式来弥补。从瑕疵程度来看，可撤销决议的程序瑕疵严重程度相较而言要弱于不成立的决议；后者的程序瑕疵非常严重，以至于决议不能成立。因此，如果程序瑕疵对决议结果产生实质性影响，在未达到不成立标准的情况下，决议应被撤销，否则应当认定为决议不成立。

依据上述决议效力的认定原则，结合本案事实，涉案股东大会表决中，议案 1、议案 2 的投票结果与硕晟公司、李某萍的投票方向一致，故上述两项议案是否将前述争议股份表决权计入，均不影响投票结果，未对决议产生实质影响，且议案 1 本身未成立。据此，硕晟公司、李某萍要求撤销决议该部分的请求，一审法院不予支持。议案 3 采用累积投票制，涉及张某青的议案计票错误未对决议产生实质影响，硕晟公司、李某萍要求撤销决议该部分的请求，一审法院不予支持。

孔某丽获得的选举票数占出席会议有效表决权股份总数的比例未过半数，根据《公司法》及恒泰公司章程的规定，股东大会普通决议应由出席股东大会的股东所持表决权的 1/2 以上通过，故议案经重新计票后，表决结果应当认定为未通过，重新计票结果对决议产生实质影响。因此，孔某丽当选为恒泰公司第六届董事会非独立董事的决议内容应属于不成立。硕晟公司、李某萍要求撤销决议该部分的请求，一审法院不予支持。

二审法院对一审法院的事实认定、争议解析与判决结果予以肯定。

（四）诉讼启示

根据《证券法》第 63 条的规定，通过证券交易所的证券交易，投资者持有或者通过协议、其他安排与他人共同持有一个上市公司已发行股份的 5% 时，应在该事实发生之日起 3 日内，向国务院证券监管机构、证券交易所作出书面报告，通知该上市公司并予以公告；在上述期限内不得再行买卖该上市公司的股票。该条规定以及与之相关的行为被业内称为“举牌”。学界将该条前后半句所确立的规则称为

“大额持股披露规则”及“慢走规则”。违规“举牌”即违反前述“大额持股披露规则”及“慢走规则”的行为。

对“违反大额持股披露”和“慢走规则”而买卖股票行为的效力判断，无外乎两种观点，有效抑或无效。对照《民法典》以及证券法律规范中关于民事行为效力的相关规定，持无效观点的理由可能包括以下几个角度：(1)违反大额持股披露义务的行为在性质上属于虚假陈述类证券欺诈行为，可以参照最高人民法院《关于审理证券市场因虚假陈述引发的民事赔偿案件的若干规定》[①]（以下简称《虚假陈述司法解释》）的相关规定，认定行为无效；(2)《证券法》关于投资者持股达到5%应当进行信息披露，以及在特定期限内“不得再行买卖该上市公司股票”的规定属于法律的强制性规定，违反“大额持股披露”和“慢走规则”的行为违反了该法律强制性规定；(3)行为人违反“大额持股披露规则”和“慢走规则”增持股票的行为属于“以合法形式掩盖非法目的”的行为，其主观意图即在于规避《证券法》所要求的“大额持股披露”和“慢走规则”，因此，该种行为违反了证券市场公开、公平、公正原则，损害了社会公共利益。持有效观点者最核心的理由是：与传统民法规范相比，证券交易作为商事范畴，应注重保护交易便捷和交易安全。由于证券市场所具有的匿名交易、连续交易、涉及众多投资主体等特点，证券交易具有无因性、流动性、集中性等特征，且奉行绝对的外观主义，因此，为了维护证券市场的有序和稳定，《证券法》规定了“按照依法制定的交易规则进行的交易，不得改变其交易结果”。根据“特别法优于一般法”的基本原则，应当适用《证券法》所确定的“交易结果恒定原则”。据此，即使证券交易的背后存在违规情形，但只要交易行为本身符合交易规则，则交易行为本身的效力不因违规行为而受到影响。

两种观点的冲突体现了传统民事理念与商事理念的差异。无效观点主要从传统民事理念角度出发，注重对公平公正原则的维护。有效观点从商事理念出发，追求对促进交易的保护。应当说，违反“大额持股披露规则”与“慢走规则”的行为确实违反了证券市场公开、公平、公正的原则，但证券市场的特殊性又确立了“交易结果恒定原则”，否定效力意味着对“交易结果恒定原则”的破坏。违反“大额持股披露规则”与“慢走规则”对于证券市场公开、公平、公正原则的侵害是有限的，并且可以通过让违反义务者承担相应的责任来进行弥补，而否定效力对于“交易结果恒定原则”的破坏以及对于证券市场发展则具有较强的负面影响力，因此，“两害相权取其轻”。在司法实践中，法官也多倾向于遵循“交易结果恒定原则”，认定违反“大额

① 此规定已于2022年1月22日因最高人民法院《关于审理证券市场虚假陈述侵权民事赔偿案件的若干规定》的施行而失效。

持股披露规则”和“慢走规则”而买卖股票的行为有效。

二、冠福控股股份有限公司、雪松国际信托股份有限公司对外融资案①

导读:2017 年 8 月 4 日,最高人民法院发布了《关于进一步加强金融审判工作的若干意见》(以下简称《金融审判意见》)。该意见第 2 条第 2 项规定,“金融借款合同的借款人以贷款人同时主张的利息、复利、罚息、违约金和其他费用过高,显著背离实际损失为由,请求对总计超过年利率 24% 的部分予以调减的,应予支持”。该条规定对金融借款合同约定的费用作了限缩性规定。这里的“费用”不但包括利息、复利、罚息,还包括违约金和其他费用。本案可以为实务裁判中最高人民法院的这一文件如何发挥其效用提供一些参考。

(一)当事人信息

原告:雪松国际信托股份有限公司(曾用名中江国际信托股份有限公司,以下简称雪松信托)

被告 1:冠福控股股份有限公司(原名福建冠福现代家用股份有限公司,以下简称冠福公司)

被告 2:林某昌

被告 3:宋某榕

被告 4:林某智

被告 5:陈某娇

第三人:上海五天实业有限公司(以下简称上海五天)

第三人:上海蛰和实业有限公司(曾用名上海广和现代生活服务有限公司,以下简称上海蛰和)

(二)基本案情

冠福公司系上市公司。2016 年 10 月 31 日,冠福公司(甲方)与雪松信托(乙方)、上海五天(丙方)、上海蛰和(丁方)签订编号为中江国际〔2016 信托 301〕第 3 号的《合作协议书》,约定:甲、乙双方签订编号为中江国际〔2016 信托 301〕第 2 号的《信托借款合同》,甲方向乙方申请金额不超过 3 亿元的信托借款,借款资金用于偿还甲方对丙方的债务。

① 参见最高人民法院民事判决书,(2020)最高法民终 314 号。

具体内容约定如下:(1)丙方同意甲方以《信托借款合同》项下资金偿还债务,并指定甲方将还款资金直接用于向丁方支付购货款。(2)乙方拟以设立的“金鹤158 号信托计划”所募集的信托资金向甲方发放信托借款,并根据本协议约定将借款资金支付到指定的丁方账户。(3)甲方、乙方、丙方、丁方四方确认:乙方向丁方支付第Ⅰ期信托计划资金即视为乙方向甲方发放了第Ⅰ期信托借款,乙方向丁方支付第Ⅰ期信托计划资金即视为甲方向丙方偿还了该等金额的债务,乙方向丁方支付第Ⅰ期信托计划资金即视为丙方向丁方支付了该等金额的购货款。

为确保雪松信托公司债权的实现,雪松信托(乙方)与林某昌(甲方、保证人)签订编号为中江国际〔2016 信托 301〕第 4 号的《保证合同》,其配偶宋某榕在共有人声明上作为共有人签字。与林某智(甲方、保证人)签订编号为中江国际〔2016 信托301〕第 5 号的《保证合同》,其配偶陈某娇在共有人声明上作为共有人签字。

2016 年 11 月 28 日～2017 年 1 月 19 日,雪松信托连续六期向冠福公司发放信托借款。2017 年 2 月 15 日,冠福公司向雪松信托出具《提前还款申请》,《提前还款申请》载明:我司与贵司合作的“中江国际·金鹤 158 号供应链金融投资集合资金信托计划”,总规模 298,810,000 元,期限 2 年,现由于我司原因向贵司申请提前偿还该笔信托本息,合计 303,380,086.21 元,利息计算至 2017 年 2 月 22 日(含当日)。2017 年 2 月 15 日,上海塑和代冠福公司向雪松信托清偿了上述本息。同月17 日,冠福公司向雪松信托出具《申请继续按原合同操作的函》,该函载明:我司于2017 年 2 月 15 日向贵司出具《提前还款申请》,并将“金鹤 158 号信托计划”的相关本息支付至贵司账户,但由于业务扩展,我司希望继续使用该笔资金,不再申请提前还款,现向贵司申请再次放款,并按原合同约定的规模、期限、权利及义务继续履行。

2017 年 2 月 17 日,雪松信托(甲方)与冠福公司(乙方)签订编号为中江国际〔2016 信托 301〕第 2 号补充的《〈信托借款合同〉之补充协议》,约定:鉴于甲、乙双方已于 2016 年 10 月 31 日签署了《信托借款合同》[编号为中江国际〔2016 信托301〕第 2 号及其补充协议(如有),以下简称原合同],甲方以“金鹤 158 号信托计划”募集的信托资金向乙方共发放信托借款 298,810,000 元;乙方分别于 2017 年 2月 15 日、2017 年 2 月 17 日向甲方出具《提前还款申请》《申请继续按原合同操作的函》,甲方同意乙方前述函件请求。

同日,雪松信托与冠福公司(甲方)、上海五天(丙方)、上海塑和(丁方)签订编号为中江国际〔2016 信托 301〕第 7 号的《合作协议书(二)》,约定:乙方以“金鹤158 号信托计划”资金继续向甲方发放信托借款,甲方申请将借款资金用于偿还甲方对丙方的债务。乙方于 2017 年 2 月 22 日向甲方发放信托借款,借款金额为

298,810,000元。同日,雪松信托(甲方)与林某昌(乙方)、宋某榕(乙方配偶)签订编号为中江国际〔2016 信托 301〕第 4 号补充的《〈保证合同〉之补充协议》,与林某智(乙方)、陈某娇(乙方配偶)签订编号为中江国际〔2016 信托 301〕第 5 号补充的《〈保证合同〉之补充协议》,两份补充协议均载明:乙方及乙方配偶已知悉并认可甲方与债务人冠福公司签订的《信托借款合同之补充协议》,乙方及乙方配偶同意继续对甲方在《信托借款合同》(合同编号:中江国际〔2016 信托 301〕第 2 号)及《信托借款合同之补充协议》(合同编号:中江国际〔2016 信托 301〕第 2 号补充)项下的债权提供连带责任担保。

2017 年 2 月 20 日,雪松信托通过浦发银行南昌分行天宝支行代冠福公司向上海塹和发放 298,810,000 元。2017 年 6 月 8 日～2018 年 7 月 19 日,上海塹和代冠福公司先后支付各期利息共计 36,969,373.29 元。

2018 年 10 月 26 日,雪松信托向冠福公司发出《债务提前到期通知书》,通知书载明:鉴于贵公司涉及多起诉讼案件,贵公司及子公司账户、股权陆续遭到司法冻结,同时存在贵公司在未履行贵公司等内部审批决策程序以贵公司及贵公司控股子公司的名义开具商业承兑汇票、对外担保、违规借款等事件,保证人林某昌、林某智重大资产被司法查封冻结等情形,经我公司催告后贵公司仍未能提出有效解决措施及回复,已违反《信托借款合同》项下的约定,严重损害了我公司债权和利益,我公司宣布贵公司《信托借款合同》项下剩余尚未到期债务于 2018 年 10 月 29 日全部提前到期,贵公司在收到本通知书后立即清偿《信托借款合同》项下所有债务,包括但不限于偿还剩余全部本金 298,810,000 元。同时向林某昌、宋某榕、林某智、陈某娇发出《履行担保义务通知书》,要求按《保证合同》约定履行主合同项下债务的连带清偿义务。

一审中,雪松信托向法院提出诉讼请求:(1)判令确认雪松信托与冠福公司签订的编号为中江国际〔2016 信托 301〕第 2 号的《信托借款合同》及双方根据该合同签订的其他业务合同于 2018 年 10 月 29 日立即提前到期。(2)判令冠福公司向雪松信托偿还贷款本金 298,810,000 元及利息(含罚息、复利)13,099,417.69 元,利息暂计至 2018 年 11 月 27 日止,实际计算至冠福公司履行完毕全部债务之日止,2018 年 11 月 27 日以后的利息和罚息、复利等按照《信托借款合同》约定计算。(3)判令冠福公司向雪松信托支付违约金 59,762,000 元。(4)判令雪松信托为实现债权而支付的律师费、差旅费及其他费用等由冠福公司承担。(5)判令林某昌、宋某榕、林某智、陈某娇对前述第 2 项、第 3 项、第 4 项诉讼请求项下冠福公司的全部债务承担连带偿还责任。

一审法院判决如下:(1)确认原告雪松信托与被告冠福公司签订的《信托借款

合同》和《〈信托借款合同〉之补充协议》项下全部借款于 2018 年 10 月 29 日提前到期。(2)被告冠福公司于本判决生效之日起 15 日内向原告雪松信托偿还借款本金 298,810,000元及利息。(3)被告冠福公司自本判决生效之日起 15 日内向原告雪松信托支付违约金 29,881,000 元。(4)被告冠福公司自本判决生效之日起 15 日内向原告雪松信托支付律师费 537,858 元。(5)被告林某昌、林某智对本判决第 2、3、4 项所确认的被告冠福公司应支付的款项承担连带清偿责任。(6)被告林某昌、林某智在承担保证责任后,有权向被告冠福公司追偿。(7)驳回原告雪松信托的其他诉讼请求。

冠福公司不服一审判决,提出上诉:(1)撤销一审判决第 1、2、3、4 项,改判驳回雪松信托对冠福公司的全部诉讼请求;(2)本案一审、二审诉讼费用全部由雪松信托承担。二审法院判决驳回上诉,维持原判。

本案中雪松信托与冠福公司交易过程如图 3 – 2 所示。

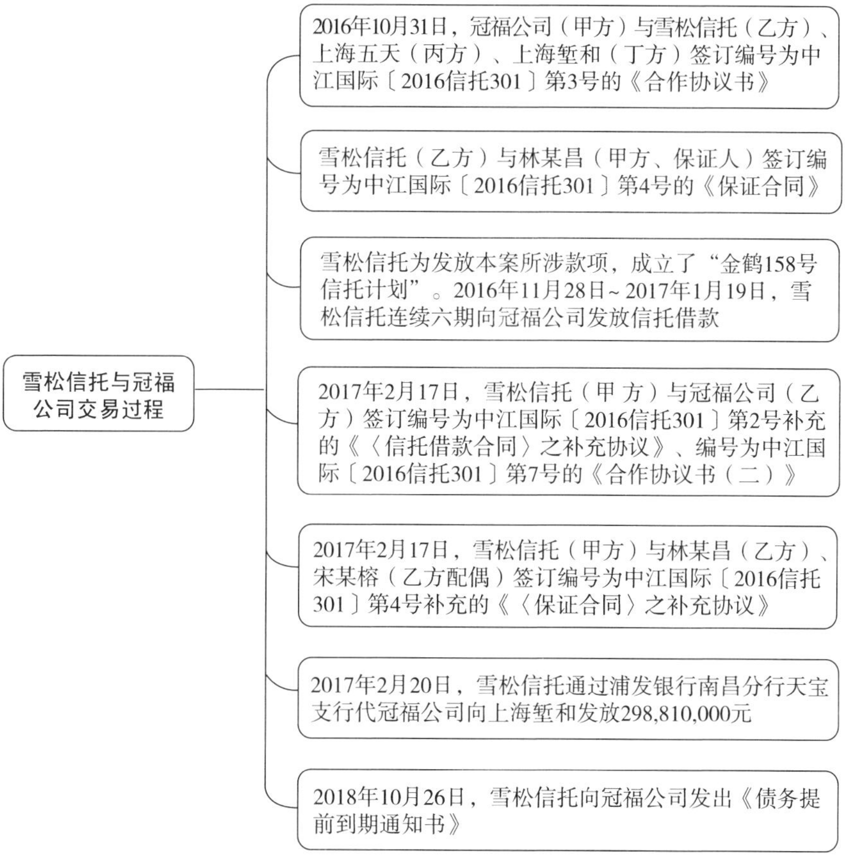

图 3 – 2　雪松信托与冠福公司交易过程示意

（三）争议焦点及法院裁判说理

本案的重要争议焦点为：(1)雪松信托与冠福公司之间是否存在信托借款合同关系？如存在信托借款合同关系，雪松信托请求本案涉案借款于 2018 年 10 月 29 日提前到期的诉请是否成立？(2)冠福公司应否偿还雪松信托借款本金、利息、罚息、违约金？借款本金及利息、罚息、复利、违约金应如何计算？

首先，关于雪松信托与冠福公司之间是否存在信托借款合同关系的问题，法院给出了肯定的回答。经查，涉案《信托借款合同》《信托借款发放确认书》中，冠福公司均在借款人（公章）处盖章，法定代表人（签字/签章）处也加盖了其法定代表人的印章；《合作协议书》《〈信托借款合同〉之补充协议》《合作协议书（二）》中，冠福公司均作为协议中的甲方在公章处盖章，其法定代表人在法定代表人（签字/签章）处也加盖了印章。涉案《信托借款合同》《〈信托借款合同〉之补充协议》《合作协议书》《合作协议书（二）》均约定协议书于各方法定代表人或授权代表签字或盖章并加盖公章或合同专用章成立并生效。根据《合同法》第 32、44 条①的规定，冠福公司向雪松信托借款系其真实意思表示，雪松信托与冠福公司之间存在信托借款合同关系。冠福公司的抗辩理由，没有事实和法律依据，法院不予采信。

其次，关于冠福公司应否偿还雪松信托借款本金、利息、罚息、违约金及其计算方式的问题，一审法院认为，根据中国人民银行于 2003 年发布的《关于人民币贷款利率有关问题的通知》的规定，逾期利率在借款合同载明的贷款利率水平上可以加收 30%～50%，双方合同约定逾期年利率并未违反该规定，因此雪松信托主张逾期利息按照合同约定计算未违反法律规定，予以支持。《信托借款合同》约定借款人违约的，贷款人按借款本金的 20% 向借款人收取违约金。本案中，冠福公司存在违约行为，按照合同约定，应支付违约金，但鉴于雪松信托对逾期年利率有年利率 13.8126%～13.9581% 的约定，再按借款本金的 20% 收取违约金则过高，《金融审判意见》中规定："金融借款合同的借款人以贷款人同时主张的利息、复利、罚息、违约金和其他费用过高，显著背离实际损失为由，请求对总计超过年利率 24% 的部分予以调减的，应予支持。"雪松信托关于利息和逾期付款违约金的诉讼请求中亦已超过总计年利率 24% 的标准，应予调整，法院对违约金酌定为借款本金的 10%，冠福公司应承担的违约金为 29,881,000 元。

二审中，对于冠福公司与雪松信托之间是否成立涉案借款合同关系的问题，二

---

① 《合同法》已于 2021 年 1 月 1 日因《民法典》的施行而废止，相关规定分别参见《民法典》第 490、502 条。

审法院予以确认。对于关于冠福公司应当偿还借款的数额如何确定的问题,二审法院认为,原审判决认定冠福公司应当偿还的借款本金为 29,881,000 元,应当偿还的利息按合同约定的利率标准计付,以及应当按照借款本金的 10% 承担违约金,均无不当,二审法院予以维持。

(四)诉讼启示

金融借款合同与民间借贷合同既有相似之处,也有不同之处。相似之处在于,二者都涉及债权债务,合同项下借款利率都要受到司法保护上限的限制;不同之处在于,民间借贷合同利率司法保护上限有最高人民法院《关于审理民间借贷案件适用法律若干问题的规定》(以下简称《民间借贷规定》)这一司法解释的明确规定,即原先的“两线三区”以及现在的 4 倍贷款市场报价利率,而金融借款合同利率司法保护的上限缺乏此类司法解释的明确规定。

但《金融审判意见》第 2 条规定:“严格依法规制高利贷,有效降低实体经济的融资成本。金融借款合同的借款人以贷款人同时主张的利息、复利、罚息、违约金和其他费用过高,显著背离实际损失为由,请求对总计超过年利率 24% 的部分予以调减的,应予支持,以有效降低实体经济的融资成本,规范和引导民间融资秩序,依法否定民间借贷纠纷案件中预扣本金或者利息、变相高息等规避民间借贷利率司法保护上限的合同条款效力。”这一条款设定了借款人主张利率调减的附加条件。不同于《民间借贷规定》中对利率调减无附加条件的规定,《金融审判意见》对借款人主张利率条件设置了两项附加条件,具体为:(1)贷款人同时主张的利息、复利、罚息、违约金和其他费用过高,至少累加起来高于以本金为基数,按年利率 24% 计算的利息金额;(2)贷款人的实际损失没有超过其主张的利息、复利、罚息、违约金和其他费用的金额。上述两项附加条件同时满足时,借款人就可以请求法院按年利率 24% 的标准调减贷款人主张的金额。

本案中,二审法院亦引用了《金融审判意见》第 2 条的规定进行裁判。综合法院的判决与说理,可以总结出如下裁判观点:第一,贷款人要按年利率 24% 主张利息、逾期利息、复利、罚息、违约金等费用,需要有合同依据,且该合同不违反法律强制性规定。第二,贷款人主张的利息、逾期利息、复利、罚息、违约金等费用明显高于借款本金年利率 24% 的标准时,法院可以根据借款人要求调减利息等费用的主张行使自由裁量权,将各项费用调减至借款本金年利率 24% 的标准。第三,在合同有约定且贷款人主张的利息、逾期利息、复利、罚息、违约金等费用,合计未超过借款本金年利率 24% 的标准时,法院会认为贷款人的主张符合合同约定和《金融审判意见》的规定,将予以支持。

三、杭州高新橡塑材料股份有限公司与杭州奥能电源设备有限公司股利分配纠纷案[1]

导读:上市公司收购限责任公司股权,在已完成过户登记但未付清全款的情况下,又与原股东就全部股权签订回购协议,此间如遇目标企业分配现金股利,应如何确定分配比例?是按照买方已付款的比例分配,还是将买方视为公司的唯一股东,进而向其分配100%股利?本案一审法院采前一观点,二审法院采后一观点。对该案进行详尽解读,或许能够开启保障股东分红权的新篇章,为上市公司股权收购中的此种情况提供经验。

(一)当事人信息

原告:杭州高新橡塑材料股份有限公司(以下简称高新公司)

被告:杭州奥能电源设备有限公司(以下简称奥能公司)

(二)基本案情

2017年6月,高新公司以5.6亿元从陈某、任某忠、孙某友、德清辉创投资管理合伙企业(有限合伙)手中受让奥能公司100%的股权。高新公司已支付价款1.96亿元,未支付价款3.64亿元。

2018年11月18日,奥能公司召开董事会并作出董事会决议:"公司股东红利分配方案:分配利润为2300万元整,全部以现金分红,不论公司股权发生变动。公司应于2019年12月31日之前将分红款支付给股东,剩余可分配利润结转以后年度。"

2018年11月22日,高新公司与原股东陈某、任某忠、孙某友签署《股权转让协议》,约定陈某、任某忠、孙某友以5.6亿元回购高新公司持有的奥能公司100%股权,抵销3.64亿元之后,尚需支付1.96亿元。《股权转让协议》第4条约定:"双方同意以2018年9月30日作为审计基准日,在审计基准日至股权交割日的期间内,高新公司对奥能公司进行2300万元的利润分配,奥能公司应于2019年12月31日之前将上述款项支付给高新公司。"

2018年11月28日,奥能公司召开股东会,由高新公司参会,作出股东会决议,审议批准前述董事会决议。

---

① 参见浙江省杭州市滨江区人民法院民事判决书,(2020)浙0108民初2560号;浙江省杭州市中级人民法院民事判决书,(2020)浙01民终8859号。

陈某、任某忠、孙某友在接手和重新经营奥能公司后，高新公司与奥能公司就股利分配问题产生争议，遂诉至法院。高新公司请求奥能公司支付 2300 万元股利及逾期利息。奥能公司则辩称，《股权转让协议》第 4 条涉及奥能公司盈余分配内容，该条款的效力问题尚处于司法审查中，因此本案应先中止审理。奥能公司还辩称，公司无盈余可供分配，该股利分配决议事实上无法执行；即便分配，也仅应根据高新公司的实际出资比例（本案中为 35%）向其分配股利，而非以 100% 比例分配。

另查明，根据会计师事务所出具的审计报告，截至 2018 年 9 月 30 日，奥能公司未分配利润为 3900 余万元；杭州市余杭区人民法院在（2020）浙 0110 民初 7786 号一案中，尚在审理涉案《股权转让协议》所涉股权价款是否支付和《股权转让协议》第 4 条约定是否可撤销等有关争议。

一审法院判决，奥能公司根据高新公司实际到位的资金比例（本案中为 35%）向其分配股利 805 万元并支付逾期利息。高新公司不服并提出上诉。二审法院判决，奥能公司向高新公司按照 100% 比例支付股利 2300 万元。

（三）争议焦点及法院裁判说理

本案共有三个争议焦点，分述如下：

1. 处于司法审查状态下的《股权转让协议》是否足以阻碍本案的审理

一审法院和二审法院均认为，虽然高新公司与案外人陈某、任某忠、孙某友对奥能公司的股权转让及款项支付存在纠纷和争议，但此属于新老股东之间股权转让项下的法律关系，与本案处理的股东和公司之间盈余分配法律关系并非同一法律关系，即使利润分红款涉及新老股东之间的利益平衡，也可由其另行解决，但不能作为本案中止审理的法定事由。

《民事诉讼法》第 153 条规定了诉讼中止的六种情形。① 逐一对照来看，本案之情形可能触发该条款第 5 项“本案必须以另一案的审理结果为依据，而另一案尚未审结的”而中止审理。不过，经细致分析，这样的说法并不能成立。根据法条的规定，只有在另一案的审理作为本案审理的前提时（存在先决关系），本案民事诉讼才能中止。② 具体到本案，原股东与新股东的《股权转让协议》是一法律关系，奥能公

---

① 《民事诉讼法》第 153 条第 1 款规定：“有下列情形之一的，中止诉讼：（一）一方当事人死亡，需要等待继承人表明是否参加诉讼的；（二）一方当事人丧失诉讼行为能力，尚未确定法定代理人的；（三）作为一方当事人的法人或者其他组织终止，尚未确定权利义务承受人的；（四）一方当事人因不可抗拒的事由，不能参加诉讼的；（五）本案必须以另一案的审理结果为依据，而另一案尚未审结的；（六）其他应当中止诉讼的情形。”

② 参见张卫平：《民事诉讼中止事由的制度调整》，载《北方法学》2018 年第 3 期。

司与其股东之间的盈余分配问题是另一法律关系。无论《股权转让协议》中作了何种约定，均与奥能公司的股利分配问题无涉，二者间并不存在前提结果关系。即便《股权转让协议》因种种原因而无效，奥能公司对其股东负有的股利分配义务仍应履行。

综上所述，处于司法审查状态下的《股权转让协议》并不足以阻碍本案的审理。

2. 高新公司是否有权请求奥能公司发放股利

对于该问题，一审法院和二审法院均援引了最高人民法院《关于适用〈中华人民共和国公司法〉若干问题的规定（四）》第 14 条之规定，即"股东提交载明具体分配方案的股东会或者股东大会的有效决议，请求公司分配利润，公司拒绝分配利润且其关于无法执行决议的抗辩理由不成立的，人民法院应当判决公司按照决议载明的具体分配方案向股东分配利润"。这表明，当公司股东会或者股东大会作出载明具体分配方案的利润分配决议后，公司即对股东负有分配利润的债务，应当按照具体分配方案确定的数额、时间履行给付义务。

本案中，奥能公司于 2018 年 11 月 18 日召开董事会作出利润分配决议并于 2018 年 11 月 28 日经股东会决议批准利润分配方案之时，高新公司是奥能公司的唯一股东，其提交的利润分配决议包括金额、方式、时间，内容具体明确，具有可执行性。

同时，奥能公司关于无法执行决议的抗辩理由不能成立。本案中的利润分配方案由奥能公司董事会作出决议并由奥能公司股东会审议通过，且有第三方会计师事务所作出的审计报告为依据，现无证据证明涉案董事会决议和股东决议存在无效、可撤销、被更改等事由，奥能公司虽提出无可分配利润的主张，但没有提交能够推翻前述由会计师事务所出具的审计报告或者证明该审计报告存在错误、虚假的证据，故奥能公司关于无法执行决议的理由不成立。

综上所述，高新公司有权请求奥能公司发放股利。

3. 高新公司是否有权请求奥能公司支付 100% 比例股利

一审法院认为，高新公司受让 100% 股权后，实际到位资金仅为 35%。此后，陈某、任某忠、孙某友回购 100% 股权，相当于原有的 65% 股权实际没有变动，依然为陈某、任某忠、孙某友享有。鉴于此，高新公司可分配利润为 805 万元（2300 万元 × 35%）。

与此截然不同的是，二审法院将该项判决结果变更为奥能公司按照 100% 比例支付股利 2300 万元。理由在于，本案中奥能公司于 2018 年 11 月 18 日召开董事会作出利润分配决议并于 2018 年 11 月 28 日经股东会决议批准利润分配方案之时，高新公司为奥能公司的唯一股东，持有奥能公司 100% 的股权。

依《公司法》第 34 条之规定，有限责任公司股东分配红利的原则是按照实缴的出资比例，但全体股东约定不按出资比例分配红利的，该约定具有优先适用的效力。因此，尽管本案中的高新公司仅实际支付 35% 的股权转让款，但其实际上既是奥能公司的唯一股东，也是全体股东。在奥能公司既已决定分发股利的情况下，2300 万元股利只能对作为股东的高新公司发放，而不能向非股东的陈某、任某忠、孙某友发放。

综上所述，高新公司有权请求奥能公司支付 100% 比例股利。

（四）诉讼启示

最高人民法院《关于印发〈全国法院民商事审判工作会议纪要〉的通知》（以下简称《九民纪要》）第 8 条对有限责任公司股权转让的生效时点作出明确规定。根据该纪要，有限责任公司股东名册为设权登记，因而应以股东名册变更作为股权转移的标志。同时，该纪要还否定了理论与实务中常出现争议的三种观点，分别是：以股权转让合同生效为股权转移标志、以通知公司股权转让事实为股权转移标志、以公司登记机关登记变更为股权转移标志。这对股权转让非常重要。（见表 3－1）

表 3－1　有限公司股权转让生效时点的争议及《九民纪要》的态度

有限公司股权转让的生效时点	《九民纪要》的态度
观点 1：股权转让合同生效则股权移转	否定
观点 2：以通知公司股权转让事实为股权发生移转的标志	否定
观点 3：以公司登记机关登记变更为股权移转的标志	否定
观点 4：以股东名册变更为股权移转的标志	支持

本案中，二审法院是否将股东名册作为股利分配的依据，我们不得而知。至少从公开的判决书中，我们无法找到相关字眼。如此，我们不妨通过排除法来寻找法院所认为的股利分配依据。首先，从签订股权回购协议（本案中的《股权转让协议》）与股东会批准分红决议的时间先后顺序来看，二审法院未将股权转让合同生效作为股权转移的标志。其次，本案中奥能公司的股权在《股权转让协议》双方之间反复易手，双方对股权转让的事实均心知肚明，可见二审法院亦未将通知公司股权转让事实作为股权转移的标志。那么，如果本案的二审法院在裁判案件时，以工商登记簿记载的股东及持股比例为股利分配依据，尽管实体结果是公正的，但这样的裁判思路尚未贯彻《九民纪要》的精神。

本案值得关注的地方还在于，作为《股权转让协议》一方当事人的高新公司是A股上市公司，其之所以积极主张100%股利分配，也意在保护广大的市场投资者。因此，当上市公司作为有限公司的股东请求分配股利时，法院应当看到矗立在上市公司背后的广大投资者，审慎行使手中的司法裁判权。

四、丁某春等诉上海飞乐音响股份有限公司证券虚假陈述责任纠纷案①

导读：投资者遭遇上市公司虚假陈述，请求上市公司承担民事责任，应适用何种诉讼类型以及进行哪些程序事宜？数量众多的投资者是否都需要参加诉讼？律师费用是否可以请求败诉被告承担？对于这些问题，本案做了系统性的回答和指引。

（一）当事人信息

原告：丁某春等315名投资者

被告：上海飞乐音响股份有限公司（以下简称飞乐音响公司）

（二）基本案情

被告飞乐音响公司系上市公司，股票简称原为"飞乐音响"，2020年5月7日起变更为"*ST飞乐"。2017年8月26日，飞乐音响公司发布2017年半年度报告。该公告发布后，飞乐音响股价连续3个交易日上涨，涨幅分别为3.58%、1.08%、2.03%。2018年4月13日，飞乐音响公司发布《2017年年度业绩预减及股票复牌的提示性公告》，载明：经公司自查，发现2017年半年报和三季报存在收入确认方面的会计差错，初步预计该等差错将导致2017年1～9月营业收入减少17.4亿元，导致2017年1～6月营业收入减少7.5亿元。该公告发布后，飞乐音响股价连续3个交易日跌停。

上述情况受到中国证监会上海证监局的注意，该局认为，飞乐音响公司因"智慧沿河""智慧台江"项目确认收入不符合条件，导致2017年半年度报告合并财务报表虚增营业收入18,018万元、虚增利润总额3784万元；导致2017年第三季度报告合并财务报表虚增营业收入72,072万元，虚增利润总额15,135万元；导致2017年半年度、第三季度业绩预增公告不准确。上述行为违反《证券法》（2014年修正）第63条的规定，构成第193条第1款"发行人、上市公司或者其他信息披露义务人

① 参见上海金融法院民事判决书，（2020）沪74民初2402号；上海市高级人民法院民事判决书，（2021）沪民终384号。本案例为上海市高级人民法院2021年第三批（总第十七批）参考性案例之一。

未按照规定披露信息,或者所披露的信息有虚假记载、误导性陈述或者重大遗漏”所述情形,决定对被告责令改正,给予警告,并处以 60 万元罚款。庭审中,双方当事人一致确认,被告上述被处罚的信息披露行为构成证券虚假陈述行为。

此后,魏某等 34 名投资者向上海金融法院申请提起普通代表人诉讼。法院依据最高人民法院《关于证券纠纷代表人诉讼若干问题的规定》(以下简称《代表人诉讼司法解释》)第 5、12 条的规定,组成合议庭适用普通代表人诉讼程序进行审理。经审查,上海金融法院于 2020 年 8 月 27 日作出(2020)沪 74 民初 2402 号民事裁定,确定了本案具有相同种类诉讼请求的权利人范围。裁定书送达后,当事人均未在法定期限内申请复议。据此,上海金融法院发出权利登记公告,通知符合权利人范围的投资者申请登记,加入本案诉讼。截至登记期间届满,共计 365 名投资者参加权利登记。经审核,共有 340 名投资者符合权利人范围条件。其中,经组织代表人推选,有 5 名候选人得票数超过参与投票人数的 50%,成为本案代表人。公告发布后,有 58 名投资者在法定期限内撤回权利登记,另有 33 名投资者进行补充登记。最终,丁某等 315 名投资者成为本案原告,请求判令飞乐音响公司赔偿其投资损失、通知费、律师费等。上海金融法院于 2021 年 5 月 11 日作出(2020)沪 74 民初 2402 号民事判决,判令:(1)飞乐音响公司应向丁某等 315 名投资者支付投资差额损失、佣金损失、印花税损失和利息损失等赔偿款共计 123,547,952.4 元;(2)飞乐音响公司向代表人朱某、肖某、陈某、廉某、魏某支付通知费 15,500 元;(3)飞乐音响公司应向代表人朱某、肖某、陈某、廉某、魏某支付以人均 3000 元为标准,按本案 315 名投资者计算的律师费 945,000 元。飞乐音响公司不服一审判决,提起上诉。上海市高级人民法院于 2021 年 9 月 29 日作出(2021)沪民终 384 号民事判决:驳回上诉,维持原判。

本案代表人请求败诉被告承担费用情况如图 3 - 3 所示。

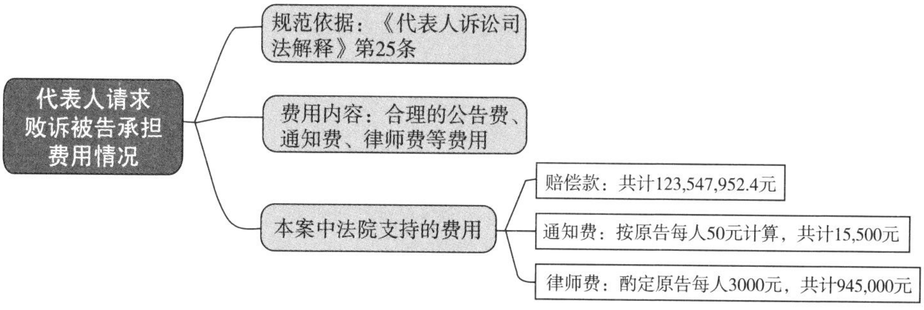

图 3 - 3　本案代表人请求败诉被告承担费用情况

(三)争议焦点及法院裁判说理

法院认为,证券市场虚假陈述,是指信息披露义务人违反证券法律规定,在证券发行或者交易过程中,对重大事件作出违背事实真相的虚假记载、误导性陈述,或者在披露信息时发生重大遗漏、不正当披露信息的行为。本案中,双方当事人对于被告被行政处罚的行为构成民事上的虚假陈述行为,以及虚假陈述行为的实施日、揭露日和基准日、基准价均无异议。本案的争议焦点主要集中在以下三个方面:(1)被告虚假陈述行为与原告买入被告股票是否存在交易上的因果关系,即原告买入股票是否受虚假陈述行为诱导所致;(2)被告虚假陈述行为与原告的损失是否存在因果关系,损失金额如何确定,其中包括原告的损失或部分损失是否由证券市场风险因素导致,如果存在证券市场风险因素的影响,应当如何确定其影响程度及相应的扣除比例;(3)原告主张的律师费、通知费是否合理。具体分述如下。

首先,《虚假陈述司法解释》第18条规定:"投资人具有以下情形的,人民法院应当认定虚假陈述与损害结果之间存在因果关系:(一)投资人所投资的是与虚假陈述直接关联的证券;(二)投资人在虚假陈述实施日及以后,至揭露日或者更正日之前买入该证券;(三)投资人在虚假陈述揭露日或者更正日及以后,因卖出该证券发生亏损,或者因持续持有该证券而产生亏损。"本案中,根据双方当事人均已认可的各原告证券持有变更记录,315名原告均于涉案虚假陈述实施日(含)至揭露日(不含)期间买入飞乐音响股票,并在揭露日(含)后因卖出或继续持有产生亏损,应当推定其买入行为与虚假陈述行为之间存在交易因果关系。虽然被告提供了产业发展规划和收购公告,以证明原告主要是受宏观利好政策和被告自身经营性利好消息吸引而买入股票,并主张部分原告在揭露日后仍多次买入,其交易行为并非出于对虚假信息的信赖。但法院认为,被告提供的上述证据仅能证明在半导体照明行业曾存在利好政策以及被告存在收购事宜,而未能证明原告实际作出交易决策时,系基于前述因素的考虑买入飞乐音响股票。部分原告在揭露日后有买入行为,亦有可能是基于降低持仓成本等多种因素考虑,不能证明其此前的交易行为并非出于对涉案虚假陈述行为的信赖。现被告不能证明原告明知虚假陈述行为的存在仍买入股票,也不能证明原告的交易行为未受到虚假陈述行为的影响,故其该项抗辩主张尚不足以推翻依据虚假陈述司法解释确立的推定因果关系,法院不予支持。

其次,关于损失因果关系及被告应赔损失金额的确定。对于损失因果关系的认定,《虚假陈述司法解释》亦推定在虚假陈述对市场产生影响的时段内进行相关股票交易的投资者产生的损失与虚假陈述存在因果关系。同时,根据《虚假陈述司法解释》第 19 条的规定，被告举证证明投资者的损失或部分损失是由证券市场系统风险等其他因素导致，则应认定虚假陈述与损害结果或部分损害结果之间不存在因果关系。本案中，被告提供了上证指数历史行情、同类企业历史行情等证据，以证明本案实施日到基准日期间 A 股市场存在整体波动，飞乐音响股价受此影响同步下跌。法院认为，被告提供的证据能够初步证明原告损失受到了证券市场风险因素的影响，对于该等因素所造成的损失部分，应当认定与虚假陈述行为之间不存在因果关系。至于证券市场风险因素所造成的影响比例，根据专业分析核定，采用个股跌幅与同期指数平均跌幅进行同步对比的方法扣除。

同时，被告还主张，投资者的部分损失系因被告个股经营风险所致，属于《虚假陈述司法解释》第 19 条所规定的“其他因素”，并为此提供了两份证据。但法院认为，“其他因素”直接影响为投资者提供民事赔偿救济，应严格把握。市场中影响股票价格的因素众多，既包括利空因素也包括利多因素，如果仅考虑利空因素对股价的影响而扣减投资者获赔比例，对于投资者而言亦不公平。本案中，被告提供的 2018 年年度报告、2017 年度内部控制评价报告，前者不在涉案虚假陈述行为所影响的时间区间内，后者指出的重大缺陷在此前已被披露，一般缺陷公司已组织整改，对体系运行不构成实质性影响。综上，被告未能提供有效的初步证据证明原告损失或部分损失系“其他因素”所致，法院难以支持，亦无法委托损失核定机构核定。

最后，关于律师费、通知费等合理费用的负担。《代表人诉讼司法解释》第 25 条规定：“代表人请求败诉的被告赔偿合理的公告费、通知费、律师费等费用的，人民法院应当予以支持。”该规定旨在降低投资者的维权成本，便利投资者参与代表人诉讼。因此，原告关于被告承担律师费、通知费的主张于法有据。

关于通知费的具体金额，本案采用上海金融法院代表人诉讼平台进行权利登记，在权利登记时，每名原告均填写了手机号和电子邮件地址，法院亦告知原告涉案通知将通过手机短信、电子邮件方式发送，故代表人采用前述手段通知各原告并无不妥。同时，代表人诉讼中的原告人数众多且分布广泛，代表人进行通知必然耗费时间、精力，并发生一定的费用。该等费用属于代表人为维护投资者权利进行诉讼所发生的必要费用，应当由败诉被告承担。据此，法院酌情认定，被告飞乐音响公司应当按照每名原告 50 元（除代表人外）的标准支付代表人通知费，即 15，500 元。关于律师费的具体金额，现代表人代表全体原告聘请律师，被告应向代表人支付该律师费用。本案代表人与律师签订的《聘请律师合同》虽约定以赔偿额的 15% 支付律师费，但在证券虚假陈述责任纠纷案件中，该等律师费的约定不能约束被告，败诉被告所应承担的是本案发生的合理律师费用。对于合理律师费用的确定，法院认为，证券群体性纠纷案件因涉及人数众多但各原告所依据的事实和理由基本一致，律师工作量与标的额大小没有直接对应关系，重点考察案件繁简、难易程度、律师工作量以及诉讼规模等因素，酌定以人均 3000 元的标准确定被告应负担的律师费，共计 945,000 元。

（四）诉讼启示

普通代表人诉讼是《证券法》2019 年修订时新增的证券诉讼类型，依据为第 95 条第 1 款和第 2 款，特指由投资者自发提起的代表人诉讼。所谓代表人诉讼即“投资者提起虚假陈述等证券民事赔偿诉讼时，诉讼标的是同一种类，且当事人一方人数众多的，可以依法推选代表人进行诉讼”。代表人诉讼具有扩张效力，在部分投资者提起诉讼后，还可能存在有相同诉讼请求的其他众多投资者的，人民法院可以发出公告，说明该诉讼请求的案件情况，通知投资者在一定期间向人民法院登记。人民法院作出的判决、裁定，对参加登记的投资者发生效力。与普通代表人诉讼相对应，由投资者保护机构提起的代表人诉讼被称为“特别代表人诉讼”，规定在第 95 条第 3 款。

然而，《证券法》的原则性规定尚难以支持代表人诉讼的落地，为此，最高人民法院 2020 年 7 月 30 日发布了《代表人诉讼司法解释》。中央财经大学法学院的邢会强教授表示：“本案是最高人民法院发布代表人诉讼司法解释后国内普通代表人诉讼的首次全面实践……上海金融法院积极探索机制创新，拟定《权利登记公告》《权利义务告知书》《代表人推选通知》等系列文本，对裁判文书作出探索性尝试……本案的成功处理，为推广代表人诉讼制度提供了可复制的样本，对于构建公正高效便捷的中小投资者司法保护体系具有重要意义。”本案最终也入选中国证监会 2022 年发布的投资者保护八大典型案例之一。

本案在具体计算损失层面，扣除了系统性风险造成的损失，采纳了中证资本市场法律服务中心出具的损失核定意见，采用个股跌幅与同期指数平均跌幅进行同步对比的方法扣除，得到了原告、被告双方的认可。同时严格把握《虚假陈述司法解释》第 19 条所规定的“其他因素”，认为对利空与利多因素均应考量，同时应当有确切的实质影响，被告未能进行有力的初步证明，因而难以委托损失核定机构核定。法院对“其他因素”的解释可以为今后上市公司提出法定抗辩事由提供思路。该案的另一大亮点是，结合案件繁简、难易程度、律师工作量及诉讼规模等因素，合理酌定判决了代表人请求败诉被告承担的赔偿通知费、律师费，切实保护了投资者的利益。

五、王某等 487 人诉五洋建设集团股份有限公司、陈某樟、德邦证券股份有限公司、大信会计师事务所、上海市锦天城律师事务所、大公国际资信评估有限公司证券虚假陈述责任纠纷案①

导读:发债企业债券违约后被发现欺诈发行公司债券并无力偿还,投资者该何去何从?帮助该企业发行债券的证券公司、会计师事务所、律师事务所、债券评级机构是否会对投资者承担相关赔偿责任?作为全国首例公司债券欺诈发行案,本案历经一审、二审,实现了债券虚假陈述中介机构对投资者承担民事责任的"破冰"。涉案企业虽非上市公司,但该案带来的震动却是市场性的。

(一)当事人信息

原告:王某等 487 人

被告 1:五洋建设集团股份有限公司(以下简称五洋建设)

被告 2:陈某樟,五洋建设董事长、实际控制人

被告 3:德邦证券股份有限公司(以下简称德邦证券)

被告 4:大信会计师事务所

被告 5:上海市锦天城律师事务所(以下简称锦天城律所)

被告 6:大公国际资信评估有限公司(以下简称大公国际)

(二)基本案情

2015 年 8 月起,五洋建设相继发布《公开发行 2015 年公司债券(第一期)募集说明书(面向合格投资者)》《公开发行 2015 年公司债券(第二期)募集说明书(面向合格投资者)》。

两份募集说明书的"发行人、中介机构及相关人员声明"中,主承销商/债券受托管理人德邦证券声明:"本公司已对募集说明书及其摘要进行了核查。"大信会计师事务所、锦天城律所、大公国际亦声明:已阅读募集说明书及其摘要,确认募集说明书及其摘要与该机构出具的报告、意见书不存在矛盾,对发行人在募集说明书及其摘要中引用的报告、意见书的内容无异议。概言之,上述中介机构均确认募集说明书不存在虚假记载、误导性陈述或重大遗漏,并对其真实性、准确性和完整性承担相应的法律责任。

① 参见浙江省杭州市中级人民法院民事判决书,(2020)浙 01 民初 1691 号。

2015 年 8 月 17 日和 9 月 14 日，五洋建设、德邦证券公布五洋建设公司债券发行结果，其中第一期债券实际发行规模为 8 亿元，最终票面利率为 7.48%（证券简称"15 五洋债"）；第二期债券实际发行规模为 5.6 亿元，最终票面利率为 7.8%。以上两期债券发行价格均为每张 100 元（证券简称"15 五洋 02"）。

然而，2017 年 8 月 11 日，五洋建设因公司涉嫌违反证券法律法规，被中国证监会立案调查。8 月 14 日，五洋建设宣布难以按期足额支付利息及回售款项，本期债券构成违约。这一违约同时触发了"交叉违约条款"，8 月 22 日，受托管理人德邦证券亦宣布"15 五洋 02"立即到期应付。2018 年 1 月 17 日，中国证监会向五洋建设下发了《行政处罚事先告知书》[处罚字（2018）3 号]，认定其涉嫌如下违法事实如下：（1）骗取公开发行公司债券核准。五洋建设 2012～2014 年度的财务报表违反会计准则，通过虚减企业应收账款和应付账款，少计提坏账准备、多计利润，在不具备发行条件的情况下，骗取公司债券公开发行许可，发行公司债券共计 13.6 亿元。（2）非公开发行公司债券披露的文件存在重大遗漏。相关文件未能充分核实投资性房地产的情况，特别是未将沈阳五洲投资性房地产出售问题写入，此外还存在未决诉讼披露不完整问题。中国证监会由此认为五洋建设构成了《证券法》（2014 年修正）第 189 条第 1 款所述"发行人不符合发行条件，以欺骗手段骗取发行核准"的行为，并拟对直接负责的主管人员，五洋建设董事长、实际控制人陈某樟进行处罚。

受此牵连，2019 年 1 月 22 日，证监会〔2019〕6 号行政处罚决定书首先对大信会计师事务所及相关责任人员作出处罚，认定大信会计师事务所在审计时未获取充分、适当的审计证据，出具的审计报告存在虚假记载。11 月 11 日，证监会（2019）121 号行政处罚决定书对德邦证券及相关责任人员作出处罚，认定德邦证券存在以下违法事实：（1）未充分核查五洋建设应收账款问题；（2）对于投资性房地产未充分履行核查程序；（3）未将沈阳五洲公司投资性房地产出售问题写入核查意见。

2020 年 3 月 13 日，在投资人陆续起诉后，杭州市中级人民法院向社会公开征集适格自然人投资者，并于 2020 年 6 月 30 日投票推选确定诉讼代表人，诉讼代表人共同代表原告向法院提出诉讼请求：（1）判令 6 被告承担共同连带责任，共同返还原告债券本息及逾期利息；（2）判令 6 被告共同承担因追索债务引起的律师费支出、因追索债务引起的差旅费支出以及本案的诉讼费用。2020 年 12 月 31 日，杭州市中级人民法院作出一审判决，判决陈某樟、德邦证券、大信会计师事务所就投资者债务本息共计 7.4 亿元承担连带赔偿责任；锦天城律所在 5% 范围内承担连带赔偿责任；大公国际在 10% 范围内承担连带赔偿责任。之后，德邦证券、大信会计、锦天城律所、大公国际向浙江省高级人民法院提起上诉，2021 年 9 月，浙江省高级人民法院驳回原审各被告上诉,维持一审原判。

对本案当事人违法行为具体类型的分析详见图 3－4。

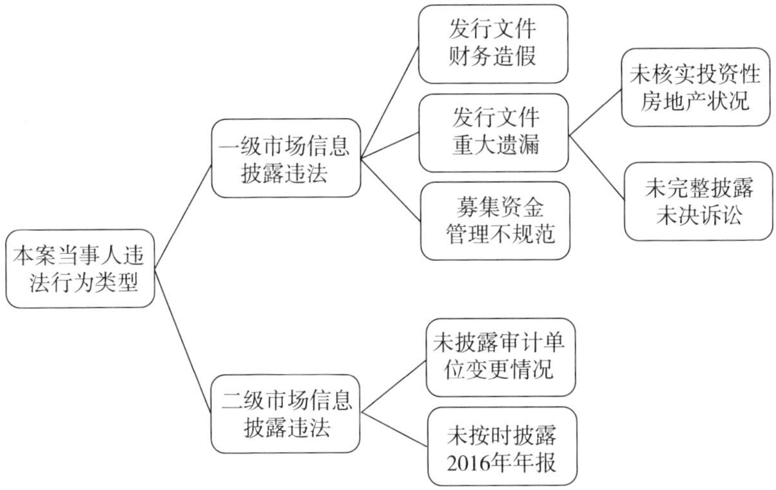

图 3－4　本案当事人违法行为类型分析

资料来源:徐文鸣:《注册制背景下债市虚假陈述司法裁判的金融逻辑——以五洋债代表人诉讼为例》,载《证券市场导报》2021 年第 5 期。

(三)争议焦点及法院裁判说理

综合全案来看,在五洋建设实施债券虚假陈述行为的情况下,被告各方是否侵权,以及如何承担赔偿责任是贯穿本案的核心焦点。杭州市中级人民法院根据查明的事实,结合《证券法》(2014 年修正)第 69[①]、173 条[②]等的规定,认为:

---

① 《证券法》(2014 年修正)第 69 条规定:"发行人、上市公司公告的招股说明书、公司债券募集办法、财务会计报告、上市报告文件、年度报告、中期报告、临时报告以及其他信息披露资料,有虚假记载、误导性陈述或者重大遗漏,致使投资者在证券交易中遭受损失的,发行人、上市公司应当承担赔偿责任;发行人、上市公司的董事、监事、高级管理人员和其他直接责任人员以及保荐人、承销的证券公司,应当与发行人、上市公司承担连带赔偿责任,但是能够证明自己没有过错的除外;发行人、上市公司的控股股东、实际控制人有过错的,应当与发行人、上市公司承担连带赔偿责任。"

② 《证券法》(2014 年修正)第 173 条规定:"证券服务机构为证券的发行、上市、交易等证券业务活动制作、出具审计报告、资产评估报告、财务顾问报告、资信评级报告或者法律意见书等文件,应当勤勉尽责,对所依据的文件资料内容的真实性、准确性、完整性进行核查和验证。其制作、出具的文件有虚假记载、误导性陈述或者重大遗漏,给他人造成损失的,应当与发行人、上市公司承担连带赔偿责任,但是能够证明自己没有过错的除外。"

1. 债券发行人五洋建设及实际控制人陈某樟构成侵权并应承担连带赔偿责任。五洋建设在编制用于公开发行公司债券的2012～2014年度财务报表时，违反会计准则，通过将所承建工程项目应收账款和应付款项“对抵”的方式，虚减企业应收账款和应付账款，导致上述年度少计提坏账准备、多计利润，其自身最近三年平均利润并不足以支付公司债券一年利息。此种情形下，五洋建设作为发行人，仍以虚假财务数据骗取债券公开发行核准，构成欺诈发行。其行为误导原告在一级市场购入债券，导致原告在债券到期后未能获得本息兑付而产生损失。五洋建设应就其欺诈发行行为对从一级市场购入债券的原告承担赔偿责任。同时，五洋建设于2018年1月19日在上海证券交易所网站发布《关于收到中国证券会〈行政处罚事先告知书〉的公告》系五洋建设欺诈发行违法行为在全国范围首次被公开揭露。在该揭露日之前于二级市场购入债券的原告，系基于对前述记载了虚假财务数据的公开募集文件的信赖买入债券，并因五洋建设未能兑付到期本息产生损失，应认定其损失与五洋建设的虚假信息披露之间存在因果关系。五洋建设应就其证券市场虚假陈述行为对该部分原告承担赔偿责任。陈某樟系五洋建设的法定代表人、实际控制人，对公司的经营情况、利润水平以及利润产生方式应当知晓。在明知公司报表利润与实际情况存在重大差异的情况下，仍在相关募集文件上签字确认，积极推进公司债券的发行，且未能证明自己没有过错，应当与五洋建设承担连带赔偿责任。

2. 主承销商及债券受托管理人德邦证券构成侵权，应当与五洋建设承担连带赔偿责任。此次五洋建设公募债券的发行相较于私募债券受众面更广、影响更大，德邦证券在涉案债券发行中应参考私募债券的行业规范，负有更高、更严的核查义务，并对其自身出具文件的真实性、准确性、完整性负责。然而，德邦证券违反证券承销业务规定，未充分核查公开发行募集文件的真实性、准确性，在关注到五洋建设应收账款回收风险问题时，未充分履行核查程序，调查企业应收账款形成原因、收回可能性；在发现五洋建设投资性房地产在资产中占比较高，要求项目组说明投资性房地产的具体内容及位置、经营情况、公允价值确定依据、目前的市场价值时，仅以房地产价值咨询报告代替资产评估报告作为东舜百货大厦和华联商厦两处投资性房地产的入账依据，对投资性房地产未充分履行调查、复核程序排除合理怀疑；在项目组成员知悉2015年五洋建设控股子公司沈阳五洲公司已与沈阳出版发行集团有限公司签订协议，将东舜百货大厦以大幅低于公允价值的价格出售，该事项可能会对五洋建设发行条件以及偿债能力产生重大影响的情况下，未将此风险作为重大事项写入核查意见。上述行为均表明德邦证券作为承销商审慎核查不足，专业把关不严，未勤勉尽职，对“15 五洋债”“15 五洋 02”债券得以发行、交易存在重大过错。因此，德邦证券应当与五洋建设承担连带赔偿责任。

3. 大信会计师事务所应当与五洋建设承担连带赔偿责任。本案中，大信会计师事务所为用于“15 五洋债”“15 五洋 02”债券公开发行的五洋建设 2012～2014 年年度财务报表出具审计报告。大信会计师事务所在未获取充分、适当的审计证据加以验证的前提下，认可五洋建设关于应收账款和应付账款“对抵”的账务处理，为五洋建设 2012～2014 年年度财务报表出具了标准无保留意见的审计报告；在得知审计报告用于五洋建设发债目的时，未按照其已有工作方案，将该项目的风险级别从 C 类调整为风险程度更高的 B 类并追加相应的审计程序。以上行为均表明，大信会计师事务所作为审计机构出具存在虚假记载的审计报告，未勤勉尽职，对“15 五洋债”“15 五洋 02”债券得以发行、交易存在重大过错。因此，大信会计师事务所应当与五洋建设承担连带赔偿责任。

4. 大公国际与锦天城律所对五洋建设应负的民事责任分别在 10%、5% 范围内承担连带责任。锦天城律所、大公国际虽对财务数据相关事项仅负有一般注意义务，但其应当对可能涉及债券发行条件、偿债能力的重大债权债务、重大资产变化等事项给予关注和提示。

本案中，大公国际存在过错，其出具的《2015 年度企业信用评级报告》《2015 年公司债券信用评级报告》对沈阳五洲项目的并购价格、截至 2014 年年底房产价值以及 2015 年 2 月出售房产等事项进行了披露。根据中国证监会对德邦证券的行政处罚决定书认定的事实，上述房产的出售价格大幅低于公允价值。由于五洋建设资产中该投资性房产占比较高，该事项属于可能影响发债条件、偿债能力的重大事项，但大公国际未对项目核查中提出的“关于沈阳五洲出售事项公司的会计处理”之修改意见进一步核实关注并合理评定信用等级。考虑责任承担与过错程度相结合的原则，以及投资者对信用评级的依赖度，酌情确定大公国际对五洋建设应负的民事责任在 10% 范围内承担连带责任。

本案中，锦天城律所亦未勤勉尽职。在大公国际《2015 年公司债券信用评级报告》已提示五洋建设控股子公司出售投资性房产事项的情况下，锦天城律所对该重大合同及所涉重大资产变化事项关注核查，对不动产权属尽职调查不到位，未能发现占比较高的重大资产减少情况对五洋建设偿债能力带来的法律风险。考虑责任承担与过错程度相结合的原则，酌情确定锦天城律所对五洋建设应负的民事责任在 5% 范围内承担连带责任。

(四)诉讼启示

杭州市中级人民法院在判决后表示,“虚假陈述是证券市场的传统痼疾,不仅直接损害投资者的利益,更对公平公开的投资环境造成极大的破坏。让破坏者付出破坏的代价,让装睡的‘看门人’不敢装睡,是司法审判对证券市场虚假陈述行为的基本态度。”本案系全国首例公募债券欺诈发行案件,也是2019年修订的《证券法》实施后首例适用普通代表人诉讼审理的案件,因此在杭州市中级人民法院2020年9月4日一审公开开庭审理时,引起了各方高度关注,庭审公开直播累计播放量达10万余次。而投资者更愿意提起侵权之诉的理据在于,在近年债券违约频发,发行人欠缺偿付能力的情况下,提起侵权之诉使中介机构一同担责偿付不失为投资者利益最大化的诉讼策略。

从判决结果来看,五家中介机构均承担了较重的责任,甚至包括未经行政处罚的大公国际和锦天城律所,这表现出了法院在认定民事责任方面的独立性。在五洋公司已经进入破产程序的状况下,后续累计近7.4亿元的赔偿责任可能会重重地落在中介机构身上。因此,一审判决之后,四家中介机构均提出上诉,但浙江省高级人民法院最终维持了原判。中介机构今后应以此为鉴,更加重视勤勉尽责义务的履行。此外,尽管本案的当事人五洋建设虽非上市公司,但发行债券是上市公司普遍且重要的融资渠道,上市公司应做好债券发行前的合规和内控工作,不应心存侥幸,铤而走险。对青睐相关业务的律师而言,本案作为一类案件的开端,也有很多法律问题值得进一步深究,如债券虚假陈述与股票虚假陈述有何不同,债券虚假陈述可以在多大程度上适用《关于审理证券市场虚假陈述侵权民事赔偿案件的若干规定》? 这些问题关涉当事人重大利益,直接影响此类案件的裁判走向,应予关注。

六、杨某辉与阙某彬、蝶彩资产管理(上海)有限公司、谢某荣操纵市场民事责任纠纷案①

导读:在我国,操纵证券市场的行为人应当对操纵期间买入股票的投资者承担民事赔偿责任吗? 投资损失应该如何计算? 操纵市场的合谋者应对投资者承担何种责任? 作为国内首例判决投资者胜诉的操纵市场民事责任纠纷,本案为投资者提供了方向与指引,也为违法行为人敲响了警钟。

① 参见四川省高级人民法院民事判决书,(2020)川民终1532号。

(一)当事人信息

原告:杨某辉

被告 1:阙某彬

被告 2:蝶彩资产管理(上海)有限公司(以下简称蝶彩资产)

被告 3:谢某荣

(二)基本案情

恒康医疗公司为深圳证券交易所上市公司,阙某彬为第一大股东及实际控制人。2013 年 3 月,阙某彬向谢某荣表达了希望高价减持恒康医疗公司股票的意愿,谢某荣表示可以通过“市值管理”的方式帮助其实现减持的。2013 年 5 月 7 日,阙某彬、蝶彩资产和德邦证券三方签署《研究顾问协议》,约定由蝶彩资产为阙某彬在股价不低于 20 元/股的减持需求提供减持策略报告和操作方案,研究顾问费按减持成交金额的 12.5% 计提。

自 2013 年 5 月 9 日起,蝶彩资产工作人员及谢某荣通过邮件给阙某彬发送《市值管理备忘录》,向阙某彬提出了一系列“市值管理”建议,主要内容为:(1)建议恒康医疗公司加快战略转型;(2)建议采取收购医院、安排行业研究员调研、安排财经公关和证券媒体采访等方式改善恒康医疗公司资本市场形象;(3)建议恒康医疗公司加强信息披露,将恒康医疗公司正在做的对股价有提升的项目向市场披露来进行“市值管理”。在这些建议的驱动下,恒康医疗公司进行了一系列的主动信息披露,2013 年 6 月 7 日发布了收购蓬溪医院、资阳医院和德阳医院三家医院的公告;2013 年 6 月 14 日发布公告称其全资子公司上海独一味生物科技有限公司和美国 Apexigen 公司等协作研发完成了人源兔单克隆抗体“DYW101”项目第一阶段研究;2013 年 6 月 24 日发布公告称独一味牙膏于日前研制完毕。受这些利好消息的影响,至 2013 年 7 月 3 日,恒康医疗公司股票震荡上涨。2013 年 7 月 3 日、4 日,阙某彬通过大宗交易系统减持恒康医疗公司股票 2200 万股并于 7 月 5 日按约定支付了蝶彩资产研究顾问费 4858 万元。阙某彬的减持也在 2013 年 7 月 4 日晚被恒康医疗公司公告。2013 年 7 月 4 日、5 日,恒康医疗公司股价分别下跌 7.48%、6.86%。

2016 年 2 月 3 日,中国证监会决定对恒康医疗公司和阙某彬进行立案稽查。2017 年 5 月 12 日,中国证监会作出(2017)20 号结案通知书,认为恒康医疗公司信息披露违法行为轻微,决定对恒康医疗公司不予处罚。然而 2017 年 8 月 10 日,中国证监会作出(2017)80 号行政处罚决定书,认为阙某彬与蝶彩资产、谢某荣合谋,利用作为恒康医疗公司控股股东及实际控制人的信息优势,借"市值管理"名义,行操纵股价之实。通过上述一系列信息披露的综合起效,客观上误导了投资者,影响了恒康医疗公司股价,实现了高价减持目的,构成操纵证券市场。决定:(1)没收蝶彩资产违法所得4858万元,并处以9716万元罚款;(2)对谢某荣给予警告,并处以60万元罚款;(3)没收阙某彬违法所得3,041,068元,并处以3,041,068元罚款。蝶彩资产、谢某荣不服,向中国证监会申请行政复议,均维持了原处罚。后蝶彩资产、谢某荣又对中国证监会行政复议决定书向北京市第一中级人民法院提起行政诉讼,北京市第一中级人民法院审理后判决驳回诉讼请求。

杨某辉系股民,于2013年5月24日～7月4日多次买卖恒康医疗公司股票,截至2013年7月4日,杨某辉的股票账户持有恒康医疗公司股票51,200股,按先进先出原则处理后加权平均计算出的买入均价为19.84元。7月5日,杨某辉将持有的恒康医疗公司股票51,200股全部卖出,成交均价为19.73元。在得知阙某彬与蝶彩资产、谢某荣合谋构成操纵市场后,杨某辉遂向成都市中级人民法院提起诉讼,请求判令阙某彬、蝶彩资产、谢某荣赔偿其经济损失231,159.45元。成都市中级人民法院于2019年12月27日作出(2018)川01民初2728号民事判决书,判令阙某彬赔偿因操纵证券市场行为给杨某辉造成的经济损失2252.80元;蝶彩资产赔偿3379.20元。后阙某彬、蝶彩资产、谢某荣均上诉,2021年1月15日,四川省高级人民法院作出终审判决,维持原判。

(三)争议焦点及法院裁判说理

一审法院成都市中级人民法院认为,依据《证券法》(2014年修正)第77条第2款的规定:"操纵证券市场行为给投资者造成损失的,行为人应当依法承担赔偿责任。"本案原告要求被告承担操纵证券市场民事赔偿责任需要同时满足以下三个要件:(1)被告存在操纵证券市场的行为;(2)原告投资了被操纵的证券并遭受了投资损失;(3)被告操纵市场的行为和原告投资者的损失之间存在因果关系。这三个构成要件也相应成为本案争议焦点。对此,一审法院成都市中级人民法院与二审法院四川省高级人民法院评判如下,并着重对被告的抗辩予以了回应。

首先,中国证监会(2017)80号行政处罚决定书、相关行政复议决定书以及已经生效的北京市第一中级人民法院(2018)京01行初77号行政判决书、(2018)京01行初119号行政判决书均认定阙某彬、蝶彩资产、谢某荣在2013年5月9日～7月4日实施了操纵恒康医疗公司股价的行为,可以确认操纵市场行为的存在。对于蝶彩资产和谢某荣认为其市值管理行为合法的抗辩,法院认为,市值管理建立在价值管理基础上，防止上市公司股价过分偏离公司基本面，以实现上市公司股价回归真实价值，其最终目标是服务于上市公司和全体股东的利益，而不是帮助大股东高价减持股票。阙某彬、蝶彩资产、谢某荣的“管理”也涉及恒康医疗公司的战略发展规划等公司管理方面的建议，但就其中关于“以不低于 20 元/股的价格减持恒康医疗公司股票”等核心内容来看，蝶彩资产为阙某彬提供的“市值管理”建议的实质是将恒康医疗公司股价拉升到 20 元/股的价位。因此，其他建议性内容不能掩盖各方合谋操纵恒康医疗公司股价，仅仅为大股东阙某彬短期内高价减持股票这一真实合同目的。

其次，根据原告的投资期间与投资行为，可以认定原告因操纵行为遭受了损失。原告主张按照买入恒康医疗公司股票的价格与股票的“真实价格”之差计算交易损失并无不妥，但在损失计算方法方面既无法律依据，又缺乏实质合理性。这是因为，原告以实施操纵恒康医疗公司股票行为开始日前 20 个交易日恒康医疗公司股票收盘价的均价作为基准价，并参照申万中药三级指数涨跌幅调整，得出恒康医疗公司股票在每个交易日的“真实价格”，但原告在操纵期间结束后的次日卖出恒康医疗公司股票 51,200 股，卖出价格远高于原告计算出的“真实价格”。如果不考虑杨某辉卖出该 51,200 股的获益情况，有违侵权损害赔偿的“填补原则”。

最后，本案被告操纵市场的行为和原告投资者的损失之间存在因果关系。被告阙某彬、蝶彩资产、谢某荣的操纵行为可以归类于信息型操纵，与虚假陈述行为具有类似性。由此，法院认为，原告的损失与被告的操纵行为之间的因果关系均可以参照《虚假陈述司法解释》第 18 条的规定，即投资人具有以下情形的，应当认定操纵证券市场行为与投资者的损害结果之间存在因果关系：(1)投资人所投资的是与操纵行为直接关联的证券；(2)投资人在操纵行为实施期间买入该证券；(3)投资人在操纵行为结束以后，因卖出该证券发生亏损，或者因持续持有该证券而产生亏损。本案中，原告在被告操纵恒康医疗公司股价期间买入恒康医疗公司股票，并在操纵期间结束后卖出恒康医疗公司股票而产生亏损，显然与被告操纵行为具有因果关系。

本案还有一个焦点是，被告蝶彩资产、谢某荣与被告阙某彬共同实施操纵行为，应当承担何种责任。法院认为，谢某荣抗辩称其系履行蝶彩资产职务的行为，不应承担赔偿责任，于法有据。依据《侵权责任法》第 34 条第 1 款①的规定：“用人单位的工作人员因执行工作任务造成他人损害的，由用人单位承担侵权责任。”谢某

---

① 《侵权责任法》已于 2021 年 1 月 1 日因《民法典》的施行而废止，相关规定参见《民法典》第 1191 条第 1 款。

荣系蝶彩资产的员工并执行蝶彩资产的工作任务，并因其为主管人员而受到中国证监会行政处罚，因此，谢某荣的行为是执行蝶彩资产工作任务的行为，相应的民事赔偿责任应由蝶彩资产承担。根据《侵权责任法》第 8 条[①]"二人以上共同实施侵权行为，造成他人损害的，应当承担连带责任"之规定，阙某彬、蝶彩资产的行为属于共同侵权行为，应当对杨某辉的损失承担连带赔偿责任。其中，蝶彩资产起主导作用，阙某彬起配合作用，根据双方的作用和获益情况，酌定阙某彬承担 40% 的责任，蝶彩资产承担 60% 的责任。

综上所述，本案投资者请求操纵行为人承担民事责任的法律依据及构成要件，如图 3－5 所示。

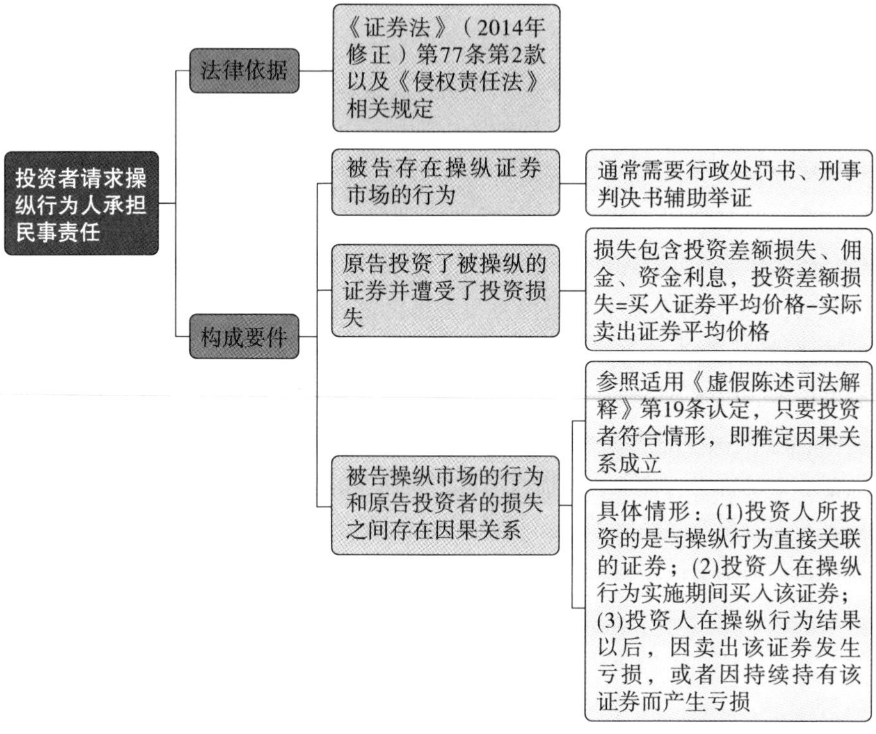

图 3－5　本案投资者请求操纵行为人承担民事责任的法律依据及构成要件

（四）诉讼启示

根据中国证监会于 2021 年 2 月 5 日通报的 2020 年案件办理情况，年度操纵

① 参见《民法典》第 1168 条。

市场案件立案 51 起，同比增长 11%。从涉案金额看，全年共 22 起操纵市场案件交易金额超过 10 亿元，平均获利约 2 亿元，严重损害投资者利益。然而，相较于中国证监会的行政处罚而言，因为没有明确的司法解释参照，法院审理操纵市场行为的民事赔偿案件寥寥无几，本案之前仅有的几例也都判决投资者败诉。

本案的重要意义也正在于此。虽然 2019 年修订的《证券法》大幅提升了针对市场操纵行为的行政处罚力度，第 192 条规定："违反本法第五十五条的规定，操纵证券市场的，责令依法处理其非法持有的证券，没收违法所得，并处以违法所得一倍以上十倍以下的罚款；没有违法所得或者违法所得不足一百万元的，处以一百万元以上一千万元以下的罚款……"但依照《证券法》规定收缴的罚款和没收的违法所得，全部上缴国库，并不会赔偿给因此遭受损失的投资者。投资者要想获得赔偿，只能依据《证券法》第 55 条第 2 款的概括性规定，对操纵行为人提起民事诉讼。本案在诉讼过程中获得了中证中小投资者服务中心有限责任公司的支持①，对此类诉讼的示范引领有利于更多的投资者获得赔偿，震慑潜在的操纵行为人，推动我国证券市场操纵行为民事责任制度的完善。

从本案投资者的举证来看，原告提交了如下证据：(1)中国证监会(2017)80 号行政处罚决定书，证明阙某彬、蝶彩资产、谢某荣操纵恒康医疗公司股价的事实；(2)证券账户查询确认单，证明杨某辉在阙某彬、蝶彩资产、谢某荣操纵恒康医疗公司股价期间买入、卖出恒康医疗公司股票的事实；(3)申万中药三级板块指数涨跌幅统计数据，证明阙某彬、蝶彩资产、谢某荣操纵恒康医疗公司股价期间，恒康医疗公司股价偏离了行业指数走势。这些证据均得到了法院的采信，值得提起同类诉讼的投资者和律师借鉴，以增加胜诉概率。当然，本案也有一些未尽之处值得探索，如在损失计算方法上，本案参照《虚假陈述司法解释》进行计算，同时适用《侵权责任法》中的损益相抵。有实务人员指出，操纵证券市场与虚假陈述是两种不同的违法行为，投资人要求参照虚假陈述引发的民事赔偿案件认定操纵证券市场的民事赔偿责任和损失的计算数额，缺乏依据。由于此类案件在我国尚不多见，且对投资者获得赔偿影响重大，是原告、被告双方争议的焦点，未来仍有较大的探索空间。

---

① 《民事诉讼法》第 15 条规定："机关、社会团体、企业事业单位对损害国家、集体或者个人民事权益的行为，可以支持受损害的单位或者个人向人民法院起诉。"《证券法》第 94 条第 2 款在证券领域的适用也作出了具体规定："投资者保护机构对损害投资者利益的行为，可以依法支持投资者向人民法院提起诉讼。"

七、顾某骏、刘某君等55,326名投资者诉康美药业股份有限公司证券虚假陈述责任纠纷特别代表人诉讼案①

导读:为投资者遭遇上市公司欺诈提供救济的美国证券集团诉讼闻名世界,中国版的证券集团诉讼在当代如何运行?上市公司发生虚假陈述后,未能勤勉尽责的董事、监事、高级管理人员将向投资者承担多重的民事责任?他们背后的责任差异又暗含着怎样的逻辑,是否值得上市公司"董监高"引以为鉴?作为2019年修订的《证券法》实施后首例采用特别代表人诉讼方式进行的证券虚假陈述责任纠纷案件,本案或许能够提供一些答案。

(一)当事人信息

原告:顾某骏、刘某君等55,326名投资者

诉讼代表人:中证中小投资者服务中心有限责任公司(以下简称中证中小投服中心)

被告1:康美药业股份有限公司(以下简称康美药业)

被告2:马某田

被告3:许某瑾

被告4:邱某伟

被告5:庄某清

被告6:温某生

被告7:马某洲

被告8:马某耀

被告9:林某浩

被告10:李某

被告11:江某平

被告12:李某安

被告13:罗某谦

被告14:林某雄

被告15:李某华

被告16:韩某伟

① 参见广东省广州市中级人民法院民事判决书,(2020)粤01民初2171号。

被告17:王某

被告18:张某1

被告19:郭某慧

被告20:张某2

被告21:唐某

被告22:陈某

(被告23～27系康美药业2016～2018年年度财务报表审计机构广东正中珠江会计师事务所,以及对此期间年度财务报表审计报告签订的3位注册会计师,以及1位康美药业2016年和2017年年度审计的项目经理,因非本案重点内容,予以略去。)

(二)基本案情

2001年3月19日,康美药业在上海证券交易所主板上市,证券代码为600518,注册地为广东省普宁市,主营业务以中药饮片生产销售为核心。2018年10月15日晚开始,网上陆续出现质疑康美药业货币资金真实性的文章,指出其可能存在财务造假等问题。主要包括:2018年10月15日微信公众号“初善投资”发布的《康美药业究竟有没有谎言》、2018年10月16日微信公众号“市值相对论”发布的《千亿康美药业闪崩!大存大贷大现金大质押哪个是坑?》。前述文章被多家影响力较大的媒体广泛转载后,引起了强烈反响。康美药业股票10月16～19日均以跌停价收盘。其中10月16日收盘跌幅达5.97%。而同期上证指数跌幅为0.69%,医药生物(申万)指数(801150)跌幅为4.01%。

上述市场中的财务造假质疑成功引起了中国证监会的注意。2018年12月29日,康美药业被立案调查。2019年8月17日,康美药业发布公告称,该公司及相关当事人收到中国证监会《行政处罚及市场禁入事先告知书》(处罚字〔2019〕19号)。该告知书指出,康美药业涉嫌存在以下违法事实:(1)《2016年年度报告》《2017年年度报告》《2018半年度报告》中存在虚假记载,分别虚增营业收入89.99亿元、100.32亿元、84.84亿元。三年累计虚增营业利润39.36亿元。(2)《2016年年度报告》《2017年年度报告》《2018年半年度报告》中存在虚增货币资金的情况。2016年1月1日～2018年6月30日,康美药业通过财务不记账、虚假记账,伪造、变造大额定期存单或银行对账单,配合营业收入造假伪造销售回款等方式,虚增货币资金约880亿元,占到该公司披露总资产的近一半。(3)《2018年年度报告》中存在虚增固定资产、在建工程、投资性房地产。(4)《2016

年年度报告》《2017 年年度报告》《2018 年年度报告》中存在重大遗漏，未按规定披露控股股东及其关联方非经营性占用资金的关联交易情况。2016 年 1 月 1 日～2018 年 12 月 31 日，康美药业在未经过决策审批或授权程序的情况下，累计向控股股东及其关联方提供非经营性资金约 116 亿元，用于购买股票、替控股股东及其关联方偿还融资本息、垫付解质押款或支付收购溢价款等用途。

综上，中国证监会认为康美药业的上述行为构成了《证券法》（2014 年修正）第 193 条第 1 款所述的行为。康美药业董事、监事、高级管理人员违反《证券法》（2014 年修正）第 68 条第 3 款的规定，属于《证券法》（2014 年修正）第 193 条第 1 款所述“直接负责的主管人员和其他直接责任人员”，拟决定对康美药业及其直接责任人员作出处罚。2020 年 5 月 15 日，康美药业发布公告称，公司收到中国证监会《行政处罚决定书》（〔2020〕24 号），查明的主要事实与作出及行政处罚结果与《行政处罚及市场禁入事先告知书》（处罚字〔2019〕19 号）基本一致。

康美药业虚假陈述披露过程如图 3－6 所示。

图 3－6　康美药业虚假陈述披露过程示意

基于此，2020 年 12 月 31 日，顾某骏、刘某君经 11 名原告共同推选为拟任代表人，对康美药业证券虚假陈述责任纠纷提起普通代表人诉讼，要求康美药业、马某田、许某瑾等 22 名被告赔偿其投资损失。2021 年 3 月 30 日，原告申请追加广东正中珠江会计师事务所（以下简称正中珠江会计）等 5 名当事人为本案被告，请求判令其与前述 22 名被告承担连带赔偿责任。2021 年 4 月 8 日，中证中小投服中心得到 56 名投资者的特别授权，申请作为代表人参加诉讼。经最高人民法院指定管辖，广东省广州市中级人民法院适用特别代表人诉讼程序审理了该案。

2021 年 4 月 16 日，广州市中级人民法院发布《特别代表人诉讼权利登记公告》，明确本案权利人范围为自 2017 年 4 月 20 日（含）起至 2018 年 10 月 15 日（含）期间以公开竞价方式买入，并于 2018 年 10 月 15 日闭市后仍持有康美药业股票，且与本案具有相同种类诉讼请求的投资者，但具有《虚假陈述司法解释》第 19 条规定的虚假陈述与损害结果之间不存在因果关系情形的除外。

中证中小投服中心代表原告顾某骏、刘某君等 55,326 名投资者向广州市中级人民法院提出如下诉讼请求：（1）判令马某田、许某瑾赔偿涉案投资者的投资差额损失；（2）判令马某田、许某瑾赔偿涉案投资者的佣金、印花税、利息；（3）判令其他被告对涉案投资者的上述损失承担全部的连带责任。

（三）争议焦点及法院裁判说理

广州市中级人民法院认为，该案的争议焦点在于：（1）涉案虚假陈述行为的认定；（2）原告投资损失与涉案虚假陈述行为之间有无因果关系；（3）各被告赔偿责任的认定。

1. 对于虚假陈述行为的认定。法院认为，依据《虚假陈述司法解释》第 17 条第 1 款的规定，以及证监会作出的〔2020〕24 号、〔2021〕11 号行政处罚决定书，足以确认本案存在证券虚假陈述行为。关于计算损失的节点确定问题，首先，2017 年 4 月 20 日康美药业披露了《2016 年年度报告》，此日期应当被认定为虚假陈述行为的实施日。其次，应以自媒体质疑康美药业财务造假的 2018 年 10 月 16 日为涉案虚假陈述行为的揭露日。这是因为自媒体质疑报道的主要内容与后续中国证监会行政处认定的财务造假性质、类型基本相同，满足揭露行为的一致性要件的同时，引发了巨大的市场反应，并反映到康美药业的股价上，对市场显现出很强的警示作用。此外，大量的转载虽然并非官方媒体，但直接导致康美药业的百度搜索指数和资讯指数暴增，达到了揭露效果。最后，根据《虚假陈述司法解释》第 33 条的规定，本案投资差额损失计算的基准日为康美药业上市可流通股票换手率达到 100% 之日，即 2018 年12 月 4 日，基准价为 12.7 元。

2. 对于虚假陈述与投资者损失的因果关系问题。法院指出，调取相关投资者数据时均将之限定为以公开竞价方式买入，因此原告的交易行为均与被告的虚假陈述行为之间存在交易因果关系。关于损失因果关系，主要是原告损失的认定问题。对于部分被告提出的应当使用先进先出法或加权平均法的异议，法院认为，移动加权平均法考虑了从实施日到揭露日整个期间，投资者每次买入股票的价格和数量，同时也剔除了因为卖出证券导致的盈亏，更符合实际情况；关于系统性风险扣除的问题，法院认为个体相对比例法的测算方法可以更合理地计算不同时期买入康美药业股票的各投资者因市场系统风险受到的损失，以此测算系统风险扣除比例，并无不妥。

3. 对于各被告赔偿责任的认定。法院认为，依据《证券法》（2014 年修正）第 69 条①的规定，康美药业及其实际控制人、董事、监事、高级管理人员应当承担如下责任：(1)康美药业应对投资者 24，5892，8544 元损失承担赔偿责任；(2)被告马某田和许某瑾应当承担连带责任。马某田作为董事长、总经理和实际控制人，组织策划实施财务造假，许某瑾作为副董事长、副总经理、实际控制人以及主管会计工作的负责人，共同组织安排相关人员将上市公司资金转移到其控制的关联方，二人在知悉造假的情形下签署涉案虚假陈述文件并承诺保证相关文件真实、准确、完整，构成《证券法》（2014 年修正）第 69 条规定的直接负责的人员。(3)被告邱某伟、庄某清、温某生、马某洲承担连带责任。邱某伟为董事、副总经理、董事会秘书，主管公司信息披露事务，庄某清为康美药业财务负责人，温某生协助董事会秘书和财务负责人分管财务工作，马某洲担任财务部总监助理分管出纳工作，四人均根据授意安排，组织策划公司相关人员实施、参与实施财务造假行为，在知悉造假的情形下签署涉案虚假陈述文件并承诺保证相关文件真实、准确、完整，构成《证券法》（2014 年修正）第 69 条规定的直接责任人员。(4)马某耀、林某浩、李某、罗某谦、林某雄、李某华、韩某伟、王某均非财务工作负责人，过失相对较小，酌情判令在康美药业赔偿责任 20% 范围内承担连带赔偿责任。(5)江某平、李某安、张某 1 作为兼职的独立董事，不参与康美药业日常经营管理，过失相对较小，酌情判令在康美药业赔偿责任 10% 范围内承担连带赔偿责任。(6)郭某慧、张某 2 作为兼职的独立董事，过失相对较小，且仅在《2018 年半年度报告》中签字，酌情判令在康美药业赔偿责任 5% 范围内承担连带赔偿责任。(7)唐某、陈某未以董事、监事、高级管理人员的身份签

---

① 《证券法》（2014 年修正）第 69 条规定："发行人、上市公司公告的招股说明书、公司债券募集办法、财务会计报告、上市报告文件、年度报告、中期报告、临时报告以及其他信息披露资料，有虚假记载、误导性陈述或者重大遗漏，致使投资者在证券交易中遭受损失的，发行人、上市公司应当承担赔偿责任；发行人、上市公司的董事、监事、高级管理人员和其他直接责任人员以及保荐人、承销的证券公司，应当与发行人、上市公司承担连带赔偿责任，但是能够证明自己没有过错的除外；发行人、上市公司的控股股东、实际控制人有过错的，应当与发行人、上市公司承担连带赔偿责任。"

名确认《2016 年年度报告》《2017 年年度报告》《2018 年半年度报告》内容的真实、准确、完整，不存在虚假记载、误导性陈述或重大遗漏，其不属于涉案虚假陈述行为人，不承担赔偿责任。

（四）诉讼启示

本案是最高人民法院 2021 年全国法院十大商事案件之一，也是我国首例采用特别代表人诉讼方式进行的证券虚假陈述责任纠纷案件，标志着以投资者“默示加入、明示退出”为特色的中国式集体诉讼司法实践成功落地。中国政法大学教授、博士生导师李曙光评析此案时说道，《证券法》（2014 年修正）第 69 条及《证券法》（2019 年修订）第 85 条均规定了上市公司虚假陈述行为致使投资者在证券交易中遭受损失的，上市公司应当承担赔偿责任，不能证明自己没有过错的上市公司的董事、监事、高级管理人员应当与发行人、上市公司承担连带赔偿责任。但这并不意味着，所有有过错的信息披露义务人对投资者的全部损失均必须承担 100% 的连带赔偿责任。基于权责一致、罚过相当的原则，信息披露义务人应当按照其过错类型、在虚假陈述行为中所起的作用大小，承担相应的赔偿责任。其中，实际控制人与接受其指派直接参与虚假陈述行为的董事、监事、高级管理人员之间存在意思联络，属于意思关联共同的主观共同侵权，应当对投资者的全部损失承担连带赔偿责任；其他未尽勤勉义务的董事、监事、高级管理人员，则只应当根据其过错程度，承担部分赔偿责任。中国人民大学法学院教授徐阳光也指出，我国 2019 年修订的《证券法》新设专章规定了投资者保护制度，并作出了一系列的制度安排。一是充分发挥投资者保护机构的作用，允许其接受 50 名以上投资者的委托作为代表人参加诉讼；二是允许投资者保护机构按照证券登记结算机构确认的权利人，向人民法院登记诉讼主体；三是建立了“默示加入、明示退出”的诉讼机制，为投资者维护自身合法权益提供方便的制度安排。

从类案层面来看，除本案以外，在虚假陈述中判决有关主体承担比例连带责任的案件还有“五洋债建设集团股份有限公司债券虚假陈述案”以及“中安科股份有限公司虚假陈述案”，尽管两案主要判决中介机构承担比例连带责任，但三者的共通之处在于有关主体如何更好地勤勉尽责，而勤勉尽责为法律认可的程度也直接关系民事责任的大小。本案的启发更多是对上市公司董监高而言的，具体到本案中，江某平、李某安、张某 1、郭某慧、张某 2 均为独立董事，但江某平、李某安、张某 1 被判令在康美药业赔偿责任 10% 范围内承担连带赔偿责任，而郭某慧、张某 2 仅被判令在康美药业赔偿责任 5% 范围内承担连带赔偿责任，其主要理据就在于郭某慧、张某2更好地履行了职责，仅在《2018年半年度报告》中签字。此外，唐某、陈某作为总经理助理，由于未对涉案虚假陈述文件签字，最终免于承担责任。本案中董监高承担责任的司法逻辑如图3－7所示。因此，随着证券代表人诉讼的实施，上市公司董监高不能继续装睡，应关注自身履职的"留痕""尽责"。需要注意的是，在本案终结之后，最高人民法院2022年1月21日发布了《关于审理证券市场虚假陈述侵权民事赔偿案件的若干规定》（法释〔2022〕2号），废止了《虚假陈述司法解释》。同时，新司法解释还设立了过错认定专章，较大幅度细化了信息披露义务人的归责免责事由，为今后虚假陈述中董监高勤勉尽责的抗辩提供了更大的法律空间。上市公司董监高及从事相应业务的律师对此应当予以关注。

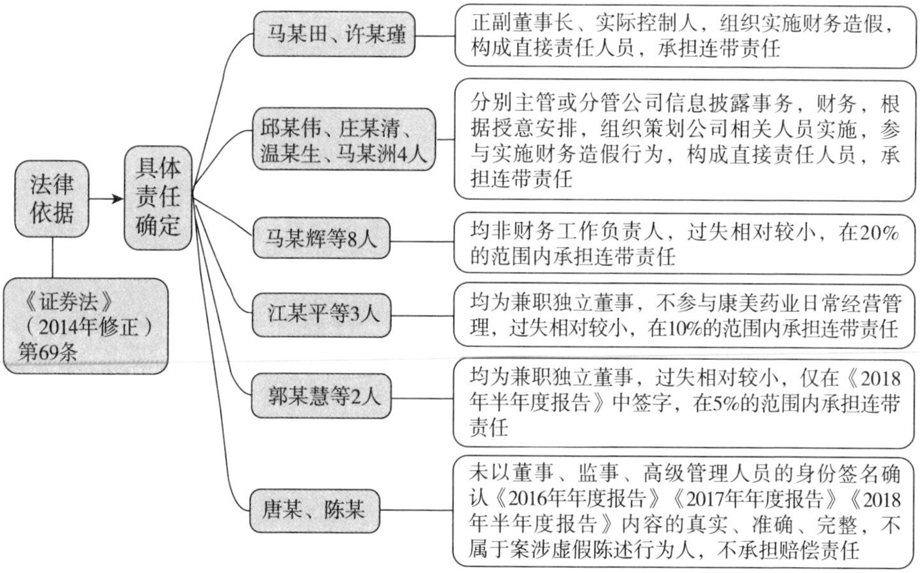

图3－7　本案董监高承担责任的司法逻辑示意

八、苏州敏芯微电子技术股份有限公司与北京歌尔泰克科技有限公司专利权属纠纷案①

导读：该案为科创板注册制下上市公司"专利狙击"的典型案例。对于创新型企业而言，核心技术来源、核心科技人才和自主科技含量是决定其能否成功登陆科创板的核心要素。因此，如何保障自己的核心科技不陷入权属纠纷至关重要。创新

① 参见最高人民法院民事判决书，(2020)最高法民终1746号。

型上市公司应如何建立自己的专利“武器库”？遇到“专利狙击”时应如何应对？通过对本案的分析，或能寻找到一些应对之策。

（一）当事人信息

原告：北京歌尔泰克科技有限公司（以下简歌尔科技）

被告 1：苏州敏芯微电子技术股份有限公司（以下简称苏州敏芯）

被告 2：梅某欣

被告 3：胡某

（二）基本案情

歌尔科技与苏州敏芯系同业竞争企业。原告歌尔科技成立于 2006 年 6 月 26 日，为歌尔股份有限公司全资子公司，主要从事于微型麦克风制造等领域。

歌尔科技成立后，被告梅某欣于 2006 年 9 月转入职于歌尔科技，虽 2006 年 12 月离职，但仍于 2005 年 6 月 ~2015 年 11 月参与了歌尔科技 SiMic 项目组（硅麦克风项目组）的相关工作。在此期间，歌尔科技申请了与硅传声器（俗称硅麦克风）有关的 12 件专利，其中 9 件涉及硅麦克风芯片、3 件涉及硅麦克风封装（与诉争专利有直接关联），该系列专利权利人为歌尔科技。

梅某欣离职后，于 2007 年 1 月 3 日开始，受聘于芯锐微电子技术（上海）有限公司，任产品开发部高级工程师。自 2007 年 9 月开始，就职于苏州敏芯。涉案 ZL200710038554.0 号“微机电声学传感器的封装结构”发明专利由梅某欣于 2007 年 3 月 28 日向国家知识产权局提出申请，公开日为 2007 年 8 月 29 日；2008 年 7 月 28 日，专利申请人变更为苏州敏芯；2011 年 6 月 15 日，该专利获得授权公告，专利发明人为梅某欣、胡某，权利人为苏州敏芯。

2019 年 5 月，苏州敏芯进入上市辅导备案公司阶段；同年 11 月，歌尔科技向江苏省苏州市中级人民法院提起诉讼，请求确认苏州敏芯所有的专利号为 200710038554.0 的发明专利为梅某欣的职务发明，其专利权归歌尔科技所有。2020 年 9 月，苏州市中级人民法院作出一审判决，驳回原告歌尔科技全部诉讼请求。后歌尔科技不服一审判决，上诉至最高人民法院，请求撤销原审判决，改判支持歌尔科技原审全部诉讼请求。2021 年 1 月，最高人民法院作出终审判决，判决：（1）撤销江苏省苏州市中级人民法院作出的（2019）苏 05 知初 1211 号民事判决；（2）确认名称为微机电声学传感器的封装结构（专利号 ZL200710038554.0）归歌尔科技所有。（3）驳回歌尔科技的其他诉讼请求。

本案专利权属纠纷时间线如图3－8所示。

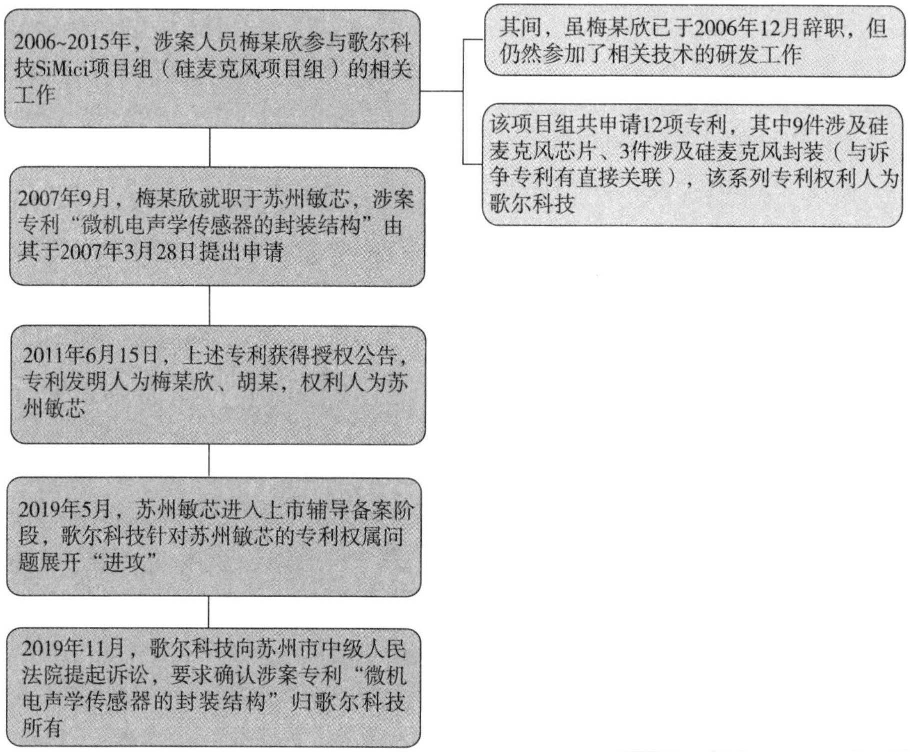

图3－8　本案专利权属纠纷时间线

（三）争议焦点及法院裁判说理

一审法院苏州市中级人民法院与二审法院最高人民法院均认为，本案争议焦点为涉案发明是否属于梅某欣在歌尔科技承担的本职工作或者原单位分配的任务有关的发明创造。

最高人民法院认为，《专利法实施细则》第12条第1款第3项之所以规定离职员工一年内作出的与其在原单位承担的本职工作或者原单位分配的任务有关的发明创造属于职务发明，主要是为了确保原单位在相关技术领域具有一年的“技术领先期”或者称为“知识隔离期”。因此，离职员工作出的发明创造是否属于职务发明创造应当满足以下两个条件：（1）时间要求，涉案发明创造应当是在员工的劳动、人事关系终止后1年内作出的；（2）内容要求，涉案发明创造与在原单位承担的本职工作或任务有关。在相关性的认定上，应当重点审查离职员工本职工作或工作任务所属技术领域、从事的工作内容或者工作职责、技术主题、技术思路等方面的相关性，而不要求具体技术方案的一致性，更不要求涉案发明创造的技术方案与原单位已经形成的技术方案实质相同。

针对涉案专利的时间性，最高人民法院认为，虽在案证据可证明梅某欣在歌尔科技及其关联公司工作期间所在单位的主体名称发生了变化，也发生了社保缴纳企业及劳动合同签订主体的变化，但梅某欣的工作内容具有延续性且一直在歌尔科技及其关联公司工作，并不应影响对涉案专利是否构成职务发明的认定。

针对涉案专利的相关性，最高人民法院认为，第一，本案中，梅某欣确认，其在歌尔科技及其关联公司均承担芯片设计职责，其所在的工作组的研发内容为“MEMS芯片的研发、设计”工作，具体内容包括芯片设计和芯片封装两个方面，两者存在紧密联系。在没有相反证据足以推翻专利文件所记载的发明人事项时，可以推定梅某欣的工作内容也应当包括芯片封装研发的相关技术内容。第二，涉案专利是对硅麦克风封装技术的改进，涉案专利与梅某欣在歌尔科技及其关联公司的本职工作属于相同的技术领域，梅某欣的具体工作职责也与涉案发明直接相关，技术主题与技术思路与梅某欣的本职工作具有一定的延续性，是在原有芯片封装技术基础上的进一步发展和改进，涉案专利与梅某欣在歌尔科技承担的本职工作或分配的任务具有相关性。第三，苏州敏芯提交的证据主要体现为梅某欣、胡某的聊天记录，但该证据并不足以证明涉案发明创造的研发过程，也不能证明胡某对于涉案发明技术方案的形成作出了实质性贡献。故对于苏州敏芯的相关意见，法院不予采信。

（四）诉讼启示

1. 科创板注册制下的典型“专利狙击”案例

从上述案例中可以看出，涉案专利早于2007年即已获得专利授权，歌尔科技在早知此专利存在的情况下，却到2019年苏州敏芯上市督导时才提起专利诉讼。这看似是一场普通的专利权属纠纷，实际上却是一场精心策划的商业阻击战。两家公司之间的“专利大战”早于2019年7月就拉开了序幕，大概进程如表3-2所示。

表 3-2　苏州敏芯与歌尔科技之间的“专利大战”统计

类别	时间	基本案情	案件结果
侵权诉讼	2019 年 7 月	歌尔科技以苏州敏芯及百度网讯产品侵害其第 201521115976.X 号、第 201520110844.1 号及第 201020001125.3 号实用新型专利权为由向北京知识产权法院提起诉讼	涉案 3 件专利,1 件被最高人民法院裁定撤销无效判决,1 件被全部无效,1 件被部分无效
	2019 年 11 月	歌尔科技以苏州敏芯及百度网讯产品侵害其第 201410525743.0 号发明专利权为由向北京知识产权法院提起诉讼	歌尔科技撤诉
	2020 年 3 月	歌尔科技及其子公司向北京知识产权法院提起诉讼,主张苏州敏芯及百度网讯侵害其第 ZL201520987396.3 号的实用新型与第 ZL201410374326.0 号的发明专利	歌尔科技撤诉
	2020 年 4 月	歌尔科技向青岛市中级人民法院提起诉讼,主张苏州敏芯及潍城区华阳电子科技中心侵害其第 201310320229.9 号的发明专利、第 201420430405.4 号的实用新型专利及第 201220626527.1 号的实用新型专利	3 件专利案之一,一审判决苏州敏芯赔偿歌尔科技经济损失及维权合理费用共计 400 万元,歌尔科技和苏州敏芯分别上诉
	2020 年 6 月	歌尔科技向青岛中级人民法院提起诉讼,主张苏州敏芯及潍城区华阳电子科技中心侵害其第 200510115447.4 号的发明专利	歌尔科技撤诉
权属诉讼	2019 年 11 月	歌尔科技向苏州市中级人民法院提起诉讼,主张确认苏州敏芯所有的专利号为第 200710038554.0 号的发明专利为梅某欣的职务发明,主张该专利的专利权归属于歌尔科技(本案案例)	一审驳回歌尔科技诉讼请求;二审最高人民法院撤销一审判决,确认涉诉专利归歌尔科技所有
	2019 年 12 月	歌尔科技向苏州市中级人民法院提起四件专利申请权权属诉讼,主张确认苏州敏芯所有的申请号为第 201910280377.X 号、第 201910293047.4 * 号、第 201910293219.8 号及第 201910293041.7 号的发明专利申请为唐某明的职务发明。主张上述专利申请权归属于歌尔科技	一审驳回歌尔科技诉讼请求;二审最高人民法院驳回上诉,维持原判
	2020 年 3 月	歌尔科技向苏州市中级人民法院提起一件专利权属诉讼,主张确认苏州敏芯所有的申请号为第 201920493097.2 号的实用新型专利为唐某明的职务发明,主张上述专利归属于歌尔科技	一审驳回歌尔科技诉讼请求;二审最高人民法院驳回上诉,维持原判

续表

类别	时间	基本案情	案件结果
	2020年4月	歌尔科技向苏州市中级人民法院提起一件专利权属诉讼,主张确认苏州敏芯所有的申请号为第201920492690.5号的实用新型专利为唐某明的职务发明,主张上述专利归属于歌尔科技	一审驳回歌尔科技的诉讼请求;二审最高人民法院撤销一审判决,确认涉案专利为歌尔科技所有
	2020年5月	歌尔科技向苏州市中级人民法院提起一件专利权属诉讼,主张确认苏州敏芯所有的申请号为第201920493062.9号的实用新型专利为唐某明的职务发明,主张上述专利属于歌尔科技	一审驳回歌尔科技诉讼请求
不正当竞争	2020年5月	歌尔科技向山东省寿光市人民法院提起诉讼,主张苏州敏芯存在不正当竞争行为	歌尔科技撤诉
恶意诉讼	2020年4月	苏州敏芯就歌尔科技恶意诉讼事项向北京知识产权法院提起诉讼	苏州敏芯撤诉
不正当竞争	2020年4月	苏州敏芯就歌尔科技不正当竞争事项向苏州市中级人民法院提起诉讼	苏州敏芯撤诉

* 资料来源:爱集微APP:《后诉讼时代,敏芯股份的专利危机》,载百家号2021年8月28日,https://baijiahao.baidu.com/s?id=1709299038746851286&wfr=spider&for=pc。

由表3-2可以看出,自2019年7月苏州敏芯预备上市至2020年7月其成功注册科创板的一年间,歌尔科技作为原告起诉苏州敏芯的诉讼近20起。作为回敬,苏州敏芯也分别以恶意诉讼和不正当竞争为由起诉了歌尔科技。最终,双方的不正当竞争案和恶意诉讼案均以撤诉告终,专利权属纠纷案也落下帷幕。但对于苏州敏芯而言,其代价不可谓不大——与上市当日相比,其股价最低时跌落至巅峰期的1/3,几经波动,最后仍维持在巅峰期股价的一半。

纵观整场"专利大战",歌尔科技占尽优势,相对于苏州敏芯多处于主动出击地位,这主要是因为歌尔科技采取了正确的诉讼策略。第一,其诉讼时间往往处于IPO关键节点,如第一次"7月侵权诉讼"发生在江苏省证监局在同年5月公布苏州敏芯已接受上市辅导的信息之后;第二次"11月侵权诉讼"发生在上海证券交易所受理苏州敏芯的申请和发出首轮问询期间。这连续不断的侵权诉讼为苏州敏芯的上市之路创造了层层障碍,使其不断疲于应对新的诉讼。第二,歌尔科技的诉讼紧扣了科创板IPO审核最关键的三个认定问题:核心技术来源、核心技术人员、自主科技含量。具体而言,首先,歌尔科技以苏州敏芯侵害其专利权为由向法院提起诉讼,在发行审核时苏州敏芯就会受到质疑——产品是否侵犯他人的专利权。其次,歌尔科技对两名离职员工加入苏州敏芯一年之内的专利权提出的归属诉讼，是《专利法》中明确规定的，更容易让外界认为苏州敏芯的技术来源中有“歌尔元素”。如果拟上市公司的核心技术人员存在不确定性，也会对投资者产生巨大影响。最后，歌尔科技本案中申请无效的苏州敏芯专利，都是苏州敏芯在招股书中列出九大自主核心技术相关的专利，这将直接影响投资者对招股书中自主技术是否货真价实的认定。

然而，苏州敏芯的几项迅速反击最终使其突破了层层障碍，成功冲入科创板，其采取的措施同样值得我们借鉴。第一，苏州敏芯充分利用专业第三方机构的报告，通过多方论证，证明了未决诉讼对公司上市的影响小、风险低。第二，苏州敏芯一再强调，涉案产品在过去 3 年内的累计销售收入仅 61.19 万元，即使全部诉讼败诉，赔偿金额也对企业正常经营的影响非常有限。而对于涉及重大权属纠纷的 7 项专利，苏州敏芯以“未投入实际应用”作为突破口，将这些专利排除在核心技术之外，认为不会对持续经营有重大不利影响。第三，苏州敏芯的实际控制人及其一致行动人采取了出具承诺：若上述诉讼最后形成对公司不利结果，则本人将承担判决结果所认定的应由发行人承担的赔偿金或诉讼费用，并向公司补偿因上述专利诉讼及专利无效宣告请求导致的公司生产、经营损失。上述三项措施极大地增强了投资者的信心，最终使苏州敏芯成功上市。

双方诉讼策略对比参考图 3－9。

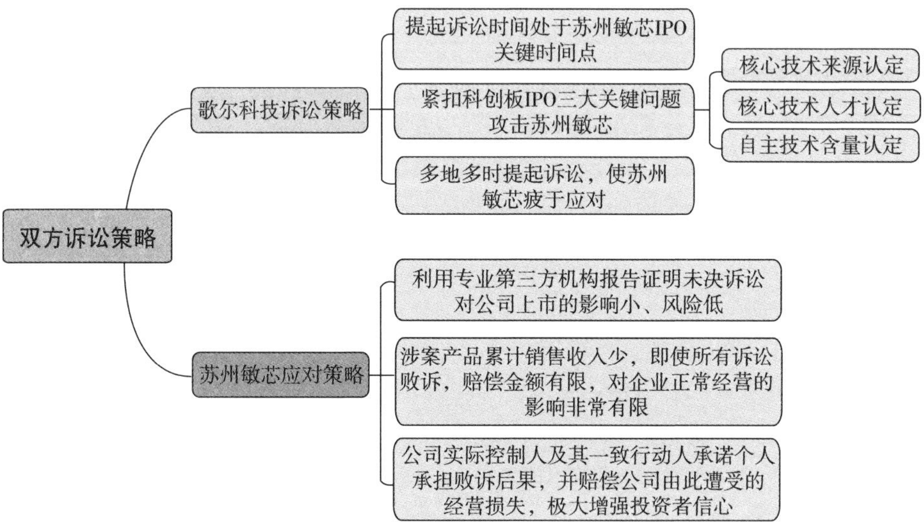

图 3－9　本案双方诉讼策略示意

2. 对创新型企业专利储备敲响警钟

对于双方的成败得失，众说纷纭，此处不再赘述。但值得注意的是，纵观整场诉讼，苏州敏芯始终取守势多于攻势。除了一起恶意诉讼案和一起不正当竞争案外，没有其余的进攻动作。而这也暴露了苏州敏芯最大的弱点：专利储备情况不足。

对其上市披露的文件以及相关诉讼情况分析可知，苏州敏芯核心技术对应专利应不超过 13 件，其中 5 件实用新型、8 件发明专利。8 件发明专利中，已有 1 件被国家知识产权局宣告权利全部无效，另有 1 件被最高人民法院判决归歌尔科技所有。也就是说，苏州敏芯核心技术对应的发明专利不超过 6 件，且这 6 件专利中的 2 件已经被宣告部分无效。相比于歌尔科技近 4000 件专利的“武器库”，苏州敏芯的专利储备显得尤为不足。

因此，对于某一领域的创新型龙头企业而言，其能取得该领域的统治地位，往往是通过专利布控实现的。后来者进入市场基本只有两条路可走，或者从龙头企业取得专利许可，或者规避已有专利，另辟蹊径。前者不必多说，后者要么因成本过高或良率过低而放弃，要么拖延数年待专利布局完善再推出产品。但无论选择哪一条路，都很难快速在市场上站稳脚跟。就以本案当事人之一的歌尔科技举例，该领域曾经的龙头企业楼氏就曾在 2013 年 6 月以专利侵权为由把歌尔科技及其子公司告上美国法院，而歌尔科技则在同年 7 月向我国山东省潍坊市中级人民法院起诉楼氏侵权其 5 项中国专利。当年 8 月，楼氏在苏州市起诉歌尔科技侵犯其一项中国专利。这场专利大战打了整整 20 个月，最后以双方达成和解协议告终。在这场诉讼中，歌尔科技在中美两地的无效申请和反诉均取得相当可观的成果。正是这场大战帮助歌尔科技扫平了知识产权隐患，真正在 MEMS 麦克风行业站稳脚跟。由此可见，充足的专利储备与合适的诉讼策略，对创新型企业的发展影响巨大。

九、皇氏集团股份有限公司与徐某蕾业绩补偿纠纷[①]

导读：公司在重大资产重组中对于业绩补偿的追回能否得到法院的支持，对于公司的长线发展有着重大的影响。本案作为业绩补偿纠纷的代表案例，广西壮族自治区高级人民法院作出的二审终审判决对公司追回业绩补偿产生积极作用，推动了公司所需的良好市场环境的发展，稳步提高了营商环境。

（一）当事人信息

原告：皇氏集团股份有限公司（以下简称皇氏集团）

① 参见广西壮族自治区高级人民法院民事判决书，(2021) 桂民终 923 号。

诉讼代表人:中证中小投服中心

被告1:徐某蕾

被告2:孔某某

第三人:东方证券股份有限公司(以下简称东方证券)

(二)基本案情

皇氏集团系A股上市公司,徐某蕾系北京盛世骄阳文化传播有限公司(以下简称盛世骄阳)100%股权控股股东、实际控制人。

2015年1月28日,皇氏集团(甲方)与徐某蕾(乙方)签订《发行股份及支付现金购买资产协议书之盈利预测补偿协议书》(以下简称《盈利预测补偿主合同》),约定:"……乙方与甲方达成一致,乙方就盛世骄阳2015年、2016年、2017年的净利润进行承诺并签署本利润补偿协议……向甲方承诺:盛世骄阳2015年、2016年、2017年净利润分别不低于7500万元、9000万元、10800万元。同时,盛世骄阳2015年、2016年、2017年运营收入比例指标分别不低于45%、55%、65%,运营收入具体指除视频门户网站版权发行之外的业务收入。"其他主要内容有三点:(1)关于如何补偿,协议约定,如盛世骄阳在2015年、2016年、2017年实际净利润数不足承诺净利润数,则乙方应按照协议第4条向甲方补偿净利润差额,为当年实际净利润数与承诺净利润数的差额,具体计算公式为:补偿数额=截至当期期末累计承诺净利润数-截至当期期末累计实际净利润数。(2)关于补偿方式,约定乙方以其本次认购的甲方股份进行补偿,所持股份不足时采用现金方式进行补偿。具体而言,股份补偿由甲方以总价1元的价格进行回购并注销。补偿股份总数不超过乙方因本次交易所获甲方股份总数。(3)关于运营收入比例指标的补偿,采用现金形式补偿。应补偿现金数=(承诺当年度运营收入占比-当年度实际运营收入占比)÷承诺当年度运营收入占比×当期承诺净利润×1.2。(4)在补偿期限届满时,经双方共同认可的具有证券、期货业务资格的会计师事务所对盛世骄阳进行减值测试,如期末减值额>补偿期限内已补偿股份总数×发行价格+现金补偿金额,则乙方应向甲方进行资产减值的股份补偿,若乙方自本次交易获得的股份数不足补偿的部分以现金补偿……

2015年3月16日,皇氏集团(甲方)与徐某蕾(乙方)签订补充协议,将盛世骄阳2015年、2016年、2017年预测实现的净利润调整为7458.26万元、8933.83万元、10796.89万元。明确运营收入是指除版权发行收入之外的营业收入,运营收入比例即运营收入占营业收入的比例。

以签订的上述两份协议为基础,甲方与包括乙方在内的盛世骄阳全部股东于 2015 年 1 月 28 日签署《皇氏集团股份有限公司发行股份及支付现金购买资产协议书》(以下简称《皇氏集团受让股权协议书》)。并于 2015 年 3 月 16 日签署补充协议,约定包括乙方在内的盛世骄阳全部股东拟出让其所持有的全部盛世骄阳 100% 的股权及其对应的全部权益,甲方拟受让上述股权。

2015 年 8 月 3 日,皇氏集团申请非公开发行新股登记,向徐某蕾发行股份 11,085,649股,发行价格为 26.34 元/股。2015 年 9 月 14 日,皇氏集团召开 2015 年第四次临时股东大会,审议通过 2015 年半年度权益分配方案,皇氏集团以总股本 291,374,995 股为基数,以资本公积金向全体股东每 10 股转增 18 股。该方案于 2015 年 9 月 23 日实施完毕,转增后上述发行价格从 26.34 元/股相应调整为 9.41 元/股。截至 2015 年 11 月 16 日,皇氏集团共向徐某蕾转账支付 1.2 亿元。

2017 年 12 月 1 日,为保障《盈利预测补偿主合同》实现,徐某蕾(抵押人、甲方)与皇氏集团(抵押权人、乙方)签订《房屋抵押合同》,对主合同项下甲方的全部债务提供房产抵押担保。同时,根据盛世骄阳业绩承诺完成情况,约定甲方将在 2017 年 12 月 31 日前,2016 年度业绩向乙方以现金方式补偿 3294.98 万元,2017 年度业绩补偿的承诺尚在履行中。同日,孔某某(徐某蕾配偶)确认签署了该《房屋抵押合同》。

2018 年 4 月 24 日,北京中喜会计师事务所作出中喜专审字〔2018〕第 0555 号《关于盛世骄阳公司 2017 年业绩完成情况的专项审核报告》(以下简称《专项审核报告》),显示:2015 年度业绩承诺数为 7500 万元,实际完成数为 7699.59 万元;运营收入比例承诺数为 45%,运营收入比例实现数为 45.79%。2016 年度业绩承诺数为 9000 万元,实际完成数为 9155.78 万元;运营收入比例承诺数为 55%,运营收入比例实现数为 38.22%。2017 年度业绩承诺数为 10,800 万元,实际完成数为3065.44万元;运营收入比例承诺数为 65.00%,运营收入比例实现数为 31.13%。

另查明,截至 2018 年 4 月 24 日,徐某蕾持有皇氏集团 22,640,630 股并与东方证券签订了三份股票质押式回购交易业务协议,东方证券就其中的 20,630,767 股享有质押权。上海通华商业保理有限公司亦对上述股份中的 200 万股享有质押权。皇氏集团与徐某蕾业绩补偿纠纷时间线如图 3－10 所示。

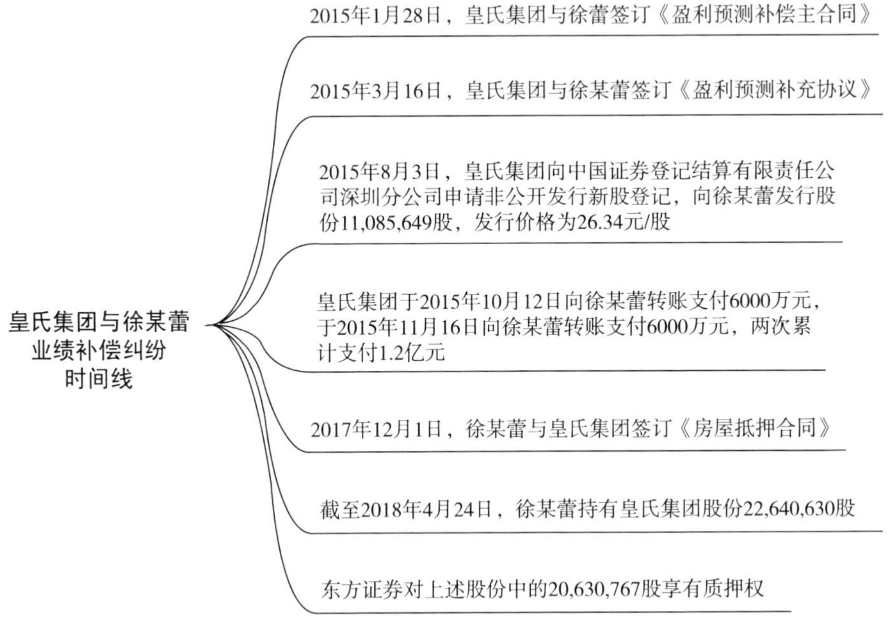

图 3－10　皇氏集团与徐某蕾业绩补偿纠纷时间线示意

皇氏集团向一审法院起诉请求：(1)判令徐某蕾、孔某某共同向皇氏集团支付运营收入比例指标补偿款 67,531,600 元；(2)徐某蕾、孔某某对皇氏集团进行净利润补偿，判令徐某蕾按照 1 元价格向皇氏集团转让其持有的皇氏集团股份 22,405,300股，并协助办理股权变更过户登记手续；(3)判令徐某蕾、孔某某共同承担皇氏集团律师费、讼财产保全责任保险费、案件受理费、保全费。

一审法院判决：(1)徐某蕾、孔某某共同向皇氏集团支付运营收入比例指标补偿款 67,531,600 元；(2)徐某蕾、孔某某共同向皇氏集团支付净利润补偿款 210,834,000元；(3)徐某蕾、孔某某承担皇氏集团支出的律师费、诉讼财产保全责任保险保费、案件受理费、保全费、公告费。

二审法院认为皇氏集团的上诉请求成立，判令维持一审判决第(1)项、第(3)项，撤销判决第(2)项，判令徐某蕾在二审判决生效后 10 日内以 1 元价格向皇氏集团交付皇氏集团股份 22,405,300 股，并协助办理股票的过户转移登记手续。

(三)争议焦点及法院裁判说理

一审和二审法院综合诉辩各方意见，归纳本案争议焦点为：皇氏集团是否有权以 1 元价格回购涉案争议股票。二审法院给予了肯定答案。理由如下。

首先，《盈利预测补偿主合同》《皇氏集团受让股权协议书》及其补充协议约定的资产交易方案与盈利业绩承诺、补偿方案为交易各方在自愿平等协商基础上达成，为各交易方真实意思表示。皇氏集团收购盛世骄阳 100% 股权项目属于皇氏集团的重大资产重组项目，已经皇氏集团董事会、临时股东会审议通过，发行股份及支付现金购买资产并募集配套资金方案经中国证监会核准后实施，没有违反我国法律、行政法规的禁止性规定，合同合法有效。且皇氏集团对《皇氏集团受让股权协议书》及其补充协议已履行完毕。

其次，《盈利预测补偿主合同》及其补充协议约定了徐某蕾承诺的业绩指标及业绩指标未实现时的业绩补偿条件，徐某蕾没有完成约定的业绩指标，补偿条件已经成就。2018 年，北京中喜会计师事务所做出的《专项审核报告》说明，2015 年度业绩承诺数为 7500 万元，实际完成数为 7699.59 万元；运营收入比例承诺数为 45%，运营收入比例实现数为 45.79%。2016 年度业绩承诺数为 9000 万元，实际完成数为 9155.78 万元；运营收入比例承诺数为 55%，运营收入比例实现数 38.22%。2017 年度业绩承诺数为 10,800 万元，实际完成数为 3065.44 万元；运营收入比例承诺数为 65.00%，运营收入比例实现数为 31.13%。徐某蕾在 2016 年、2017 年的业绩均没有达到其承诺的指标，其应当按照合同的约定承担业绩补偿责任。根据北京中喜会计师事务所的《专项审核报告》，徐某蕾对净利润指标的补偿方式应优先选择以本次认购的皇氏集团股份进行补偿，所持股份不足时采用现金方式进行补偿。徐某蕾应补偿股份的数量为 22,405,300 股，皇氏集团有权以 1 元价格回购 22,405,300股并注销。

最后，涉案争议股票存在的被总价 1 元回购的风险应由东方证券承担。这是因为：

第一，皇氏集团在与徐某蕾签订《盈利预测补偿主合同》及补充协议后，将涉及该次交易的《独立财务报告》在巨潮资讯网公开。报告包括该次交易的承诺主体、承诺业绩指标、业绩补偿办法及发行股份的交付和锁定等内容。东方证券作为专业证券公司、资本市场经营主体，应当知道徐某蕾提供质押的股票属于业绩对赌的限售股，在徐某蕾不能实现承诺业绩指标时，存在被皇氏集团 1 元钱回购的风险。二审开庭时，东方证券亦确认知悉皇氏集团公告的主要内容。

第二，涉案质押股票不是可以在股票市场上自由流通的股票，而是设定了锁定期的业绩补偿限售股。即如果业绩承诺方所承诺的业绩指标没有完成，其所获得的股票就要用于业绩补偿。涉案限售股设定的意义就在于业绩对赌，是为了徐某蕾业绩承诺而专门设限，在特定时间内不能解禁、不能转让。一旦触发业绩承诺，就要用于特定补偿目的，被投资方收购并且注销。因此涉案限售股不能等同于股票市场上可以自由流通的股票，不属于一般意义上的种类物。东方证券在 2016 年 11 月、2017 年 2 月与徐某蕾签订股票质押式回购交易业务协议，在办理股票质押登记时，两次接受质押登记的股票均为限售股，共计 21,270,000 股限售股。

第三，根据皇氏集团与徐某蕾签订在前的《盈利预测补偿主合同》及补充协议的约定，补偿责任人徐某蕾对净利润补偿的具体方式为优先以本次认购的皇氏集团股份进行补偿，所持股份不足时采用现金方式进行补偿。而签订在后的东方证券与徐某蕾的股票质押式回购交易业务协议中，徐某蕾向东方公司出质股票的目的是用于借款担保，徐某蕾应当在借款到期后先返还相应融资款项并支付资金占用费。

（四）诉讼启示

本案是典型的“对赌协议”。《九民纪要》对此作了如下定义，“对赌协议”，又称估值调整协议，是指投资方与融资方在达成股权性融资协议时，为解决交易双方对目标公司未来发展的不确定性、信息不对称以及代理成本而设计的包含了股权回购、金钱补偿等对未来目标公司的估值进行调整的协议。《九民纪要》同时也指出，当前在我国司法实践中，对于投资方与目标公司的股东或者实际控制人订立的“对赌协议”，如无其他无效事由，应认定有效并支持实际履行。本案皇氏集团与盛世骄阳实际控制人、控股股东徐某蕾进行业绩对赌亦属于这一情况。

在“对赌协议”中，当目标企业的预设业绩指标未能如约实现，就将触发承诺方对投资方的补偿责任，承诺方由于资金问题无力承担或不愿主动承担补偿责任时，便会导致投资方与业绩承诺方发生纠纷。就本案而言，皇氏集团用自身发行股份及支付现金购买受让盛世骄阳 100% 的股份，并与盛世骄阳实际控制人、控股股东徐某蕾达成“对赌协议”，约定如未完成业绩指标会将其持有的 2240.53 万股皇氏集团股票以总价 1 元为对价由皇氏集团回购并注销，并于 2018 年 12 月 31 日前支付现金补偿款 6753.16 万元。在徐某蕾未完成业绩的情况下，皇氏集团积极追回业绩补偿并最终胜诉，维护了公司及股东的合法权益。2021 年 12 月 31 日，业绩补偿义务人徐某蕾也由于未如约履行补偿义务而被深圳证券交易所给予了公开谴责的纪律处分，该处分也被记入上市公司诚信档案，并向社会公开。

徐某蕾所遭遇的法律风险值得资本市场中有对赌意向的主体警惕。对上市公司而言，当其作为投资方时，也应对协议另一方的财务状况等予以高度重视。

十、安徽璟德房地产开发有限公司、福建漳州发展股份有限公司股权转让纠纷案①

导读:股权转让交易是企业在经营过程中改善治理结构、优化资源配置的重要形式。实践中常有一方为转让股权而故意隐瞒股权瑕疵的案件,而此等“故意隐瞒”行为是否构成欺诈,进而影响股权转让协议的效力?本案作为股权转让协议效力纠纷的典型案件,为类似案件的裁判提供了宝贵经验。

(一)当事人信息

原告:安徽璟德房地产开发有限公司(以下简称璟德公司)

被告:福建漳州发展股份有限公司(以下简称漳州发展)

(二)基本案情

漳州发展系上市公司。福建东南花都置业公司(以下简称花都公司)由漳州发展和厦门国贸房地产有限公司(以下简称厦门国贸)于 2012 年 10 月 19 日共同出资成立,并拥有若干地块,但这些土地存在一定状况。

具体表现为:2015 年 12 月 21 日,漳州市委市政府向福建漳龙集团有限公司(漳州发展的大股东,以下简称漳龙集团)发出《通知》,载明:花都公司区域内 2011SG13、2011SG14 和 2013SG26 等地块停止项目建设,建设用地由漳浦县人民政府收回;今后的项目建设,漳龙集团必须报有关部门审核。随后,政府下发通知,拟撤销三地块的施工证照。2017 年 7 月 26 日,评估机构出具文件,载明“花都公司目前已经取得 21 块土地(含被撤销的三地块,编者注),为待建设用地,尚未办理土地证及建设工程规划许可证,因项目区域范围内地块多,取得的时间不一致,且地块所处位置特殊性,区域内控规、规划多次发生重大调整原因,导致尚未动工,新的项目整体规划尚未报批,明确的开工时间无法确定”。

然而,2017 年 8 月 4 日,福建蓝城小镇建设有限公司和联发集团经对花都公司初步尽职调查后,有意受让漳州发展和厦门国贸持有的花都公司部分股权。漳州发展和厦门国贸转让的花都公司股权所对应的资产,包括花都公司已被政府收回的三宗地块对应的权益。两方将成立合资公司报名参加股权竞买。基于此,2017 年 10 月 16 日,特拍公司发布《福建东南花都置业有限公司 50% 股权转让

① 参见最高人民法院民事判决书,(2021)最高法民终 755 号。

公告》。

但是,福建蓝城小镇建设有限公司和联发集团未能如愿。

2017年11月7日,璟德公司与特拍公司签订《竞买协议书》,声明其已详细阅读了相关拍卖资料,了解并接受标的物现状、瑕疵和风险。2017年11月16日,漳州发展与璟德公司签订《福建东南花都置业有限公司股权转让合同书》,主要约定的内容如下:(1)转让标的:花都公司的主要资产为21宗地块,花都公司已经缴清全部土地使用权出让价款及契税,尚未办理土地证。璟德公司已充分了解花都公司现状,清楚知道其已发生问题及潜在的风险,璟德公司承担转让前后的所有风险和收益。(2)债权、债务处理方案:漳州发展对花都公司享有的债权,漳州发展按50%的比例将债权本金2.031亿元一并转让给璟德公司。(3)股权转让价格:花都公司50%股权的转让价款为2.75亿元。璟德公司采用分期付款方式向漳州发展支付款项。

此后,璟德公司依约支付了价款,漳州发展开具了收款凭证。2017年12月6日,漳州发展也将持有的花都公司50%股权变更至璟德公司名下,并办理登记手续。

2018年10月16日,璟德公司、厦门国贸、漳州发展和花都公司签订《关于漳州漳浦东南花都项目之合作开发协议》,载明:2015年政府拟收回2011SG13、2011SG14、2013SG26三宗地块,截至目前尚未办理相关手续,若后续政府收回上述三地块,项目公司剩余18宗地块。另外,对于未被收回的18宗地块,漳州市自然资源局在一复函中载明:建议允许开发建设。而漳州市林业局在另一复函中表明,花都公司未被收回的18宗地块中,有部分地块可能涉及林地问题,建议属地主管部门进行审查。

璟德公司、漳州发展股权转让纠纷的时间线如图3-11所示。

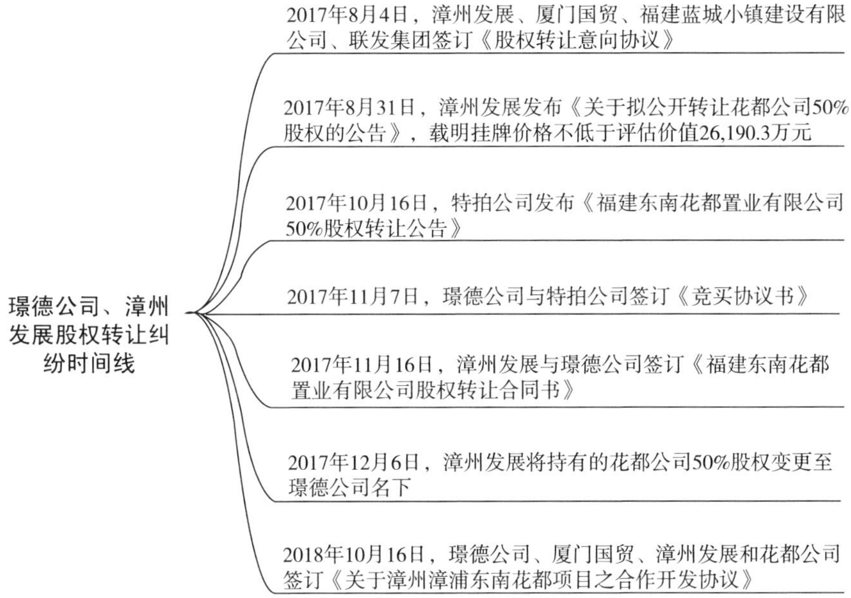

图 3－11　璟德公司、漳州发展股权转让纠纷时间线示意

2019 年 3 月，璟德公司认为，漳州发展在股权拍卖前故意隐瞒花都公司的真实资产状况，导致其所购地块因涉及林地而不能进行开发建设，遂提起诉讼请求撤销《股权转让合同书》，并要求返还已付的股权转让款、债权转让款、拍卖中介费。

一审法院判决驳回了璟德公司的全部诉讼请求。璟德公司于是上诉至最高人民法院。最高人民法院经审理，驳回了其上诉请求。

（三）争议焦点及法院裁判说理

最高人民法院认为，本案争议焦点为漳州发展与璟德公司之间的《股权转让合同书》是否应予撤销。

1. 璟德公司提供的证据无法证明漳州发展存在欺诈的行为。首先，并无证据证明漳州发展故意隐瞒 2015 年 12 月 21 日《通知》中涉及的问题。评估机构对讼争股权出具的文件中已经特别说明了涉案 21 宗地块存在的问题及风险，璟德公司对此应有预期。璟德公司与特拍公司签订的《竞买协议书》中，璟德公司确认并承诺："璟德公司在拍卖中的行为是在完成了解并接受拍卖标的物现状的情况下作出的决定"，因璟德公司系为购买讼争股权而成立的房地产项目公司，其作出的上述承诺表明璟德公司对花都公司的主要资产，即 21 宗地块的状况，包括上述评估报告中的特别说明的含义及涉及的相关政府文件应已进行相应的尽职调查，了解讼争 21

宗地块的现状。因此,璟德公司以漳州发展未披露2015年12月21日《通知》,主张漳州发展在股权转让时欺诈,理由不能成立。其次,现有证据不足以证明漳州发展故意隐瞒了林地问题。花都公司系通过土地出让程序取得涉案土地,受让时并未涉及林地问题。漳州市林业局的复函中虽然提及了“未被收回的18宗地块涉及林地问题”,但是该复函的时间为2019年5月10日,发生在股权转让之后。同时,福建省林业厅《适用林地审核同意书》《林木采伐许可证》并未涉及漳州发展。涉案土地上的林木是璟德公司拍卖涉案股权时即已存在的,结合上述《竞买协议书》的内容,璟德公司对土地现状是清楚的,不能认定漳州发展故意隐瞒。

2.涉案土地涉及林地问题并非无法开发建设。2015年12月21日《通知》虽规定,花都公司剩余18宗地块的项目建设须报有关部门审核,但并未限制花都公司进行开发建设。而根据漳州市委、市政府作出的复函,允许18宗地块开发建设,并做好项目报批手续办理及项目建设工作。依据漳浦县住建局、漳州市自然资源局、漳浦县自然资源局、漳浦县林业局等有关方面的意见,涉案土地于本案股权转让时属于正常出让地,虽然存在林地,但是并不属于禁止开发的情形,仅需要提交相应审批手续并逐级上报,因此在股权转让前后,林地问题虽然真实存在,亦应属于开发建设中面临的常规问题。对于13亩生态公益林,虽不能进行林地适用审批,但在涉案宗地中所占比例并不大。现有证据并不足以证明适用林地的审批会导致开发成本上升至影响合同目的实现的程度。如在办理林地适用审批手续时需要漳州发展配合,漳州发展应积极配合。依据《股权转让合同书》的内容,在转让标的中明确,漳州发展同意将所持标的企业50%的股权转让给璟德公司。璟德公司与漳州发展之间签订的《股权转让合同书》涉及的转让标的应为股权,而涉案股权已经实际变更登记至璟德公司名下,从股权转让的角度来说,合同目的已经实现。

因璟德公司要求撤销《股权转让合同书》的诉讼请求未得到支持,对其建立在该项诉讼请求基础上的其他诉讼请求,一审法院不予支持正确,最高人民法院对一审法院的判决予以维持。

(四)诉讼启示

《民法典》第148条规定了以欺诈手段实施的民事法律行为的效力。其中,欺诈包括积极欺诈和消极欺诈。积极欺诈,是指故意告知虚假事实;消极欺诈,是指故意隐瞒真实事实。但消极欺诈的成立关键在于欺诈者对所隐瞒的事实是否负有特别告知和说明义务。

本案所涉及的就是消极欺诈的认定。在股权转让纠纷中,转让方是否成立欺诈行为直接影响协议有效性。在本案中，具体表现为漳州发展与璟德公司之间的《股权转让合同书》是否应予撤销这一争议焦点。依据《民法典》第 148 条之规定，受欺诈而签订的合同可依当事人的申请而被撤销。尽管漳州发展对于花都公司拟被收回的三宗土地负有向璟德公司告知的义务，但璟德公司在交易前已进行了尽职调查，知悉花都公司 21 宗地块的现状，并基于意思自治而同意此次交易，故此不能认定漳州发展在股权交易中存在故意隐瞒和欺诈行为，本案不符合可撤销的构成要件。对于剩余 18 宗地块因涉及林地而存在开发障碍的问题，因其发生在股权转让完毕后，不存在欺诈问题，不可撤销。

第二节　行政典型案例

一、蒋某伟等诉中国证监会厦门监管局、中国证监会没收违法所得、罚款及行政复议案①

导读：内幕交易的认定向来是证券纠纷中的难点问题，什么样的信息应被认定为内幕信息？法院是否有必要对中国证监会依职权认定的相关信息属于内幕信息进行审查？在上市公司内幕信息泄露后，获知内幕信息的人进行怎样的证券交易行为会被认定为内幕交易行为？在内幕信息日益呈现源头复杂化、传播途径多样化的当下，北京金融法院在本案中对内幕信息的认定或可为上述问题提供一些有益借鉴。

（一）当事人信息

原告：蒋某伟、朱某

被告：中国证监会厦门监管局、中国证监会

（二）基本案情

盾安控股集团（以下简称盾安集团）为上市公司安徽江南化工股份有限公司江南（以下简称江南化工）的控股股东。为偿还 2018 年 5 月到期的 22 亿元债券，盾安集团本预计于同年 4 月发行 12 亿元的超短期融资券。但截至 2018 年 4 月 24 日，

---

① 参见《北京金融法院成立一周年十大典型案例》，载北京金融法院网 2022 年 3 月 23 日，http://bjfc.bjcourt.gov.cn/cac/1648002325433.htm。

盾安集团未能完成募集，并因此出现严重债务危机。基于此种状况，盾安集团实际控制人姚某义于 2018 年 4 月 24 日晚召集管理层喻某、王某等开会研究，决定向浙江省人民政府报告盾安集团债务危机情况。

时任盾安集团下属浙江如山汇金资本管理有限公司（以下简称如山资本）投资经理的蒋某伟（姚某义妻弟媳）参加了该次会议并知悉相关信息。2018 年 5 月 2 日，盾安集团、江南化工同时发布公告，称盾安集团存在重大不确定事项，且该事项对公司有重大影响，股票即日起停牌。2018 年 5 月 3～4 日，江南化工、盾安集团分别发布公告，称盾安集团若无法妥善解决债务清偿问题，存在公司控制权变更的可能。知悉相关情况后，蒋某伟于 2018 年 4 月 25 日通过本人电脑操作“周某军”（与蒋某伟系夫妻关系）证券账户卖出“盾安环境”1,250,000 股，成交金额为 815 万余元，避免损失 336 万余元。

朱某时任如山资本副总经理，在 2018 年 4 月 23～25 日，其与内幕信息知情人蒋某伟、周某军存在数次接触。2018 年 4 月 24 日，朱某操作“裘某锋”证券账户集中、清仓、亏损卖出“盾安环境”737,400 股，成交金额为 485 万余元，避免损失 202 万余元；2018 年 4 月 25 日，朱某使用本人电脑操作“项某荣”证券账户，集中、清仓、亏损卖出“盾安环境”995,000 股，成交金额为 651 万余元，避免损失 269 万余元。①

随后，朱某操纵“宣某飞”账号，于 2018 年 4 月 26 日 10 时，集中、清仓、亏损卖出“江南化工”2,149,877 股，成交金额为 1191 万余元，避免损失 68 万余元。②

基于上述行为，中国证监会厦门证监局认定蒋某伟、朱某构成内幕交易，决定：（1）对蒋某伟内幕交易“盾安环境”股票的行为，没收蒋某违法所得 391 万余元，并处以罚款 1120 万余元；（2）对朱某内幕交易“盾安环境”股票的行为，没收朱某违法所得 486 万余元，并处以罚款 500 万余元；（3）对蒋某伟、朱某共同内幕交易“江南化工”股票的行为，没收蒋某伟、朱某违法所得 68 万余元，并对蒋某伟处罚款 110 万余元，对朱某处罚款 27 万余元。

本案盾安集团债务危机始末，如图 3－12 所示。

---

① “项某荣”“裘某锋”证券账户分别于 2000 年 6 月 8 日、2014 年 8 月 27 日开立，账户资金系项某荣、裘某锋两人自有资金。二人口头委托姚某义代管账户，但未约定收益分成，姚某义指派朱某管理两账户。

② “宣某飞”证券账户于 2012 年 1 月 17 日开立，证券公司预留电话为蒋某伟电话，资金来源于蒋某伟，由蒋某伟实际控制，并由朱某管理操作。

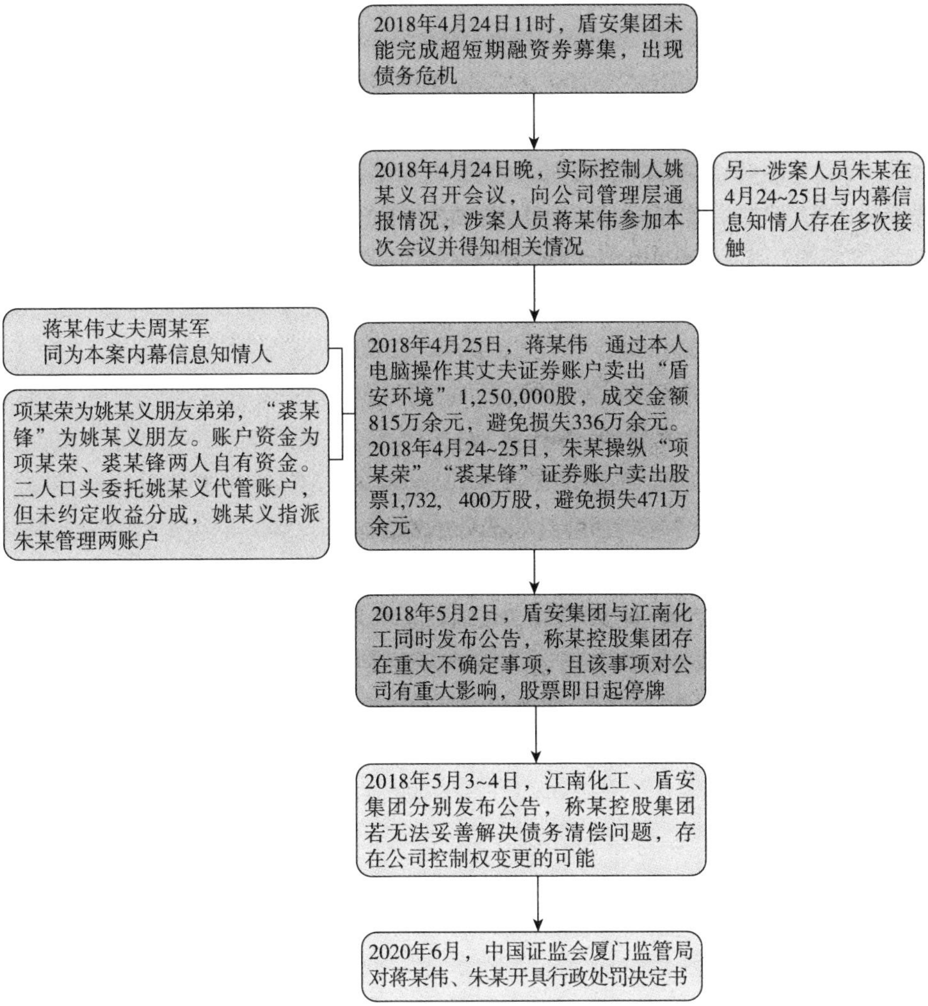

图 3－12　盾安集团债务危机始末

蒋某、朱某不服被诉处罚决定，向中国证监会申请行政复议，请求撤销被诉处罚决定。中国证监会经复议，维持该决定。蒋某、朱某不服，诉至北京市西城区人民法院，请求撤销被诉处罚决定和被诉复议决定，北京市西城区人民法院经审理，判决驳回蒋某、朱某的诉讼请求。蒋某、朱某仍不服，向北京金融法院提起上诉，请求撤销被诉处罚决定与原一审判决。2021 年，北京金融法院审理后作出判决，判决：（1）中国证监会厦门证监局认定可能引发盾安集团、江南化工控制权变更的"重大债务危机"事项在依法公开前属于内幕信息，具有相应的事实根据和法律依据，被诉处罚决定第 1、2 项并无不当，依法应予支持；（2）被诉处罚决定第 3 项认定蒋某、朱某共同内幕交易“江南化工”股票的证据不充分，依法应予撤销；(3)判决撤销一审判决，撤销被诉处罚决定第三项及被诉复议决定，驳回蒋某、朱某的其他诉讼请求。

(三)争议焦点及法院裁判说理

北京金融法院认为，该案的争议焦点在于：(1)中国证监会厦门监管局是否有权认定涉案信息为内幕信息。(2)涉案信息是否属于内幕信息。

1. 对于中国证监会厦门监管局是否有权认定涉案信息为内幕信息的问题。北京金融法院认为，中国证监会作为我国证券监管机构，依法行使监管全国证券期货市场、维护证券期货市场秩序的行政职能，其在法定职权范围内对涉案信息是否为内幕信息、内幕信息敏感期以及内幕信息知情人等的认定，是依据法律与相关事实作出的专业认定。中国证监会厦门监管局作出的处罚决定第一项和第二项并无不当。①

2. 对于涉案信息是否应认定为内幕信息的问题。北京金融法院认为，内幕信息，是指在证券交易活动中，涉及发行人的经营、财务或者对该发行人证券的市场价格有重大影响的尚未公开的信息。涉案信息是否为内幕信息，需判断其是否符合非公开性、重大性的要求。本案中，盾安集团应对到期债券发行的超短期融资券失败，导致其陷入严重债务危机，如不能顺利解决，可能发生公司控制权变更的重大情况，该信息将对证券交易价格有显著影响，中国证监会厦门证监局认定的可能引发盾安集团、江南化工控制权变更的“重大债务危机”事项在依法公开前属于内幕信息。其形成时间不晚于2018年4月24日11时，公开于2018年5月3日。内幕信息敏感期为2018年4月24日11时～2018年5月3日。姚某义、周某军、蒋某伟为内幕信息知情人，其中周某军知悉时间不晚于2018年4月24日12时，姚某义知悉时间不晚于2018年4月24日14时，蒋某伟知悉时间不晚于2018年4月24日23时。在上述内幕信息敏感期内，朱某曾与周某军通话两次并直接向内幕信息知情人姚某义报告工作，二人均承认在2018年4月23～25日存在接触。此后，蒋某伟、朱某分别操纵账户进行了与该内幕信息有关的证券交易活动，全部卖出其操纵账户持有的盾安集团股票。该卖出行为与内幕信息形成、变化时间基本一致，且其卖出行为明显与平时交易习惯不符。因此，在涉案内幕信息公开前，朱某与内幕信

① 《证券法》第52条规定：“证券交易活动中，涉及发行人的经营、财务或者对该发行人证券的市场价格有重大影响的尚未公开的信息，为内幕信息。本法第八十条第二款、第八十一条第二款所列重大事件属于内幕信息。”

息知情人蒋某伟在知悉相关情况后,其证券交易活动与内幕信息高度吻合,二人内幕交易行为成立。

（四）诉讼启示

本案体现了内幕信息认定规则的最新实务进展。司法实践中,对内幕交易行为进行司法认定之前,内幕信息的认定及其敏感期一般由中国证监会或地方证监局出具认定意见,并直接将该行政认定文书作为书证予以司法适用,作为认定内幕交易行为存在的法定证据。但需要明确的是,虽对于内幕信息的认定除了法定情形外还存在监管机构根据相关事实进行判断的酌定情节。北京大学法学院教授王锡锌评议认为,在当下的司法实务中,要求法院对监管机构酌定"内幕信息"的判断权,既要进行严格审查,防止其滥用;又要根据信息的属性、对证券市场的影响、对公平原则的影响等因素作出实质性判定。因此,问题的关键最终回归法院对于"重大性"与"未公开性"的独立判断。

所谓"未公开性",是指信息披露义务人尚未依照法律规定将信息在指定的媒体向公众投资者公开。需要注意的是,非法定的信息披露义务人披露有关信息不属于信息公开,仅向特定投资者公开信息也不属于信息公开,对于这一点的理解在本案中得以体现。原告蒋某伟在申请行政复议时声称,2018 年 4 月 24 日,盾安集团就已通过上海清算所、中国货币网披露了 2018 年第三期超短期融资券发行失败的信息,结合盾安集团前期已披露的财务信息,可以认定债务危机这一信息在 2018 年 4 月 24 日就已公开。但实际上,盾安集团作为江南化工控股股东,并非其法定的信息披露义务人,其通过非法定披露渠道披露的信息难以在司法实践中被认定为信息已经公开。只有法定披露主体通过法定渠道披露的信息,才可被认定为信息公开的真正时间点,这一观点在 2019 年修订的《证券法》中也得到体现。[①] 因此,本案中盾安集团债务危机这一信息实质的公开时间点应为 2018 年 5 月 3 日。原告蒋某伟的抗辩难以成立。

需要注意的是,根据 2012 年最高人民法院、最高人民检察院联合发布的《关于办理内幕交易、泄露内幕信息刑事案件具体应用法律若干问题的解释》(以下简称《内幕交易司法解释》)以及 2011 年最高人民法院印发《关于审理证券行政处罚案件证据若干问题的座谈会纪要》(以下简称《证券行政处罚座谈会纪要》),对于当事人是否知悉并利用内幕信息采取推定方式,即只要在内幕信息时间内存在"交易行

---

① 《证券法》第 86 条规定:"依法披露的信息,应当在证券交易场所的网站和符合国务院证券监督管理机构规定条件的媒体发布,同时将其置备于公司住所、证券交易场所,供社会公众查阅。"

为明显异常,与内幕信息高度吻合”,就可推定当事人构成内幕交易。对于“高度吻合”的判断,其相关考虑因素如图3－13所示。

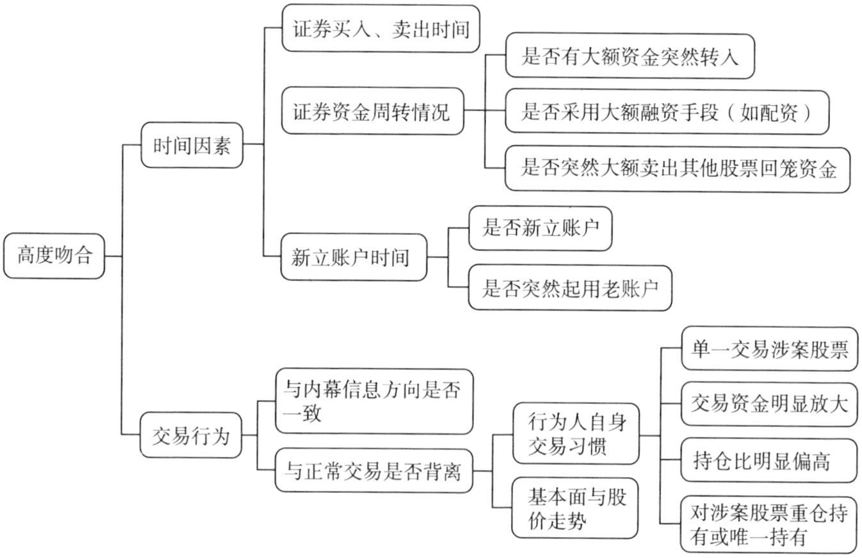

图3－13　内幕交易行为中“高度吻合”的认定逻辑

资料来源:赵林静:《我国内幕交易“高度吻合”行政执法认定研究》,载《北方金融》2021年第7期。

而所谓“重大性”,是指该信息一旦公开,将相当可能对证券的市场价格或投资者的投资决策产生重大影响,其反映了内幕信息的市场价值。我国2019年修订的《证券法》采用了概括与列举相结合的方式对什么是具有重大性的内幕信息作了规定。其首先在第52条明确了内幕信息的定义,随后将具体情形指引至第80、81条所规定的重大事件报告制度。因此综合来看,我国对重大性的判断标准采用了价格影响性标准。本案中,盾安集团发行12亿元超短期融资券失败后,其面临的债务危机已经达到危机企业生存的地步,否则该集团管理层不会选择向浙江省人民政府报告债务危机情况。因此,该债务危机明显已经构成《证券法》第80条第2款第4项中“公司发生重大债务和未能清偿到期重大债务的违约情况”,将会极大影响该公司股票价格。因此,涉案信息被认定为内幕信息并无不当。北京金融法院对本案相关信息是否属于内幕信息的认定,进一步明晰了内幕信息的认定规则,为上市公司信息披露合规管理提供了有益借鉴。

二、宁波中百股份有限公司与中国证监会行政纠纷案[①]

导读：本案为企业内控制度缺位导致上市公司虚假陈述被处罚的典型案例。在我国，多数上市公司控股股东有着极大的权力，如何建立起切实有效的内控制度，使控股股东无法通过违法行为侵吞公司、中小股东以及投资者利益，是当前中国大多数上市公司面临的主要问题。此外，随着《民法典》的实施，上市公司对外担保的规则经历了较大变化，如何防范上市公司对外担保存在的法律风险亦十分重要。

（一）当事人信息

原告：宁波中百股份有限公司（以下简称宁波中百）

被告：中国证监会

（二）基本案情

哈工大首创科技股份有限公司（以下简称原工大首创，现为宁波中百）关联方天津九策于 2013 年 4 月与中国建筑第四工程局有限公司（以下简称中建四局）签订《工程款债务偿还协议书》，其中约定由工大首创作为担保方之一向天津九策提供保证担保。

而原工大首创法定代表人、董事长兼总经理龚某升未按照《哈工大首创科技股份有限公司（股份本级）印章使用管理制度》的规定履行公章使用审批流程，且在未经董事会、股东大会审议通过的情况下，向中建四局出具了一份盖有工大首创公章及其本人签名的《担保函》。主要内容为：工大首创自愿为关联方天津九策的履约行为向中建四局提供保证担保，担保范围为天津九策基于《工程款债务偿还协议书》所负全部义务，担保方式为不可撤销的连带责任保证，保证期间为“《担保函》发生法律效力之日起，截止协议书履行期限届满之日起两年”。由于 2013 年至 2016 年 4 月 11 日间，龚某升一直未告知董事会及公司其他高管该情况，致使宁波中百 2013 年至 2015 年年度报告一直未披露该担保事项。

2016 年 4 月 12 日，宁波中百收到中建四局邮寄的《关于敦促贵司承担担保责任的函》。2016 年 4 月 18 日，宁波中百首次公告了中建四局向其发送要求履行担保责任函件的相关事项。2016 年 6 月 22 日，中国证监会向宁波中百发送调查通知书，决定对公司进行立案调查。

宁波中百虚假陈述案始末如图 3 - 14 所示。

---

① 参见北京市高级人民法院行政判决书，(2021) 京行终字 4702 号。

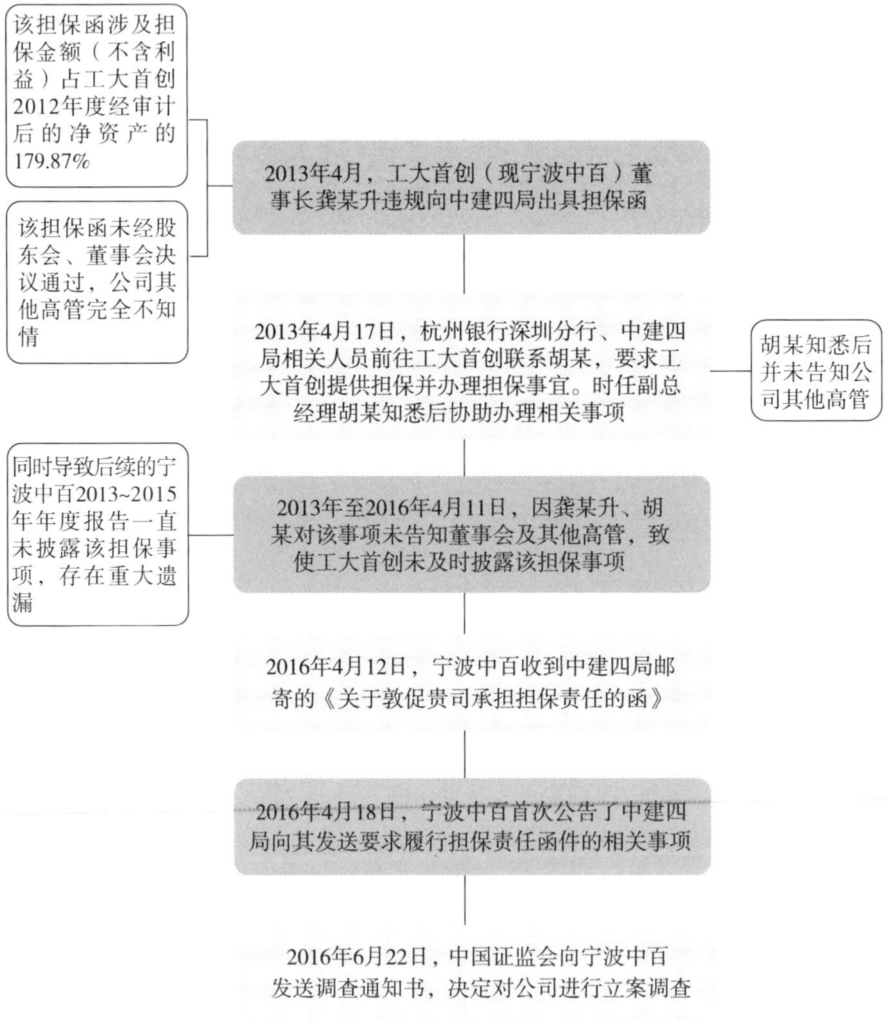

图 3－14　宁波中百虚假陈述案始末

经调查，中国证监会于 2019 年 11 月 14 日作出行政处罚决定：(1) 对宁波中百给予警告并处 60 万元罚款；(2) 对胡某给予警告并处 20 万元罚款；(3) 对龚某升给予警告并处 30 万元罚款。随后，宁波中百不服该处罚决定，向中国证监会提出复议申请，中国证监会经复议维持该决定。宁波中百不服，诉至北京市第一中级人民法院，请求撤销被诉处罚决定第一项与被诉复议决定，北京市第一中级人民法院经审理判决驳回宁波中百诉讼请求。宁波中百仍不服，向北京市高级人民法院提起上诉，请求撤销被诉行政处罚决定第一项与原一审判决。2021 年 8 月 20 日，北京市高级人民法院经审理判决驳回上诉,维持一审判决。

(三)争议焦点及法院裁判说理

北京市高级人民法院,认为该案的争议焦点在于:(1)中国证监会关于宁波中百信息披露违法责任的认定是否正确;(2)被诉处罚决定是否超过处罚时效;(3)被诉处罚决定与被诉复议决定程序是否合法。

1. 中国证监会关于宁波中百信息披露违法责任的认定是否正确的问题。北京市高级人民法院认为,第一,信息披露制度是证券市场赖以建立和发展的基石,是证券投资者行使知情权的有力保障。投资者只有在了解上市公司真实、准确、完整的情况后,才能正确地进行证券投资判断和选择。因此,在信息披露制度架构下上市公司是信息披露的责任主体,在对外法律关系上,上市公司独立承担违法信息披露行为产生的法律责任。第二,本案中,根据审理查明的事实,原工大首创法定代表人龚某升向中建四局出具盖有工大首创公章及其本人签名的《担保函》,该担保事项属于法定代表人以法人名义实施的行为,系上市公司依法应当披露的信息。而宁波中百未及时予以披露,虽非主观故意,但鉴于法定代表人与上市公司的密切关系,法定代表人知悉某事项应视为上市公司知悉该事项,不能仅以不知情为由豁免其信息披露责任。上市公司的内部管理架构及运行状况,不影响其作为责任主体对外承担法律责任,应依法承担相应的行政责任。第三,公司责任与龚某升的个人责任不同,龚某升对其个人行为所应承担的责任并不能免除公司的责任,印章管理混乱、法定代表人失控等情形也恰恰能够证明工大首创的内部治理结构存在重大缺失,而上市公司内部失控引发的信息披露风险不能由证券市场投资者来承担。如公司利益由此受损,可在承担对外法律责任后,依法追究内部人员的责任。

综上,该担保事项属于法定代表人以法人名义实施的行为,系上市公司依法应当披露的信息。而宁波中百未及时予以披露,虽非主观故意,但系公司内控缺陷所致,难以排除其主观过错,故构成未按规定披露信息的违法行为,应依法承担相应的行政责任,宁波中百所持公司对于担保事项不知情,客观上无法披露,龚某升应承担个人责任等诉讼理由均不能成立。

2. 被诉处罚决定是否超过处罚时效的问题。北京市高级人民法院认为,根据《行政处罚法》(2017 年修订)第 29 条的规定,本案所涉担保事项,应在 2013 ~ 2015 年定期报告中予以披露,该违法行为一直处于持续状态。直至 2016 年 4 月 18 日,宁波中百首次公告中建四局向其发送要求履行担保责任函的相关事项,该违法行为方才终了。同年 6 月 22 日,中国证监会对宁波中百涉嫌信息披露违法违规行为进行立案调查,未超出处罚时效。

3. 被诉处罚决定与被诉复议决定程序是否合法的问题。北京市高级人民法院认为,中国证监会在调查过程中依法向宁波中百送达调查通知书,在调查取证的基础上查明案件事实;随后作出行政处罚事先告知书并依宁波中百申请召开听证会;最后中国证监会作出被诉处罚决定并依法向宁波中百送达,处罚程序合法。在复议过程中,中国证监会依宁波中百的申请中止复议案件审理,并在中止事由消灭后及时恢复审理,且在法定期限内作出复议决定,程序合法。

(四)诉讼启示

1. 内控制度缺失导致上市公司虚假陈述

本案系公司内控制度缺失导致上市公司虚假陈述被中国证监会处罚的典型案例。通过分析宁波中百披露的时间节点可以发现,宁波中百在收到中建四局发函后,才首次公告了中建四局向其发送要求履行担保责任函件的相关事项,此时已是事件发生后两年。即两年后,董事会及公司其他高管才知悉此事。由此可看出,宁波中百内控制度缺位是导致该事件发生的主要诱因。

查阅宁波中百的企业年报可知,该公司组织结构如图 3－15 所示。

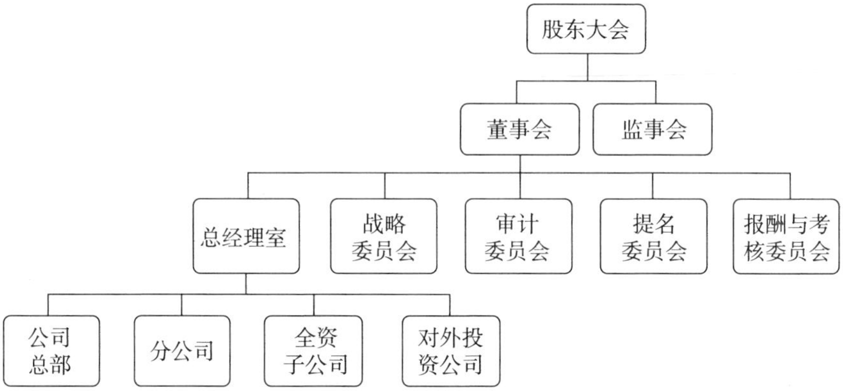

图 3－15　宁波中百的公司组织结构示意

如单从宁波中百的组织结构来看,在其机构设置上,各机构间存在权力制衡与监督,建立起了一定的公司风险内控制度。但本案中,其作用并未发挥,关键即在于对董事长权力监督的缺位。实践中,虽然在 2005 年股权分置改革完成后取消了流通股与非流通股的制度差异,但我国上市公司股权过度集中化的情况始终存在。在公司治理结构中即表现为实际控制人或控股股东同时担任上市公司法定代表人及董事长,并通过股权控制董事会大部分席位,最终实际控制人通过董事长这一职位不仅获得对外广泛代表公司的权利,同时对内可直接行使对公司的管理权利,成为公司的最高管理者,导致近年来大股东侵吞中小股东利益以及投资者权益案件频发。放眼本案,该情况尤为明显。本案中,董事长龚某升之所以能绕开董事会与监事会直接出具担保函,除其作为第一大股东可直接控制股东会外,另一当事人胡某的身份至关重要。胡某时任工大首创原常务副总经理,在龚某升授权下直接负责主持公司日常事务。由此,龚某升不仅通过其法定代表人与实际控制人的身份架空了公司董事会与股东会,还通过对胡某职务的任命架空了公司的执行机构,实现了对公司的彻底控制。在公司决策机构与执行机构被完全控制的情况下,被遮蔽了“耳目”的监事会自然难以发挥其实效,最终导致了本案的发生。

2. 上市公司对外担保责任与信息披露义务的再次强调

需要开篇明义的是,涉案争议焦点仅在于中国证监会对宁波中百虚假陈述认定是否合法。虽然宁波中百董事长龚某升越权签订的担保合同对宁波中百的效力并不在本案争议焦点范围内,但该情况作为上市公司常见法律风险之一,仍不可不察。

在《公司法》第16条已就公司法定代表人代表公司对外担保的权限作出法定限制的情形下,公司对外担保就不是法定代表人所能单独决定的事项,而必须以公司股东(大)会、董事会等公司机关的决议作为授权来源。依据《民法典》第504条的规定,相对人不知道且不应当知道法定代表人超越权限的,担保合同对公司发生效力;相对人知道或者应当知道法定代表人超越权限的,担保合同对公司不发生效力。需明确的是,上市公司对外担保因涉及广大证券投资者利益,上市公司应当就重大担保事项对外公告。因此,在《九民纪要》发布之前,相对人对上市公司法定代表人的代表权限存在两种审查途径:一是直接审查董事会或者股东大会的决议;二是审查上市公司公开披露的关于担保事项已经适格公司担保决议通过的信息。两种审查路径均被司法裁判所认可。

但随着《九民纪要》的出台,依据其第22条的意见,如果在担保合同订立前,上市公司公开披露了担保事项已经董事会或者股东大会决议的信息,相对人即足以证明其善意;在上市公司虽对担保事项进行了适格决议,但未公开披露该担保信息的情形下,相对人仅审查公司担保决议,并不足以证明相对人的善意。因为“上市公司只要进行合规担保,都会进行公告”,上市公司未及时公告的事实本身即应引起相对人的合理怀疑。①

---

① 参见最高人民法院民事审判第二庭编著:《〈全国法院民商事审判工作会议纪要〉理解与适用》,人民法院出版社2019年版,第199页。

回归到本案中最重要的争议焦点：宁波中百是否应承担虚假陈述违法责任。应当认识到，无论如何信息披露制度是证券市场赖以建立和发展的基石，是证券投资者行使知情权的有力保障。投资者只有在了解上市公司真实、准确、完整的情况后，才能正确地进行证券投资判断和选择。上市公司作为法定的信息披露义务人，印章管理混乱、法定代表人失控等内部治理结构存在重大缺失的情形并不能成为其违反信息披露义务的免责事由，其内部失控引发的信息披露风险更不应由证券市场投资者来承担。在2019年修订的《证券法》对各类证券市场违法行为处罚力度愈加严厉的情况下，上市公司要想良性发展，就必须严格按照法律履行其信息披露义务。这就要求：第一，制定细致明确的信息披露准则，有关企业经营的重大信息，在企业内部的沟通和上传下达中必须进行有效传递和沟通；关联交易、重大担保、重大资产收购等事项，必须经董事会多数或一致同意后才可进行。第二，企业内部虽设有监督机构，但其效果难免会因为利益的影响而难以实际发挥。因此，借鉴企业合规制度，聘请专门的合规机构来负责上市公司合规事宜未尝不是一种行之有效的方式。在证券市场中，中介机构的职能本身就是提高上市公司信息披露质量，其在为上市公司提供专业咨询的同时，也承担着证券市场监督的职能。通过聘请专业中介机构参与信息披露规则的制定，在完善企业内部治理模式的同时也能极大地提高上市公司合法履行信息披露义务的能力，最终促成上市公司的良性发展。

第三节　刑事典型案例

一、西藏发展股份有限公司原董事长、法定代表人王某波背信损害上市公司利益案①

导读：当上市公司管理者面临刑事诉讼，公司债权人如何保护自己的权利？为应对上市公司刑事风险，直接负责的主管人员和其他直接责任人员应如何预防、规避刑事风险？或许本案能够提供一些启示。

（一）当事人信息

公诉机关：西藏自治区拉萨市人民检察院

① 参见西藏自治区拉萨市中级人民法院刑事判决书，(2021)藏01刑初5号。

被告人:王某波

(二)基本案情

2017 ~2018 年,被告人王某波在担任西藏发展股份有限公司(以下简称西藏发展)董事长、法定代表人期间,利用职务便利操纵公司对外借款 2.878 亿元,并隐瞒借款事实,未按照规定对借款事项进行公告。上述借款除部分资金实际归西藏发展使用外,大部分被王某波无偿提供给他人使用,致使公司利益遭受特别重大损失,西藏发展的银行账户及持有的其他公司股权被债权人申请冻结。具体犯罪事实如下:

1.2017 年 8 月 9 日,王某波代表西藏发展以及西藏天易隆兴投资有限公司(以下简称天易隆兴)与吴某蓉签订借款合同,向吴某蓉借款 2980 万元,按照借款合同约定,该借款直接转入天易隆兴账户,西藏发展未使用该资金。

2.2018 年 2 月 11 日,王某波以偿还西藏发展到期银行贷款为由,召集董事会表决通过对外借款 1.5 亿元,并代表西藏发展与四川汶锦贸易有限公司(以下简称四川汶锦公司)签订借款合同,向四川汶锦公司借款 1.5 亿元,该借款进入西藏发展账户后,除 1044.4 万元流入西藏发展关联公司账户外,其余资金均流入与西藏发展不存在任何交易关系的银行账户。

3.2018 年 4 月 23 日,王某波以西藏发展的名义与浙江至中实业有限公司(以下简称浙江至中)签订借款合同,向浙江至中借款 2800 万元,按照借款合同约定,该款项直接转入成都仕远置商贸有限公司账户,除 163.5 万元由西藏发展实际使用外,其余资金均流向与西藏发展不存在任何交易关系的银行账户。

4.2018 年 5 月 29 日,王某波以西藏发展的名义与浙江阿拉丁控股集团有限公司(以下简称浙江阿拉丁)签订借款合同,向浙江阿拉丁借款 8000 万元,该借款直接转入西藏发展子公司西藏银河商贸有限公司账户后,除 3436.9632 万元流入西藏发展关联账户外,其余资金流入与西藏发展不存在任何交易关系的银行账户。

上述犯罪事实经过参见图 3 -16。

针对起诉书指控的事实,公诉机关认为,被告人王某波在担任上市公司董事长期间,违背对公司的忠实义务,利用职务之便,操纵上市公司无偿向其他单位提供资金,致使上市公司利益遭受特别重大损失,其行为触犯了《刑法》第 169 条之一第 1 款之规定,犯罪事实清楚,证据确实、充分,应当以背信损害上市公司利益罪追究刑事责任。提请法院依法判处。

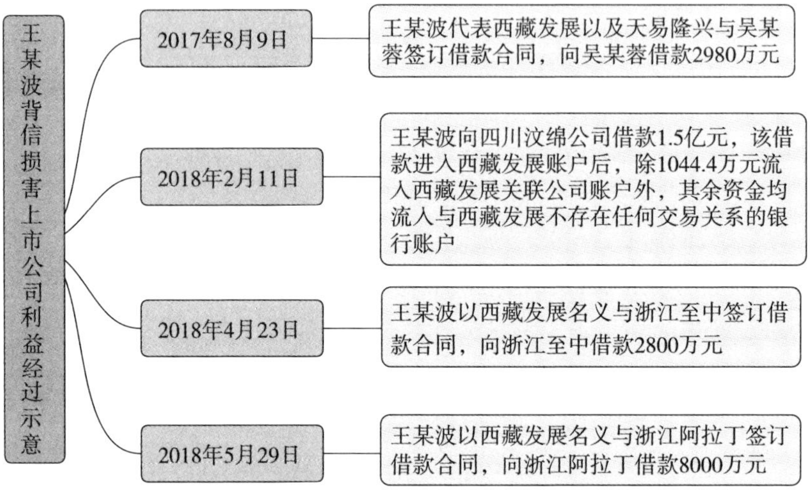

图3－16　王某波背信损害上市公司利益经过示意

（三）争议焦点及法院裁判说理

本案争议焦点在于：（1）本案被告人构成何罪。（2）被告人王某波从浙江至中借款后是否提供给他人使用。（3）本案有何量刑情节。

1. 关于本案被告人构成何罪

西藏自治区拉萨市中级人民法院认为，根据我国《刑法》第169条之一的规定，上市公司的董事、监事、高级管理人员违背对公司的忠实义务，利用职务便利，操纵上市公司从事下列行为之一，致使上市公司利益遭受重大损失的，处3年以下有期徒刑或者拘役，并处或者单处罚金；致使上市公司利益遭受特别重大损失的，处3年以上7年以下有期徒刑，并处罚金：（1）无偿向其他单位或者个人提供资金、商品、服务或者其他资产的；（2）以明显不公平的条件，提供或者接受资金、商品、服务或者其他资产的；（3）向明显不具有清偿能力的单位或者个人提供资金、商品、服务或者其他资产的；（4）为明显不具有清偿能力的单位或者个人提供担保，或者无正当理由为其他单位或者个人提供担保的；（5）无正当理由放弃债权、承担债务的；（6）采用其他方式损害上市公司利益的。上市公司的控股股东或者实际控制人，指使上市公司董事、监事、高级管理人员实施前款行为的，依照前款的规定处罚。犯前款罪的上市公司的控股股东或者实际控制人是单位的，对单位判处罚金，并对其直接负责的主管人员和其他直接责任人员，依照第一款的规定处罚。

被告人王某波作为上市公司西藏发展的董事长、总经理，不顾公司背负巨额债务的风险，违背对公司的忠实义务，利用《公司法》及公司章程对董事长权限的特殊规定，直接决定对外借款金额，或者利用召集、主持董事会的职权，以虚假议题操纵董事会通过决议的方式对外借款，并利用法定代表人身份直接签订合同，向吴某蓉、四川汶锦、浙江阿拉丁借款 2.598 亿元，以指使、纵容财务人员转出资金的方式操控公司，致使西藏发展背负巨额债务并因此导致涉及诉讼、仲裁，财务会计报告被出具无法表示意见的审计意见，公司股票被深圳证券交易所实行其他风险警示、退市风险警示，致使公司遭受特别重大的损失，其行为触犯了《刑法》第 169 条之一中的第 1、2 款，构成背信损害上市公司利益罪，依法应予惩处。

2. 关于王某波从浙江至中借款后是否提供给他人使用

西藏自治区拉萨市中级人民法院认为，关于被告人王某波从浙江至中借款后提供给他人使用的事实不清，指控证据不足，依法不予支持。因为本案中并没有进一步的证据支持王某波将该借款提供给他人的事实，依据我国《刑事诉讼法》第 55 条的规定，对一切案件的判处都要重证据，重调查研究，不轻信口供。只有被告人供述，没有其他证据的，不能认定被告人有罪和处以刑罚；没有被告人供述，证据确实、充分的，可以认定被告人有罪和处以刑罚。证据确实、充分，应当符合以下条件：（1）定罪量刑的事实都有证据证明；（2）据以定案的证据均经法定程序查证属实；（3）综合全案证据，对所认定事实已排除合理怀疑。因此，根据我国《刑事诉讼法》的规定法院对这一案件事实不予认定。

3. 关于本案有何量罪情节

西藏自治区拉萨市中级人民法院认定，西藏发展向吴某蓉、四川汶锦、浙江阿拉丁借款事宜中，被告人王某波受指使签订借款合同，根据我国《刑法》第 61 条的规定，王某波受指使签订借款合同属于酌定量刑情节，结合其犯罪的事实、犯罪的性质、情节和对于社会的危害程度，酌情对其适当从轻处罚。

（四）诉讼启示

1. 被驳回起诉的债权人后续可通过提起民事诉讼程序保护权益

西藏自治区拉萨市中级人民法院判决王某波犯背信上市公司利益罪。经向法院了解，王某波已针对该判决提起上诉，本案尚未最终判决。若最终生效判决仍认定王某波构成背信上市公司利益罪，则西藏发展与浙江阿拉丁、浙江至中、陈某满、永登县农村信用合作联社、冠中国际商业保理公司之间因涉及经济犯罪嫌疑而驳回起诉的民事案件，可重新提起民事诉讼程序解决民事权益争议。这是因为，根据我国规定，人民法院在审理民事纠纷案件中，认为不属于民事纠纷案件而有经济犯罪嫌疑的，应当裁定驳回起诉，并将有关材料移送检察机关或者公安机关。但如果已确定二者并不属于同一法律关系，则不受此约束。

2. 上市公司需进一步完善企业合规体系

从案情可知，王某波将大部分借款无偿提供给他人使用，致使公司利益遭受特别重大损失，西藏发展的银行账户及持有的其他公司股权被债权人申请冻结，严重损害了股东的利益。因此，公司需要完善相应的内控机制，防止此类事件再次出现。

对类似事件而言，如果上市公司及其经营管理层在事前建立了完善的合规机制，可能会免予起诉。根据最高人民检察院、司法部、财政部等《关于建立涉案企业合规第三方监督评估机制的指导意见（试行）》第 3 条的规定，第三方机制适用于公司、企业等市场主体在生产经营活动中涉及的经济犯罪、职务犯罪等案件，既包括公司、企业等实施的单位犯罪案件，也包括公司、企业实际控制人、经营管理人员、关键技术人员等实施的与生产经营活动密切相关的犯罪案件。根据上述指导意见第 14 条的规定，人民检察院在办理涉企犯罪案件过程中，应当将第三方组织合规考察书面报告、涉案企业合规计划、定期书面报告等合规材料，作为依法作出批准或者不批准逮捕、起诉或者不起诉以及是否变更强制措施等决定，提出量刑建议或者检察建议、检察意见的重要参考。因此，完善的合规体制面对刑事诉讼时可以形成有力的“防火墙”。

二、金亚科技股份有限公司、周某辉、花某国等欺诈发行股票、债券案①

导读：上市公司 IPO 造假，上市公司及相关人员，特别是负有责任的控股股东、实际控制人，构成何种罪名？该罪名在当下是如何规定的？该行为又涉及哪些相关法律责任？本案意在对欺诈发行股票、债券罪②及该行为涉及的现行相关责任进行立体性地解读并揭示当前法律法规对该行为进行严厉惩处的情况。

（一）当事人信息

公诉机关：四川省成都市人民检察院

被告单位：金亚科技股份有限公司（以下简称金亚科技）

被告人 1：周某辉

被告人 2：花某国

被告人 3：郑某强

---

① 参见四川省成都市中级人民法院刑事判决书，（2020）川 01 刑初 323 号。

② 根据最高人民法院、最高人民检察院《关于执行〈中华人民共和国刑法〉确定罪名的补充规定（七）》（法释〔2021〕2 号）的规定，已取消“欺诈发行股票、债券罪”，改为“欺诈发行证券罪”。

被告人 4:丁某和

(二)基本案情

金亚科技系曾经创业板上市公司。四川省成都市人民检察院指控称其涉嫌欺诈发行股票罪。2008 年至 2009 年 7 月,周某辉作为金亚科技的股东、董事长及实际控制人,为使该公司在 A 股顺利上市挂牌交易,以公司名义授意公司财务总监花某国、销售经理郑某强等人进行财务数据造假,并在不同场合以明示或暗示的方式要求公司其他部门员工予以协助配合。后郑某强根据花某国等人提出的数据要求,通过伪造销售合同、客户印章以及中国工商银行、成都商业银行(现更名为成都银行)、上海浦东发展银行等金融机构的收、付款回执单等方式,形成文件名为“006 账套”的虚假财务账目数据,虚增、夸大公司 2006 年度至 2008 年度以及 2009 年第一季度、第二季度营业收入及盈利能力。

之后,金亚科技在向中国证监会提交的《首次公开发行股票并在创业板上市招股说明书》等文件中使用上述虚假数据,隐瞒公司真实经营状况。后经中国证监会核准,金亚科技于 2009 年 10 月 30 日在深圳证券交易所正式挂牌交易,获准公开发行股票人民币普通股(股票代码:300028)3700 万股,募集资金净额 3.9186 亿元。经鉴定,金亚科技 IPO 财务申报审批材料存在作假,其中 2008 年以及 2009 年 1 ~ 6 月营业收入作假金额分别为 137,067,587.60 元、79,946,942.67 元,作假幅度分别为披露金额的 87.06%、84.47%;净利润作假金额分别为 42,817,348.78 元、19,100,787.75元,作假幅度分别为披露金额的 106.77%、101.87%;净资产作假金额分别为 177,306,132.82 元、168,683,920.57 元,作假幅度分别为披露金额的 89.40%、69.11%。

此外,被告还涉嫌违规披露、不披露重要信息罪。2013 年,金亚科技大幅亏损,为扭转公司亏损,时任公司董事长的周某辉在 2014 年年初定下公司当年利润须达到 3000 万元的目标,并要求财务负责人于每个季度末将真实的利润数据和按照年初利润目标分解的季度利润数据报给自己,最后由自己来确定当季对外披露的利润数据。经周某辉确认后,财务总监丁某和将该季度应该达到的利润数据告诉财务经理李某 1 和成本会计刘某、出纳张某 2 等财务人员,并要求他们按照该数据来做账。金亚科技利用上述手段,通过虚构客户、伪造合同、伪造银行单据、伪造材料产品收发记录、隐瞒费用支出等方式虚增利润。2015 年 4 月 1 日,金亚科技依据虚假的账套核算数据对外披露了《金亚科技股份有限公司 2014 年度报告》。

经鉴定,金亚科技截至 2014 年 12 月 31 日的真实营业收入为 129,565,619.35

元,营业成本为 175,422,462.25 元,利润总额为 -44,754,860.82 元,该公司 2014 年的真实经营情况处于亏损状态。金亚科技对外披露的 2014 年年报中营业收入作假金额为 72,348,816.33 元,作假幅度为披露金额的 35.83%;净利润作假金额为 84,141,310.46 元,作假幅度为披露金额的 213.72%;净资产作假金额为 346,437,166.92元,作假幅度为披露金额的 51.68%。金亚科技通过上述财务处理方式,使该公司 2014 年年度报告利润总额由亏损变为盈利。

四川省成都市人民检察院针对上述指控,当庭出示了招股说明书、年度报告、财务账套、行政处罚决定书等书证,证人廖某、杨某、李某 1 等人的证人证言,被告人周某辉、花某国、郑某强、丁某和的供述与辩解,鉴定意见,电子数据等证据。

四川省成都市人民检察院起诉认为,被告单位金亚科技在招股说明书中,隐瞒重要事实、编造重大虚假内容,发行股票,数额巨大、后果严重,被告人周某辉作为公司直接负责的主管人员,被告人花某国、郑某强作为其他直接责任人员,其行为均已触犯《刑法》(2017 年修正)第 160 条之规定,应当以欺诈发行股票罪追究刑事责任;金亚科技作为依法负有信息披露义务的主体,在 2014 年年报中向股东和社会公众提供虚假的财务会计报告,损害了股东或者其他人的利益,情节严重,被告人周某辉作为公司直接负责的主管人员,被告人丁某和作为其他直接责任人员,其行为均已触犯《刑法》(2017 年修正)第 161 条之规定,应当以违规披露重要信息罪追究刑事责任。

四川省成都市中级人民法院认为,四川省成都市人民检察院指控被告单位金亚科技犯欺诈发行股票罪、被告人周某辉犯欺诈发行股票罪、违规披露重要信息罪、被告人花某国、郑某强犯欺诈发行股票罪、被告人丁某和犯违规披露重要信息罪的事实清楚,罪名成立,法院予以支持;提出的量刑建议适当,法院予以采纳。后金亚科技及周某辉等人均未上诉,四川省成都市中级人民法院作出的上述判决为终审判决。

(三)争议焦点及法院裁判说理

综合法院判决来看,本案焦点在于被告单位及被告人是否可以依法从轻或减轻处罚,以及能否适用缓刑。

法院认为,被告单位金亚科技在招股说明书中隐瞒重要事实、编造重大虚假内容,发行股票,数额巨大,被告人周某辉作为公司直接负责的主管人员,被告人花某国、郑某强作为公司其他直接责任人员,其行为均已构成欺诈发行股票罪。金亚科技作为依法负有信息披露义务的公司,在 2014 年年报披露中向股东和社会公众提供虚假的财务会计报告,情节严重,被告人周某辉作为公司直接负责的主管人员,被告人丁某和作为公司其他直接责任人员,其行为均已构成违规披露重要信息罪。被告人周某辉一人犯数罪,应依法数罪并罚。但鉴于被告人周某辉主动向公安机关投案并如实供述其犯罪事实,系自首,依据《刑法》(2017 年修正)第 67 条第 1 款"犯罪以后自动投案,如实供述自己的罪行的,是自首。对于自首的犯罪分子,可以从轻或者减轻处罚"的规定,可以从轻或减轻处罚。周某辉作为金亚科技直接负责的主管人员,自动投案并如实交代金亚科技犯罪事实,系单位自首,依法可以从轻或减轻处罚。此外,被告人花某国、郑某强、丁某和归案后如实供述其犯罪事实,依据《刑法》(2017 年修正)第 67 条第 3 款"犯罪嫌疑人虽不具有前两款规定的自首情节,但是如实供述自己罪行的……"的规定,可以依法从轻处罚。综合考虑被告人周某辉、花某国、郑某强、丁某和的犯罪情节及认罪、悔罪态度,适用缓刑对所居住社区没有重大不良影响,依据《刑法》(2017 年修正)第 72 条对上述被告人适用缓刑。

(四)诉讼启示

本案的犯罪事实发生于 2008 ~ 2009 年以及 2013 ~ 2014 年。2016 年 8 月 22 日,中国证监会对金亚科技涉嫌欺诈发行股票等违法行为立案调查。2018 年 3 月 1 日,中国证监会对金亚科技 2014 年年度报告虚假陈述给予 60 万元顶格罚款,对董事长、实际控制人周某辉合计给予 90 万元顶格罚款,对多名直接责任人员给予处罚。同年 3 月 6 日,针对金亚科技信息披露违法违规行为,中国证监会又对周某辉实施了相应行政处罚并下发了《市场禁入决定书》。但由于情节严重,中国证监会随后根据《行政执法机关移送涉嫌犯罪案件的规定》(国务院令第 310 号)及有关规定,将该案移送公安机关。

欺诈发行、违规披露严重违反信息披露制度,严重损害广大投资者合法权益,严重破坏市场诚信基础。依据公开信息显示,金亚科技股价在 2015 年 5 月最高曾涨至每股 52.44 元,随后因遭中国证监会立案调查停牌,一直到 2016 年 3 月底才复牌,随后遭遇八个"一字跌停"。截至 2018 年 6 月,该公司股价只有 3 元左右。2020 年 5 月 14 日,金亚科技在直接触及重大违法强制退市指标的情形下,最终以连续亏损的财务类情形退市。综合来看,本案移送是中国证监会综合运用行政刑事惩戒体系遏制 IPO 环节违法犯罪、净化市场环境的重要工作举措。在《证券法》2019 年修订后,大多数观点认为本案的惩处还是偏轻。但在行、刑、民一体化的惩处机制下,后续股民索赔金亚科技欺诈发行业已进入正式诉讼阶段。

需要明确的是，本案作为一种过去式，上市公司及有关人员，特别是实际控制人、控股股东不可据此心存侥幸。此案发生之时，证券代表人诉讼尚未实施，行政处罚和刑事追诉力度亦具有局限性。在《证券法》2019年修订和《刑法修正案（十一）》出台后，欺诈发行的成本已不可同日而语。首先，2019年修订的《证券法》将发行人实际控制人、控股股东违法发行证券承担连带责任的过错形式调整为“过错推定”，并规定中国证监会可以责令负有责任的实际控制人、控股股东买回证券。其次，2019年修订的《证券法》大大提高了行政责任中的罚款额度①，并完善了对实际控制人、控股股东从事该违法行为的惩处。② 作为刑法层面的回应，《刑法修正案（十一）》在将欺诈发行罪客体由股票、债券扩张至存托凭证或者国务院依法认定的其他证券的同时，亦增加了针对实际控制人、控股股东的条款，《刑法》（2020年修正）第160条第2款规定：“控股股东、实际控制人组织、指使实施前款行为的，处五年以下有期徒刑或者拘役，并处或者单处非法募集资金金额百分之二十以上一倍以下罚金；数额特别巨大、后果特别严重或者有其他特别严重情节的，处五年以上有期徒刑，并处非法募集资金金额百分之二十以上一倍以下罚金。”欺诈发行证券法律责任的现行规定，如图3－17所示。如比照本案，各被告人决计没有适用缓刑的可能性，罚金也将以“亿”计算。此外，上市公司如果实施欺诈发行，依据交易所相关规则，还可能触发重大违法强制退市。

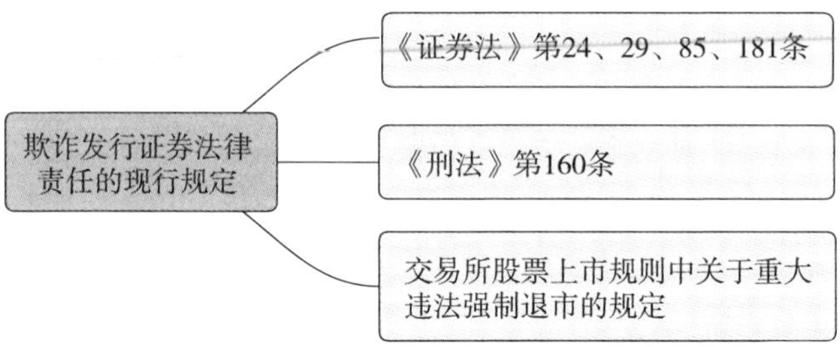

图3－17　欺诈发行证券法律责任的现行规定

---

① 这表现在《证券法》（2019年修订）第181条第1款后半段，规定：“已经发行证券的，处以非法所募资金金额百分之十以上一倍以下的罚款。对直接负责的主管人员和其他直接责任人员，处以一百万元以上一千万元以下的罚款。”不再是《证券法》（2014年修正）中的“非法所募资金金额百分之一以上百分之五以下”以及“三万元以上三十万元以下”的罚款数额。惩处力度提高了数十倍。

② 这表现在《证券法》（2019年修订）第181条第2款，不再像《证券法》（2014年修正）简单规定“实际控制人、控股股东……依照前款规定处罚”，而是规定“没收违法所得，并处以违法所得百分之十以上一倍以下的罚款；没有违法所得或者违法所得不足二千万元的，处以二百万元以上二千万元以下的罚款。对直接负责的主管人员和其他直接责任人员，处以一百万元以上一千万元以下的罚款。”